全国高等教育自学考试

法律专业

中国法律思想史

（含：中国法律思想史自学考试大纲）

（2018年版）

全国高等教育自学考试指导委员会　组编

编著　李启成

审稿人　张仁善　宋　玲　聂　鑫

图书在版编目(CIP)数据

中国法律思想史：2018年版/李启成编著.—北京：北京大学出版社，2018.10
(全国高等教育自学考试指定教材)
ISBN 978-7-301-29992-0

Ⅰ.①中⋯　Ⅱ.①李⋯　Ⅲ.①法律—思想史—中国—高等教育—自学考试—教材　Ⅳ.①D909.2

中国版本图书馆CIP数据核字(2018)第236078号

书　　名	中国法律思想史（2018年版）
	ZHONGGUO FALÜ SIXIANGSHI (2018 NIAN BAN)
著作责任者	李启成　编著
责 任 编 辑	孙战营
标 准 书 号	ISBN 978-7-301-29992-0
出 版 发 行	北京大学出版社
地　　　址	北京市海淀区成府路205号　100871
网　　　址	http://www.pup.cn
电 子 信 箱	law@pup.pku.edu.cn
新 浪 微 博	@北京大学出版社　@北大出版社法律图书
电　　　话	邮购部 010-62752015　发行部 010-62750672　编辑部 010-62752027
印 刷 者	河北涿县鑫华书刊印刷厂
经 销 者	新华书店
	787毫米×1092毫米　16开本　18印张　405千字
	2018年10月第1版　2023年9月第6次印刷
定　　价	38.00元

未经许可，不得以任何方式复制或抄袭本书之部分或全部内容。
版权所有，侵权必究
举报电话：010-62752024　电子信箱：fd@pup.pku.edu.cn
图书如有印装质量问题，请与出版部联系，电话：010-62756370

组编前言

21世纪是一个变幻难测的世纪，是一个催人奋进的时代。科学技术飞速发展，知识更替日新月异。希望、困惑、机遇、挑战，随时随地都有可能出现在每一个社会成员的生活之中。抓住机遇，寻求发展，迎接挑战，适应变化的制胜法宝就是学习——依靠自己学习、终生学习。

作为我国高等教育组成部分的自学考试，其职责就是在高等教育这个水平上倡导自学、鼓励自学、帮助自学、推动自学，为每一个自学者铺就成才之路。组织编写供读者学习的教材就是履行这个职责的重要环节。毫无疑问，这种教材应当适合自学，应当有利于学习者掌握和了解新知识、新信息，有利于学习者增强创新意识，培养实践能力，形成自学能力，也有利于学习者学以致用，解决实际工作中所遇到的问题。具有如此特点的书，我们虽然沿用了"教材"这个概念，但它与那种仅供教师讲、学生听，教师不讲、学生不懂，以"教"为中心的教科书相比，已经在内容安排、编写体例、行文风格等方面都大不相同了。希望读者对此有所了解，以便从一开始就树立起依靠自己学习的坚定信念，不断探索适合自己的学习方法，充分利用自己已有的知识基础和实际工作经验，最大限度地发挥自己的潜能，达到学习的目标。

欢迎读者提出意见和建议。

祝每一位读者自学成功。

全国高等教育自学考试指导委员会
2017年1月

目　录

中国法律思想史自学考试大纲

大纲前言 ……………………………………………………………… 7
Ⅰ　课程性质与课程目标 …………………………………………… 9
Ⅱ　考核目标 ………………………………………………………… 11
Ⅲ　课程内容与考核要求 …………………………………………… 12
Ⅳ　关于大纲的说明与考核实施要求 ……………………………… 41
附录　题型举例 ……………………………………………………… 45
后记 …………………………………………………………………… 46

中国法律思想史

编写说明 ……………………………………………………………… 49
第一编　先秦法律思想概述 …………………………………… 51
第一章　西周的法律思想 ……………………………………… 52
　　第一节　"以德配天"说 ……………………………………… 53
　　第二节　"明德慎罚"说 ……………………………………… 54
　　第三节　大宗法制下的礼治思想 ……………………………… 55
第二章　儒家法律思想 ………………………………………… 59
　　第一节　儒家学说概述 ………………………………………… 59
　　第二节　"为国以礼"的礼治思想 …………………………… 63
　　第三节　"德主刑辅"的德治学说 …………………………… 69
　　第四节　儒家的"人治"学说 ………………………………… 75
　　第五节　先秦儒家法律思想的命运和历史地位 ……………… 76
第三章　墨家法律思想 ………………………………………… 79
　　第一节　儒、墨两家的思想差异 ……………………………… 80
　　第二节　墨家以"兼爱"为核心的法律思想 ………………… 82
第四章　道家法律思想 ………………………………………… 88
　　第一节　老子的法律思想 ……………………………………… 89
　　第二节　庄子的法律思想 ……………………………………… 92
第五章　法家法律思想 ………………………………………… 97
　　第一节　法家法治思想产生的社会背景 ……………………… 97

第二节　法家主要代表人物简介 …………………………………… 98
　　第三节　法家的法律观 ……………………………………………… 102
　　第四节　法家推行"法治"的理论 ………………………………… 105

第二编　帝制时期的法律思想 …………………………………………… 113
第六章　正统法律思想的形成 ……………………………………………… 113
　　第一节　秦汉之际政治社会思潮的变迁 …………………………… 113
　　第二节　两汉时期的经义决狱 ……………………………………… 120
　　第三节　魏晋时期"法律儒家化"进程的逐步展开 ……………… 124
第七章　正统法律思想的主要内容 ………………………………………… 131
　　第一节　正统法律思想的典范：《唐律疏议》的立法思想 ……… 131
　　第二节　理学思潮与正统法律思想的强化 ………………………… 134
第八章　明清之际的法律思想 ……………………………………………… 137
　　第一节　黄宗羲的法律思想 ………………………………………… 137
　　第二节　王夫之的法律思想 ………………………………………… 143

第三编　近现代中国的法律思想 ………………………………………… 157
第九章　近现代法律思想概论 ……………………………………………… 157
　　第一节　中国社会从传统到近代的转型 …………………………… 157
　　第二节　中国近代法律思想发展之脉络 …………………………… 161
第十章　洋务派的法律思想 ………………………………………………… 169
　　第一节　洋务派及其"中体西用"思想 …………………………… 169
　　第二节　张之洞的法律思想 ………………………………………… 170
第十一章　改良主义的法律思想 …………………………………………… 182
　　第一节　19世纪的社会改良运动和戊戌变法 ……………………… 182
　　第二节　康有为的法律思想 ………………………………………… 184
　　第三节　梁启超的法律思想 ………………………………………… 194
　　第四节　严复的法律思想 …………………………………………… 205
第十二章　礼法之争和沈家本的法律思想 ………………………………… 215
　　第一节　晚清法律改革 ……………………………………………… 215
　　第二节　法律改革中的礼法之争 …………………………………… 219
　　第三节　沈家本的法律思想 ………………………………………… 228
第十三章　革命派的法律思想 ……………………………………………… 245
　　第一节　革命派的法律思想综述 …………………………………… 245
　　第二节　从法治到党治：孙中山的法律思想 ……………………… 249
　　第三节　专以法律为治：章太炎的法律思想 ……………………… 263

参考文献 ………………………………………………………………………… 278

后记 ……………………………………………………………………………… 279

全国高等教育自学考试
法律专业

中国法律思想史自学考试大纲

全国高等教育自学考试指导委员会　制定

大纲目录

大纲前言 ·· 7
Ⅰ 课程性质与课程目标 ·· 9
Ⅱ 考核目标 ··· 11
Ⅲ 课程内容与考核要求 ··· 12
  第一编 先秦法律思想概述 ··· 12
    第一章 西周的法律思想 ·· 12
      一、学习目的与要求 ·· 12
      二、课程内容 ··· 12
      三、考核知识点与考核要求 ··· 13
      四、本章重点、难点 ·· 13
    第二章 儒家法律思想 ··· 14
      一、学习目的与要求 ·· 14
      二、课程内容 ··· 14
      三、考核知识点与考核要求 ··· 15
      四、本章重点、难点 ·· 16
    第三章 墨家法律思想 ··· 16
      一、学习目的与要求 ·· 16
      二、课程内容 ··· 16
      三、考核知识点与考核要求 ··· 17
      四、本章重点、难点 ·· 18
    第四章 道家法律思想 ··· 18
      一、学习目的与要求 ·· 18
      二、课程内容 ··· 18
      三、考核知识点与考核要求 ··· 19
      四、本章重点、难点 ·· 19
    第五章 法家法律思想 ··· 20
      一、学习目的与要求 ·· 20
      二、课程内容 ··· 20
      三、考核知识点与考核要求 ··· 21
      四、本章重点、难点 ·· 22

第二编 帝制时期的法律思想

第六章 正统法律思想的形成
- 一、学习目的与要求
- 二、课程内容
- 三、考核知识点与考核要求
- 四、本章重点、难点

第七章 正统法律思想的主要内容
- 一、学习目的与要求
- 二、课程内容
- 三、考核知识点与考核要求
- 四、本章重点、难点

第八章 明清之际的法律思想
- 一、学习目的与要求
- 二、课程内容
- 三、考核知识点与考核要求
- 四、本章重点、难点

第三编 近现代中国的法律思想

第九章 近现代法律思想概论
- 一、学习目的与要求
- 二、课程内容
- 三、考核知识点与考核要求
- 四、本章重点、难点

第十章 洋务派的法律思想
- 一、学习目的与要求
- 二、课程内容
- 三、考核知识点与考核要求
- 四、本章重点、难点

第十一章 改良主义的法律思想
- 一、学习目的与要求
- 二、课程内容
- 三、考核知识点与考核要求
- 四、本章重点、难点

第十二章 礼法之争和沈家本的法律思想
- 一、学习目的与要求
- 二、课程内容

三、考核知识点与考核要求 ………………………………………… 37
　　四、本章重点、难点 ………………………………………………… 37
　第十三章　革命派的法律思想 …………………………………………… 38
　　一、学习目的与要求 ………………………………………………… 38
　　二、课程内容 ………………………………………………………… 38
　　三、考核知识点与考核要求 ………………………………………… 40
　　四、本章重点、难点 ………………………………………………… 40
Ⅳ　**关于大纲的说明与考核实施要求** ……………………………………… 41
附录　题型举例 ……………………………………………………………… 45
后记 …………………………………………………………………………… 46

大 纲 前 言

为了适应社会主义现代化建设事业的需要,鼓励自学成才,我国在20世纪80年代初建立了高等教育自学考试制度。高等教育自学考试是个人自学、社会助学和国家考试相结合的一种高等教育形式。应考者通过规定的专业课程考试并经思想品德鉴定达到毕业要求的,可获得毕业证书;国家承认学历并按照规定享有与普通高等学校毕业生同等的有关待遇。经过三十多年的发展,高等教育自学考试为国家培养造就了大批专门人才。

课程自学考试大纲是国家规范自学者学习范围、要求和考试标准的文件。它是按照专业考试计划的要求,具体指导个人自学、社会助学、国家考试、编写教材及自学辅导书的依据。

为更新教育观念,深化教学内容方式、考试制度、质量评价制度改革,更好地提高自学考试人才培养的质量,全国考委各专业委员会按照专业考试计划的要求,组织编写了中国法律思想史课程自学考试大纲。

新编写的大纲,在层次上,参照一般普通高校本科水平;在内容上,力图反映学科的发展变化以及近年来研究的成果。

全国考委法学类专业委员会参照普通高等学校中国法律思想史课程的教学基本要求,结合自学考试法学专业的实际情况,组织编写的《中国法律思想史自学考试大纲》,经教育部批准,现颁发施行。各地教育部门、考试机构应认真贯彻执行。

全国高等教育自学考试指导委员会
2018年8月

Ⅰ 课程性质与课程目标

一、课程性质和特点

中国法律思想史是学习我国历史上各个时期重大思想流派及其代表人物关于法政理论及其学术的一个重要法学学科,是我国法学教育体系的重要组成部分。全国高等教育自学考试指导委员会将中国法律思想史纳入考试计划,是我国法治建设培养法学专业人才的需要。随着我国法治和精神文明建设的进展,掌握较系统的中国法律思想史知识,成为各类法学人才提高专业素质不可或缺的要求。

中国法律思想史是"思想"的历史,"思想"为人所独具,而人的思想以社会转型期最为丰富多彩。中国社会发展至今,有两次最大的转型期,即春秋战国和1840年鸦片战争以后的近现代,这两个时代代表人物的法律思想是重点。从公元前221年秦王朝建立至1840年鸦片战争爆发,是中国漫长的君主专制社会。在这期间,社会定型,思想相对凝固。在法律思想领域,原创性思想较少,阐说前人思想较多。

二、课程目标

中国法律思想史课程设置的目标是:
(1) 对中国历史的一般演进历程有所了解;
(2) 较准确阐述历代重要法律思想家的核心法律思想;
(3) 结合历代重要法律思想家所处的社会背景对其法律思想之得失进行恰当地评价;
(4) 结合中国历代重大法制,认识法律思想家的思想对法制的具体影响;
(5) 为中国现今的法治建设提供思想理念上的经验教训,以资借鉴,进而增强考生的民族自尊心和自豪感。

三、与相关课程的联系与区别

中国法律思想史的相关课程主要是中国法制史。中国法制史主要学习我国历史上重要的法律制度及其演进过程和具体实施情况。法律制度,其所以产生、所以存在、所以发展,可以说都有某种思想或理论作为其后盾,而思想也因制度而获得落实,两者相成为用。学习中国法律思想史,是学习了中国法制史之后的进一步升华和提高。

四、课程的重点和难点

中国社会演变至今,发生了两次大的社会转型和一次定型,两大转型是春秋战国时期由分封制转为郡县制和1840年鸦片战争以后的近现代社会转型,一次定型是由秦王朝到清代的皇权帝制。中国法律思想史课程的重点,同时也是本课程的难点,是春秋战国时期和近现代这两大中国社会转型期的法律思想,具体内容是先秦儒家和法家这两家法律思想及其论争、法律近代化过程中的礼法之争。具体到本教材,重点和难点章节为第二、五、十、十一、十二和十三章。帝制中国的立法和司法背后的指导思想,也就是正统法律思想,整个帝制中国两千多年的法制都为其支配,是本教材的次重点章节,即第六、七、八这三章。

Ⅱ 考核目标

  本大纲在考核目标中,按照识记、领会、简单应用和综合应用四个层次规定其应达到的能力层次要求。四个能力层次是递进关系,各能力层次的含义是:

  识记(Ⅰ):要求考生能够识别和记忆本课程中有关法律思想的主要内容,并能够根据考核的不同要求,做正确的表述、选择和判断。

  领会(Ⅱ):要求考生能够领悟和理解本课程中有关法律思想的内涵及外延,理解相关法律思想间的区别、联系及其演变。

  简单应用(Ⅲ):要求考生能够根据已知的法律思想内容,结合当时的社会环境和时代要求,进行较准确的评析。

  综合应用(Ⅳ):要求考生能够根据已知的法律思想和受此影响的法律制度,根据相关材料,对中国法律思想的内容、特征及其演变趋势进行归纳和论证,从而达到为现今的法治建设提供借镜之目标。

III 课程内容与考核要求

第一编 先秦法律思想概述

第一章 西周的法律思想

一、学习目的与要求

着重了解"明德慎罚"说的主要内容及其在中国法律思想演进过程中的意义、礼治思想的内涵和它对西周宗法封建制的影响。

二、课程内容

1.1 从夏、商到西周法律思想演进之梗概
1.1.1 夏商时期的神权法思想
1.1.2 神权法与刑罚的残酷性和任意性
1.2 西周的"以德配天"说
1.2.1 西周"以德配天"说的提出
1.2.2 "以德配天"出现的意义
1.3 西周的"明德慎罚"说
1.3.1 "明德慎罚"的内涵
1.3.2 "明德慎罚"说的主要表现
1.4 大宗法制下的礼治思想
1.4.1 嫡长子继承制的重大意义和核心内容。
1.4.2 宗法制的内容。将诸子分为嫡长子和别子,"别子为祖,继别为宗",相应地有大宗和小宗之别:嫡长子所属为大宗,别子所属为小宗。小宗服从大宗,大宗保护小宗。
1.4.3 分封制的意义和内容。分封制是对宗法制的拟制,是要将作为家族基本制度

的宗法制上升为国家政治制度,"封建亲戚,以蕃屏周……捍御侮者莫如亲亲,故以亲屏周"。

1.4.4 礼治思想的功能、原则和特征。礼治思想的功能是实现"定分",即按照血统的嫡庶和亲疏长幼等关系为标准来确定每个人的身份;基本原则是"亲亲"和"尊尊","亲亲"是宗法原则,故"亲亲父为首",强调的是孝;"尊尊"是等级原则,故"尊尊君为首",强调的是"忠"。其基本特征是"礼不下庶人,刑不上大夫"。

三、考核知识点与考核要求

(一)"以德配天"说
识记:① 夏商神权法思想的内容;② "以德配天"说的内容。
领会:"以德配天"说出现的背景。
简单应用:① 神权法思想影响下刑罚的特征;② "以德配天"说的意义。

(二)"明德慎罚"说
识记:① 什么是"明德";② 什么是"慎罚";③ "非眚""惟终"或"终"以及"眚"和"非终"的含义;④ "罪人不孥"的含义。
领会:"明德慎罚"说的主要表现。
简单应用:"刑中"思想的意义。

(三)大宗法制下的礼治思想
识记:① 嫡长子继承制的核心内容;② 什么是别子;③ 大宗与小宗之区别。
领会:① 嫡长子继承制的意义;② 宗法制的内容;③ 分封制的内容。
简单应用:礼治思想的基本特征"礼不下庶人,刑不上大夫"的含义。
综合应用:作为礼治思想基本原则的"亲亲"和"尊尊"的内涵及其对中国传统法律思想的重大影响。

四、本章重点、难点

重点是:"明德慎罚"说的表现;礼治思想的基本原则和基本特征。
难点是:礼治思想的基本特征"礼不下庶人,刑不上大夫"的含义;礼治思想的基本原则"亲亲"和"尊尊"对中国传统法律思想的影响。

第二章 儒家法律思想

一、学习目的与要求

儒家法律思想在整个中国法律思想史上占据着特别重要的地位,故本章是全书的重点章。学生应精读教材内容,在了解儒家学说思想框架的基础上,深入理解儒家治国平天下所凭借的"礼治""德治"和"人治"思想的内涵及其对后世的巨大影响。

二、课程内容

1.1 儒家学说概述

1.1.1 对儒家法律思想的形成有所影响的几位春秋思想家的法律思想。管仲"仓廪实则知礼节"的治国论和"令顺民心"的法治观;子产"铸刑书"于鼎;邓析"不法先王,不是礼义,而好治怪说,玩琦辞",私编竹刑。

1.1.2 儒家代表人物孔子、孟子和荀子的生平及其思想要旨。孔子言"仁"、孟子道"仁政"、荀子曰"礼法"。

1.1.3 先秦儒家学说的思想脉络。孔子见当时"礼崩乐坏",力主正名,提出"仁"之观念,从而赋予周礼以新的内涵,"克己复礼,天下归仁"。孟子主性善,倡导仁政。荀子认为人性恶,但具有学习能力,出于"定分止争"的需要,由圣人或君子"制礼",然后以礼来对普通人"化性起伪"。

1.2 "为国以礼"的礼治思想

1.2.1 儒家礼治思想的直接渊源,就是西周经周公制礼作乐而产生的礼乐文明。

1.2.2 儒家对西周礼治思想的继承和发展:孔子纳"仁"入礼,"仁"礼结合,为礼治提供了一个新的社会性伦理基础;把周礼局限于贵族内部的"亲亲"之爱扩展到更广泛的社会范围,要"泛爱众"。孟子主张"法先王",认为礼治是不变的。荀子强调"国之命在礼",实行礼治,才能"王天下"。

1.2.3 儒家礼治思想的等级社会观:"内则父子,外则君臣,人之大伦也。父子主恩,君臣主敬",家族伦常与社会伦常一致,"内""外"结合,"恩""敬"相辅,构成了"人之大伦"。实现和维护"君君、臣臣、父父、子子",是儒家法律思想的最终目标。

1.2.4 礼的作用和礼法关系:"为国以礼",礼是治国为政的根本手段。孔、孟主张礼主法辅,礼先法后;荀子以礼为主,礼法统一的思想,为秦汉以后正统法律思想的形成和传统法制建设打下了思想基础。

1.3 "德主刑辅"的德治学说

1.3.1 儒家德治理论的主要内容:为政治国要关心百姓,重视民心向背;提出"省刑罚,薄税敛"和"富而后教"思想;提出"民为贵,社稷次之,君为轻"的"民贵君轻说"和"诛一夫"不为"弑君"的"暴君放伐论"。

1.3.2 德治的目标是以德去刑。重教化、反对"不教而诛"作为推行和维护礼治的重要手段,是先秦儒家法律思想的重要内容。其主张突破了西周礼治"礼不下庶人"的局限:教化不仅仅是贵族内部的自我教育,更重要的是对百姓庶民的教化。

1.3.3 德主刑辅,德先刑后。

1.4 儒家的"人治"学说

1.4.1 "人治"和"法治"的对立,是指在治理国家问题上,起决定作用的是人还是法的对立。儒家从礼治和德治思想出发,重"人治"而轻"法治"。

1.4.2 儒家认为,政治的好坏取决于当政者之良否,主要靠当政者的道德感化作用,而不是靠法律的强制作用,主张"惟仁者宜在高位"的贤人政治。故孔子说:"君子之德风,小人之德草,草上之风,必偃。"

1.5 先秦儒家法律思想的命运和历史地位

1.5.1 以礼治、德治和人治为基本内涵的先秦儒家法律思想,在春秋战国这一社会大变革时期,整体上表现为保守的改良主义,而与时代格格不入。

1.5.2 儒家法律思想与传统农业社会相契合,它的各种主要法律论点,经过改造,基本上为后世统治者所继承,成为正统法律思想的核心。

三、考核知识点与考核要求

(一)儒家学说概述

识记:① 管仲"仓廪实则知礼节"治国论;② 管仲"令顺民心"法治观;③ 子产"铸刑书";④ 邓析的竹刑;⑤ 荀子的"化性起伪"。

领会:① 孔子的"仁";② 孟子的"仁政";③ 荀子的"礼法"。

简单应用:孔子"仁"的学说在中国法律思想史上的地位。

(二)"为国以礼"的礼治思想

识记:① 儒家礼治思想的直接渊源;② 礼的作用。

领会:儒家礼治思想的等级社会观。

简单应用:① 荀子以礼为主、礼法统一的思想对后世的影响;② 儒家法律思想的最终目标。

综合应用:① 儒家对西周礼治思想的继承和发展;② 礼法关系。

(三)"德主刑辅"的德治学说

识记：①"省刑罚，薄税敛"；②"富而后教"；③"民贵君轻说"；④"暴君放伐论"。

领会：① 儒家德治理论的主要内容；② 德治的目标。

简单应用：儒家德治主张对西周礼治的突破。

综合应用：德刑关系。

(四)儒家的"人治"学说

识记：①"惟仁者宜在高位"；②"君子者，法之原也。"；③ 贤人政治。

领会：政治的好坏主要靠当政者的道德感化作用，而不是靠法律的强制作用。

综合应用：儒家从礼治和德治思想出发，重"人治"而轻"法治"。

(五)先秦儒家法律思想的命运和历史地位

领会：当政者与先秦儒家法律思想的关系。

简单应用：儒家法律思想为什么能成为正统法律思想的核心。

四、本章重点、难点

本章的重点和难点是作为儒家治国理政主要方式的礼治、德治和人治之内涵和价值。

第三章　墨家法律思想

一、学习目的与要求

了解墨家法律思想的主要内容、特点及其与儒家法律思想的关系。

二、课程内容

1.1　墨家学派简介

1.1.1　墨家与儒家并称先秦显学，亦是最早起来反对儒家的学派，其创始人为墨翟。

1.1.2　墨家的思想来源，大约渊源于仪礼之学；其兴起，反映了平民阶层的觉醒和贵族社会的进一步崩坏。墨家学派是一个有严密组织和严格纪律的团体，其成员叫"墨者"，其领袖自墨子死后称为"巨子"。《墨子》，共五十三篇，是一部以阐释墨子思想为主的墨家著作。

1.2 儒、墨两家的思想差异

两家都改良和抨击周代分封制度中贵族的生活方式,在究竟应如何改革方面,儒、墨两家有巨大分歧:儒家正名复礼,本贵族之见地而言之;墨子之天志、兼爱,本平民之见地而言之。

1.2.1 "敬鬼神而远之"与"事鬼神"。墨家批评儒家不信鬼神,破坏了社会秩序得以建立的基础,主张"上尊天,中事鬼神,下爱人"。

1.2.2 "爱有差等"与"兼相爱"。墨子把自己所主张的"爱无差等"称为"兼",而把儒家所主张的"爱有差等"称为"别"。墨家的爱根据的是外在标准,以现实的物质功利为根基;不是出自内在心理的"仁",而是来自外在互利的"利"。

1.2.3 "小人喻于利"与"交相利"。墨家的"兼相爱"以"交相利"为基础,而儒家则反对言"利"。墨家思想可概括为十大命题,即:尚贤、尚同、节用、节葬、非乐、非命、天志、明鬼、非攻、兼爱,核心是"兼爱"或"兼相爱、交相利",这是其法律思想的指导原则。

1.3 墨家以"兼爱"为核心的法律思想

1.3.1 "天下之人皆相爱"的理想社会。"兼爱"是墨家理论和实践的起点与归宿。他们提倡"兼相爱,交相利",反对"别相恶,交相贼"。主张"非攻",反对兼并战争。

1.3.2 "法天"的法律观。墨家很重视"法""法仪"或"法度"的作用,主张"以天为法",因"天之行广而无私,其施厚而不德,其明久而不衰"。提出"壹同天下之义"的法律起源说、法为天所立的"天志""天意"说。

1.3.3 "尚贤"。选拔贤能为各级官长,"不党父兄,不偏富贵,不嬖颜色。""虽在农与工肆之人,有能则举之。"做到"官无常贵而民无终贱"。儒家的"贤"更多的是强调德行,墨家的"贤"更多的是强调技艺。墨家要求"赏当贤,罚当暴,不杀不辜,不失有罪"。

1.3.4 墨家的一些重要刑罚命题。"罪不在禁,帷(虽)害无罪。""杀人者死,伤人者刑"和"杀盗人非杀人"。

三、考核知识点与考核要求

(一)儒、墨两家的思想差异

识记:① 墨家是最早起来反对儒家的学派;② 墨翟、巨子;③ 事鬼神;④ 尚贤、尚同、节用、节葬、非乐、非命、天志、明鬼、非攻、兼爱。

领会:儒墨两家关于利的认识。

(二)墨家以"兼爱"为核心的法律思想

识记:① "非攻";② "壹同天下之义";③ "天志""天意";④ "罪不在禁,帷(虽)害无罪";⑤ "杀人者死,伤人者刑"和"杀盗人非杀人"。

领会:"法天"的法律观。

简单应用：墨家"尚贤"说与儒家的区别。

四、本章重点、难点

墨家"兼相爱"的理想社会以及"法天"的法律观。

第四章 道家法律思想

一、学习目的与要求

了解道家法律思想的主要内容、特点及其对后世的影响。

二、课程内容

1.1 道家思想概述

1.1.1 "法自然之道"，"法"是个动词，效法、遵循之意；"自然"，是自然而然，是"自己如此"的一种自然状态，即不加任何外在强制力量而顺应本初的状态。

1.1.2 "道家者流，盖出于史官，历记成败存亡祸福古今之道，然后知秉要执本。清虚以自守，卑弱以自持。"

1.1.3 道家与道教不同，道家是一个思想流派；道教是中国土生土长的宗教。

1.2 老子的法律思想

1.2.1 道家的创始人是老子，著有五千言的《道德经》。

1.2.2 "法自然"之"道"。"道"是道家一切学说的原始起点，是天下万物的总源头，天地万物都遵循道的原则。道的一个特征是"常"，即不变。"反者，道之动。"即事物发展都会走向反面。

1.2.3 对仁义礼法的批评。做人应守柔、不争，"小国寡民"是老子的理想国，"不尚贤，使民不争；不贵难得之货，使民不为盗；不见可欲，使民心不乱。是以圣人之治，虚其心，实其腹，弱其志，强其骨，常使民无知无欲"。"治大国如烹小鲜。"反对厚敛，主张薄税；反对暴政苛刑和战争，主张减少刑罚。反对"礼治""法治"，崇尚"无为"，提倡"无为而治"。

1.3 庄子的法律思想

庄子的法律思想是对老子法律思想的进一步发展，极力开拓心灵世界和追求精神的绝对自由。《庄子》发展了《老子》中"否定礼、法"等观点，认为包括道德、法律在内的一切人类文明都是人追求心灵自由的桎梏。

1.3.1 庄子思想概述。庄子观察人生和社会，所见皆是痛苦。他从"破生死"入手，认为人不应执着于肉体层面的"我"，静观生死，自我解除限制和负担。人不执著且能超越于肉体和"真我"之别、人我之别，以道养心，就能达到逍遥之境。

1.3.2 主张无为，绝对否定仁义礼法。《庄子》在肯定道的权威性、普遍性和主宰地位的基础上，突出了道的神秘性、自主性、与人的亲和性，庄子还把老子的无为之道推向绝对无为。他激烈批判了儒、墨、法三家的主张。

1.3.3 道家在法律思想方面的影响。一是因为它对自然的强调，遂认为法律乃破坏人性之一种表现，对之持否定、批判的态度。这对于传统中国知识分子形成对法律的轻视、乃至虚无的态度可能有影响。二是它对法律本身的批判也使得传统中国人意识到法律本身的局限性，尤其是它对法家所倡导的以赏罚两手来立法以实现君主独制所进行的激烈批评。

三、考核知识点与考核要求

（一）老子的法律思想

识记：① 法自然之道；② 老子与《道德经》；③ 小国寡民；④ 无为而治与"治大国如烹小鲜"。

领会："法自然"之"道"的含义和特征。

简单应用：对仁义礼法的批评。

（二）庄子的法律思想

识记：①"县解"；②"圣人不死，大盗不止……窃钩者诛，窃国者为诸侯"；③"天下之大，不足以赏罚"；④ 批判墨家兼爱"无私焉，乃私也"。

领会：庄子的法律思想是对老子法律思想的进一步发展。

简单应用：道家在法律思想方面的影响。

四、本章重点、难点

重点是道家在法律思想方面对儒墨法三家的批评以及道家在法律思想方面的影响，难点是理解"法自然"之"道"。

第五章 法家法律思想

一、学习目的与要求

本章非常重要,应着重了解法家的法治理论和实践、商鞅和韩非等法家代表人物的法律思想及其对后世的影响。

二、课程内容

1.1 法家法治思想产生的社会背景

1.1.1 战国时期贵族政治有向郡县官僚制逐渐演化的趋势。

1.1.2 经济上以公有为特征的井田制全面崩溃,逐渐变为土地私有。

1.1.3 出现了新的社会知识阶层——"士"。

1.1.4 法家是新政治集团在思想领域的代表,反对自西周以来的"礼治",倡导"法治",并在各诸侯国内先后掀起了变法革新运动,如魏国魏文侯时期李悝的变法、楚国楚悼王时期的吴起变法、秦国秦孝王时期的商鞅变法等。

1.2 法家主要代表人物简介

1.2.1 被法家奉为先驱的管仲。他提出"仓廪实则知礼节,衣食足则知荣辱";要求"令顺民心";重视"礼义廉耻",比之为"国之四维"。

1.2.2 法家的开创者李悝。"为国之道,食有劳而禄有功,使有能而赏必行,罚必当",打击贵族的宗法世袭制,建立新的官僚制;编撰了我国第一部比较系统的成文法典——《法经》。

1.2.3 法家思想的奠基人商鞅。在先秦法家中,商鞅以"重法"著称。商鞅主张"法治",坚决反对"礼治",认为"人性好爵禄而恶刑罚",用赏罚两手来驱使人民"喜农乐战";主张"壹赏""壹刑""壹教";强调法、信、权三个要素;坚持"重罚轻罪"的重刑论,达到"以刑去刑"之目的。

1.2.4 以重"势"著称的慎到。慎到重"势",其目的在于"尚法","民一于君,事断于法",特别强调君主和各级官吏要严格遵守法令。他重"势",君主如没有掌握能使法令得以贯彻执行和使臣民不得不服从的权势,"法治"就只能是一句空话。

1.2.5 重"术"的申不害。他认为"君之所以尊者令,令不行是无君也,故明君慎令",为防止君主手中的大权旁落,他格外重视"术"。他的"术"包括公开的、君主用以选拔、监督和考核臣下的方法,以及驾驭臣下的阴谋权术。

1.2.6 集法家思想大成的韩非。他总结前期法家法、势、术三派的理论,建立了一个"以法为本",法、势、术三者结合的完整体系,为君主专制中央集权制国家的建立奠定了思想基础。

1.3 法家的法律观

1.3.1 法的本质。"不别亲疏,不殊贵贱,一断于法",体现公平性、正直性;把"法"与刑结合起来,"法"作为定罪量刑的依据,将刑以及与刑相对应的赏作为实施"法"的手段;法应该为整个国家的利益服务,它高于所有社会成员包括最高统治者在内的利益,慎到即说:"立天子以为天下,非立天下以为天子也;立君以为国,非立国以为君也。"

1.3.2 法的起源。为了制止争夺,为了"定分""止争",需要"立禁""立官""立君",这样才产生了国家和法律。法的产生既然在于"立禁""止争",故法律本身也就具有强制性,非遵守不可。

1.3.3 法的作用。"法者,所以兴功惧暴也;律者,所以定分止争也;令者,所以令人知事也。法律政令者,吏民规矩绳墨也。"

1.4 法家推行"法治"的理论

1.4.1 "法治"与"礼治""德治"和"人治"的对立。"礼治"维护世袭贵族特权。"法治"则要求"不别亲疏,不殊贵贱,一断于法";"法治"强调法律的暴力作用,把法律的强制手段看成是最有效的统治方法,轻视甚至否定道德教化的作用;法家强调治理国家起决定作用的是"人"而不是"法","以法治国,举措而已",否定贤人的作用,最终走向君主独断。

1.4.2 法家推行"法治"的理论前提。包括"好利恶害""挟自为心"的人性论、"法与时转"的历史观、把历史的发展以及国家法律的产生同人口问题联系起来。

1.4.3 法家推行"法治"的方法。大致有四点:"以法为本"、法令必须成为判断人们言行和行赏施罚的唯一标准、必须善于运用赏罚("'信赏必罚'与'厚赏重罚'""赏誉同轨,非诛俱行"、刑多赏少和轻罪重罚)、"法""势""术"相结合("抱法处势则治""法、术皆帝王不可一无之具")。

三、考核知识点与考核要求

(一)法家法治思想产生的社会背景

识记:① 李悝变法;② 吴起变法;③ 商鞅变法。

领会:"士"阶层的出现。

综合应用:法家思想登台的政治、经济和社会阶层等背景的综合评析。

(二)法家主要代表人物简介

识记:① 法家先驱管仲的"仓廪实则知礼节,衣食足则知荣辱""令顺民心""礼义廉耻";② 李悝的《法经》;③ 慎到的"势";④ 申不害的"术"。

领会:商鞅的"壹赏""壹刑""壹教"。
简单应用:商鞅的重刑论。
综合应用:韩非"以法为本",法、势、术相结合而形成的集法家思想大成的理论。

(三)法家的法律观
识记:"不别亲疏,不殊贵贱,一断于法"。
领会:"定分""止争"。
简单应用:"法者,所以兴功惧暴也;律者,所以定分止争也;令者,所以令人知事也。法律政令者,吏民规矩绳墨也。"。

(四)法家推行"法治"的理论
识记:①"好利恶害""挟自为心"的人性论;② "法与时转"的历史观;③ 人口激增论;④ "以法为本"。
领会:善于运用赏罚("'信赏必罚'与'厚赏重罚'""赏誉同轨,非诛俱行"、刑多赏少和轻罪重罚)。
简单应用:"法""势""术"相结合("抱法处势则治""法、术皆帝王不可一无之具")。
综合应用:"法治"与"礼治""德治"和"人治"的对立。

四、本章重点、难点

重点是法家推行法治的理论前提和推行法治的理论,难点在分析"法治"与"礼治""德治"和"人治"间的关系,法家法治与现代法治之间的区别。

第二编 帝制时期的法律思想

第六章 正统法律思想的形成

一、学习目的与要求

重在了解秦汉魏晋南北朝期间法律思想的变迁,明了正统法律思想形成的过程及其必然性。

二、课程内容

1.1 秦汉之际政治社会思潮的变迁

1.1.1 法家思想命运由盛而衰的大转折。

1.1.2 汉初的黄老思想。

1.1.3 儒学在汉初的发展。

1.1.4 董仲舒的思想和儒学独尊。董仲舒应诏,奏上著名的"天人三策",得到武帝重视。董仲舒主天人交感说,发展出较系统的君权神授论,但同时希望以灾异说"天"降灾异来制约天子;提出"圣人之性""斗筲之性"和"中民之性"的性三品说,主张德主刑辅;坚持大一统。武帝从董仲舒所请,在中央政府设置五经博士,还为博士设立弟子员,通一经即可任命为官吏,通经入仕成为官吏之正途。在儒家学说的支配下,辅以法家的刑制,逐渐形成了正统法律思想。

1.2 两汉时期的经义决狱

1.2.1 经义决狱出现的背景。经义决狱,又称《春秋》决狱,即司法者用《春秋》经典的事例作为刑事判决的法源依据,尤其是碰到特别疑难的刑案,以《春秋》等儒家经义来比附论罪科刑。司法者通过"经义决狱",既可尊重祖宗成文法,又可迅速以意识形态规避成文法达到实际改造成文法之目的;在儒家被确立为国家的意识形态之后,儒家经典所蕴含的纲常伦理对于维护君权和等级社会的稳定非常有利。

1.2.2 董仲舒的经义决狱。从误伤己父案中,董仲舒根据《春秋》经义"原情定过,赦事诛意"而确立了"论心定罪"的司法原则,希望缓解汉代刑罚的严苛,减轻民众的苦痛。

1.2.3 汉代重要的经义决狱。通过"薛况之狱",双方都援引了《春秋》以及其他儒家经义,可见当时引经决狱风气之盛;在实际运用上非常欠缺确定性,争议各方从经义中各取所需,导致弊端迭出。

1.2.4 对经义决狱之评价。经义决狱随着法律儒家化在唐代的完成才最终从制度中退出历史舞台。董仲舒希望《春秋》能成为汉代的法典,缓解汉代法律的严苛。关于酷吏借经义决狱之名来取媚人主的问题,不能直接归咎于董仲舒。

1.3 魏晋时期"法律儒家化"进程的逐步展开

1.3.1 两汉魏晋时期以"引经注律"为特征的律学。汉儒根据儒家经义来研究、解释法律,即"以经注律",形成律学,故大儒不仅获得了成文法的法律解释权,而且对于后世的立法也颇有影响,是儒家思想进入法制领域的重要步骤。魏文帝下诏,各级法司断案时,只准用郑玄的章句,不得杂用余家;经卫觊建议,朝廷设置律博士,重点在立法领域开展法律儒家化。晋代杜预、张斐注《泰始律》,是汉魏以来法律之修订和注解之理论和实践的一次系统性总结。

1.3.2 张斐的法律思想。张斐法律思想的特色主要在于"以礼率律",从而对律进行整体性、系统性的研究和考察,在此基础上将法律儒家化和律学研究推向深入。在注律表中,张斐列举了二十个刑律名词并赋予其较准确含义;他极重视礼法结合、探求法后之理、灵活司法以追求"理直刑正"这一高远目标。

1.3.3 刘颂的法律思想。他认为法是"人君所与天下共者",而非其一人所私;其关注重点在司法,提出了帝制中国司法应有的三个层次,即"主者守文""大臣释滞"和"人主权断",对后世法制建设产生了深远影响;他还概括出传统中国类似于西方罪刑法定主义的一个原则:"律法断罪,皆当以法律令正文,若无正文,依附名例断之,其正文律例所不及,皆勿论。"

三、考核知识点与考核要求

(一)秦汉之际政治社会思潮的变迁

识记:① 黄老学派的思想主张;② 邹衍的"五德终始说";③ 董仲舒的"性三品"说。

领会:① 法家思想命运由盛而衰的大转折;② 董仲舒的灾异说;③ 汉初儒家学者对现实的妥协。

简单应用:① 董仲舒的德主刑辅论;② 董仲舒的《春秋》大一统主张。

(二)两汉时期的经义决狱

识记:① 经义决狱或《春秋》决狱;② "原心定罪"或"略迹诛心"。

领会:① 拾儿道旁案;② 误伤己父案;③ 薛况之狱。

简单应用:经义决狱出现的背景。

综合应用:对经义决狱的评价。
(三)魏晋时期"法律儒家化"进程的逐步展开
识记:① "引经注律";② 律博士;③ 杜预、张斐注《泰始律》。
领会:① 张斐对刑律名词的释义;② 张斐的"以礼率律"。
简单应用:① 张斐达致"理直刑正"目标的办法;② 刘颂"律法断罪,皆当以法律令正文,若无正文,依附名例断之,其正文律例所不及,皆勿论"。
综合应用:"主者守文""大臣释滞"和"人主权断"的三层次司法对帝制中国法制的影响。

四、本章重点、难点

重点是董仲舒的法律思想、经义决狱和魏晋律学的发展,难点是刘颂关于帝制中国司法三层次划分对后世的影响。

第七章 正统法律思想的主要内容

一、学习目的与要求

重点了解以《唐律疏议》为代表的正统法律思想主要内容以及理学思潮对帝制中国后期法思想的影响。

二、课程内容

1.1 正统法律思想的典范:《唐律疏议》的立法思想
《唐律疏议》的制定,"一准乎礼""以礼入法",标志着传统法律的儒家化过程基本完成;"礼之所许,律所不禁;礼之所禁,律亦不容"。《唐律疏议》成功完成了正统法律思想的制度化,为后来历代所宗奉。
1.1.1 纲常伦理的法律化。违反君为臣纲的犯罪行为集中体现在"十恶"中的谋反、谋大逆、谋叛和大不敬等行为;父为子纲强调的是孝,凡属不孝,《唐律疏议》都依据情节和危害之轻重,分别予以处罚;夫为妻纲体现在夫妻相殴、闻夫丧匿不举哀、居夫丧而嫁、离婚中的七出等条文中。唐以后的历代法典,以三纲五常为核心内容的伦理都是最重要的立法根据,构成了正统法律思想的核心内容。

1.1.2 维护社会等级特权。《唐律疏议》按照礼的原则和精神,将臣民划分为许多等级,进而规定各个等级的不同法律地位,赋予其各异的义务。其最著者是贵族、官僚的特权以及良贱之间的差异,具体表现为议、请、减、赎、官当等减轻或者免除刑罚处罚的规定,良贱异法等。

1.2 理学思潮与正统法律思想的强化

1.2.1 宋明理学概述。理学又称道学、宋学、新儒学等,是在以尽心诚意体认天理的基础上,来探究人、物之理,进而修身、齐家、治国平天下,最终达到赞天地之化育境界的学问,其重要理论命题是"理一分殊"。

1.2.2 宋明理学对正统法律思想的影响。主要表现在:第一,完成了正统法律思想的哲理化论证;第二,对儒家人性理论有所发展,更充分论证了德教和刑罚之间的关系。理学家提出天命之性和气质之性的观念,在法律思想上有从"德主刑辅"到"明刑弼教"的微妙变化。

三、考核知识点与考核要求

(一)正统法律思想的典范:《唐律疏议》的立法思想

识记:①《唐律疏议》的制定;②"一准乎礼";③ 三纲五常;④ 八议;⑤ 官当;⑥十恶。

领会:《唐律疏议》在法律史上的地位。

简单应用:① 贵族官僚在《唐律疏议》中特权的表现;②《唐律疏议》中的良贱异法。

综合应用:三纲在《唐律疏议》中的具体表现分析。

(二)理学思潮与正统法律思想的强化

识记:① 宋明理学及其代表人物;② 天命之性和气质之性;③ "德主刑辅"与"明刑弼教"。

领会:"理一分殊"。

简单应用:宋明理学对德教和刑罚间关系的影响。

综合应用:宋明理学对正统法律思想的影响。

四、本章重点、难点

重点是三纲在《唐律疏议》中的具体体现,难点是宋明理学对正统法律思想的影响。

第八章 明清之际的法律思想

一、学习目的与要求

着重了解明清之际法律思想有所创新的时代背景，黄宗羲关于法的新观念以及王夫之的立法、司法主张。

二、课程内容

1.1 黄宗羲的法律思想

《明夷待访录》是集中体现黄宗羲法律思想的著作。

1.1.1 抨击君主专制和限制君权。黄宗羲提出了"天下为主君为客"这一重要命题，主张限制君权，即重相、学校议政和地方分治。

1.1.2 以"天下之法"取代"一家之法"。维护君主专制的法律是"一家之法"，而非"天下之法"。"天下之法"因其疏阔，又称"无法之法"；"一家之法"出于君主防范猜忌臣民而生，又称"非法之法"。由此，他提出"有治法而后有治人"这一基本法制原则。

1.2 王夫之的法律思想

王夫之的法律思想以博大精深著称，集中体现于《读通鉴论》《宋论》《读四书大全》《黄书》《噩梦》等著作中。

1.2.1 以"夷夏大防"为中心的民族主义。华夷之辨是明亡之后王夫之全部著述中注目的中心问题，故有"孤秦陋宋"之论；他以血缘、地理环境等自然因素作为划分种族之标准，推演出华夏族的民族忧患意识，为在明清之际这个天崩地裂的大变局中探求华夏文化之精义，成就一代之制找到了坚实的根据。

1.2.2 立法以成就"一代之制"。他概括出"天下有定理而无定法"的结论，"定理者，知人而已矣，安民而已矣，进贤远奸而已矣；无定法者，一兴一废一繁一简之间，因乎时而不可执也"。他在考察历代治乱得失之后，认为成就一代之制需要良善的法制。良善的法制首先需要妥当的立法。要进行妥当的立法就需处理好法之变与常、简与繁之间的关系。只有把握法之精义，结合时势，创立简易必行之法，才有望所立之法是善法，也才有可能成就一代之制。

1.2.3 "任法"不如"任人"。"任法"不能保证所任之法是善法；普遍性的法不足以应对差异性的事；法的相对稳定性不足以应对社会中具体事情之不断变迁。"任人"则可在一定程度上减轻恶法之危害,尚能保持简易不移之法;"任法"则导致法律之烦琐且为小人所把持,"法"与"人"二者兼失。单纯的"任人"有其弊端,"任法"亦有其优长,故成就一代之制,最好的办法是"任人"配以简易不移之法。

1.2.4 成就"一代之制"的司法举措。人君治国要"任道",但"道"之中仍寓"法"之精义,此种精义是"严以治吏,宽以养民":一方面将"治吏"原则上升到历代治道核心内容的高度,另一方面,是将法家的"治吏"说内化到儒家的"养民"说中,赋予了"治吏"说崇高的目标和价值追求。各级司法官吏应在"明慎"和"不留狱"之间保持平衡。

三、考核知识点与考核要求

(一)黄宗羲的法律思想

识记:①《明夷待访录》;②"天下为主君为客";③"天下之法"或"无法之法";④"一家之法"或"非法之法"。

领会:黄宗羲限制君权的办法。

简单应用:黄宗羲法律思想与明清鼎革的关系。

综合应用:黄宗羲"有治法而后有治人"的含义和价值。

(二)王夫之的法律思想

识记:①《读通鉴论》和《黄书》;②"孤秦陋宋";③"天下有定理而无定法"。

领会:王夫之民族主义的内容与价值。

简单应用:① 立法者如何处理好法之变与常、简与繁之间的关系;② 为什么成就一代之制最好的办法是"任人"配以简易不移之法。

综合应用:作为帝制中国法制精义的"严以治吏,宽以养民"说的内容和价值。

四、本章重点、难点

重点和难点是黄宗羲"有治法而后有治人"和王夫之"严以治吏,宽以养民"说的内容和价值。

第三编 近现代中国的法律思想

第九章 近现代法律思想概论

一、学习目的与要求

重点了解中国近代社会转型的基本情况和法律思想也随之逐步转型的轨迹。

二、课程内容

1.1 中国社会从传统到近代的转型

1.1.1 近代前夕的中西社会情形。

1.1.2 近代中国学习西方的逐渐深化——器物、制度和文化。在器物学习阶段,魏源提出了"师夷长技以制夷"、洋务派"中体西用"思潮;制度学习阶段,大致包括从戊戌维新到辛亥革命、中华民国成立这一时期;之后即属于文化学习阶段,标志性事件为新文化运动。

1.2 中国近代法律思想发展之脉络

1.2.1 近代早期西方法的输入。

1.2.2 近代转型的中心任务——宪政和法治。近代社会大转型,是中华民族从传统向近现代的转变,其目标就是要建设一近代国家,而近代国家的基础在立宪政治,将确立宪政和法治原则。

1.2.3 中国近代法律思想演变综述。近代中国的法律思想就是那些先进的中国人为应对西方、西学和西法的全新"变局"而进行法律层面思考的结晶。随着对西方了解的加深,西学和西法传播的广泛和深入,这些思想家们从朦胧意识开始,逐渐主动寻求并紧紧抓住西学和西法中"宪政"和"法治"这两个紧密联系的中心话题,推动制度层面上的变革和法思想体系上的建设。

三、考核知识点与考核要求

（一）中国社会从传统到近代的转型
识记：① 社会转型；② "千年未有之变局"；③ "师夷长技以制夷"；④ "中体西用"。
领会：已步入王朝循环的衰落期的中国社会。
简单应用：近代中国学习西方由器物、制度到文化的逐渐深化。
（二）中国近代法律思想发展之脉络
识记：① 魏源及其《海国图志》；② 近代转型中宪政和法治。
领会：① 鸦片战争在法律方面的原因；② 近代早期西方法的输入。
简单应用：中国近代法律思想演变综述。

四、本章重点、难点

重点是中国近代法律思想演变综述，难点是近代中国的社会大转型。

第十章 洋务派的法律思想

一、学习目的与要求

着重了解洋务派在法律思想方面的核心内容及其在近代中国社会的影响。

二、课程内容

1.1 洋务派及其"中体西用"思想
冯桂芬在《校邠庐抗议》中提出"以中国之伦常名教为原本，辅以诸国富强之术"，张之洞在1898年撰成的《劝学篇》中，对"中体西用"思想作了全面系统的概括和总结。其核心思想是中国以纲常名教为核心的经世大法无不毕具，但应取西人制造之长以补我不足。"中体西用"是洋务派的思想体系，洋务派的法律思想是其中一部分。
1.2 张之洞的法律思想
张之洞"学兼汉宋"，代表性著作主要有：《书目答问》《劝学篇》和《江楚会奏变法三折》

等。在近代中国法律改革中,张之洞以其新旧兼述、实质上坚持守旧而成礼教派首领,成为中西法律冲突中的一方代表人物。

1.2.1 变而不失其道的变法观。反对民权,传统法律的体例、形式可变,支撑传统法制的根本——纲常名教不能变。

1.2.2 整顿中法与采用西法。整顿中法的具体内容包括:去差役、宽文法、省刑责、重众证、修监羁、教工艺、恤相验、改罚锾、设专官,均未超越儒家之仁政思想。采用西法的要旨在于定矿律、路律、商律、交涉刑律,即采用西方一些保护工商之法,即经济立法,以促进中国工商业的发展。

1.2.3 博采东西诸国律法,力求合于国家政教大纲。张之洞在晚清修律时期先是反对诉讼法草案,其理由主要是诉讼法违背中国固有法律之本原;如颁行该诉讼法,不但难挽法权,而且转滋狱讼;先制定诉讼法不合法律原理。后又反对《大清新刑律草案》,认为它违背了中国固有法律之本原,即君臣、父子、夫妇之伦,男女之别和尊卑长幼之序。

1.2.4 任法不如任人。晚清法律议案中涉及西方法治的内容,遭到他的严厉驳斥。他反对司法独立;反对罪刑法定,坚持比附援引;反对律师制、陪审制。

三、考核知识点与考核要求

(一)洋务派及其"中体西用"思想
识记:① 冯桂芬及其《校邠庐抗议》;② 洋务派。
领会:"中体西用"在中国近代思想史上的地位。
(二)张之洞的法律思想
识记:①《书目答问》《劝学篇》和《江楚会奏变法三折》;② 整顿中法与采用西法;③ 反对罪刑法定,坚持比附援引;④ 反对律师制、陪审制。
领会:变而不失其道的变法观。
简单应用:① 反对诉讼法草案的理由;② 反对《大清新刑律草案》的理由。
综合应用:反对司法独立的理由。

四、本章重点、难点

重点是张之洞在晚清法律改革时期的法律思想,难点是张之洞反对司法独立、罪刑法定和律师制、陪审制的理由。

第十一章 改良主义的法律思想

一、学习目的与要求

着重了解改良派思想家康有为、梁启超和严复在戊戌维新前后的法律思想及其晚年法律思想的变与不变。

二、课程内容

1.1 19世纪的社会改良运动和戊戌变法

甲午战争后有相当一批士大夫要求真正变法,表现为以"托古改制"的方式宣传西方民主政治,要求设议院、开国会、定宪法,以实行"君主立宪"。

1.2 康有为的法律思想

1.2.1 维新时期的"变法"思想。他写作了《新学伪经考》和《孔子改制考》,以"托古改制"的形式来宣传改制立法的变法主张,其变法的理论根据是公羊三世说,即现今中国由"据乱世"进入"升平世",再由"升平世"进入"太平世",因此要变法改制,实行君主立宪。其最高理想是实现大同太平世,为此撰写《大同书》。在戊戌变法期间,他主张设立制度局,等时机成熟再开国会制定宪法,并要求全面改革传统法律。

1.2.2 康有为晚年的法律思考。1913年他应门人弟子的邀请作《拟中华民国宪法草案》及按语,阐述他对近代宪政问题的思考。他认为中国现今只是据乱世向升平世过渡,只能推行君主立宪。及至辛亥革命后共和告成,他因其固有主张,加以海外阅历,依然认为应实行"虚君共和"或"共和爵国"。

1.3 梁启超的法律思想

1.3.1 "随时创法"之变法观。梁启超在戊戌前后以春秋公羊学说为理论工具,初步形成了"随时创法"的变法观。戊戌政变失败后流亡海外,更多地接触西方社会科学知识,进化论、民约论成为其变法思想的主要理论。

1.3.2 君宪与共和——梁启超的宪政观。他激烈而深刻地批判了君主专制,大力倡导立宪政治。对中国应实行何种国体,大体以辛亥革命为界,之前多主张君宪,之后则矢志捍卫共和。他坚持认为,国体一旦确立,不能轻易变更。终其一生,他一直秉持只有在现行国体基础上进行变法工作才能真正推动社会进步。既然中国不可革命,只能改革,那就要将宪政真正落到实处。抓住宪政这个中心,这是梁启超同前此洋务派的区别关键所在。在他看来,只有推行宪政,不管是在君主国体还是在共和国体之下,才是真正的改革。

1.3.3 "民权"与"法治"。专制政治与立宪政治之别主要在于政府是压制民权还是发展民权,要立宪必须兴民权,要兴民权,必须要法治,故"法治主义是今日救时唯一之主义"。法并不只是规则或法条的集合体,法治也不仅仅是规则或法条的陈设,更重要的是这些规则或法条能够切实得到遵守,成为民众社会生活的一部分。

1.3.4 "立法"与"司法"。在立法方面,他告诫立法者:当求以法范人,不可对人制法;法案之草创及修正,其精神系统不可紊也;立法非以为观美也,期于行焉。1913年他代表进步党拟定了一个宪法草案,有国民特会、国家顾问院和法律等三部分独特之处,专门拟定"法律"一章,以名立法之程序,可见他对于立法的特别重视。1914年他针对民初司法时弊,提出《司法计划书》。民初政局混乱,社会黑暗,惟司法尚有可称道者,与像梁启超这样的热心司法人士所做努力分不开。

1.3.5 地方自治。地方自治是欧美各立宪国之基础,早在湖南宣传变法之时,梁启超的演说或举措即包含西方地方自治之精神;在《政闻社宣言书》中归纳出在当时中国实行地方自治的几大好处;在晚年的《欧游心影录》中,有"自治"专节。

1.4 严复的法律思想

严复的政治法律思想,主要反映在一系列政论文章和他在翻译西方名著时所撰写的按语中。作为近代中国最重要的启蒙思想家,严复精通英文,通过实地接触和认真翻译西方政治法学著作,形成了一套以"变法"和"法治"为中心的法律思想;在他的"法治"主张中,严复强调了自由和民权对当时中国的重要意义,对西方政治法律观念的传播起到了重要作用。

1.4.1 严复的变法思想。其维新变法思想多以天演论为根据,法律要符合"物竞天择"之原理,应随时而变。不仅洋务派之变法不足以称为真变法,就是晚清预备立宪,如果抓不住分权之大趋势、大关节,也是无效之举。变法非易,但要抓住本原来变。本原有三:鼓民力、开民智、新民德。从地方自治入手以新民德,从改革人才选拔制度入手开民智,从废除陋习入手以鼓民力,是严复在戊戌前后变法思想的核心内容所在。较之此一时期康梁侧重改革上层政治制度的变法方案,严复提供了另外一条变法思路。

1.4.2 严复的自由与民权观。自由之中,尤其重要的是思想言论自由。为了充分阐扬自由的意义,他才选择翻译了《群己权界论》(即穆勒之《论自由》)。他认为,自由乃西方文化之精髓,中国需要引入自由,但中国国族危机深重,需要在一定程度上减损个人自由以维护国族自由,但这是通过新民德之后国民之自由选择,绝不能让当权者主动以国族自由为名以取消个人自由。自由的根本在于权利,尤其是民权。只有立宪之后,有切实的制度保障,才有以自由为核心的民权之可言。这种制度保障之内涵,就是励行法治。

1.4.3 严复的法治观。他认为法治不单纯是简单地以分权制衡为基础展开的立法、司法和行政等的依法行事,而更关键的还在于通过推行地方自治以新民德,由此,赋予地方自治在法治中以基础地位。

三、考核知识点与考核要求

（一）19世纪的社会改良运动和"戊戌变法"

识记："戊戌变法"。

领会："托古改制"。

简单应用：甲午战争对近代士大夫思想方面的巨大冲击。

（二）康有为的法律思想

识记：①《新学伪经考》；②《孔子改制考》；③《大同书》；④《拟中华民国宪法草案》；⑤公羊三世说。

领会：①戊戌时期要求君主立宪的理论根据；②"虚君共和"或"共和爵国"。

简单应用：以"托古改制"方式宣传变法维新的利弊得失。

综合应用：《拟中华民国宪法草案》在立法和司法方面的设计创见。

（三）梁启超的法律思想

识记：①《变法通议》；②《司法计划书》；③"随时创法"之变法观。

领会：①对国体之看法；②对改革与革命的看法。

简单应用：①对立法者的告诫；②代表进步党拟定的宪法草案的独特性；③对先秦法家缺失的归纳和法治主义通有短处的认识；

综合应用："法治主义是今日救时唯一之主义"。

（四）严复的法律思想

识记：①包括《天演论》在内的八大名著；②"物竞天择，适者生存"。

领会：①鼓民力、开民智、新民德；②"夫自由一言，真中国历古圣贤之所深畏，而从未尝立以为教者也。"

简单应用：地方自治的基础性地位。

综合应用：国族自由与个人自由的关系。

四、本章重点、难点

重点是梁启超关于政治家与国体关系、法治主义的论述，难点是康有为关于"虚君共和"或"共和爵国"的主张和严复关于个人自由与国族自由关系的认识。

第十二章 礼法之争和沈家本的法律思想

一、学习目的与要求

了解晚清变法修律过程中礼法两派论争的过程、争论的实质及其所产生的影响,作为修律主持者沈家本法律思想的主要内容和历史地位。

二、课程内容

1.1 晚清法律改革

晚清法律改革是中国法律由古代向近代演进的改革,在中国法律史上占据着十分重要的地位。由改革而引发的新与旧、中与西两种法文化的矛盾交织进行,影响深远。自1902年清廷任命沈家本、伍廷芳担任修订法律大臣起,至1911年清王朝被推翻,历时十年。朝廷改革宗旨,初期重在取西法之长补中法之短,偏于西法之采用,颇有开明之面。迨统治危机稍逝,则强调法律"本乎礼教",三纲五常"为数千年相传之国粹",趋于保守。

1.1.1 对《大清律例》的改造。旧律改造的最终成果是《大清现行刑律》的颁行。《大清现行刑律》,虽仍未完全脱离传统法律的窠臼,但它集晚清旧律改革之大成,已掺进了部分西法内容,是清王朝正式立宪前的现行法。

1.1.2 外国法典和法学著作之翻译。法律改革者十分清楚并重视翻译工作的重要性,故10年之内,大体上把当时主要西方国家的主要法典,均翻译成中文。这为新法律的起草铺平了道路,也为西方法律在中国的传播创造了条件。

1.1.3 制定新法律。晚清所立新法,最初是为了规范因时代变化而出现的新社会问题。1906年宣布仿行立宪后,则专力于制定为将来君主立宪所应施行的新律草案,其所制定的新法律涵盖商法、民法、宪法、诉讼法、刑法等绝大多数部门法领域,著有《钦定大清商律》《大清刑事民事诉讼法草案》《法院编制法》《违警律》《大清新刑律》《大清民律草案》《钦定宪法大纲》《十九信条》等。

1.2 法律改革中的礼法之争

晚清法律改革是在西方法文化的巨大冲击之下中国传统法律近代转型的开端,中西两种异质法文化冲突异常激烈。礼法之争,基本上就是这种冲突的外在表现。

1.2.1 礼法之争概述。礼法之争中的礼指礼教,法指法理。前者是传统法律思想,以维护宗法家族制度,进而维护整个君主专制制度为目的。后者是近代法律思想,以维护

"人权"为号召。当时也有人称礼教派或礼派为家族主义派、国情派,称法理派或法派为国家主义派、反国情派。又由于法派首领为沈家本,故又有沈派和反沈派之说。它大致可分四阶段:第一阶段是围绕《刑事民事诉讼法》草案的争议,其余三阶段是围绕《大清新刑律》展开的,争议机构主要分别发生在修订法律馆、宪政编查馆和资政院。礼法之争实质上是清末整个修律的指导思想的一次大争论,也是中西法律文化的一次大冲突。

1.2.2 礼法之争核心内容举例。争论的具体问题包括干名犯义、犯罪存留养亲、亲属相奸、亲属相盗、亲属相殴、故杀子孙、杀有服卑幼、妻殴夫夫殴妻、发冢、犯奸和子孙违反教令,尤以最后两个问题争论最为激烈。

1.2.3 国家主义与家族主义之争。国家主义是与家族主义相对立的法理派的法律思想,在资政院议场议决新刑律时,由杨度提出。杨度认为,根据进化论,一切国家都有家族制度的阶段,但无论早迟,都要进化到国家主义阶段。中国就是国家主义发达很迟的国家。为迎头赶上,从国家的前途出发,必须将国家主义作为改定法制的宗旨。新刑律正是按照这个宗旨,减少了家族制度的条文,使之向国家主义转变。中国家族主义法律理论由劳乃宣提出,基于类型说,农桑、猎牧、工商三种经济类型,产生三种类型的风俗礼教政体,从而产生出家法、军法、商法三种类型的法律。中国法律属于家法类型,西方法律属于商法类型,无所谓高下之别。当前中国需要的是"行立宪政体,人人得预闻国事,是以人人与国家休戚相关""本乎我国固有之家族主义,修而明之,扩而充之,以期渐进于国民主义,事半功倍,莫逾乎是。"

1.3 沈家本的法律思想

在近代中国,在法律上承先启后,媒介中西法律,从而为中国的法律近代化奠定基础者,当首推沈家本。在法律思想上,他主要受先秦儒家、法家和西方法学三个方面的影响,希望能将三者融会贯通,构建一能与当时中国社会相适应的新"法治"。其主要著作有《历代刑法考》《寄簃文存》等。

1.3.1 治国强国的法律救国论。沈家本在研读旧律的同时,早就究心对外的法律问题。他的"法律救国"思想即种根于此,保定教案更刺激他强化了此种信念。沈家本一生不以利禄为念,为了中国的兴盛而致力于法律之学,尽管这未能挽救中国的危亡,但它促进了中国社会的进步。

1.3.2 儒家仁政与人道主义思想。沈家本一生治律,兼治经史,融经史于律,其思想核心就是儒家仁政和西方的人道主义。他用儒家"仁政"评判历代法制、君主和执法者,通过这种评判,论证必以"仁"为标准,对旧律进行全面的审查,把"仁"作为改造旧律、制定新律的标准。沈家本在新律制定的过程中,吸收新知,从儒家"仁政"过渡到近代西方人道主义。

1.3.3 酌古准今,融会中西。作为传统官僚士大夫、清王朝的修订法律大臣,沈家本力主采取西法,以寻求新的"治道",以救国富国强国,他不会也不可能使中国法律全部西化,只能是新旧兼收,中西并蓄,为我所用。会通中西,是旧法不适用,西法又不能全部取代旧法的必然结果。通过会通中西,使中国法律走出传统窠臼,这是沈家本主持修律的理想,也是他主持修律的功绩。

1.3.4 中西法律的融会点——法理。他认为,中西法律法学都有各自的法理。双方法理尽管不完全相同,但总逃不出"情理"二字。用"情理"概括法理大要,并由此入手,贯通中西法学,则是他的独到之处,其代表性论文《论杀死奸夫》就是运用"情理"来分析具体法制的作品。"法理"或"法律之原理",主要指贯透于法律中的"义、序、礼、情",即法律的公平性、罪刑相当、人伦之理、人性之所应有。

1.3.5 沈家本的法治(Rule of Law)理想。他认为中国自古就有的法治,与西方法治"颇相似",相似在"以法治国""使法择人""使法量功"等表面形式上,但这无法掩盖二者的"宗旨",亦即精神内核的天渊之别,先秦法治是"以刻核为宗旨,恃威相劫,实专制之尤"。模范列强,制定"宪政"之法;在"宪政"之法的规范下,实行司法独立;开展现代法学教育,养成现代法律人。这就是沈家本晚年致力法律改革的理想。

三、考核知识点与考核要求

(一) 晚清法律改革

识记:① 晚清法律改革的两阶段;②《大清现行刑律》与《大清新刑律》;③《大清民律草案》;④《钦定宪法大纲》与《十九信条》。

领会:① 对《大清律例》的改造;② "参酌各国法律,首重翻译"。

简单应用:晚清法律改革的主要内容。

综合应用:晚清法律改革的历史意义。

(二) 法律改革中的礼法之争

识记:① 礼法之争的含义;② 劳乃宣的家族主义;③ 杨度的国家主义。

领会:① 礼法之争的四个阶段;② 礼法之争所涉及的 11 个具体问题。

简单应用:① 礼法之争中的犯奸问题;② 礼法之争中的子孙违反教令问题。

综合应用:① 评述杨度的国家主义立法理论;② 评述劳乃宣的家族主义立法理论;③ 礼法之争的实质和影响。

(三) 沈家本的法律思想

识记:①《历代刑法考》和《寄簃文存》;② 治国强国的法律救国论;③《论杀死奸夫》。

领会:中西法律的融会点——法理的"情理"内涵。

简单应用:沈家本酌古准今、融会中西的法律观。

综合应用:沈家本的法治(Rule of Law)理想。

四、本章重点、难点

重点是礼法之争和沈家本的法治(Rule of Law)理想;难点是杨度的国家主义和劳乃宣的家族主义立法理论的评析、沈家本融合古今中西的法律观。

第十三章　革命派的法律思想

一、学习目的与要求

了解革命派法律思想的特点以及作为革命派代表人物孙中山和章太炎法律思想的主要内容。

二、课程内容

1.1　革命派的法律思想综述

革命派为了推翻帝制,唤醒国人,对君主专制制度及其背后的思想和意识形态进行了批判。在法律和法律思想领域里,他们以"天赋人权""自由、平等、博爱""法律面前人人平等"为尺度,来评判传统的法律和司法,激励人们起来推翻君主专制,废除维护专制的传统法制,主张建立与共和国相匹配的新法律制度。

1.1.1　民权至上。革命派以民主主义为武器,明确提出主权在民的观点,"天下至尊至贵不可侵犯者,固未有如民者也"。

1.1.2　宪法为国民之公意,主张共和宪政。革命派认为宪法和其他所有法律应当出自国民"公意",不推翻专制政体,即使改革法律,也改变不了传统法律和法制的专制本质。

1.1.3　对传统纲常伦理的批判。传统社会的"礼","非人固有之物,此野蛮时代圣人作之以权一时",批判礼教使人丧失最高尚的自由平等资格。批判"君为臣纲"是专制君主压制人民的工具;"父为子纲"养成子女的奴性,酿造了无数人间惨剧;在"夫为妻纲"之下,"妇女出入无自由,交友无自由,婚姻无自由,非顺从家主,不得其所欲""还依然黑暗沉沦在十八层地狱"。

1.2　从法治到党治:孙中山的法律思想

清末民初,先进知识精英们的理想,是建设一个现代法治即民主法治的中国。孙中山是当时最具现代意识的领袖和思想家,是这种民主法治的最早追求者。但是,在民国初年的特定环境中,他由这种法治的追求者变为党治的倡导者。

1.2.1　民主法治的追求者。他在伦敦蒙难后所发表的《中国的司法改革》一文激烈批判了清代法律与司法,随后第一次明确指出:"夫法律者,治之体也。权势者,治之用也。体用相因,不相判也"。为把中国建设成现代法治国家,他很早就留意探讨世界各国的法治经验,以资借鉴。他结合中西,创造了五权宪法,建立了现代中国的法律体系。

1.2.2 三民主义理论和五权宪法构想。"三民主义"是民族主义、民权主义和民生主义的总称,经历了由旧三民主义到新三民主义的巨大变化,是孙中山法律主张的理论基础和指导思想。为实现三民主义,孙中山规划了革命三阶段论,即整个国民革命阶段分为"军政""训政""宪政"三个时期,分别实行"军法之治""约法之治"和"宪法之治",其中"训政"时期是由"军政"进入"宪政"的不可逾越阶段。其"五权宪法"是以人民掌握政权、政府实施治权的权能分治学说为直接依据,即人民有四权:选举权、罢免权、创制权和复决权,政府治权有五:在行政权、立法权、司法权之外,再加上考试权和监察权。以"五权分立"为基本内容的宪法,叫"五权宪法"。他立足本国,探究国情,吸收西方经验,甄采传统,以建设超越西方国家的现代国家的求索精神,值得称道。

1.2.3 "党治"理论的倡导者。孙中山党治思想的"发端",应在宋教仁遇刺后。他渐渐意识到一个组织严密的革命党对于建立和保障民国的重要意义,思想开始由西方议会政党政治向一党制转变。其要点包括:担负中华民国治理责任的政党必须且只能是国民党;"以党治国"的基本要求是用三民主义统一国人的思想,是"党义治国",而不是"党员治国";"训政"时期应由国民党担负起"训导"国民行使"政权"的责任,同时强调"训政"的最终目的是还政于民。

1.2.4 南京国民政府的"党治"。孙中山生前,其"党治"还是理想,没有具体的制度设计,由蒋介石、胡汉民主导的南京国民政府付诸实践。

1.3 专以法律为治:章太炎的法律思想

章太炎以古文经学家的身份,投身推翻帝制的民主革命,其思想非常复杂深刻。在法治问题上,同样显示了他的这种深刻性和复杂性。民主法治的建立需要长时间的打造,专制法治不可能因为武昌起义的一声枪响而变为民主法治。这是章太炎"专以法律为治"的法治赖以产生的真正原因,也是帝国倒塌民国建立而没有出现民主法治的根本原因。

1.3.1 专以法律为治,反对人治和人法兼治。中国历代法律,"宽平无害者"是五朝之法。主张以五朝之法为主干,再略采他方诸律,互相糅合,就可以制定出既能"庇民",又可"持国"的好法律。

1.3.2 反对专制和代议制。他反对专制,主张共和,认为共和政体是所有政体中祸害最轻的政体,但是他同时也反对西方的代议制,反对建立在代议制之上的君主立宪和民主立宪,并为此而专门撰写《代议然否论》长文。其主要理由有三:代议乃封建遗制,不适合平等社会;代议政体不适合中国国情;议员不能代表民意。

1.3.3 "分四权"与"置四法"。分四权,即行政、立法、司法三权外,再加上教育权;置四法,即均配土田,使耕者不为佃奴;官办工厂,使佣人得分赢利;限制相续(继承),使富者不传子孙;公散议员,使政党不敢纳贿。主要宗旨是"抑强辅微""抑官伸民""抑富振贫",防止贫富悬殊和防止官僚资本垄断国计民生。

1.3.4 中华民国成立后的法治方案。"革命军兴,革命党消"是武昌起义爆发后,章太炎提出的口号。面对现实,他有所迁就,部分修正了其法治方案,比如对代议制不再做公开激烈批评。"三权分立之说,现今颇成为各国定制,然吾国于三权而外,并应将教育、纠察二权独立。"民国乱局,其法治方案根本无从予以实施。

1.3.5 军阀割据下的联省自治。"民国成立以来,九年三乱。"军阀争夺中央权力,是内乱外患的根源。面对这种现状,他主张各省自治和虚置中央。他倡导的各省自治、联省自治,真诚爱国,用意良苦。但极易为地方军阀割据所用,几年时间后便烟消云散。

三、考核知识点与考核要求

（一）革命派的法律思想综述

识记：①"天下至尊至贵不可侵犯者,固未有如民者也"的主权在民思想；② 宪法为国民之公意。

简单应用：革命派的法律思想的主要内容。

综合应用：综合评价革命派对纲常伦理的批判。

（二）从法治到党治：孙中山的法律思想

识记：① 三民主义；② 五权宪法；③ 权能分治；④ 革命三阶段论；⑤ 训政期限。

领会：① 新旧三民主义内容比较；②《中国之司法改革》；③ "夫法律者,治之体也。权势者,治之用也。"

简单应用：① 民主法治思想的内涵；② 五权宪法和权能分治理论评析；③ 党治理论内涵。

综合应用：从民主法治转向党治的原因和影响。

（三）专以法律为治：章太炎的法律思想

识记：① 作为"宽平无害者"的五朝之法；②《代议然否论》；③ "分四权"与"置四法"。

领会：① 章太炎反对代议制的理由；② "分四权"与"置四法"的主要宗旨。

简单应用：专以法律为治,反对人治和人法兼治的理由。

综合应用：章太炎法律思想深刻性和复杂性的根源。

四、本章重点、难点

重点是孙中山法律思想从民主法治转向党治的过程和影响,难点是章太炎专以法律为治的法律思想。

Ⅳ 关于大纲的说明与考核实施要求

一、自学考试大纲的目的和作用

《中国法律思想史》课程自学考试大纲是根据专业自学考试计划的要求，结合自学考试的特点而确定。其目的是对个人自学、社会助学和课程考试命题进行指导和规定。

该课程自学考试大纲明确了课程学习的内容以及深广度，规定了课程自学考试的范围和标准。因此，它是编写自学考试教材和辅导书的依据，是社会助学组织进行自学辅导的依据，是自学者学习教材、掌握课程内容知识范围和程度的依据，也是进行自学考试命题的依据。

二、课程自学考试大纲与教材的关系

《中国法律思想史》课程自学考试大纲是进行学习和考核的依据，教材是学习掌握课程知识的基本内容与范围，教材的内容是大纲所规定的课程知识和内容的扩展与发挥。

三、关于自学教材

《中国法律思想史》，全国高等教育自学考试指导委员会组编，李启成编著，北京大学出版社 2018 年版。

四、关于自学要求和自学方法的指导

本大纲的课程考核要求是依据专业考试计划和专业培养目标而确定的，明确了课程的基本内容以及对基本内容掌握的程度。考核要求中的知识点构成了课程内容的主体部分。

为有效地指导个人自学和社会助学，本大纲已指明了课程的重点和难点，在章节的考核要求中一般也指明了章节内容的重点和难点。

本课程共 4 学分。

考生先应仔细通盘阅读考试大纲和教材。在此基础上，明确本课程的重点所在，即社会剧变时期，思想家面对社会乱局，希望能找到一条拨乱反正达致太平的方略，这种方略在法律方面的体现就是该思想家或者说该学派法律思想的主要内容。中国史上的社会剧变时期主要是春秋战国和晚清以来的近代，故春秋战国时期法律思想内容的重点是儒家和法家的法思想及其争议，晚清以来的近代法律思想内容的重点是围绕修订法律而爆发

的礼法论争。把握了这个重点,其他法律思想的学习即会相对容易和顺畅。

关于如何学习这些重点内容。有两个思路可供考生参考:一是注重对代表人物的学习。思想的主体是人,即便是流派的法律思想也是由其代表人物的法律思想所体现出来的。二是认真阅读重点章节的参考阅读材料。参考阅读材料都是关于思想家著述的第一手材料。

总之,中国法律思想史作为一门独立的法学学科,有较为完整的内容体系结构,各个章节之间有极为密切的内在联系,尽管有重点和难点,但读者尤其是考生必须逐章逐节地阅读,熟悉其基本内容。本书内容所论述的大多是中国法律思想史上的一些基本问题,各个章节都有可能是考试内容。再者,本教材内容具有较强的整体性,要答好一个问题,不仅要注重这个问题本身,又需要联系与此相关的其他相关问题,所以只有认真阅读本教材和大纲,在此基础上深入理解,融会贯通,将来遇到什么样的考题都能从容不迫,有条不紊。考题虽有变化,但终归万变不离其宗。

五、应考指导

1. 如何学习

很好的计划和组织是你学习成功的法宝。考试前一两天可以看着教材目录,尤其是重点章节,回忆各该章的主要内容及思路,对于识记部分记住了没有,理解的地方有没有自己的理解,是否能够综合运用相关知识来回答论述题。如果脑子里没有特别清晰的印象,立即打开教材和大纲,有针对性地补充和完善。

2. 如何考试

卷面整洁非常重要。书写工整,段落与间距合理,卷面赏心悦目有助于教师评分,教师只能为他能看懂的内容打分。要回答所问的问题,而不是回答你自己愿意回答的问题!避免超过问题的范围。

3. 如何处理紧张情绪

正确处理对失败的惧怕,要正面思考。如果可能,请教已经通过该科目考试的人,问他们一些问题。做深呼吸放松,这有助于使头脑清醒,缓解紧张情绪。考试前合理膳食,保持旺盛精力,保持冷静。

六、对社会助学的要求

一般而言,学习重点章节所需要的时间和投入的精力更多,次重点章稍微少一点,一般章节再略微少一点,具体建议如下:

第一章 西周的法律思想 3学时
第二章 儒家法律思想 6学时
第三章 墨家法律思想 2学时
第四章 道家法律思想 2学时
第五章 法家法律思想 6学时

第六章　正统法律思想的形成 4 学时
第七章　正统法律思想的主要内容 4 学时
第八章　明清之际的法律思想 4 学时
第九章　近现代法律思想概论 2 学时
第十章　洋务派的法律思想 3 学时
第十一章　改良主义的法律思想 5 学时
第十二章　礼法之争和沈家本的法律思想 6 学时
第十三章　革命派的法律思想 4 学时

以上只是一般情况。如果考生想取得好成绩,还应在学习完下一章节后想想本章内容与前面所学章节之关系,在学习完毕后,对中国法律思想的演变轨迹及其特征有一个宏观的把握,争取在思考微观问题时有宏观视野作指导,在回答宏观问题时有微观知识论证思路。

七、对考核内容的说明

1. 本课程要求考生学习和掌握的知识点内容都作为考核的内容。课程中各章的内容均由若干知识点组成,在自学考试中成为考核知识点。因此,课程自学考试大纲中所规定的考试内容是以分解为考核知识点的方式给出的。由于各知识点在课程中的地位、作用以及知识自身的特点不同,自学考试将对各知识点分别按四个认知(或叫能力)层次确定其考核要求。

2. 在考试之日起 6 个月前,由全国人民代表大会和国务院颁布或修订的法律、法规都将列入相应课程的考试范围。凡大纲、教材内容与现行法律、法规不符的,应以现行法律法规为准。命题时也会对我国经济建设和科技文化发展的重大方针政策的变化予以体现。

八、关于考试命题的若干规定

1. 本课程为闭卷笔试,考试时间为 150 分钟,满分 100 分。

2. 本大纲各章所规定的基本要求、知识点及知识点下的知识细目,都属于考核的内容。考试命题既要覆盖到章,又要避免面面俱到。要注意突出课程的重点、章节重点,加大重点内容的覆盖度。

3. 命题不应有超出大纲中考核知识点范围的试题,考核目标不得高于大纲中所规定的相应的最高能力层次要求。命题应着重考核自学者对基本概念、基本知识和基本理论是否了解或掌握,对基本方法是否会用或熟练。不应出与基本要求不符的偏题或怪题。

4. 本课程在试卷中对不同能力层次要求的分数比例大致为:识记占 20%,领会占 30%,简单应用占 30%,综合应用占 20%。

5. 要合理安排试题的难易程度,试题的难度可分为:易、较易、较难和难四个等级。

每份试卷中不同难度试题的分数比例一般为:2∶3∶3∶2。必须注意试题的难易程度与能力层次有一定的联系,但二者不是等同的概念。在各个能力层次中对于不同的考生都存在着不同的难度。在大纲中要特别强调这个问题,应告诫考生切勿混淆。

6. 该课程考试命题的题型一般有单项选择题、多项选择题、名词解释题、简答题与论述题等题型。请参见题型举例。

附录 题型举例

一、单项选择题：在每小题列出的备选项中只有一项是最符合题目要求的,请将其选出。

1. 提出"有治法而后有治人"这一思想命题的人是
   A. 孟子　　　　B. 荀子　　　　C. 董仲舒　　　　D. 黄宗羲
2. 晚清法律改革的旧律改革成果是
   A.《大清新刑律》　　　　　　　　B.《大清民律草案》
   C.《暂行新刑律》　　　　　　　　D.《大清现行刑律》

二、多项选择题：在每小题列出的备选项中至少有两项是符合题目要求的,请将其选出,错选、多选或少选均无分。

1. 孙中山的法律主张包括
   A. 三民主义　　B. 权能分治　　C. 五权宪法　　D. 党治
   E. 明刑弼教
2. 主张法律的制定与施行应考虑道德因素所发挥作用的思想家有
   A. 孔子　　　　B. 荀子　　　　C. 商鞅　　　　D. 韩非
   E. 董仲舒

三、名词解释题

1. 德主刑辅
2. 《唐律疏议》

四、简答题

1. 法家法律思想中的人性论前提是什么?
2. 简述沈家本法律救国论的主要内容。

五、论述题

1. 评述王夫之"严以治吏、宽以养民"的法律主张。
2. 评述晚清法律改革对近代法律转型的作用和影响。

后 记

经全国高等教育自学考试指导委员会同意,由法学类专业委员会负责高等教育自学考试法律专业大纲的审定工作。

法律专业《中国法律思想史自学考试大纲》由北京大学法学院李启成教授编写。南京大学法学院张仁善教授、中央民族大学法学院宋玲教授、清华大学法学院聂鑫教授三人对本大纲进行了认真审定,法学类专业委员会秘书长王磊教授同时参加了审定工作,经过认真讨论,提出了一些修改意见。针对修改意见,由李启成教授再一次对大纲内容进行了修改和完善后定稿。

对于编写和审定人员付出的辛勤劳动,在此表示一并感谢!

全国高等教育自学考试指导委员会
法学类专业委员会
2017 年 12 月

全国高等教育自学考试
法律专业

中国法律思想史

李启成　编著

编 写 说 明

本书作为全国高等教育自学考试指定教材,比较完整、系统地阐述了中国法律思想几千年来的演变过程和主要内容,有如下显著特点:

第一,在内容上,重其所重,轻其所轻。中国法律思想史是"思想"的历史,"思想"为人所独具,而人的思想以社会转型期最为丰富多彩。因此,社会转型期思想家的思想一般都是思想史的重点,法律思想史自不例外。中国社会发展至今,有两次最大的转型期,即春秋战国和1840年鸦片战争以后的近现代。因此,本书突出这两个时期的法律思想,是谓重其所重。这两个转型期的主要法律思想论争,先秦时期主要表现为儒法之争,晚清民国时期则是礼法之争。故本课程的重点章分别是第二、五、八、十、十一、十二和十三章。从公元前221年秦王朝建立至1840年鸦片战争爆发,是中国漫长的君主专制社会。在这期间,社会定型,思想相对凝固。在法律思想领域,原创性思想较少,阐说前人思想较多。因此,本书减少这一时期的内容,是谓轻其所轻。

第二,尽量吸收本学科的前沿知识和权威论断。最近一二十年的时间,中国法律史学界的学术研究进展很大,出现了一些富有说服力的研究成果,这主要得益于一些新材料的发掘和新研究方法的借鉴和运用。鉴于此,编著者尽量吸收这些最新的研究成果,力争在本教材中有所反映;但又不是为求新而求新,还充分照顾到相关论述在学术上的严谨性和权威性。

第三,引文尽量用白话表述。本书正文对古文献资料的引文,除少量需要用原文表述者之外,大部分引文都尽量口语化,以方便读者理解,提高其学习兴趣。

第四,注意重点章后的阅读材料。读书学习,尤其是史学,注重有一分证据说一分话,追求独立思考。但独立思考必须是建立在材料和证据的基础上才有可能,否则即沦为臆想、化为私见。所以,编著者选择了一些思想家关于法思想最有代表性的论述作为重点章节的阅读材料,让读者能更好地理解正文。

第五,需要着重说明的是,中国法律思想史作为一门独立的法学学科,有较为完整的内容体系结构,各个章节之间有极为密切的内在联系,尽管有重点和难点,但读者尤其是考生必须逐章逐节地阅读,熟悉其基本内容。本书内容所论述的大多是中国法律思想史上的一些基本问题,各个章节都有可能是考试内容。再者,本教材内容具有较强的整体性,要答好一个问题,不仅需要注重这个问题本身,还需要联系与此相关的其他问题,所以只有认真阅读本教材和大纲,在此基础上深入理解、融会贯通,才能无论将来遇到什么样的考题都能做到从容不迫、有条不紊。考题虽有变化,但终归万变不离其宗。

第一编　先秦法律思想概述

夏、商及其更早的炎黄、尧舜禹时期，因"文献不足征"的缘故，今日仍不能确定当时礼乐政刑思想的产生和具体内容，学者们根据少量保存下来的古籍、考古资料以及人类学的相关研究，认为此一时期的法律思想为神权法思想，刑罚的残酷性和任意性是其重要表现，也有"刑起于兵"的观点，即部落征战产生了最早的刑罚。本书借鉴胡适先生写《中国哲学史大纲》"截断众流"的做法，径自从周代讲起。当然在适当的地方，有材料和学术研究成果可据，也会进行相应的追溯。需要指出的是，早期的神权法对于形塑中华法制文明有很大影响，对理解后来西周、春秋战国、秦汉的法律思想的演进提供了不可多得的线索。

夏、商、周被称为"三代"，标志着中国史前时代的结束和文明时代的开始。尽管因年湮代远，史学家还不能对夏代的历史有清晰的了解，但可以断定，位于今山西、河南境内的夏部落通过征讨周围那些不服从其命令的部落而大致在公元前21世纪前后建立了中国第一个王朝。[①] 经十四世，传十七帝[②]，历四五百年。因为夏桀的残暴统治，位于黄河中下游的商部落兴起，在其首领汤的率领下，成功革了夏之命，建立了中国史上第二个王朝——商。商经十七世三十一帝[③]，到公元前11世纪中期商纣统治时期，其天下共主地位被原活动于渭水流域的周部落取而代之。周以西方部落成为天下共主，疆域扩大甚多，遂从武王时即开始封邦建国，实行分封制；其弟周公姬旦，制礼作乐，建立了各项典章制度。三代之中，文治于斯为盛。经夏、商、周三代之发展演进，周代奠定了几千年中华文化的基础。

周代自建国伊始，统治者为王朝之长治久安，产生了忧患意识，文化逐渐走出神权思想的笼罩，大力向世俗化和人文化方向演进，形成了"以德配天"和"明德慎罚"的法律思想，非常有助于周王朝的长治久安。

公元前771年，犬戎攻破镐京，第二年，周平王在郑、秦等诸侯国的拥戴下匆匆东迁洛邑，继承了西周王室的血脉，史称东周。中国进入了有史以来最为纷乱和动荡时期——春秋战国时代。固有秩序的危殆和礼乐制度的崩坏已成为当时天下各国急需应对的问题，周室难以复振，终于导致了各诸侯国争霸局面的出现。在这一时期，"学在官府"的局面渐

[①] 比如夏王启之时，诸侯有扈氏叛，夏启亲征，占于甘地之野（今洛阳东南），在战争之前，夏启誓命将士，作《甘誓》，成为《尚书》之一篇。
[②] 《史记·夏本纪》，载司马迁撰：《史记》（第一册），中华书局1959年版，第49—90页。
[③] 《殷卜辞中所见先公先王续考》，载王国维：《观堂集林》，河北教育出版社2003年版，第228—230页。

渐被打破，诸子百家相继登台，为了重建秩序，他们都提出了能自圆其说的思想主张，其中儒、墨、道、法最为著名。到战国晚期，法家思想的影响越来越大。秦国更在法家思想的主导下消灭了其他诸侯国，完成了中国的统一。中国由此进入了帝制时期。

第一章　西周的法律思想

太古之世，无所谓政治和法律，有的只是类似于动物世界的生存状态。既要生存，必须依赖于两个因素：争夺和互助。二者交相为用，"群"成为人得以生存的重要条件和基本单位。群对内要整合，以便有更大的力量从事于与他群之斗争；对外要斗争，以扩大其生存空间。《荀子·王制》中有言："力不若牛，走不若马，而牛马为用，何也？曰：人能群，彼不能群。君者，善群者也。"《春秋繁露·灭国上》亦曰："君者，不失其群者也。"总而言之，群要有竞争力，必须有力量，就要集中权力，故在家族内产生了家长权。从家族→氏族→部落→国家的演变历程中，我们可以看到国家权力和家长权之间存在的这种相似性。要维护这种权力，需要进行一些关于秩序的教育，也要有以强制力为后盾的刑法威慑甚至是军事讨伐的存在。为了说明该权力的合法性，同时也为了证明刑事威慑和军事讨伐的正当性，统治者自然找到了那不可知的"神"。

为什么普通人能接受这种神的观念呢？这在很大程度上植根于人的本性：人类有一种依赖的愿望。儿童以父母、老师作为终极的权威；成人从经验、从先人那里去寻找参考。但经验世界并不总是能够满足人类的需要，神的关怀就成为最后的依托，哪怕只是一种纯粹的对孤独心灵的慰藉。统治者要造神，民间需要神，双方一拍即合，由此产生了神权法思想。当然神权法思想的产生也不排除有地理环境及其所决定的经济生活的影响。黄河流域很早就发展起来农业文明，需要靠天吃饭。因此，古代农耕民族很容易产生神这类思想观念，认为有一位法力无边且有意志的天神在主宰着这些跟农业生活紧密相关的自然现象。

禹的儿子启即位建立夏朝后，他在讨伐有扈氏时即声称："有扈氏威侮五行，怠弃三正，天用剿绝其命，今予惟恭行天之罚。"① 可见，当时已有了"天命""天罚"思想。所谓"有夏服天命"，即认为其统治权是秉承上帝或皇天的旨意而获得的。因此，"天命""天罚"思想不仅使其统治合法化，而且具有神圣不可侵犯的权威性。不服从统治秩序即被认为违反了天的旨意，统治者可以代表天进行"天罚"。

取夏而代之的殷商有尚鬼传统。殷人尚鬼，不仅把神秘力量人格化，而且将它们大体组成了一个有秩序的系统。在这个系统中，首先，"帝"居于殷商时代神灵世界的最高位，是一种超越了社会与人间的自然之神；其次，是渊源于远古的天地四方的空间秩序观念而

---

① 《尚书·甘誓》，载李学勤主编：《十三经注疏·尚书正义》，北京大学出版社1999年版，第173页。

发展起来的天神地祇四方之神；再次，是商王和贵族们的祖先。完整的神化系统，导致人间诸事的决定都必须向帝及诸神禀告，以求得决断。举凡年成的丰歉、战争的胜负、城邑的兴建、官吏的黜陟以及奴隶的逃亡等，都要通过占卜向上帝和祖先进行祈祷或请示。在举世闻名的甲骨文中，重要内容之一便是商王及其代理人——沟通天地人神关系的"巫""史"——向上帝和祖先进行占卜而刻在龟甲和兽骨上的卜辞。商王认为他们之所以能承受天命，就在于他们的祖先与上帝的关系非常密切，能够经常在上帝左右，甚至干脆声称他们的祖先就是上帝的子孙。帝对王有保佑之功能，但也有惩戒之能力。总之，关系非同一般。《诗经·玄鸟》说："天命玄鸟，降而生商。"① 同时，他们认为死去的先祖、先王上宾于天，叫做"宾帝"。先王对时王有保佑的功能，并且发展出用天上的二十八宿与先公、先王配祭的理论。这就既从血缘上找到了充当上帝代理人的合法依据，为垄断神权提供了借口，又通过时王亲自招唤祖先之灵，沟通了天帝和先王，得到保护和庇佑，从而证明了自己的统治权威。

在这种缺乏理性的神权法笼罩下，刑罚的残酷性和任意性成为其突出特点。② 因为商王对其臣民所施加的刑罚是神的意志，神意的解释权又为商王及其代理人所垄断，被处罚对象无从探知，更无法预测。商代刑罚的残酷和任意，恰是商朝灭亡的原因之一，这自然成为周代反思其刑罚观念的重要契机。

第一节 "以德配天"说

商周之间的朝代更迭不仅是一个政治事件，同时也是一个文化事件。商人在东，周人在西，分属不同的部族，既然以周代商是顺天应人的做法，那为什么有祖宗和帝保佑的商王却丧失天意？周人又从何处得到了这个天意？这是周初的统治者应力图回答的问题。如果对这个问题不能给出一个有极大说服力和可信度的解释，会直接威胁到周的统治。鉴于周初商遗民的不断反抗，更增加了解决这个问题的急迫性。周公因应时势，创造出了一个在当时看来很圆满的阐释，即在原先的"帝→王"解释框架中增加了一个媒介因子"德"。这就是周代流行的"以德配天"说，即认为"天"或"上帝"是天下各族共有之神，并不始终眷顾一个部族，使其常为下界的统治者。"天命"属谁关键在于该部族（其代表是首领）是否有"德"。若一部族无"德"，统治不佳，失却上帝欢心，上帝就会撤销他们的代表资格，而另行挑选有"德"的另一部族来担任。③ 所以他们认为"天命靡常"（《尚书·康诰》），上帝或天并不特别厚待哪个人，而只辅助那些有"德"的人。过去，商的先王有"德"，能够匹配上帝，得到眷顾，因此天命归商，商王成了"天之元子"，即天在人间的代表。后来的商

---

① 玄鸟，即燕子，商族图腾，传说简狄食玄鸟蛋生商先王契。
② 沈家本在考察商代刑罚之后，有一个总结性的论述："殷世刑制，大抵五刑皆备……而炮烙、醢脯，独详于《史》。淫刑以逞，而国亦随之亡矣。然则重刑何为哉？"（沈家本：《历代刑法考》（第一册），邓经元等点校，中华书局1985年版，第11页。）
③ 钱穆：《中国文化史导论》，商务印书馆1994年版，第45页。

王不能保有其"德",致使商失去了"天命"。周王有"德",故上帝即将原赋予商王之命收回,改归于周文王。因此"天命"归周,周王成了"天之元子"。通过这种"以德配天"理论,为"君权神授"提供了依据,周王的统治取得了合法性。以德为媒介,西周的政权和神权发生了联系,得到了上帝的护佑。

西周提出这种"以德配天"的君权神授说,意味着神权法思想的动摇和人文思想的发展。如何能证明统治者有"德"呢?"德"不仅是伦理观念,在西周更是一个政治观念。在西周,证明统治者是否有德的重要标准是其治下民心之向背,即"敬天命,重人事";《尚书·泰誓》说得更明白:"天视自我民视,天听自我民听。"

第二节 "明德慎罚"说

天意归属取决于"民听""民视","民听""民视"之形成,又跟统治者的所作所为直接相关。为防止天意转移到别的部族,统治者自然产生了"忧患"意识。① 在这种"忧患"意识的引导下,统治者要以德为主要内容加强自我修养;在对待百姓方面,尤其是当百姓犯罪之时,更要慎重。这两方面结合在一起,就叫"明德慎罚"。

"明德"就是要求周王和贵族注重培养自己的德行,只有良好的德行才能够配享天命,得到天的惠佑,保住社稷;"慎罚"是指在适用刑罚时,应该慎重其行,避免滥杀以致失德。这种"慎罚"观念,具体表现在:(1) 对犯罪开始进行具体分析,区别对待。如将犯罪的主观原因分为故意和过失,犯罪之人则有偶犯与累犯之别,如系故意("非眚")和累犯("惟终"或"终"),虽小罪也处重刑;如系过失("眚")和偶犯("非终"),虽大罪也可减免,以缩小打击面。② (2) 针对殷商的"罪人以族",西周统治者继承文王的"罪人不孥"思想,反对族诛连坐,主张罪止一身。强调"父子兄弟,罪不相及"③。(3) 反对"乱罚无罪,杀无辜",因为这会集天下之怨于一身,危险莫过于此。④

到西周中晚期,出现了"刑中"思想,成为"明德慎罚"思想的核心。在《牧簋铭》(是周共王册封贵族牧担任司士之职的一篇命辞)中,王一再叮咛司士(即"察狱讼之辞"的司法官,仅次于司寇)在司法过程中一定要用刑中正,"不中不井(刑)",更不能因为"多虐庶民"而招来"多乱"。

这种学说改变了过去神权意志绝对化的状况,代之以"上帝并无意志,即以地上群体的意志为意志,上帝并无态度,即以地上群体的态度为态度"⑤。所以,周公等人特别要求各级贵族应把小民的向背当作一面镜子,从而为中国法律开出了一条向世俗政权、人间社

---

① 徐复观:《中国人性论史·先秦篇》,上海三联书店 2001 年版,第 18—20 页。
② 参见《尚书·康诰》,载李学勤主编:《十三经注疏·尚书正义》,北京大学出版社 1999 年版,第 363 页。
③ 《左传·昭公二十年》,载李学勤主编:《十三经注疏·春秋左传正义》(下册),北京大学出版社 1999 年版,第 1394 页。
④ 《尚书·无逸》,载李学勤主编:《十三经注疏·尚书正义》,北京大学出版社 1999 年版,第 438 页。
⑤ 钱穆:《中国文化史导论》,商务印书馆 1994 年版,第 46 页。

会发展的道路。到春秋战国时期,经孔、孟等思想家的发展,出现了"民本"思想和"德治"思想。

第三节 大宗法制下的礼治思想

在上古社会,人与人之间关系的形成多从血缘展开。① 当然这种血缘,按照现今人类学界的说法,有以父亲这一系的血缘为准的,有以母亲这一系的血缘为准的。按照中国信史所载,到夏、商、周王朝建立之前,都是以父系为标准来确定血缘进而建构人际关系的。

一个政权要保持其稳定,一个很重要的问题就是如何确保最高统治者权力交接的确定性,也就是选择接班人的问题。王权以终身制和世袭制为其特征,在父系社会,兄弟关系、父子关系则是两种基础性关系。商代的王位继承就经历了由前期的"兄终弟及"转向后期的"父死子继"。为什么会有这个变化呢?因为弟弟往往数量众多,容易起纷争,且谁能保证幼弟能将王位再传给长兄之子呢?商代中丁以后的九世之乱就是一个例子。且人情之常,父子亲于昆弟,兄长的权威也不如父亲。周初立子之法的确立,和周公摄政而不自居王位有很大关系。

单纯的立子之法因为子的众多也不能保证继承人的确定,于是有了嫡庶之制。西周初年即确立了嫡长子继承制,"立嫡以长不以贤,立子以贵不以长"②。为什么不以贤呢?按照王国维的解释,就是要保证继承者的唯一性,杜绝其他潜在继承者的争心,以保持政权交接之稳定。个别人的贤与不肖,本就难以判断。即便能够准确判定,那它和建立在继承人唯一性基础上的秩序稳定相比,其重要性也是大大不如。③ 据《国语·周语》记载,鲁武公有两个儿子括和戏,括长于戏,请求周王立后,周王立了戏。樊仲山父向周王上谏:不可以立戏。立少子,鲁公必不从。违犯王命必诛,故王发布命令一定要遵守规矩。令不行,政不立,民将违反王令。下事上、少事长,乃事理之顺者也。今周王将其少子立为诸侯之后,是教下面违反规定。如果鲁国遵守王令而能为诸侯仿效,则立后的原则遭到破坏;如果鲁国不再来征讨它,是自己打祖先的耳光。所以,您做了这件事,不论您是征讨鲁国还是不征讨,皆是失策。希望您慎重考虑。周王没有听从这个意见。鲁武公回国后不久就死了,鲁人杀了戏而立括。最后周王讨伐鲁国,虽立了戏的弟弟为鲁公,但从此诸侯与周王离心了。④ 理论推演和具体事例皆证明了嫡长子继承制对于王朝稳定的重要性。

要把嫡长子继承制落到实处,像周代这样一个广土众民之区,要进行有效的统治,还

---

① 人类社会的发展一方面是组织的扩大化,另一方面是自我意识的缩小化。生民之初,智力水平低下,无人我群己之别。后来智力日高、记忆力增强,在本能基础上,萌生了与父母兄弟一家之观念。这就是所谓的"别亲疏"。
② 《春秋公羊传·隐公元年》,载李学勤主编:《十三经注疏·春秋公羊传注疏》,北京大学出版社1999年版,第13页。
③ 《殷周制度论》,载王国维:《观堂集林》,河北教育出版社2003年版,第204页。
④ 《国语》,上海师范大学古籍整理研究所点校,上海古籍出版社1998年版,第22—23页。

需要其他配套制度来予以保证。这些制度主要包括宗法制、分封制等。

历来论宗法者，都十分重视《礼记·大传》和《丧服小记》中的这句描述周代宗法制特征的话："别子为祖，继别为宗。"所谓别子，是与嫡长子相对而言的。诸侯和天子一样，世代由嫡长子继位为君，只有嗣位之君才能世守祖庙。其他儿子地位卑于嫡长子，因而"自卑别于尊"（《仪礼·丧服》），称为别子。别子不敢祖诸侯，只能分出另立一系。这种别子往往受封为卿大夫，领有封邑采地，他的后世即奉之为始祖。这就是"别子为祖"，郑玄注为："别子谓公子若始来在此国者，后世以为祖也。"在宗法制下，有大宗、小宗之别。小宗服从大宗，大宗保护小宗。但除了周天子及其嫡长子是永远的大宗之外，其他大宗和小宗一般来说是相对的。比如说诸侯及其嫡长子对于周天子是小宗，但对于其封国内的卿大夫来说又是大宗。就这样，宗法制通过自然形成的血缘亲属关系确定了贵族的等级地位。

分封制是对宗法制的拟制，是要将作为家族基本制度的宗法制上升为国家政治制度所必需的。《左传·僖公二十四年》记载，周王将以狄伐郑，富辰谏曰："不可。臣闻之，大上以德抚民，其次亲亲以相及也。昔周公吊二叔之不咸，故封建亲戚，以藩屏周……周之有懿德也，犹曰'莫如兄弟'，故封建之。其怀柔天下也，犹惧有外侮。捍御侮者莫如亲亲，故以亲屏周。"①以亲亲为骨干的封建并非自古有之，到周公开始实行分封，以封国为王室的屏藩，加强了王国政治的统一性。在封国的内部，也是按照宗法原则来建立统治基础。

不论嫡长子继承制，还是与之配套的宗法制和分封制的推行，都是与"分"这个观念紧密联系在一起的。在这两种制度下，每个人皆有其特定身份。这种身份，按照血统的嫡庶和亲疏长幼等关系为标准来确定。其权利义务，各与其身份相称，这就是周代"分"的观念。"定分"即可确立当时的政治秩序。在周代，是基于什么样的思想来"定分"的呢？那就是礼。

西周初年，在周公的主持下，制礼作乐，对殷商时期旧有的文化传统进行了整理、补充，厘定成包括前述嫡长子继承制、宗法制、分封制等一套制度，这就是一般所说的"礼"或"周礼"。这套制度背后深刻的道德和伦理内涵，就是以"亲亲""尊尊"为基本原则的"礼治"思想，中国的礼乐文明即奠基于此。

"礼"，繁体为"禮"，许慎《说文解字》的解释为"履也，所以事神致福也，从示从豊"。"豊"字下面的"豆"是一种装东西的容器，上面的"玨"在古代通"玉"字；"示"乃祭祀供台之象形。所以"礼"字的本义是祭祀时的礼节、仪式。上古时期，"国之大事，在祀与戎"②，祭祀和战争是国家最重要的两件大事。既然祭祀是大事，参与的人肯定少不了，且要有严格的仪式。如何把这些为数不少的人整合到仪式中来，就需要有一个外在的区分标准。如何确定外在的区分标准，就要有贯穿其中的内在精神。这个内在精神，主要就是"亲亲""尊尊"。

---

① 《左传·僖公二十四年》，载李学勤主编：《十三经注疏·春秋左传正义》（上册），北京大学出版社1999年版，第418—422页。

② 《左传·成公十三年》，载李学勤主编：《十三经注疏·春秋左传正义》（中册），北京大学出版社1999年版，第755页。

何谓"亲亲"？它指的是一个人必须亲爱自己的亲属，尤其是自己的以父系为中心的尊亲属；子弟必须孝顺父兄。反映在宗法制上，就是小宗必须服从大宗。反映在国家政治层面上，那就是要遵循嫡长子继承制，在分封和任命官吏时要任人唯亲，不要唯才是举，而是要让亲者贵、疏者贱。何谓"尊尊"？就是下级必须服从上级，尤其要服从周天子；其目的是严格维护等级制度，防止僭越，消弭犯上作乱于无形。"亲亲"是宗法原则，故"亲亲父为首"，强调的是孝；"尊尊"是等级原则，故"尊尊君为首"，强调的是"忠"。在西周宗法制下，家国一体，"亲亲""尊尊"，也就是忠孝能够很好地结合在一起。表现为：子弟孝顺父兄，亦即小宗服从大宗，同时也是下级服从上级。

以"亲亲""尊尊"为核心精神内涵的西周"礼治"思想，在立法和司法领域集中表现为"礼不下庶人，刑不上大夫"。故它是西周"礼治"的基本特征。那如何理解这句话呢？

"礼不下庶人，刑不上大夫"一语出自《礼记·曲礼》。《礼记》一书作为儒家后学系统阐述儒家礼治思想的著述，其关于先秦礼治的记载由于去当时未远，故可信度较高。"礼不下庶人"，指"礼"的规范对象主要是庶人以上的各级贵族。也可以理解为礼是赋予各级贵族的特权，这些特权不得为庶人所享有。礼强调等级差别，天子有天子之礼，诸侯有诸侯之礼，卿大夫有卿大夫之礼。总之，不同的等级有不同内涵的"礼"。这种"礼"，只能在贵族内部实行。"礼不下庶人"即是说"贵族之礼不适用于庶人，而庶人也不能使用贵族之礼，否则就是僭越"。这种"礼的僭越"频繁出现，就是孔子所讲的"礼崩乐坏"。"刑不上大夫"，即"刑"的处罚对象主要是大夫以下的庶人和奴隶。但这并不是说大夫之上的各级贵族犯有严重的"僭越"行为概不用刑。即便是要用刑，也会享受一些特别的照顾。比如说王之同族处死刑不公开执行，一般是赐死而不让其受到公开的杀戮之辱；为了保持贵族血统的神圣性，对犯事贵族一般不使用绝后的"宫刑"，在诉讼上也不允许贵族及其配偶亲自出庭，以保持其尊严；各级贵族犯罪还享有减免罪刑的特权。①

所以，"礼不下庶人，刑不上大夫"，实际上只是后代的一种形象说法，寄托了后代儒家对于建立一个等级秩序井然社会的向往和理想，是西周等级社会的一种形象写照，但不能按照其简单的字面意思做公式化或绝对化的理解。

随着西周礼治的不断完善、充实，礼的内容越加庞杂，包括政治、经济、军事、教育、行政、司法、宗教祭祀、婚姻家庭、伦理道德等各个方面；上至国家的立法、行政，各级贵族和官吏的权利义务，下至衣食住行、婚丧嫁娶、迎来送往，几乎无所不包。② 实际上，礼就是周代这个贵族社会的法，成为"定亲疏，决嫌疑，别同异，明是非"③的依据，起着"经国家，

---

① 原文为"王之同族有罪不即市"（《周礼·秋官司寇·小司寇》）、"有赐死而亡戮辱"（《汉书·贾谊传》）、"公族无宫刑"（《礼记·文王世子》）、"命夫命妇不躬坐狱讼"（《周礼·秋官司寇·小司寇》）等。

② 《礼记·曲礼上第一》云："道德仁义，非礼不成。教训正俗，非礼不备。分争辨讼，非礼不决。君臣、上下、父子、兄弟，非礼不定。宦学事师，非礼不亲。班朝治军，莅官行法，非礼威严不行。祷祠祭祀，供给鬼神，非礼不诚不庄。是以君子恭敬撙节退让以明礼……是故圣人作为礼以教人，使人以有礼，知自别于禽兽。"（李学勤主编：《十三经注疏·礼记正义》（上册），北京大学出版社1999年版，第14页。）

③ 《礼记·曲礼上》，载李学勤主编：《十三经注疏·礼记正义》（上册），北京大学出版社1999年版，第13页。

定社稷,序民人,利后嗣"①的重大作用。西周礼治思想对之后整个中国传统法律思想都影响极大,成为中国传统法思想和制度的重要特征。

思考题:
1. 西周"以德配天"说提出的背景是什么?
2. 西周"明德慎罚"思想的含义是什么,对后世产生了什么样的影响?
3. 西周礼治的基本特征是什么?

---

① 《左传·隐公十一年》,载李学勤主编:《十三经注疏·春秋左传正义》(上册),北京大学出版社1999年版,第126页。

第二章 儒家法律思想

自汉武帝"罢黜百家,独尊儒术"后,儒家思想即作为传统中国正统思想统治中国达两千多年,儒家的法律思想融合了先秦诸子各家中有利于维护统治秩序的因素,而逐渐取代了法家法律思想,成为正统法律思想的主导,对中国法律思想和法律制度的演变影响很大,以致儒家法律思想的特点,成为五四运动前整个中国法律思想的重要特点,并且至今仍影响着人们的法制观念和道德意识。因此,儒家法律思想在整个中国法律思想史上占据着特别重要的地位。

第一节 儒家学说概述

一、儒家学说的形成

人类自古以来,对于天人之际、死生之间、善恶之分,都比较关心,这就是人的终极关怀。德国哲学家卡斯贝尔斯(Karl Jaspers)总结出"轴心时代"一说,认为大概在公元前800年到公元前200年间,在北纬25度到35度这个空间内,人类文明精神获得了大突破,出现了几位划时代大思想家。中国的孔子就是这样的划时代大思想家。由孔子所创立的儒家学说,为中国文化后来的发展定下了基调。

儒家学说创立和形成于先秦时期。孔子为其开创者,到战国时期主要经过孟子和荀子的发展,儒家学说成为先秦的显学之一,对后世产生了极其重大的影响。儒家法律思想的形成则是对以往法律思想继承和改造的结果。前面已介绍过西周的主要法思想,这里需要提及的是春秋初期的革新家。

公元前771年,犬戎攻破镐京,第二年,周平王在郑、秦等诸侯国的拥戴下匆匆东迁洛邑,继承了西周王室的血脉,史称东周,中国进入了大动荡时期——春秋战国时代。旧有秩序的松弛为新秩序的形成提供了契机,社会秩序混乱使旧有制度的更新成为必须。故而,此一时期,修订各项法律制度以期形成新的社会秩序和促使国家富强,成了各诸侯致力以谋的目标。春秋初年,一些富有革新倾向的政治家便开始探索整顿社会秩序的道路,在几百年的乱局中首先开创出新的政治和思想脉络,为形成秦汉以后大一统的王朝走出了开风气的一步,而且成为后来"诸子百家"的滥觞。这一时期,主要有齐国的管仲、郑国的子产和邓析,他们在改造传统思想和政治法律制度方面,作出了重要的努力。

管仲一生事功主要在于辅佐齐桓公成就霸主大业。他提出了"仓廪实则知礼节"的治国论,初步认识到了礼仪法度的贯彻和社会秩序的养成有赖于一定的物质基础,从而将人看成了社会的核心,人的生存状态与制度的实现形成了紧密的联系。在此基础上,他形成了"令顺民心"的法治观。在他看来,法律得以实施的基础在于合民心。他已经认识到了法律具有调整各种利益关系的作用,在这种利益关系的调整中,必须对民众的利益给予一定的关照,即在法律实施中,民众能够获享应有的利益。只有这样的法律才能形成良好、确定的社会秩序。

子产是郑国执政,他为了调整和整顿新的社会秩序,于公元前536年"铸刑书"于鼎,开创了公布成文法的先例,改变了以往的秘密法传统。这在中国法律史上是一个具有重大意义的创举。子产的刑书公布以后,打破了"先王议事以制,不以刑辟"的礼治传统,因而遭到晋国贵族叔向的反对。叔向批评子产说:"昔先王议事以制,不以刑辟,惧民有争心也……民知有辟,则不忌于上……"他指责子产公布成文法将导致人民根据成文法来争取各自的权利,从而使君主和贵族丧失昔日的权威,扰乱过去的社会秩序,并警告子产:"民知争端矣,将弃礼而征于书。锥刀之末,将尽争之。乱狱滋丰,贿赂并行,终子之世,郑其败乎!"①子产则认为铸刑书是当务之急,目的是为了挽救郑国的危亡。成文法的公布为春秋战国时期诸子百家法律思想的形成和发展创造了有利条件。

邓析也是郑国大夫,其法律思想相当激进,他明确反对传统的礼治,故后世学者批评他是"不法先王,不是礼义,而好治怪说,玩琦辞"。②邓析反对子产带有礼治色彩的"刑书",私自编了一部刻在竹简上的成文法——竹刑。除此之外,他还聚众讲学,私家招收门徒,传授法律知识与诉讼方法,并助人诉讼。

春秋战国时期是由诸侯割据走向统一、废封建立郡县的社会大变革时期。孔子、孟子、荀子分别处于这一变革时期的不同阶段,社会历史条件不同,面临的社会政治问题也有所变化,这决定了他们基于各自的认识和立场所提出的解决社会政治问题的主张有所发展变化,以及阐述他们主张的哲学、伦理思想各具特色。但他们在法律思想上,都是维护礼治、提倡德治和重视人治。由孔至孟而荀,先秦儒家法律思想的一些观点有不少变化发展,但终究是殊途同归。

孔子(前551—前479),名丘,字仲尼,为殷商遗民之后代,早年丧父,幼年贫贱,但好礼,"十有五而志于学""食无求饱,居无求安",学之不倦。30岁前后即以知礼而闻名于诸侯间。孔子一生之事迹,不外从政、教学与编书三端。其从政之时间甚短暂,并不成功。但其教学与著书对当时,尤其是对后世影响甚大,说他形塑了中国文化亦不为过。孔子之时,"周礼已废而未泯,阶级方坏而犹著"③,孔子深受周礼之熏陶,从中发现新意义,创立了自己的一套学说,欲以其"致太平",但当时执国政之贵族多不能用其言,故传其学说于平民,使其出仕于公卿,可望获得致用之机会。故其教学之对象,多为贫贱之子弟,史载其弟子三千,贤者七十有二,于打破"学在官府"之局面,使人人皆有平等受教育机会,且"非抑旧贵族而使下侪于皂隶,实乃提升平民而上跻于贵族也",功莫大焉。正是孔子所开创的"有教无类",才产生了春秋战国时期的新兴阶层"士"。"士"广泛参与政治,中国自东周

---

① 《左传·昭公六年》,载《十三经注疏·春秋左传正义》(下册),北京大学出版社1999年版,第1225—1230页。
② 《荀子·非十二子》,载王先谦撰:《荀子集解》(上册),中华书局1988年版,第93页。
③ 萧公权:《中国政治思想史》,新星出版社2005年版,第35页。

以降至秦汉之间所发生的第一次社会大转型才有完成之可能。孔子一生,皆注重加工、整理古代典籍,晚年回到鲁国,更专注于此。主要成就是整理六经,即《诗》《书》《礼》《乐》《春秋》《易》,都成为儒家最重要的经典。故孔子所以贤于尧舜者,正以其无尧舜天子之位,而以布衣立尧舜所未有之学。司马迁在《史记·孔子世家》最后有如此评语:"《诗》有之:'高山仰止,景行行止。'虽不能至,然心向往之。余读孔氏书,想见其为人。适鲁,观仲尼庙堂车服礼器,诸生以时习礼其家,余只回留之不能去云。天下君王至于贤人众矣,当时则荣,没则已焉。孔子布衣,传十余世,学者宗之。自天子王侯,中国言六艺者折中于夫子,可谓至圣矣。"

孟子(前385—前304),名轲,字子舆,鲁国邹城人。一生游说各大诸侯国君,虽声誉日隆,生活日裕,但政治上成就甚少。盖在战国群雄争竞,皆以"定于一"为目标,仁义之说终不敌富强之言。司马迁为之感慨,云:"余读孟子书,至梁惠王问'何以利吾国',未尝不废书而叹也。曰:嗟乎,利诚乱之始也!夫子罕言利者,常防其原也。故曰'放于利而行,多怨'。自天子至于庶人,好利之弊何以异哉!"[①]道既不行,退而与万章之徒专力著书立说,有《孟子》七篇传世。孟子颇为后世景仰,尊之为"亚圣",是中国史上最早为个人尊严而奋斗呼喊的大思想家,为后世树立了知识人的人格典范。王安石曾有《孟子》诗云:"沉魄浮魂不可招,遗篇一读想风标。不妨举世嫌迂阔,故有斯人慰寂寥。"《奉酬永叔见赠》云:"欲传道义心犹在,强学文章力已穷,他日若能窥孟子,终身何敢望韩公。"

荀子(前298—前238),名况,时人尊称为荀卿,赵国人。少年即游学齐国稷下学宫,曾与齐相论列国安危之势,但终无所用,离齐到楚,为兰陵令。后游燕不遇,再度居齐,在稷下学宫"最为老师,三为祭酒",旋去齐至秦,后又返赵。最终到了楚国,葬于兰陵。其生平持论,虽与孔孟有不少差异,"然其欲以礼义之言易强暴诡诈之术,则强聒不舍,始终如一,实不愧为儒家之后劲"[②],为战国末期儒家思想的主要代表,儒法结合的先驱。

尽管孔子言"仁"、孟子道"仁政"、荀子曰"礼法",三者有其差异,尤以荀子与孔孟差异更大,但同为儒家,共同的方面还是主要的。下面简单论述一下他们法律思想共通的脉络所在。

二、先秦儒家学说的思想脉络简介

春秋战国之世,已行于数百年的周礼呈崩溃之势,周代之礼,实为一套因等级而内容不同的差异性规范,等级又因血缘或拟制的血缘关系而定,其精神内核为"亲亲、尊尊、长长、男女有别"。孔子首见礼崩乐坏,因其醉心周礼,要复兴之,以"正名"为先。为什么呢?所谓"正名",是按照西周封建天下之制度,而调整君臣上下之权利与义务关系。为什么"正名"有这么重要的功效呢?因为名之所以为名,是因为有相应的实(内容),由"名"构成的语言之所以成为人类交流思想的重要工具,就是因为它能传达相关内容。名之与实,在

[①] 《史记·孟子荀卿列传》,载司马迁撰:《史记》(第七册),中华书局1959年版,第2343页。
[②] 萧公权:《中国政治思想史》,新星出版社2005年版,第57—58页。

事实上乃相伴而生。但随着人类知识的发展,名实之间的统一关系会逐渐乖离,而形成名实不符的情况。为了恢复这种统一关系,就要循名责实。当然,从名实相符发展到名实背离再到循名责实,在时间上则要经历一个漫长的知识演进过程。这种知识演进过程反映在政法领域,具体到孔子所生活的时期,最大的莫过于周礼的变迁了。本来,周礼的最重要表现就是君君、臣臣、父父、子子,到春秋时期,却是君不君、臣不臣、父不父、子不子,"臣弑其君者有之,子弑其父者有之"。据此,孔子提出"正名"的主张。据《论语·子路》记载,子路问孔子道,如果卫君等着您去治理国政,您首先准备干什么呢?孔子即回答,一定要先从正名做起。子路不理解,认为这是迂腐之论。孔子接着讲了理由:"名不正,则言不顺;言不顺,则事不成;事不成,则礼乐不兴;礼乐不兴,则刑罚不中;刑罚不中,则民无所措手足。故君子名之必可言也,言之必可行也。君子于其言,无所苟而已矣。"《论语·颜渊》亦载,齐景公问政于孔子。孔子对曰:"君君、臣臣、父父、子子。"公曰:"善哉!信如君不君、臣不臣、父不父、子不子,虽有粟,吾得而食诸?"按照孔子的意见,君要有君的样子,臣要有臣的样子,父、子亦然。天下人皆可以在君臣父子之人身关系网中找到自己的位置,然后顾名思义,各依其位置尽其应尽之事,履行其应履行之义务,则会秩序井然,万民相安无事。正是鉴于正名对建立一个稳固的等级社会有如此巨大的作用,故《隋书·经籍志》说:"名者所以正百物,叙尊卑,列贵贱,各控名而责实,无相僭滥者也。"

从作为政法思想起点的正名出发,孔子接下来必须要解决的一个问题就是正名既然需要循名责实,那判断"实"的标准是什么?最直接的想法是从字词之起源或从当时一般人对该字词的共同看法来判断字词之内容。实际上这二者都行不通,为什么呢?关于字词起源时的含义,一则经过了变迁,因为"文献不足征",难以找到;即便找到了,历时久远,也难为当时人所承认。关于一般人对该字词的共同看法,是不存在的。与孔子稍后的墨子不就讲"一人则一义,二人则二义,十人则十义。其人兹众,其所谓义者亦兹众。是以人是其义,以非人之义,故交相非也"①,遂导致天下大乱。既然这两者都行不通,孔子即想到了周代的制度,即当时尚有一定影响的"礼"。以周代的"礼"为标准来"正名",此即孔子所讲的"宪章文武""克己复礼"。

如果说作为儒家创始人的孔子仅仅谈及"克己复礼"为止,那他就只不过是一位周代封建制度的卫道士,是典型的守旧复古者流,绝对不能获得"至圣""贤于尧舜"之崇高地位。孔子的主要贡献在提出"仁"之观念,从而赋予周礼以新的内涵。什么是"仁"?仁之含义颇为复杂。简言之,即是人推其自爱之心以爱人。所谓仁者,是先培养主观之仁心,按其能力大小由近及远,推广其仁行,以惠及他人。归纳起来就是《大学》所谓的内圣外王之路:正心诚意、格物致知、修齐治平。② 由此,即可赋予外在的礼仪以内在精神,从而恢

---

① 《墨子·尚同上》,载吴毓江撰:《墨子校注》(上册),中华书局1993年版,第107页。
② 儒家四书之一的《大学》云:"古之欲明明德于天下者,先治其国。欲治其国者,先齐其家,欲齐其家者,先修其身。欲修其身者,先正其心。欲正其心者,先诚其意。欲诚其意者,先致其知。致知在格物。物格而后知至,知至而后意诚,意诚而后心正,心正而后身修,身修而后家齐,家齐而后国治,国治而后天下平。自天子以至于庶人,壹是皆以修身为本。"(朱熹撰:《四书章句集注》,中华书局1983年版,第3—4页。)

复礼之活力,达到天下大治的目标。

到了孟子,更为"仁"之实现提供了人性论上的根据,那就是他提出并努力加以证明的性善说。正因为人之性善,故培养主观之仁心成为可能,其途径就是"善养吾浩然之气";反映于外,在普通个人则表现为"居天下之广居,立天下之正位,行天下之大道;得志,与民由之;不得志,独行其道。富贵不能淫,贫贱不能移,威武不能屈,此之谓大丈夫"①。对于有治国平天下责任之君王们来说,就是要行"仁政",兴王道。

荀子专门写了《正名》一篇,认为"王者之制名,名定而实辨,道行而志通,则慎率民而一焉……知者为之分别制名以指实,上以明贵贱,下以辨同异。贵贱明,同异别,如是则志无不喻之患,事无困废之祸,此所为有名也"。明揭"制名指实"是"明贵贱、辨同异"的必要前提。那"制名指实"的标准就是礼。荀子不同于孟子,他认为人性恶,但具有可塑性,也就是具有学习能力。因此出于"定分止争"的需要由圣人或君子"制礼",然后以礼来对普通人"化性起伪"。如此一来,"制名指实"以致在此基础上达致太平就有了较充足的可能性。不过需要指出的是,较之孔孟从价值规范上言"礼",荀子更多的是从政治制度和行为规范上言"礼",因而礼更容易与法相通。所以荀子明确提出"治之经,礼与刑,君子以修百姓宁。明德慎罚,国家既治四海平"②。"法者,治之端也;君子者,法之原也。"③

以上乃孔、孟、荀先秦儒家政法思想脉络之大概,下面将分别从礼治、德治和人治三个方面来展开论述先秦儒家的法律思想。

第二节 "为国以礼"的礼治思想

礼治是先秦儒家法律思想的一致出发点和归宿。

一、礼治思想的渊源

儒家的礼治思想,应远溯到西周初期的周公。西周灭商后,用"以德配天""敬德保民"思想继承和修补了商的神权天命观。"我不可不监于有夏,亦不可不监于有殷"④,从而认识到民心向背决定其统治稳固与否,当政者只有"敬德""保民",才能"享天之命"。因而在法律思想方面提出了"明德慎罚",作为"天命""天罚""刑兹无赦"的补充。周公"制礼作乐",将建立在宗法等级制度基础上并维护这一基础的"礼"系统化、制度化,实行以"亲亲""尊尊"为中心的"礼治",而以"礼不下庶人,刑不上大夫"作为立法与司法活动的指导原则。"周监于二代,郁郁乎文哉!吾从周"⑤,故儒家的礼治思想的直接渊源就是西周经周公制礼作乐而产生的礼乐文明。

---

① 《孟子·滕文公下》,载朱熹撰:《四书章句集注》,中华书局1983年版,第265—266页。
② 《荀子·成相》,载王先谦撰:《荀子集解》(下册),中华书局1988年版,第461页。
③ 《荀子·君道》,载王先谦撰:《荀子集解》(上册),中华书局1988年版,第230页。
④ 《尚书·召诰》,载李学勤主编:《十三经注疏·尚书正义》,北京大学出版社1999年版,第399页。
⑤ 《论语·八佾》,载朱熹撰:《四书章句集注》,中华书局1983年版,第65页。

二、儒家对西周礼治思想的继承和发展

孔子是儒家的创始人,他在"礼崩乐坏"的春秋末期,"祖述尧舜,宪章文武;上律天时,下袭水土"①,主张"为国以礼"②,多次表现出对西周礼治的向往。为了解决周礼与社会现实的矛盾,恢复和维护礼治,孔子在强调继承周礼的同时,认为可以对周礼有所"损益"③,提出了"仁"的思想体系,并纳"仁"入礼。

"仁"在《论语》中出现达百次以上,其含义很复杂,孔子在不同的场合对"仁"做过多种解释④,但最主要的,有以下几条:

> 樊迟问仁。子曰:"爱人。"⑤
> 夫仁者,己欲立而立人,己欲达而达人。能近取譬,可谓仁之方也。⑥
> 子张问仁于孔子。孔子曰:"能行五者于天下为仁矣。""请问之。"曰:"恭、宽、信、敏、惠。恭则不侮,宽则得众,信则人任焉,敏则有功,惠则足以使人。"⑦
> 颜渊问仁。子曰:"克己复礼为仁。一日克己复礼,天下归仁焉。为仁由己,而由人乎哉?"颜渊曰:"请问其目。"子曰:"非礼勿视,非礼勿听,非礼勿言,非礼勿动。"⑧

其中,"爱人"是"仁"的基本精神。《说文解字》:"仁者,亲也。从人从二。""爱人"是"仁"的本意,而行"仁"之道,就是"能近取譬"、推己及人的"忠恕"之道,包括"己欲立而立人,己欲达而达人"的推其所欲,和"己所不欲,勿施于人"的推其所不欲。一为积极方面,一为消极方面。曾参说:"夫子之道,忠恕而已矣。"⑨而"恭、宽、信、敏、惠",则是"爱人"的详细解说。实际上,"仁"是孔子关于社会伦理道德规范的综合,忠、恕、恭、宽等诸德,都是"仁"的一个方面,"仁"兼涵诸德,是道德的理想境界。"仁"已经突破了周礼的家族性伦理的内容范围;维护宗法等级制度的家族性伦理,只是"仁"的一个方面了。"克己复礼为仁",则明确表达了"仁"与礼的关系。"仁"是礼的内容,礼是"仁"的表现。"非礼勿视,非礼勿听,非礼勿言,非礼勿动"就是对"仁"的实践,礼即是"仁"的客观标准。但礼不是空洞的形式,"人而不仁,如礼何?人而不仁,如乐何?"⑩"仁"与礼应是内容和形式的统一,"仁"的目的是"复礼"。孔子纳"仁"入礼,"仁"礼结合,为礼治提供了一个新的社会性伦理基础,这是孔子的一大创造,同时,赋予"仁"的思想以鲜明的社会意义和政治目的。

---

① 《中庸》,载朱熹撰:《四书章句集注》,中华书局1983年版,第37页。
② 《论语·先进》,载朱熹撰:《四书章句集注》,中华书局1983年版,第131页。
③ 参考《论语·为政》,载朱熹撰:《四书章句集注》,中华书局1983年版,第59页。
④ 根据杨伯峻先生的研究,《论语》一书中共出现"仁"字109次,其含义大致有以下三种:(1)孔子的道德标准(105次);(2)仁人(3次),如"泛爱众而亲仁""殷有三仁焉"等;(3)同"人"(1次),即"观过,斯知仁矣"。(《论语译注》,杨伯峻译注,中华书局2009年第3版,第219页。)
⑤ 《论语·颜渊》,载朱熹撰:《四书章句集注》,中华书局1983年版,第139页。
⑥ 《论语·雍也》,载朱熹撰:《四书章句集注》,中华书局1983年版,第92页。
⑦ 《论语·阳货》,载朱熹撰:《四书章句集注》,中华书局1983年版,第177页。
⑧ 《论语·颜渊》,载朱熹撰:《四书章句集注》,中华书局1983年版,第131—132页。
⑨ 《论语·里仁》,载朱熹撰:《四书章句集注》,中华书局1983年版,第72页。
⑩ 《论语·八佾》,载朱熹撰:《四书章句集注》,中华书局1983年版,第61页。

"仁"的思想把周礼局限于贵族内部的"亲亲"之爱扩展到更广泛的社会范围,要"泛爱众"①。但"仁"的思想有明确的等级意义。孔子强调"君子"与"小人"的区别,"未有小人而仁者也"②,"仁"只是"君子"的理想道德。而"仁"者"爱人",必须以维护等级差别的礼为客观标准,作为"爱人"的节制,"知和而和,不以礼节之,亦不可行也"③。所以,"仁"者"爱人"的意图不外是两个方面:防止贵族之间的争斗以及贵族与新兴统治集团之间的矛盾,防止弑君弑父、犯上作乱行为的发生;对普通民众而言,则在于缓和社会矛盾,维护社会秩序。孔子认为,"礼崩乐坏"缘于人们缺乏相爱的思想和恪守等级名分的自觉性,而"仁"的道德力量,能够起补救作用,挽回礼治,维护现实统治者的地位和利益。这就是"仁"的社会政治目的。

孟子继承了孔子的思想,主张"法先王",要"'不愆不忘,率守旧章',遵先王之法而过者,未之有也"④,"先圣后圣,其揆一也"⑤。认为礼治是不变的。

荀子更强调礼治。"国之命在礼"⑥,实行礼治,才能"王天下"。但他的礼治不同于孔孟,他基本上代表了新兴"士"阶层的利益,反对贵族世袭制。但是,他很推崇周礼所体现和维护的等级制。新兴"士"阶层并不反对等级特权制度本身。所以,荀子把周礼改造成为维护官僚等级制的新礼。"礼治"经荀子的这一改造,在根本上与法家的"法治"统一起来了。

三、儒家礼治思想的等级社会观

孔、孟、荀虽处于不同的社会历史条件下,面对有所不同的社会政治问题,提出的政治法律思想却都以礼治为中心,这是他们的等级社会观所决定的。

儒家认为,社会本身就不是整齐平一的,并从中导出了它的等级社会观。首先,人有德行才智的差别。孔子说:"唯上智与下愚不移。"⑦而孟子的人性善论和荀子的人性恶论,均说明这一差别的必然。其次,社会必须有分工。不但有生产部门之间的农工商贾分工,而且,"有大人之事,有小人之事……或劳心,或劳力;劳心者治人,劳力者治于人。治于人者食人,治人者食于人:天下通义也"⑧。"劳力"与"劳心"的分工非常有必要,因为他们各有其责。劳力者如农工商贾,从事技艺生产;"劳心者"如士大夫阶层,以治世为务。而"治于人者食人,治人者食于人",权利与义务是不同的。"贱事贵,不肖事贤,是天下通义也。"⑨社会地位的贵贱上下之分因此必须而且必然。据此,儒家认为,理想的社会应是

---

① 《论语·学而》,载朱熹撰:《四书章句集注》,中华书局1983年版,第49页。
② 《论语·宪问》,载朱熹撰:《四书章句集注》,中华书局1983年版,第150页。
③ 《论语·学而》,载朱熹撰:《四书章句集注》,中华书局1983年版,第51页。
④ 《孟子·离娄上》,载朱熹撰:《四书章句集注》,中华书局1983年版,第275页。
⑤ 《孟子·离娄下》,载朱熹撰:《四书章句集注》,中华书局1983年版,第289页。
⑥ 《荀子·强国》,载王先谦撰:《荀子集解》(下册),中华书局1988年版,第291页。
⑦ 《论语·阳货》,载朱熹撰:《四书章句集注》,中华书局1983年版,第176页。
⑧ 《孟子·滕文公上》,载朱熹撰:《四书章句集注》,中华书局1983年版,第258页。
⑨ 《荀子·仲尼》,载王先谦撰:《荀子集解》(上册),中华书局1988年版,第113页。

人的德行才智与社会分工、社会地位三位一体的等级社会。德行才智差别和劳力劳心的分工,既是贵贱上下等级的根据,又是等级的表现。等级不同,即意味着德行才智的高低和劳力劳心的不同。贤者居上位,劳心治人;不贤者居人下,劳力食人,从而构成社会的等级名分。

为此,孔、孟提出"举贤才"①、"尊贤使能,俊杰在位"②,荀子更详细地论述"尚贤使能"乃"君人者之大节也"③,要求统治者据此建立官僚等级制度。经济利益,是一切政治主张的根本出发点和归宿。在儒家理想的三位一体的等级社会中,物质利益的分配与社会地位的贵贱上下等级是相一致而成正比的,地位愈高而物质利益享受愈多。所谓"德必称位,位必称禄,禄必称用"④。德才、分工、地位一致,所以禄用的等级差别也就天经地义,"或禄天下而不自以为多,或监门、御旅、报关、击柝,而不自以为寡"⑤,没有人认为这是不合理的。荀子更从性恶论出发,论述因"欲恶同物,欲多而物寡"⑥,而对物质利益进行等级分配的必要性。"分均而不偏(遍),势齐则不壹,众齐则不使"⑦,社会须以不平等才能体现平等。"斩而齐,枉而顺,不同而一"⑧、"维齐非齐"⑨,等级制度是社会的基础。

先秦儒家还继承了周礼伦理政治思想,非常重视维护家族宗法等级差异与其理想等级社会秩序的关系,不仅"孝弟"是"仁"的一个重要内容,而且"举贤才"和"尚贤使能"亦受"亲亲"原则的制约,对周礼"亲亲""尊尊"原则加以继承发展。

贵贱上下的社会等级决定每个人在社会上的地位和行为;尊卑、亲疏、长幼的差异则决定每个人在家族中的地位和行为。"内则父子,外则君臣,人之大伦也。父子主恩,君臣主敬"⑩,家族的伦常与社会的伦常是一致的,"内""外"结合,"恩""敬"相辅,构成了"人之大伦",即人的社会关系的总和,也是社会秩序的全体。实现和维护这种贵贱、尊卑、长幼、亲疏各有等级分寸的社会秩序,即所谓"君君、臣臣、父父、子子"⑪,就是先秦儒家法律思想的最终目标。

四、礼的作用和礼法关系

先秦儒家基于上述思想,选择了礼治作为实现和维护其理想社会等级秩序的根本手段。礼是维护社会等级差异的差别性行为规范,其因贵贱、尊卑、长幼、亲疏的等级差别而异,通过不同的内容,显示不同人的特殊名位,维护等级秩序。"乐合同,礼别异。礼乐之

---

① 《论语·子路》,载朱熹撰:《四书章句集注》,中华书局1983年版,第141页。
② 《孟子·公孙丑上》,载朱熹撰:《四书章句集注》,中华书局1983年版,第236页。
③ 《荀子·王制》,载王先谦撰:《荀子集解》(上册),中华书局1988年版,第153页。
④ 《荀子·富国》,载王先谦撰:《荀子集解》(上册),中华书局1988年版,第178页。
⑤ 《荀子·荣辱》,载王先谦撰:《荀子集解》(上册),中华书局1988年版,第71页。
⑥ 《荀子·富国》,载王先谦撰:《荀子集解》(上册),中华书局1988年版,第176页。
⑦ 《荀子·王制》,载王先谦撰:《荀子集解》(上册),中华书局1988年版,第152页。
⑧ 《荀子·荣辱》,载王先谦撰:《荀子集解》(上册),中华书局1988年版,第71页。
⑨ 《荀子·王制》,引自《尚书·吕刑》,载王先谦撰:《荀子集解》(上册),中华书局1988年版,第152页。
⑩ 《孟子·公孙丑下》,载朱熹撰:《四书章句集注》,中华书局1983年版,第242页。
⑪ 《论语·颜渊》,载朱熹撰:《四书章句集注》,中华书局1983年版,第136页。

统,管乎人心"①,表现和维护差异,是礼的作用和目的。荀子说:"人道莫不有辨,辨莫大于分,分莫大于礼,礼莫大于圣王。"②又,"礼者,养也。君子既得其养,又好其别,曷谓别?曰:贵贱有等,长幼有差,贫富轻重皆有称者也。"③礼的作用和目的说得很明白。

礼富差异,所以贵贱、尊卑、长幼、亲疏各有其礼。依礼而行,自然能实现"君君、臣臣、父父、子子"的等级社会秩序。如果贱用贵礼,卑用尊礼,则破坏了等级名分,称为"僭越",是对统治秩序的侵害。儒家非常痛恨非礼行为,鲁国大夫季氏本来只能用四佾之礼而用了"八佾舞于庭",用了天子之礼,孔子以为不可容忍。礼是儒家维护其理想的等级社会秩序的最主要的行为规范。所以,孔子说:"立于礼"④;又:"不学礼,无以立"⑤,"不知礼,无以立"⑥。人有礼方能在社会上立足。"恭而无礼则劳,慎而无礼则葸,勇而无礼则乱,直而无礼则绞。"⑦"恭""慎""勇""直"诸德没有礼的约束,均有弊害,必须视动以礼,礼是"仁"的标准。而"上好礼,则民易使也"⑧。礼是统治者统治人民和维系内部关系的关键。总之,"为国以礼",礼是治国为政的根本手段。

孟子很简明地指出礼对于维护统治的作用:"无礼义,则上下乱。"⑨

荀子"隆礼",对礼褒扬有加。他说:"礼者,人道之极也。"⑩又:"礼者,人主所履也,失所履,必颠蹶防溺。所失其微而其为乱大者,礼也。"⑪在治国上,他对其学生李斯讲:"礼者,治辨之极也,强国之本也,威行之道也,功名之总也。王公由之,所以得天下也;不由,所以损社稷也。"⑫又:"礼之于正国家者,如权衡之于轻重,如绳墨之于曲直也。故人无礼不生,事无礼不成,国无礼不宁。"⑬而"隆礼贵义者其国治,简礼贱义者其国乱"⑭,"礼义之谓治,非礼义之谓乱"⑮,"礼者,政之挽也。为政不以礼,政不行矣"⑯。又:"治民者表道,表不明则乱。礼者,表也。"⑰综上可见,荀子把礼视作"百王无变"的统治方法。

孔、孟、荀基于上述认识,主张礼治。而在如何推行和实现礼治的问题上,引申出其"德治"和"人治"的法律思想。礼治是儒家思想的核心,是"德治"和"人治"的出发点和归宿。

---

① 《荀子·乐论》,载王先谦撰:《荀子集解》(下册),中华书局1988年版,第382页。
② 《荀子·非相》,载王先谦撰:《荀子集解》(上册),中华书局1988年版,第79页。
③ 《荀子·礼论》,载王先谦撰:《荀子集解》(下册),中华书局1988年版,第347页。
④ 《论语·泰伯》,载朱熹撰:《四书章句集注》,中华书局1983年版,第105页。
⑤ 《论语·季氏》,载朱熹撰:《四书章句集注》,中华书局1983年版,第174页。
⑥ 《论语·尧曰》,载朱熹撰:《四书章句集注》,中华书局1983年版,第195页。
⑦ 《论语·泰伯》,载朱熹撰:《四书章句集注》,中华书局1983年版,第103页。
⑧ 《论语·宪问》,载朱熹撰:《四书章句集注》,中华书局1983年版,第159页。
⑨ 《孟子·尽心下》,载朱熹撰:《四书章句集注》,中华书局1983年版,第366页。
⑩ 《荀子·礼论》,载王先谦撰:《荀子集解》(下册),中华书局1988年版,第356页。
⑪ 《荀子·大略》,载王先谦撰:《荀子集解》(下册),中华书局1988年版,第495页。
⑫ 《荀子·议兵》,载王先谦撰:《荀子集解》(下册),中华书局1988年版,第281页。
⑬ 《荀子·大略》,载王先谦撰:《荀子集解》(下册),中华书局1988年版,第495页。
⑭ 《荀子·议兵》,载王先谦撰:《荀子集解》(下册),中华书局1988年版,第270页。
⑮ 《荀子·不苟》,载王先谦撰:《荀子集解》(上册),中华书局1988年版,第44页。
⑯ 《荀子·大略》,载王先谦撰:《荀子集解》(下册),中华书局1988年版,第492页。
⑰ 《荀子·天论》,载王先谦撰:《荀子集解》(下册),中华书局1988年版,第319页。

先秦儒家的礼治,与先秦法家"不别亲疏,不殊贵贱,一断于法"①的"法治"对立。但是儒家从来也没有绝对地排斥法律和刑罚,只是反对"法治"取代"礼治"。而在礼与法、礼与刑的关系上,以礼作为核心和主导。

孔子说:"君子怀德,小人怀土;君子怀刑,小人怀惠。"②作为"君子",他对法律制度非常关心,尽管他认为"德礼"优于"政刑",但并未完全否定"政刑"的作用。这反映在他的"德主刑辅""宽猛相济"思想中。而在礼与法的关系中,礼指导法,法维护礼,主从分明。从维护"贵贱不愆"的礼治出发,孔子反对公布成文法,认为这是限制贵族特权之举,是对等级秩序的破坏。对晋国铸刑鼎公布法律,他说:"晋其亡乎!失其度矣。"③对于刑罚,孔子说:"礼乐不兴,则刑罚不中"④,刑罚的正确运用,必须依靠礼的指导,而且,孔子主张法律制度必须体现和维护礼治的原则。《论语·子路》载:"叶公语孔子曰:'吾党之直者异于是:父为子隐,子为父隐——直在其中矣。'"父子之隐,是父慈子孝的表现,是周礼"亲亲"原则的要求,而"亲亲"原则与法律公正的要求相比是更为重要的,是更高层面的"直"。

孟子对民众力量的强大有相当深刻的认识,非常重视民心向背,所以他的"仁政"思想非常突出。他反对法家崇尚刑罚暴力的"法治"主张,但是,他对法律作用的认识比之孔子有所发展。他讲出了光耀千古的至理名言:"徒善不足以为政,徒法不能以自行。"良好治理的实现必须建立在善人和良法的基础上,二者缺一不可。法律不再是可有可无,"善"与"法"须互相配合,才能实现其各自的功用。又说:"上无道揆也,下无法守也,朝不信道,工不信度,君子犯义,小人犯刑,国之所存者幸也。"⑤故他认为有必要公布成文法,让"下有法守"。但是,礼与法的关系仍然是礼统法。《孟子·尽心下》中记载了孟子与学生的一个问答:学生问:假如舜为天子,皋陶做法官,而舜的父亲瞽瞍杀了人,舜怎么办?孟子说:皋陶当然应该把瞽瞍抓起来,舜也不能命令皋陶释放。瞽瞍是很不慈的父亲,经常虐待舜,但舜是孝子,他肯定会放弃天子不做,把他的父亲偷出来,背着跑到王化所不到的偏僻地方,一起快活地过一辈子。在某种意义上,孟子的回答包含了法律面前人人平等的思想,但其中心,是说明当法与"亲亲"发生矛盾时,应该维护"亲亲"这一礼治的原则。

荀子处于战国末期,"法治"思想日益发展,表现出不可遏止的完全取代礼治思想的趋势。在这种情况下,荀子从儒家角度出发,调和礼治与法治的对立,其法律思想表现出儒法合流、礼法统一的特点,"治之经,礼与刑"⑥,他"隆礼"而又"重法",反映着儒家礼法关系认识的变化发展。荀子融儒法两家主张于一炉,主张礼刑分治,共同维护社会秩序。"以善至者待之以礼,以不善至者待之以刑。"⑦又:"由士以上则必以礼乐节之,众庶百姓

---

① 《史记·太史公自序》,载《史记》(第十册),中华书局1959年版,第3291页。
② 《论语·里仁》,载朱熹撰:《四书章句集注》,中华书局1983年版,第71页。
③ 《左传·昭公二十九年》,载《十三经注疏·春秋左传正义》(下册),北京大学出版社1999年版,第1512页。
④ 《论语·子路》,载朱熹撰:《四书章句集注》,中华书局1983年版,第146页。
⑤ 《孟子·离娄上》,载朱熹撰:《四书章句集注》,中华书局1983年版,第276页。
⑥ 《荀子·成相》,载王先谦撰:《荀子集解》(下册),中华书局1988年版,第461页。
⑦ 《荀子·王制》,载王先谦撰:《荀子集解》(上册),中华书局1988年版,第149页。

则必以法数制之。"①他重视法律的作用,"法者,治之端也"②,并批判吸取了法家的许多观点。法家韩非、李斯俱出自其门,绝非偶然。但荀子毕竟是儒家,终归以礼治为主,教化为先。他说:"礼者,法之大分,类之纲纪也。"③礼是统治者立法和司法的指导思想,法体现和维护礼治的原则。又:"水行者表深,使人无陷,治民者表乱,使人无失。礼者,其表也。先王以礼表天下乱,今废礼者,是去表也,故民迷惑而陷祸患,此刑罚之所以繁也。"④废礼则刑罚繁,所以存礼是首要的。荀子对治乱有这样的总结:"人君者隆礼尊贤而王,重法爱民而霸,好利多诈而危,权谋、倾覆、幽险而亡。"⑤比较而言,礼高于法。尽管荀子使儒家的法律思想为之一变,但仍不失其儒家本色。荀子以礼为主、礼法统一的思想,为秦汉以后正统法律思想的形成和传统法制建设打下了思想基础。

第三节 "德主刑辅"的德治学说

先秦儒家在如何推行和维护礼治的问题上,基本上继承了周公"明德慎罚"的思想,主张"为政以德"的"德治",或"以德服人"的"仁政"。

一、儒家德治理论的主要内容

先秦儒家继承了西周"天听自我民听,天视自我民视"的观念,非常注意民心向背对治理国家的决定意义。在儒家的等级社会模式里,有德者应该居于高位,高位者必有德,所以在儒家典籍里,他们相当推崇尧、舜、禹、汤等古圣先王,认定他们都是道德完人,其治理天下主要靠德治,能充分约束自己的行为,认识到老百姓的重要性,从而主张为政治国要关心百姓,重视民心向背。

孔子认为:"自古皆有死,民无信不立。"为政做到"足兵""足食""民信之"就可以了。但在不得已的情况下二者只能取其一时,应"去兵""去食","民信之"是最为重要的。⑥ 如何才能让百姓相信当政者?他认为当政者起码应"使民以时"和"博施于民"。他激烈抨击当政者因贪得无厌而大肆聚敛。弟子冉求帮助季氏聚敛,孔子即非常气愤,断绝了与冉求的师生关系,允许其他弟子"鸣鼓而攻之"⑦。当鲁哀公以"年饥,用不足"为名想增加赋税时,孔子相反地提出要减少赋税,要求鲁哀公以百姓之"足"为"足"。⑧"苛政猛于虎也"⑨表达了孔子反对暴政,主张"德治"的思想。

---

① 《荀子·富国》,载王先谦撰:《荀子集解》(上册),中华书局1988年版,第178页。
② 《荀子·君道》,载王先谦撰:《荀子集解》(上册),中华书局1988年版,第230页。
③ 《荀子·劝学》,载王先谦撰:《荀子集解》(上册),中华书局1988年版,第12页。
④ 《荀子·大略》,载王先谦撰:《荀子集解》(下册),中华书局1988年版,第488页。
⑤ 《荀子·强国》,载王先谦撰:《荀子集解》(下册),中华书局1988年版,第291页。
⑥ 《论语·颜渊》,载朱熹撰:《四书章句集注》,中华书局1983年版,第134—135页。
⑦ 《论语·先进》,载朱熹撰:《四书章句集注》,中华书局1983年版,第126页。
⑧ 《论语·颜渊》,载朱熹撰:《四书章句集注》,中华书局1983年版,第135页。
⑨ 《礼记·檀弓下》,载《十三经注疏·礼记正义》(上册),北京大学出版社1999年版,第310页。

孟子比孔子更进一步,他说:"天时不如地利,地利不如人和。"①他指出:"桀纣之失天下者,失其民也;失其民者,失其心也。"②得失民心,关系天下存亡。所以他提出"民为贵,社稷次之,君为轻"的"民贵君轻说"③和"诛一夫"不为"弑君"的"暴君放伐论"④。以此强调实行其"仁政"主张的必要性。"得天下有道,得其民,斯得天下矣;得其民有道,得其心,斯得民矣;得其心有道,所欲与之聚之,所恶勿施,尔也。"要求统治者实行他提出的"省刑罚,薄税敛"的"仁政"。⑤

荀子更指出:"马骇舆,则君子不安舆;庶人骇政,则君子不安位……《传》曰:'君者,舟也;庶人者,水也。水则载舟,水则覆舟。'此之谓也。"⑥其形象地说明了统治者与民心向背的利害关系。"聚敛者,召寇、肥敌、亡国、危身之道也,故明君不蹈也。"⑦荀子要求"轻田野之税,平关市之征,省商贾之数,罕兴力役,无夺农时,如是则国富矣。夫是之谓之以政裕民"。当政者对百姓"不利而利之,不如利而后利之之利也。不爱而用之,不如爱而后用之之功也。利而后利之,不如利而不利之利也。爱而后用之,不如爱而不用者之功也。利而不利也,爱而不用也者,取天下矣。利而后利之,爱而后用之者,保社稷也。不利而利之,不爱而用之者,危国家也"。⑧虽然"利而不利""爱而不用"对当政者来说要求太高,难以做到,但它反映了荀子希望当政者实行"德治"的观点。

先秦儒家提倡"德治",反对过重的剥削压迫,是基于他们对犯罪的经济原因的认识。孔子说:"贫而无怨难,富而无骄易。"⑨人民生活疾苦而不怨恨是很困难的,统治者"放于利而行,多怨"⑩。根据其个人利益行事,加强剥削,会招致人民的怨恨。如果剥削压迫超过了一定的限度,人民无法生活下去,就会产生犯罪。孟子说:"若民,则无恒产,因无恒心。苟无恒心,放僻,邪侈,无不为己。及陷于罪,然后从而刑之,是罔民也。"⑪没有恒产,是导致犯罪的一个原因。荀子更从人性角度指出:"人生而有欲,欲而不得,则不能无求,求而无度量分界,则不能不争。"⑫又:"欲恶同物,欲多而物寡,寡则必争矣。"⑬礼的目的之一,就是"养人之欲,给人之求"⑭,如果人民连最低的物质生活都不能保持时,就是礼义也无法禁止"争乱"产生。

所以,孔孟荀不仅要求统治者轻徭薄赋,更提出了"富民"和"裕民"的主张,在消除了

---

① 《孟子·公孙丑下》,载朱熹撰:《四书章句集注》,中华书局1983年版,第241页。
② 《孟子·离娄上》,载朱熹撰:《四书章句集注》,中华书局1983年版,第280页。
③ 《孟子·尽心下》,载朱熹撰:《四书章句集注》,中华书局1983年版,第367页。
④ 《孟子·梁惠王下》,载朱熹撰:《四书章句集注》,中华书局1983年版,第221页。
⑤ 《孟子·离娄上》,载朱熹撰:《四书章句集注》,中华书局1983年版,第280页。
⑥ 《荀子·王制》,载王先谦撰:《荀子集解》(上册),中华书局1988年版,第152—153页。
⑦ 同上书,第154页。
⑧ 《荀子·富国》,载王先谦撰:《荀子集解》(上册),中华书局1988年版,第192页。
⑨ 《论语·宪问》,载朱熹撰:《四书章句集注》,中华书局1983年版,第151页。
⑩ 《论语·里仁》,载朱熹撰:《四书章句集注》,中华书局1983年版,第72页。
⑪ 《孟子·梁惠王上》,载朱熹撰:《四书章句集注》,中华书局1983年版,第211页。
⑫ 《荀子·礼论》,载王先谦撰:《荀子集解》(下册),中华书局1988年版,第346页。
⑬ 《荀子·富国》,载王先谦撰:《荀子集解》(上册),中华书局1988年版,第176页。
⑭ 《荀子·礼论》,载王先谦撰:《荀子集解》(下册),中华书局1988年版,第346页。

犯罪经济原因的基础上施行教化,达到减少犯罪,维护统治的目的。《论语·子路》载:"子适卫,冉有仆。子曰:'庶矣哉!'冉有曰:'既庶矣,又何加焉?'曰:'富之。'曰:'既富矣,又何加焉?'曰:'教之。'"孔子提出"富而后教"的思想。孟子则提出:"明君制民之产,必使仰足以事父母,俯足以畜妻子,乐岁终身饱,凶年免于死亡;然后驱而之善,故民之从之也轻。"①又:"易其田畴,薄其税敛,民可使富也……菽粟如水火,而民焉有不仁者乎?"②他认为人民富足能够达到粮食多得像水火一样,人民哪有不仁的呢?自然也不会因无法生活铤而走险了。荀子也明确提出:"不富无以养民情,不教无以理民性。"③完全继承了"富而后教"的思想。

先秦儒家重视犯罪的经济原因,并与此相系而提出了"省刑罚,薄税敛"和"富而后教"思想,它基于对人民力量的认识和对当政者长远利益的维护,客观上有利于社会的安定,对后世当政者产生了积极影响,在中国传统法律思想中显得特别有价值。

二、以德去刑

重教化,反对"不教而诛"作为推行和维护礼治的重要手段,是先秦儒家法律思想的重要内容。

孔子说:"为政以德,譬如北辰,居其所而众星共之。"又说:"道之以政,齐之以刑,民免而无耻,道之以德,齐之以礼,有耻且格。"④在比较"政刑"和"德礼"两种政治手段上,孔子虽然没有排斥和否定"政、刑"的作用,但其倾向于使用更高价值位阶的"德礼"。在孔子看来,"政刑"只能消极地禁人为恶犯罪,是依靠法律的威吓力量使人不敢,而没有使人向善的积极作用。一旦法律的威吓力量不再起作用,则犯罪仍然会发生,不能杜绝犯罪,即只能使"民免而无耻"。而"德礼"教化,是深入人的内心进行改造,使人心良善而知耻,从而根本不会去犯罪,即能使民"有耻且格"。孔子说:"听讼,吾犹人也,必也使无讼乎!"⑤可见"使无讼"是他的最终目的,而实现这一目的,只能依靠道德教化。人心良善而知耻,自然没有犯罪的动机,从而犯罪行为也无从发生,法律制裁也就没有存在的必要了。道德教化能从根本上积极地预防和杜绝犯罪,而"政刑"只是犯罪后的补救而已,不能实现"无讼"之目的,所以,二者的价值和作用显然不同。"善人为邦百年,亦可以胜残去杀矣。"⑥重教化而"以德去刑"虽然需要相当长的时间,但是一劳永逸,可以使社会长治久安。孔子弟子有若说:"其为人也孝弟,而好犯上者,鲜矣;不好犯上,而好作乱者,未之有也。君子务本,本立而道生。孝弟也者,其为仁之本欤!"⑦这是对道德教化作用和目的的一个很好说明。

孟子和荀子虽然在人性善恶上持相反的观点,但在重视道德教化问题上却是一致的。

---

① 《孟子·梁惠王上》,载朱熹撰:《四书章句集注》,中华书局1983年版,第211页。
② 《孟子·尽心上》,载朱熹撰:《四书章句集注》,中华书局1983年版,第356页。
③ 《荀子·大略》,载王先谦撰:《荀子集解》(下册),中华书局1988年版,第498页。
④ 《论语·为政》,载朱熹撰:《四书章句集注》,中华书局1983年版,第54页。
⑤ 《论语·颜渊》,载朱熹撰:《四书章句集注》,中华书局1983年版,第137页。
⑥ 《论语·子路》,载朱熹撰:《四书章句集注》,中华书局1983年版,第144页。
⑦ 《论语·学而》,载朱熹撰:《四书章句集注》,中华书局1983年版,第47—48页。

孟子认为人性善,恻隐、羞恶、恭敬、是非之心,人皆有之①,犯罪是由于人丧失了本性的严重后果,而通过道德教化的诱导,才能使人恢复善性。所以他主张:"教以人伦:父子有亲,君臣有义,夫妇有别,朋友有信"②,以道德教化为仁政奠定基础。荀子以为人性恶,"人之性恶,其善者伪也"③。顺人之恶性,任其自然发展,必然导致争乱犯罪。"善"是通过后天之"伪"(即人为)而实现的。所以,一方面他强调了个人必须努力学习,积"伪"而至"善"。《荀子》一书,开篇即为《劝学》。另一方面,主张当政者通过"礼义""师法"来教化百姓,杜绝争乱,维持社会秩序。"化性起伪"正是礼法起源之因。荀子同孔子一样,认为教化能够免除法律刑罚的需要。他说:"故上好礼义,尚贤使能,无贪利之心,则下亦将綦辞让,致忠信而谨于臣子矣。如是则虽在小民,不待合符节、别契券而信,不待探筹、投钩而公……故赏不用而民劝,罚不用而民服,有司不劳而事治,政令不烦而俗美,百姓莫敢不顺上之法,象上之志,而劝上之事,而安乐之矣。"④可见教化作用的广大深远。

道德教化与刑罚相比,有上述种种优越性,所以先秦儒家一致推崇"德治"教化。而且,其主张突破了西周礼治"礼不下庶人"的局限:教化不仅仅是贵族内部的自我教育,更重要的是对百姓庶民的教化。

先秦儒家重教化,还表现在对待已经发生的犯罪,并不主张一律予以法律制裁,反对"不教而杀"。孔子说:"不教而杀谓之虐;不戒视成谓之暴;慢令致期谓之贼;犹之与人也,出纳之吝,谓之有司。"⑤又:"子为政,焉用杀?"不同意"杀无道,以就有道"⑥。他认为教化未施,即民有过错和犯罪,其责任不在民而在有施行教化之责的当政者。教化不施,而用刑杀制罪,并不能达到惩恶劝善、国治民安之目的,更非合理与公平。教化不施,不可妄诛无辜。《荀子·宥坐》载:"孔子为鲁司寇,有父子相讼者,孔子拘之,三月之别,其父请止,孔子舍之。季孙闻之不说,曰:'是老也欺予,语予曰:"为国家必以孝。"今杀一人以戮不孝,又舍之。'冉子以告。孔子慨然叹曰:'呜呼!上失之,下杀之,其可乎!不教其民而听其狱,杀不辜也。三军大败,不可斩也;狱犴不治,不可刑也。罪不在民故也。嫚令谨诛,贼也;今生也有时,敛也无时,暴也;不教而责成功,虐也。已此三者,然后刑可即也……言先教也。'"虽然孔子并不排斥"义刑义杀",但坚决反对"不教而杀",要求当政者慎用刑罚。孟子和荀子不同程度地继承了孔子的上述观点。孟子说:"不教民而用之,谓之殃民。殃民者,不容于尧舜之世。"⑦"不教而杀"当然更是恶政。荀子说:"不教而诛,则刑繁而邪不胜"⑧,道出了"不教而杀"的法律后果。在反对"不教而杀"的问题上,孔、孟、荀一脉相承。

---

① 参见《孟子·公孙丑上》,载朱熹撰:《四书章句集注》,中华书局1983年版,第237—238页。
② 《孟子·滕文公上》,载朱熹撰:《四书章句集注》,中华书局1983年版,第259页。
③ 据晚清大儒王先谦先生解释:"凡非天性而人作为之者,皆谓之伪。故为字'人'傍'为',亦会意字也。"(王先谦撰:《荀子集解》(下册),中华书局1988年版,第434页。)
④ 《荀子·君道》,载王先谦撰:《荀子集解》(上册),中华书局1988年版,第232页。
⑤ 《论语·尧曰》,载朱熹撰:《四书章句集注》,中华书局1983年版,第194页。
⑥ 《论语·颜渊》,载朱熹撰:《四书章句集注》,中华书局1983年版,第138页。
⑦ 《孟·告子下》,载朱熹撰:《四书章句集注》,中华书局1983年版,第345页。
⑧ 《荀子·富国》,载王先谦撰:《荀子集解》(上册),中华书局1988年版,第191页。

三、德主刑辅,德先刑后

先秦儒家主张德治,但从未完全排除刑的作用,只是在二者比较上,更强调德的作用;在先后关系上,是德先刑后。实际上,德与刑互相结合,相辅为用,才是其"德治"思想的内涵。

孔子反对"不教而杀",但不反对"义刑义杀"。上述《荀子·宥生》所载的那段话说得很明白,统治者尽了自己"先教"的责任之后,对教而不化者,完全可以用"刑",这种刑就是"义刑义杀"。事实上,"孔子为鲁摄相,朝七日而诛少正卯",门人以为不可,孔子道出其中的缘由:"此小人之桀雄也,不可不诛也",并引历史上的事例来证明此种做法的正当性。① 孔子针对郑国境内盗贼猖獗,说:"政宽则民慢,慢则纠之以猛。猛则民残,残则施以宽。宽以济猛,猛以济宽,政是以和。"② "宽猛相济","德"与"刑"两手交替使用,是"德治"的神髓。

孟子非常强调"德治","仁政"是其思想核心。他提出慎刑少杀的主张:"如有不嗜杀人者,则天下之民皆引领望之矣。诚如是也,民归之,由水之就下,沛然谁能御之?"③ 又:"杀一无罪非仁也。"④"行一不义,杀一不辜,而得天下,皆不为也。"⑤ 反之,"无罪而杀士,则大夫可以去;无罪而戮民,则士可以徙"⑥。所以,"国人皆曰可杀,然后察之,见可杀焉,然后杀之。故曰:国人杀之也"⑦。其对待刑杀如此之慎重,进而主张只能由司法官吏执法:"今有杀人者……'孰可杀之?'则将应之曰:'为士师,则可以杀。'"⑧ 孟子并没有因此排斥刑杀,而是认为,"徒善不足以为政,徒法不能以自行"⑨,强调良善的政治离不开法律,坚决主张"德"与"刑"相辅为用。

荀子作为儒法合流的先行者,"隆礼"而又"重法",在强调"德化"的同时,非常强调法律和刑罚的作用。他明确提出:古圣王"明礼义以化之,起法正以治之,重刑罚以禁之,使天下皆出于治,合于善也"⑩。荀子礼、法兼重思想是对儒家法律思想的重大修正。他不仅反对"不教而诛",而且明确提出反对"教而不诛"。荀子指出礼义教化不是万能的,"天下之英"的尧、舜是"至天下之善教化者",但是朱、象"独不化",礼义教化不起作用⑪,对这种人不能"教而不诛"。他说:"不教而诛,则刑繁而邪不胜;教而不诛,则奸民不惩;诛而不

---

① 《荀子·宥坐》,载王先谦撰:《荀子集解》(下册),中华书局1988年版,第520—521页。
② 《左传·昭公二十年》,载《十三经注疏·春秋左传正义》(下册),北京大学出版社1999年版,第1407页。
③ 《孟子·梁惠王上》,载朱熹撰:《四书章句集注》,中华书局1983年版,第207页。
④ 《孟子·尽心上》,载朱熹撰:《四书章句集注》,中华书局1983年版,第359页。
⑤ 《孟子·公孙丑上》,载朱熹撰:《四书章句集注》,中华书局1983年版,第234页。
⑥ 《孟子·离娄下》,载朱熹撰:《四书章句集注》,中华书局1983年版,第291页。
⑦ 《孟子·梁惠王下》,载朱熹撰:《四书章句集注》,中华书局1983年版,第221页。
⑧ 《孟子·公孙丑下》,载朱熹撰:《四书章句集注》,中华书局1983年版,第246页。
⑨ 《孟子·离娄上》,载朱熹撰:《四书章句集注》,中华书局1983年版,第275页。
⑩ 《荀子·性恶》,载王先谦撰:《荀子集解》(下册),中华书局1988年版,第440页。
⑪ 《荀子·正论》,载王先谦撰:《荀子集解》(下册),中华书局1988年版,第337页。

赏,则勤属之民不劝;诛赏而不类,则下疑俗俭而百姓不一。"①"不教而诛"固然有弊,"教而不诛"又何尝无害?"教"与"诛"是不能偏废的。又,"杀人者不死,伤人者不刑,是谓惠暴而宽贼也,非恶恶也"。"教而不诛""惠暴而宽贼",当然是不合理的。而且,荀子认为存在着抗拒教化,敢于反抗,须"不待教而诛之"的"元恶"和"奸人之雄"。如果对此"教而不诛",反而走向教化目的之反面。刑杀是绝对必要的,所谓"夫征恶诛悍,治之盛也。杀人者死,伤人者刑,是百王之所同也"②。

荀子不但主张充分发挥刑赏的作用,做到"无功不赏,无罪不罚",而且提出"赏必当功,刑必称罪"思想。他说:"刑当罪则威,不当罪则侮;爵当贤则贵,不当贤则贱。古者刑不过罪,爵不逾德……分然各以其诚通。是以为善者劝,为不善者沮,刑罚綦省而威行如流,政令明而化易如神"③,刑不称罪,赏不当功,是无法实现刑赏作用的。他对此给予一种解释:"夫爵列官职庆赏刑罚,皆报也。以类相从也。"赏与功、罚与罪是一种对等报偿关系,不能失称,"德不称位,能不称官,赏不当功,罚不当罪,不祥莫大焉"④。因为"赏不欲僭,刑不欲滥。赏僭则利及小人,刑滥则害及君子。若不幸而过,宁僭勿滥;与其害善,不若利淫"⑤。"赏僭"与"刑滥"均走向赏与刑各自目的之反面,"不僭不滥"当然才是正确的。但是,在"不幸而过"的两种情况下,荀子主张"宁僭勿滥",认为这相对"刑滥"要好一些。这是荀子儒家本色的一个体现,"刑"的作用毕竟是次于"德"的。而从上述赏必当功、刑必称罪的原则出发,荀子反对"以世举贤"和"以族论罪",因如此做的话,"虽欲无乱,得乎哉?"⑥反对"以世举贤",反映了新兴执政集团的政治要求,而反对"以族论罪"则是反对"不教而杀"和对"罪人不孥"思想的发展。这一思想比主张"族诛"的法家高明多了,但后世统治者从来也没有放弃"株连",以残酷刑罚来维护其统治。这更反映出荀子提出这一思想的难能可贵和价值。

荀子甚至不反对重刑。他批驳"治古无肉刑,而有象刑"的观点,指出:"罪至重而刑至轻,庸人不知恶矣,乱莫大焉。"刑罚不但必要,而且轻重需随时制宜:"治则刑重,乱则刑轻。"⑦可见他并不反对重刑。这虽然与法家"重刑轻罪""以刑去刑"的观点不同,仍受他提出的"刑称罪"原则的制约,但与孔孟的重德轻刑却也相去甚远了。

总之,儒家都主张"德"与"刑"两手并用。但是,在一般情况下,儒家总是主张以"德"为主,以"刑"为辅。"刑者德之辅"⑧是西汉董仲舒对先秦儒家法律思想的概括总结,道出了儒家法律思想最基本的特征。

---

① 《荀子·富国》,载王先谦撰:《荀子集解》(上册),中华书局1988年版,第191页。
② 《荀子·正论》,载王先谦撰:《荀子集解》(下册),中华书局1988年版,第327—328页。
③ 《荀子·君子》,载王先谦撰:《荀子集解》(下册),中华书局1988年版,第451页。
④ 《荀子·正论》,载王先谦撰:《荀子集解》(下册),中华书局1988年版,第328页。
⑤ 《荀子·致士》,载王先谦撰:《荀子集解》(上册),中华书局1988年版,第264页。
⑥ 《荀子·君子》,载王先谦撰:《荀子集解》(下册),中华书局1988年版,第452页。
⑦ 其意思大致可理解为:"治世刑必行,则不敢犯,故重;乱世刑不行,则人易犯,故轻。""世所以治,乃刑重;所以乱,乃刑轻。"(王先谦撰:《荀子集解》(下册),中华书局1988年版,第328页。)
⑧ 《春秋繁露·天辨在人》,载苏舆撰:《春秋繁露义证》,中华书局1992年版,第336页。

第四节 儒家的"人治"学说

"人治"和"法治"的对立,是指在治理国家问题上,起决定作用的是人还是法的对立。儒家从礼治和德治思想出发,重"人治"而轻"法治"。

儒家认为,政治的好坏取决于当政者是否优秀,主要靠当政者的道德感化作用,而不是靠法律的强制作用,主张"惟仁者宜在高位"的贤人政治。①

孔子说:"君子之德风,小人之德草,草上之风,必偃。"②又:"上好礼,则民莫敢不敬;上好义,则民莫敢不服;上好信,则民莫敢不用情。"③当政者的个人道德有极大的感召力,上行下效,是国家治乱的关键。"其身正,不令而从;其身不正,虽令不从。""苟正其身矣,于从政乎何有?不能正其身,如正人何?"④要求当政者先正其身,进而"举贤才","举直错诸枉,能使枉者直"⑤。"举直错诸枉,则民服,举枉错诸直,则民不服。"⑥

孟子继承并发展了孔子的"人治"思想。他说:"上有好者,下必有甚焉者矣。"⑦治国的关键就是当政者正其身。因为,"君仁,莫不仁;君义,莫不义;君正,莫不正。一正君而定国矣"⑧,只要能"正君",就足以"定国"了。这样,当然是"惟仁者宜在高位"。孟子同时看到了作为制度的法之重要性,肯定"徒善不足以为政,徒法不足以自行"⑨的观点。

荀子不同于孔孟,主张儒法合流,礼法统一。他很重视法律的作用,"法者,治之端也",即法律为治国所必需;但他重点是在强调:"君子者,治之原也。"起决定作用的,是"君子"而不是"法"。他说:"君者仪也,仪正而影正;君者槃也,槃圆而水圆;君者盂也,盂方而水方。"又:"君者,民之原也,原清则流清,原浊则流浊。"故"有治人,无治法"。法律由"君子"制定,"君子"的好坏决定法的好坏,此其一。其二,即使有了良法,还要靠人才能贯彻执行:"羿之法非亡也,而羿不世中;禹之法犹存,而夏不世王。故法不能独立,类不能自行;得其人则存,失其人则亡。"其三,国家的情况非常复杂而又经常变化,法律"有所不至",不能概括无遗,它本身又无法随机应变,只有"君子"可以"有法者以法行,无法者以类举",运用类推的思考方式来解决问题,"故有君子,则法虽省,足以徧矣;无君子,则法虽具,失先后之施,不能应事之变,足以乱矣"⑩。总之,"有良法而乱者有之矣;有君子而乱者,自古及今,未尝闻也。《传》曰:'治生乎君子,乱生乎小人。'此之谓也"⑪。

---

① 《孟子·离娄上》,载朱熹撰:《四书章句集注》,中华书局1983年版,第276页。
② 《论语·颜渊》,载朱熹撰:《四书章句集注》,中华书局1983年版,第138页。
③ 《论语·子路》,载朱熹撰:《四书章句集注》,中华书局1983年版,第142页。
④ 同上书,第143—144页。
⑤ 《论语·颜渊》,载朱熹撰:《四书章句集注》,中华书局1983年版,第139页。
⑥ 《论语·为政》,载朱熹撰:《四书章句集注》,中华书局1983年版,第58页。
⑦ 《孟子·滕文公上》,载朱熹撰:《四书章句集注》,中华书局1983年版,第253页。
⑧ 《孟子·离娄上》,载朱熹撰:《四书章句集注》,中华书局1983年版,第285页。
⑨ 同上书,第275页。
⑩ 《荀子·君道》,载王先谦撰:《荀子集解》(上册),中华书局1988年版,第230—234页。
⑪ 《荀子·王制》,载王先谦撰:《荀子集解》(上册),中华书局1988年版,第151—152页。

第五节　先秦儒家法律思想的命运和历史地位

以礼治、德治和人治为基本内涵的先秦儒家法律思想,在春秋战国这一社会大变革时期,整体上表现为保守的改良主义,而与时代格格不入。

儒家的礼治思想,虽经孔、孟、荀的改造和发展,已不同于西周的礼治,但毕竟带有"托古改制"的保守意味,对于急于夺取政治权力的诸侯国君们来说,强调恪守等级名分的礼治,不啻是阻碍他们野心实现的樊篱,他们需要打破世袭的等级特权,建立官僚等级特权,以维护其利益。他们并不根本地反对特权,而是要自己享有特权。当他们与旧贵族集团进行政治争夺时,礼治思想就与其利益背道而驰了。

诸侯国君们及其支持者希望凭其经济上的力量来实现其政治要求,表现得贪婪、残暴、肆无忌惮。鲁国的阳虎就明确地说:"为富不仁矣,为仁不富矣"①,反映了"仁"与"富"的尖锐对立。儒家秉承了西周以来的民本思想,鉴于历史和现实的教训,深刻认识到民众在国家治乱中的重要性,因而提出省刑薄赋、反对聚敛、藏富于民等德治主张,甚至主张民贵君轻,这就与新兴统治集团在本质上凿枘不投,这决定了儒家学说因不能见好于时君世主,而不行于当时。其代表人物孔、孟、荀虽都有强烈的用世之心,但落寞寡合,因此退而著书立学,冀垂教于后世。

孔子反复感慨:"我未见好仁者,恶不仁者……有能一日用其力于仁矣乎?我未见力不足者。盖有之矣,我未之见也。"②"已矣乎!吾未见好德者如好色者也。"③为仁、好德如是其难,加之在实际生活中,"事君尽礼,人以为谄也"④。礼崩乐坏,难以挽回。孔子非常希望得到当政者的重用,以实现其拨乱反正的理想,"苟有用我者,期月而已可也,三年有成"⑤。孔子一生中虽曾担任过鲁国的重要官职,但远未尽其才。之后曾率学生周游列国宣传其主张,但均未能得君行道。"道之不行也,我知之矣"⑥,孔子虽然深知自己的主张不被当政者采纳,但基于使命感,仍知其不可为而为之。直到晚年,不得已才退而著书立说、授徒,以传播其思想。

继承孔子思想的孟子有很强的道德使命感和自信心:"如欲平治天下,当今之世,舍我其谁也。"对齐宣王讲:"王如用予,则岂徒齐民安,天下之民举安。王庶几改之!予日望之!"⑦但是在"尚力不尚德"的战国,他的"仁政"主张未免被当政者视为"迂远而阔于事情"⑧,终不获采用。随着秦汉以后皇帝专权帝国的建立,君主专制日渐强化,孟子"针对

---

① 《孟子·滕文公上》,载朱熹撰:《四书章句集注》,中华书局1983年版,第254页。
② 《论语·里仁》,载朱熹撰:《四书章句集注》,中华书局1983年版,第70页。
③ 《论语·卫灵公》,载朱熹撰:《四书章句集注》,中华书局1983年版,第164页。
④ 《论语·八佾》,载朱熹撰:《四书章句集注》,中华书局1983年版,第66页。
⑤ 《论语·子路》,载朱熹撰:《四书章句集注》,中华书局1983年版,第144页。
⑥ 《中庸》,载朱熹撰:《四书章句集注》,中华书局1983年版,第19页。
⑦ 《孟子·公孙丑下》,载朱熹撰:《四书章句集注》,中华书局1983年版,第249页。
⑧ 《史记·孟子荀卿列传》,载《史记》(第七册),中华书局1959年版,第2343页。

虐政的永久抗议"①,为天下苍生疾苦之呼吁,对后世产生了巨大的影响。

至于荀子,他思想丰富,学识渊博,被后世视为先秦学术思想之巨擘。他曾在当时的思想学术中心——齐国的稷下学宫讲学,"最为老师""三为祭酒"②,是其时学术思想领袖。但他的政治主张,始终未得实践。其门人驳斥"孙卿不及孔子"时说:"孙卿迫于乱世,鳋于严刑,上无贤主,下遇暴秦,礼义不行,教化不成……天下不治,孙卿不遇时也。"③这充分表明了荀子政治主张悖于时而其人不得志的情况。而且有讽刺意味的是,学出其门的韩非和李斯,背离儒门而主"法治",其说大行于时,其人得志,与荀子反成对照。

总之,儒家法律思想与当时社会转型期这个特定时代的矛盾,是其说不行于时、其人不得于志的根本原因,但儒家法律思想却是与传统农业社会相契合的,它的各种主要法律论点,经过改造,基本上为后世统治者所继承,成为正统法律思想的核心。

阅读材料

1. 颜渊问仁。子曰:"克己复礼为仁。一日克己复礼,天下归仁焉。为仁由己,而由人乎哉!"颜渊曰:"请问其目?"子曰:"非礼勿视,非礼勿听,非礼勿言,非礼勿动。"颜渊曰:"回虽不敏,请事斯语矣。"

仲弓问仁。子曰:"出门如见大宾,使民如承大祭。己所不欲,勿施于人。在邦无怨,在家无怨。"仲弓曰:"雍虽不敏,请事斯语矣。"

司马牛问仁。子曰:"仁者,其言也讱。"曰:"其言也讱,斯谓之仁已乎?"子曰:"为之难,言之得无讱乎?"

樊迟问仁。子曰:"爱人。"问知。子曰:"知人。"樊迟未达。子曰:"举直错诸枉,能使枉者直。"樊迟退,见子夏曰:"乡也吾见于夫子而问知,子曰:'举直错诸枉,能使枉者直。'何谓也?"子夏曰:"富哉,言乎!舜有天下,选于众,举皋陶,不仁者远矣。汤有天下,选于众,举伊尹,不仁者远矣。"(《论语·颜渊》)

樊迟问仁。子曰:"居处恭,执事敬,与人忠。虽之夷狄,不可弃也。"

子曰:"刚、毅、木、讷,近仁。"(《论语·子路》)

2. 世衰道微,邪说暴行有作,臣弑其君者有之,子弑其父者有之。孔子惧,作春秋。春秋,天子之事也,是故孔子曰:'知我者,其惟春秋乎;罪我者,其惟春秋乎'。圣王不作,诸侯放恣,处士横议,杨朱、墨翟之言,盈天下,天下之言,不归杨则归墨。杨氏为我,是无君也;墨氏兼爱,是无父也。无父无君,是禽兽也。公明仪

---

① 萧公权:《中国政治思想史》,新星出版社2005年版,第62页。
② 《史记·孟子荀卿列传》,载《史记》(第七册),中华书局1959年版,第2348页。
③ 《荀子·尧问》,载王先谦撰:《荀子集解》(下册),中华书局1988年版,第553页。

> 曰:'庖有肥肉,厩有肥马,民有饥色,野有饿莩,此率兽而食人也。'杨墨之道不息,孔子之道不著,是邪说诬民,充塞仁义也。仁义充塞,则率兽食人,人将相食。吾为此惧。闲先圣之道,距杨墨,放淫辞,邪说者,不得作,作于其心,害于其事,作于其事,害于其政,圣人复起,不易吾言矣。(《孟子·滕文公下》)

思考题:
1. 儒家是如何继承和发展西周礼治思想的?
2. 孔子、孟子和荀子对人性的主要看法是什么?
3. 如何理解孔子所说的"父子相隐""直在其中矣"的主张?
4. 孟子是如何看待人治与法治关系的?在这一点上,跟荀子有没有什么区别?
5. 为什么儒家主张"无讼"?

第三章　墨家法律思想

墨家与儒家并称先秦显学,亦是最早起来反对儒家的学派。创始人为墨翟(约前490—前403),鲁国人(一说宋国人),出身小手工业者,自称"贱人"。他一生行事,史籍缺乏记载,后世所知甚少,"上无君上之事,下无耕农之劳"①,是古代一个学问渊博的大学者。

墨家兴起之时已降及战国,诸侯争夺更为激烈,天下疲敝,无以更张。先于墨家兴起的儒家,其创始人孔子一生周游列国,希望传承周礼,以仁义为原则重新整顿社会秩序,但其思想难为大众所接受,未能救世于当时。孔子身后,弟子们忙于诠释他的言行,对他所重视的礼乐制度,进行精微的研究,不免流于烦琐,而忽视了许多巨大、迫切的社会问题。在这种政治和文化背景下,墨子第一个起来反对儒家学说,另辟蹊径,寻求解决社会问题的新道路。

关于墨家的思想来源,大约渊源于仪礼之学,"墨家者流,盖出于清庙之守"②。墨子处于保留周文化最为丰富的邹鲁之地,且时代晚于孔子,当然受到儒学的浸润和熏染。据说他早年曾"学儒者之业,受孔子之术,以为其礼烦扰而不悦,厚葬靡财而贫民,久服伤生而害事,故背周道而用夏政"③。从学术渊源上来看,儒墨两家有着相当的一致性,分享了共同的古代文化遗产。但墨家对西周的礼乐制度采取了不同于儒家的态度,抨击了贵族奢靡的生活方式,希望恢复上古的朴质之道。在墨子看来:"昔禹之湮洪水,决江河而通四夷九州也……禹大圣也,而形劳天下也如此。"他认为:"不能如此,非禹之道也,不足谓墨。"④墨子之学熔铸古今,提出了一套针砭时弊的理论,创立了与儒家相对立的学派,成一家之言,自非前人的学问可以概括。墨家学派的兴起,反映了平民阶层的觉醒,足以证明贵族社会的进一步崩坏。

墨家学派同时又是一个有严密组织和严格纪律的团体,其成员叫"墨者",他们大多数出身小生产者,过着极端刻苦的生活,节俭自励;一般都有助人为乐、见义勇为的自我牺牲精神,所谓"摩顶放踵利天下,为之"⑤。后世墨者继承了墨家的精神。墨家的领袖自墨子死后称为"巨子",所有"墨者"都要服从"巨子"的指挥。墨家的纪律叫做"墨者之法",以"兼爱""非攻"为基本精神,以"杀人者死,伤人者刑"为主要原则。"墨者之法"还规定:墨家弟子到各诸侯国做官,有义务将其所得俸禄的一部分贡献给墨家团体;弟子在外必须宣

---

① 参见《墨子·贵义》,载吴毓江:《墨子校注》(下册),中华书局1993年版,第670、673页。
② 《汉书·艺文志》,载班固撰:《汉书》(第六册),中华书局1962年版,第1738页。
③ 《淮南子·要略》,载张双棣撰:《淮南子校释》(下册),北京大学出版社1997年版,第2150页。
④ 《庄子·天下》,载陈鼓应注释:《庄子今注今译》(下册),商务印书馆2007年版,第992页。
⑤ 《孟子·尽心上》,载朱熹撰:《四书章句集注》,中华书局1983年版,第357页。

传墨家学说,遵守墨家纪律,如背弃墨家基本精神,"巨子"有权随时把他召回。以此为方向,墨家渐次发展成了宗教化组织,逐渐消解了理论探讨的兴趣。

由于学术传承的断裂,故在相当长的时间内,墨家学说以及著作都湮没无闻、销声匿迹。现存著作《墨子》五十三篇,是一部以阐释墨子思想为主的墨家著作。其中《亲士》《修身》等篇儒家色彩很浓,与墨家宗旨不甚相符,可能是混入《墨子》中的儒家作品。

第一节 儒、墨两家的思想差异

儒、墨两家分享了共同的思想资源,即三代的文化,尤其是周代封建制下的礼乐文化。但周代的礼乐文化在春秋战国时期却被严重破坏,出现了礼崩乐坏之局,政治、社会秩序混乱不已,生灵涂炭。所以,改良和抨击周代分封制度中贵族的生活方式,成了儒、墨两家思想的共同出发点。在究竟应如何改革方面,儒、墨两家有巨大分歧,"孔子之正名复礼,本贵族之见地而言之也。墨子之天志、兼爱,本平民之见地而言之也。其抨击当时贵族之生活者同,而所以为抨击者则异。惟墨学之兴,尤足为平民阶级觉醒之特证也"①。儒、墨两家的社会地位迥别,对社会生活的态度亦随之而异:儒家以贵族社会生活为理想,强调君子、小人之别,注重精神生活;墨家以平民社会为理想,主张"节葬""节用""非乐"等,注重物质生活。除此以外,墨家将秩序实现的力量,更多地寄托在宗教上,而儒家则进一步远离鬼神,将秩序实现归于人文社会中来。职是之故,同为救世而兴起的学派,形成了相当对立的观点。儒、墨两家思想的对立,有目共睹,亦为世人所重视。本节主要阐述二者思想之别。

一、"敬鬼神而远之"与"事鬼神"

儒家继承周代礼乐文明并有所发展,试图将社会安置在人文的基础之上;而墨家则承续神权思想,认为天的力量消退使社会丧失了秩序,因而强调天和鬼神是形成社会秩序的根本力量。尽管儒家力图承载和倡扬商周文化来拯救已坏的社会,但对古代学问并未采取亦步亦趋的态度。原来蕴涵着浓厚神秘色彩的天命、天道思想,开始趋于淡化,社会秩序的基础逐步摆脱固有的神祇秩序,沿着周公的道路,进一步由神意回到人文世界。孔子认为"天道远,人道迩",倡导"敬鬼神而远之"②,强调注重现世的精神,所谓:"未能事人,焉能事鬼?""未知生,焉知死?"③

墨家则指责儒家思想有四个方面"足以丧天下",第一个就是"以天为不明,以鬼为不神,天鬼不说""执无鬼而学祭礼,是犹无客而学客礼也,是犹无鱼而为鱼罟也"。④ 墨家批评儒家不信鬼神,破坏了社会秩序得以建立的基础。墨子认为,"鬼神之明智于圣人也,犹

---

① 钱穆:《国学概论》,商务印书馆1997年版,第46页。
② 《论语·雍也》,载朱熹撰:《四书章句集注》,中华书局1983年版,第89页。
③ 《论语·先进》,载朱熹撰:《四书章句集注》,中华书局1983年版,第125页。
④ 《墨子·公孟》,载吴毓江:《墨子校注》(下册),中华书局1993年版,第691—692页。

聪耳明目之于聋瞽也"①,而且天能够笼罩一切,并有善恶意志,人在世间无可逃匿于天,它以生与死、富与贫、治与乱等来行赏施罚,所以要求人们尤其天子应该"顺天意",而所谓"顺天意"就是"兼相爱,交相利",逆天意就是"别相恶,交相贼"。顺天意就会得到天的佑助,逆天意就会受到天的降灾,这是毫厘不爽的。墨家认为,当今天下混乱,就是因为不再相信天和鬼神作为人间的制约力量,"疑惑鬼神之有与无之别,不明乎鬼神之能赏贤而罚暴也"②,因而失去了神的监临,导致人间政治和家庭秩序混乱不堪。天下大乱的症结,在于人间社会缺少了外在的权威,人们尤其是贵族为了满足私欲,骄奢淫靡,无所顾忌。因而墨家提出要根本改造贵族社会,使天下安定、秩序井然,其方法不是儒者的"敬鬼神而远之",而是墨家的"上尊天,中事鬼神,下爱人"③。

二、"爱有差等"与"兼相爱"

墨家特别强调"兼爱"中的"兼"字。它一方面含有普遍的意味,孔子的"爱人"主要是推己及人,是由其所亲爱推及于所疏远;墨家则强调"天下之人皆相爱",要求打破贵贱贫富的界限。另一方面它含有平等的意思,要求"爱人若爱自身",不分远近亲疏,一视同仁地爱,即所谓的"爱无差等",以此反对周礼的"亲亲"和儒家的"爱有差等"。

儒家从亲子血缘和心理原则出发,强调"爱有差等",由近及远,由亲及疏。儒家的"爱",虽发源于血缘亲情,但就其立意来说,实是想将父子兄弟间的天伦之爱,推己及人,所谓"老吾老以及人之老,幼吾幼以及人之幼",扩充至全天下。

"爱有差等"和"爱无差等"是儒墨两家对立的重要方面。墨子把自己所主张的"爱无差等"称为"兼",而把儒家所主张的"爱有差等"称为"别"。墨子,特别是后期的墨家认为不兼爱就不能算是真正的"爱人",因此也就不能说是"仁",只有"兼爱"才是真正的"爱人"。从最终目的上讲,都是要造就一个人人相爱的理想社会,两家是相通的,其不同之处主要是达到这一最终目的之方法。"兼爱",从字面上看如佛教爱众生一般。但实际上如何才能做得到呢?根据经验,"兼爱"不是一般人所做得到的,爱需要发自内心,而且在经验层面上是基于了解。只要家庭还存在,一个人最了解的必然是其父母,因此也就最爱其父母。怎么可能把别人的父母当成自己的父母一般去爱呢?或者能忍心把对自己的父母的爱降低至爱别人父母的水平。墨家的解决方案之一是"天志"。墨子说,你的父母和我的父母,在你我看固然不同,但在天看来全是一样。人本于天,所以应该兼爱。此其一。其二,墨家的爱根据的是外在标准,是有条件的,是以现实的物质功利为根基的;不是出自内在心理的"仁",而是来自外在互利的"利"。这就为后来的法家斥仁爱为虚伪,一切以现实利害计较为根本提供了基础。据此,有学者说:"墨家仅见人类平等的一面,而忘却其实有差等的一面,为事实上所不能抹杀也。"④

---

① 《墨子·耕柱》,载吴毓江:《墨子校注》(下册),中华书局1993年版,第641页。
② 《墨子·明鬼上》,载吴毓江:《墨子校注》(上册),中华书局1993年版,第330页。
③ 《墨子·天志上》,载吴毓江:《墨子校注》(上册),中华书局1993年版,第289页。
④ 梁启超:《先秦政治思想史》,天津古籍出版社2004年版,第141—142页。

三、"小人喻于利"与"交相利"

墨家的"兼相爱"是以"交相利"作为基础的,而儒家则反对言"利"。孔子说"君子喻于义,小人喻于利";孟子也曾对梁惠王讲"王何必言利"。墨家则大谈其"利"。在墨子那里,"爱人"就是"利人","兼相爱"就是"交相利"。在他看来,天下人所以不相爱的根源,就在于他们"亏人自利"。要改变这种状况,其解决之道就是"交相利"。如何才能做到"交相利"呢?他认为:"视人之室若其室,谁窃?……视人之身若其身,谁贼?……视人之家若其家,谁乱?……视人之国若其国,谁攻?"①从而推导出结论:真正要获得利益,必须爱他人如己身,要求不分亲疏、贵贱,"凡天下之人皆相爱"。并且从己身出发奉行不渝,试图以此来达到"有力者疾以助人,有财者勉以分人,有道者劝以教人"②的平等相爱社会。

在墨子和墨家的整个社会思想中,基于非儒这一主攻方向,可以概括为十大命题,即:尚贤、尚同、节用、节葬、非乐、非命、天志、明鬼、非攻、兼爱。贯穿其整个思想的核心就是"兼爱"或"兼相爱、交相利"。这不但是墨子用来构筑其理想社会的基石,也是他的法律思想的指导原则。

第二节　墨家以"兼爱"为核心的法律思想

一、"天下之人皆相爱"的理想社会

"兼爱"是墨家理论和实践的起点与归宿,他们认为当时的社会是一个强执弱、众劫寡、富侮贫、贵傲贱的大乱之世,人民生活苦不堪言。其原因在于"天下之人皆不相爱",于是抱着悲悯之心,渴望代之以一个"天下之人皆相爱"的理想社会。因此,他们提倡人与人之间互爱互利的"兼相爱,交相利",反对人与人之间互相争夺、互相损害的"别相恶,交相贼"。他们指出真正的爱己在利人,希望大家都能不分亲疏、厚薄、贫富、贵贱,一视同仁地爱所有的人,而不亏人自利,认为这样就会出现一个强不执弱、众不劫寡、富不侮贫、贵不傲贱、诈不欺愚的理想社会。

从此出发,他们认为当时连绵不断的兼并战争是最大的亏人自利,要求终止这种战争,因而提出"非攻"主张。他们指出攻人之国或被攻之国,双方人民都身罹其害,只有利于"荆吴之王,齐晋之君"之别而已。这种战争无异于强盗窃人之室,乐于这种战争的王公大人所行为,就是贼天下之万民。墨家"非攻"思想并不是反对一切战争,他们将战争分为两类:"攻"和"诛"。罚无罪之国是"攻",罚有罪之君是"诛","诛"是正义的,"攻"是非正义的。墨子反对"攻",不反对"诛",而且积极参加,墨子"止楚攻宋"就是其中一例。历史上的"汤放桀""武王罚纣"是诛不是攻,所以他加以赞扬。制止这种非正义的战争是墨家理想社会得以实现的前提。

---

① 《墨子·兼爱上》,载吴毓江:《墨子校注》(上册),中华书局1993年版,第152页。
② 《墨子·尚贤下》,载吴毓江:《墨子校注》(上册),中华书局1993年版,第96页。

二、"法天"的法律观

面对日益颓败的世界,墨家一方面着重改变人的心态,祛除一些不良的想法和习惯,如"节葬""节用""非乐"的主张;另一方面加强社会的组织,试图重建一套共同的价值观和是非准则,以此来贯彻"兼相爱,交相利"的原则,造就一个"天下之人皆相爱"的理想社会。因此,他们很重视"法""法仪"或"法度"的作用。认为无论从事任何工作,都必须有"法"。这就如百工"为方以矩,为圆以规"一样,否则将一事无成。所以《墨子·经上》说:"法,所若(顺)而然也。"一切都得顺法而行。

(一)以天为法

治理天下,国家当然应该有法。到底应该是什么样的法呢?换句话说,人类社会行为规范的准则应该来自哪里?"然则奚以为治法而可?当皆法其父母奚若?天下之为父母者众,而仁者寡,若皆法其父母,此法不仁也。法不仁,不可以为法。当皆法其学奚若?天下之为学者众,而仁者寡,若皆法其学,此法不仁也。法不仁,不可以为法。当皆法其君奚若?天下之为君者众,而仁者寡,若皆法其君,此法不仁也。法不仁,不可以为法。故父母、学、君三者,莫可以为治法。"既然父母、学者、君长皆不足以法,那就必须"以天为法"或"莫若法天"。天是最公正、最仁慈的,"天之行广而无私,其施厚而不德,其明久而不衰",天对一切都兼而有之,兼而食之。因而,"天必欲人之相爱相利,而不欲人之相恶相贼也"。所以,"以天为法"就是以天的欲、恶来确定人们行为的准则。实质上,"以天为法"就是以"兼相爱,交相利"为法。但墨家的天,不是自然之天,而是可以赏善罚恶的神和凌驾于天子之上的最高主宰,认为"爱人利人者,天必福之;恶人贼人者,天必祸之"[①]。因此,一切的权威都转化为宗教化的天,"天志"成了权利和正义的来源。显然,这承袭和发挥了上古神权法思想。

(二)"壹同天下之义"的法律起源说

为了贯彻"兼相爱,交相利"的原则,他们提出了"壹同天下之义"的法律起源理论。他们认为:"古者民始生未有刑政之时,盖其语,人异义。是以一人则一义,二人则二义,十人则十义。其人兹众,其所谓义者亦兹众。是以人是其义,以非人之义,故交相非也。是以内者父子兄弟作怨恶,离散不能相和合。天下之百姓,皆以水火毒药相亏害。至有余力不能以相劳,腐朽余财不以相分,隐匿良道不以相教。天下之乱,若禽兽然。"[②]之所以有这样混乱的形势,正是因为没有社会公权力出现,没有正长来壹同天下之义造成的。为了人们都能过上一种相利相爱、和睦共处的生活,"故选择天下贤良圣智辩慧之人立以为天子,使从事乎壹同天下之义"[③]。天子已立,然后发宪布令于天下之众,自上而下地壹同天下之义。

墨家提出这种"壹同天下之义"的法律起源论,目的在于使"兼相爱,交相利"能够上升

[①] 《墨子·法仪》,载吴毓江:《墨子校注》(上册),中华书局1993年版,第29—30页。
[②] 《墨子·尚同上》,载吴毓江:《墨子校注》(上册),中华书局1993年版,第107页。
[③] 《墨子·尚同中》,载吴毓江:《墨子校注》(上册),中华书局1993年版,第114页。

为法律,以便用国家强制力加以贯彻。他们要求上下尚同一义,就是要求全社会的是非、善恶标准都能壹同于"兼相爱,交相利"。他们认为这是完全可行的,"古者上帝鬼神之建设国都立正长也……将以为下民兴利除害、富贫众寡、安危治乱也",所以正长与人民的利益完全一致。但与此同时,他们指出,在当时的现实社会中并不是这样,贵族王室根本不为人民着想,因此,虽有正长却与"民始生未有正长之时"同。可见,墨家的尚同不在于肯定现实,而在于针对贵族社会加以改造。在墨家的理论中,"天子"成了一个特别重要的角色,但是他们并不是一律崇信,而是支持爱民的"兼君",反对害民的"别君"。并且,进一步限制了君主立法权,要求立法时必须考察其在实践中能否"兴国家人民百姓之利",否则不得为法。

可见,理想社会需要秩序,秩序来源于根据贤能确立的等级,因此要尚同,也就是下同之于上。故"尚同为政之本,而治国之要也"①,刑政是为保证此种尚同而生,"古者圣王为五刑,请以治其民。譬若丝缕之有纪,网罟之有纲,所以连收天下之百姓不尚同其上者也。"②

(三)法为天所立的"天志""天意"说

一般认为自古天意高难问,但墨家认为天是有意志的,天的意志是什么呢?在墨家看来,天的意志广博深远,但最核心的是"兼相爱,交相利"。墨家是怎么证明这一点的呢?墨子从经验层面上的事实反推出天意之所在。"然则何以知天之欲义而恶不义?曰:天下有义则生,无义则死;有义则富,无义则贫;有义则治,无义则乱。然则天欲其生而恶其死,欲其富而恶其贫,欲其治而恶其乱。此我所以知天欲义而恶不义也。"他还进一步论证了天是爱天下百姓的:因为天对百姓能全部明察。怎么知道他对百姓全都明察呢?因为他能全部抚养。怎么知道他能全部抚养呢?因为他全都供给食物。怎么知道他全都供给食物呢?因为四海之内,凡是吃谷物的人,无不喂牛羊,养猪狗,洁净地做好粢盛酒醴,用来祭天。天拥有下民,怎么会不喜爱他们呢?而且谁杀了一无辜之人,必遭到一桩灾祸。杀无辜的是谁呢?是人。给这人灾祸的是谁呢?是天。如果认为天不爱天下的百姓,那么为什么天要降灾祸给杀人者呢?这是我所以知道天爱护天下百姓的缘故。③

这种论证显然不充分,我们很容易从现实生活中找到相反的例子:某人杀人无数,却富贵荣华终身,到死也未受到报应,那岂不是说天鼓励人相杀而非相爱。由此,墨子转入了"神道设教","天子有善,天能赏之;天子有过,天能罚之;天子赏罚不当,听狱不中,天下疾病祸福,霜落不时,天子必且……祷祠祈福于天""夫爱人利人,顺天之意,得天之赏者……夫憎人贼人,反天之意,得天之罚者。"④这样,天就成了赏善罚恶的人格神,是凌驾于天子之上的最高主宰。

光有天尚不足以令人完全信服,墨子又请来了鬼神,一起来证明作为人格神的天之存

---

① 《墨子·尚同下》,载吴毓江:《墨子校注》(上册),中华书局1993年版,第139页。
② 《墨子·尚同上》,载吴毓江:《墨子校注》(上册),中华书局1993年版,第109页。
③ 参见《墨子·天志上》,载吴毓江:《墨子校注》(上册),中华书局1993年版,第288—289页。
④ 《墨子·天志上》,载吴毓江:《墨子校注》(上册),中华书局1993年版,第313、300页。

在和权威。《墨子》一书中有"明鬼"上、中、下三篇,集中举例论证了鬼神的无所不在,无所不知,非人力所能抗拒。鬼神协助上天惩恶赏善,那些逆天而行、残害民众的人,即便是贵为天子的桀纣,鬼神也会严厉惩罚他们;对于那些积德行善的人,尽管人微言轻,但鬼神也不会因此而忽略,定会赏赐他们。所以鬼神之存在,且能助天赏善罚恶,乃是无可怀疑之事。

既然天的意志是要人"兼相爱、交相利",因此就可以用这个原则来判定统治者之行为。"顺天之意,谓之善刑政;反天之意,谓之不善刑政,故置此以为法,立此以为仪,将以量度天下之王公大人卿大夫之仁与不仁……天之意不可不顺也,顺天之意者,义之法也。"[①]由此,符合"天志"的"义"法(包括法律、道德在内的一切行为规范)得以确立。

三、"尚贤"

除"尚同"以外,墨家为了保证"兼相爱,交相利"原则的贯彻,还要求各级正长必须由忠于这一原则的贤者来担任,因而提出了"尚贤"的主张。他们认为,当时诸侯国之所以治理不好,关键在于不能尚贤使能为政,不知尚贤之为政本。墨子指出了当时贵族世袭制溃烂的症结所在:"今王公大人其所富、其所贵,皆王公大人骨肉之亲,无故富贵面目美好者也。"这些人并不都贤,如果让他们治理国家,"则其国家之乱可得而知也"。而且这些人的身份又非他人可学而能的,这就会使人民感到沮丧,而不肯努力为善。所以,他们认为这种制度,无异于蔽贤路于当道,置庸才于官家,是君主对自己不负责任的做法。墨子指出:王公大人只有明白以尚贤使能为政,才能实现一个饥而得食、寒而得衣、劳而得息、乱而得治的社会。实质上,墨家所反对的是贵族世袭制,抨击这种不平等的制度,认为人的贤与不贤,不取决于他的先天身份,而在于后天的学习和修养。这也进一步反映了墨家要求平等的思想,要求人人在后天都应有足够的发展空间,天子、君主不应加以阻挡,反而应给予鼓励和支持。

根据这种观点,墨家认为,治理国家所需要的有智慧的人不必贵族出身,主张:"不党父兄,不偏富贵,不嬖颜色。贤者,举而上之,富而贵之,以为官长;不肖者,抑而废之,贫而贱之,以为徒役……可使治国者,使治国;可使长官者,使长官;可使治邑者,使治邑。"只要是贤者,"虽在农与工肆之人,有能则举之,高与之爵,重与之禄,任之以事,断予之令"[②]。如果不贤,即使是贵族也必须抑而废之。其结论就是"官无常贵而民无终贱"。墨家强烈反对宗法礼治强调的身份观念,主张打破等级差别的思想,改变以往只凭个人的出身背景来赋官予爵,获得参与政治的权利;要求以个人的能力来决定他的富贵穷通,试图通过平民阶层的崛起,给僵化的社会注入一点新鲜的血液,造成一个更趋于公平的社会。这一思想的提出,充分反映了平民阶层要求平等权利的心声,在某种程度上,成了"王侯将相,宁有种乎"的先声。

---

① 《墨子·天志中》,载吴毓江:《墨子校注》(上册),中华书局1993年版,第301页。
② 《墨子·尚贤》,载吴毓江:《墨子校注》(上册),中华书局1993年版,第66、73、97页。

虽然儒墨两家都"尚贤",但他们"贤"的标准不同。儒家的"贤"更多的是强调德行,墨家的"贤"更多的是强调技艺。尽管有这些差别,但他们的"尚贤"主张,正是后来法家要求变世卿世禄制为非世袭官僚制的前奏。但墨家的尚贤又与法家不同。墨家的"为贤之道"是"有力者疾以助人,有财者勉以分人,有道者劝以教人",而法家则从是否有功于耕战出发,一个强调社会性,一个强调政治性。但在打破贵族社会方面,儒家、墨家与法家却都有其贡献。

由于尚贤,墨家在法律上也相应主张"赏当贤,罚当暴"。如果"赏不当贤,罚不当暴",赏就起不到劝善的作用,罚也起不到止暴的作用。为了使赏罚充分发挥威力,墨家还指出,法律与道德舆论必须一致,"上之所赏则众之所非"或"上之所罚则下之所誉",也同赏罚不当一样,不可能劝善阻暴。① 从而注意到了法律理论中的一个根本问题:法律必须与社会风俗、道德相适应,否则将无法形成统一的价值观和良好的社会秩序。与此同时,要使赏罚发挥作用,还必须做到"尚贤罚暴,勿有亲戚兄弟之所阿",也就是反对徇私。这是墨家主张"兼爱""尚贤"的必然逻辑。不但如此,墨家还提出了另一主张,即"若见爱利天下以告者,亦犹爱利天下者也,上得则赏之;若见恶贼天下不以告者,亦犹恶贼天下者也,上得则罚之"②。既奖励荐贤又打击匿奸,这样就可使赏罚迅速见效,并有利于充分了解下情,确实做到"赏当贤,罚当暴,不杀不辜,不失有罪"③。显然,在这里,墨家为了保持上下通情,不惜违背兼爱的原则,主张采取告密的方式,体现了墨家功利主义的态度。这种告密的做法亦为法家所继承,并以连坐的方式将其推向极致,导致民不堪命,最终让法家作法自毙。

四、墨家的一些重要刑罚命题

《墨子·经上》说:"罪,犯禁也。"又说:"罪不在禁,帷(虽)害无罪。"意即只要不犯禁令(刑法),即使有害,也不构成犯罪。基于对犯罪的这种认识,墨家提出了为人所熟知的两个命题——"杀人者死,伤人者刑"和"杀盗人非杀人"。

出于"兼爱",墨家总是反对无故杀人。所谓"杀人者死",正是反对滥杀无辜的表现,尤其反对贵族仗势欺压百姓,滥杀无辜。在《墨子·小取》中,又提出了"杀盗人非杀人"的命题,即并不反对杀盗。他们认为,盗窃行为之所以构成犯罪,即因其"不与其劳,获其实,以非其有所取之故"④,因此应当受到惩罚,甚至可以刑杀。为了把杀盗与杀无辜区别开来,他们特别强调"杀盗人非杀人"。意即杀人之为盗者,不是杀一般的人。他们主张"赖其力者生,不赖其力者不生"⑤,认为亏人自利或不劳而获的不是人,尤其是那些不顾人民死活,一味骄奢淫逸、暴敛钱财的贵族。所以,他们认为这种伤害行为不应作为杀人行为

---

① 《墨子·尚同中》,载吴毓江:《墨子校注》(上册),中华书局1993年版,第118页。
② 《墨子·尚同下》,载吴毓江:《墨子校注》(上册),中华书局1993年版,第138页。
③ 《墨子·尚同中》,载吴毓江:《墨子校注》(上册),中华书局1993年版,第119页。
④ 《墨子·天志下》,载吴毓江:《墨子校注》(上册),中华书局1993年版,第316页。
⑤ 《墨子·非乐上》,载吴毓江:《墨子校注》(上册),中华书局1993年版,第375页。

进行处罚。墨家认为"厚作敛于百姓,暴夺民衣食之财"的"当今之主"①,造成了富贵的人奢侈无度,孤寡的人冻馁无告,虽欲无乱不可得的局面。因而,人民饥寒并至,故为奸邪,不过求得活命而已。这正是墨家在经济上对犯罪原因作最深刻分析基础上得出的刑罚命题。

墨家直到韩非的时候还是天下显学。秦汉以来,墨家作为思想体系和学派逐渐消失无闻,且此后再也没有出现过类似的学说、思潮和派别。但其某些观念、行为乃至组织形态,在下层秘密社会中始终不断地表现出来,如讲义气、重然诺、行兼爱、赴汤蹈火。在《水浒传》中的梁山好汉们因遭压迫而共患难、称兄道弟,但又要排坐次、讲身份、论官职;太平天国也是如此,既要宣传平等的兄弟姐妹关系,等级又是特别的森严。直到晚清民国,墨子才被重新发现和认识。《民报》第一期撇开孔孟老庄,把墨子树为"平等博爱"的宗师,刊登了臆想的墨子画像。梁启超在《新民丛报》上也呼喊"杨学遂亡中国,今欲救亡,厥惟学墨"。从此直到今天,学界给了墨子及其学说较多的关注和较高的评价。

墨子那种悲天悯人的情怀、"摩顶放踵以利天下"的牺牲精神,实在是令后人景仰不已。墨家思想和见诸于身的行动,无疑是我国古代思想宝库中的一块瑰宝。他们面对乱世传承并改造古代文化,试图创造一个人人赖其力而生、"老而无妻子者,有所侍养以终其寿;幼弱孤童之无父母者,有所放依以长其身"②的大同社会。诚如庄子所评价:"墨子真天下之好也,将求之不得也,虽枯槁不舍也,才士也夫。"③

利之所在,弊亦随之。因为墨子关心民生的疾苦,所以处处从物质利益出发,否弃了人人所应享有的精神生活,尽管对抨击贵族的奢靡有一定的作用,却不免"蔽于用而不知文"④。因为墨家向贵族要求平等的权利,所以他们倡导平等之爱,忽视了爱心不能平等付出的社会现实,所以遭到"有见于齐而不见于畸"⑤的非难。墨子主张治理天下国家要有法,法要尊崇天意,天意要兼相爱、交相利,但因为他们过分注重人格化的天对人间的制约,主张尚同和告密,也使得原本爱人的法,难免成为当政者推行专制统治的利器。

思考题:

1. 墨子心目中的理想社会是什么样的?
2. 墨子"法天"法律观的主要内容是什么?
3. 简述墨家"杀盗人非杀人"刑法主张的意义。
4. 评述墨家"尚同"观念的利弊。

---

① 《墨子·辞过》,载吴毓江:《墨子校注》(上册),中华书局1993年版,第45页。
② 《墨子·兼爱下》,载吴毓江:《墨子校注》(上册),中华书局1993年版,第173页。
③ 《庄子·天下》,载陈鼓应注释:《庄子今注今译》(下册),商务印书馆2007年版,第992页。
④ 《荀子·解蔽》,载王先谦撰:《荀子集解》(下册),中华书局1988年版,第392页。
⑤ 《荀子·天论》,载王先谦撰:《荀子集解》(下册),中华书局1988年版,第319页。

第四章　道家法律思想

　　道家创始于春秋战国时期,对历代中国人影响都很大。谈及中国传统文化,总是儒释道并提。汉初,黄老思想备受推崇,成为政治的指导思想。至魏晋时期,道家思想一方面演变为玄学,走上了思辨的道路;另一方面,在道家思想的直接影响下,产生了道教。隋唐以降,儒、释、道三足鼎立,构成了中国传统思想的主要内容。所以,道家的发展与中国历史相始终,与儒家共同构成了或明或暗的思想主线。南怀瑾先生有个形象的比喻,对于中国人而言,儒家是粮食店,不可须臾或缺;佛家是百货店,有钱可以买些东西回来,无钱也可随时进去逛逛;道家是药店,社会不发生问题,可以一辈子不去管它,如果一旦生病,就非找它不可。① 尽管这不是特别准确,但道出了道家思想在传统中国人心目中的重要地位。

　　春秋以降,社会陵夷,时处乱世。这一点是诸子百家的共同看法。但社会为什么会乱,如何应对这个乱世使其重归于治,百家所见各异,解决方案也不同。在道家看来,造成当时乱世的原因是人们不法自然,因此也就不见大道。顺理成章,解决问题的根本办法是让人们认识到道的重要性,从而在思想和行动上"法自然之道"。那他们所说的"法自然"是什么意思呢?这里的"法"字,是个动词,效法、遵循之意;所谓"自然",是自然而然,是"自己如此"的一种自然状态,即不加任何外在强制力量而顺应本初的状态。在他们看来,社会本身不是完善的人类所必需,毋宁说是对人的发展之桎梏;儒家所极力推崇的礼乐制度成了无以支撑生命本身的外在的东西,是反自由的、虚伪的。他们希望从社会之外,人的生活本来样态来解决社会问题;能追寻生命的永恒意义和价值,在最本源处营造真正的人类生活。这就是道家之"道",在此基础上建立了一套思想体系——道家。

　　道家学者之间不同于儒墨两家,无严格的师承关系,只是一些学术观点相近的人形成的一个学术流派。为什么他们学术观点接近,在于他们分享了共同的文化资源。《汉书·艺文志》记载:"道家者流,盖出于史官,历记成败存亡祸福古今之道,然后知秉要执本。清虚以自守,卑弱以自持。"也就是说,道家思想之产生,是基于历史兴衰成败、经验教训总结和反思的结果。除此之外,道家思想之产生,还与他们的渊源——楚文化②有关,在文化环境上与儒、墨等中原文化系统不一样。正是在楚文化氛围之中反思历史之得失成败,产生了以老子、庄子为代表的道家思想。

　　尽管道教受到了道家思想的影响,但道家不同于道教。道教,是中国土生土长的宗教,正式形成于公元1世纪,它在中国古代宗教信仰的基础上,综合了方仙道、黄老道某些

---

① 南怀瑾:《论语别裁》(上册),复旦大学出版社1996年版,第6页。
② 巫以楚为盛,加以屈原等的天才文学创作,其文化特具想象力,具有浓厚的浪漫主义气息,成为道家文化滋生、繁衍的温床。

宗教观念和修持方法而逐渐形成的,以"道"为最高信仰,以《道德经》和《南华经》为主要经典,以老子为教主的宗教。元朝以后,道教演变成两大宗派,即全真道和正一道。

第一节　老子的法律思想

老子究竟是谁?是史学界长期以来的一个难题。司马迁作《史记·老子韩非列传》时,已不能确指其人,只得含糊其词,并列举出了三人,即与孔子同时而稍早的老聃、与孔子同时的老莱子和后孔子129年的周太史儋,从而将这疑难的皮球踢给了后人。传统观点一般认为,老子即是老聃,近来出土的考古资料越来越印证了老子即老聃的看法,但《老子》一书可能并非出自老子一人之手,将其看做道家思想的汇集,可能更接近事实。

老子,姓李名耳,楚国苦县厉乡曲仁里人①,周守藏室之史,后成为隐士。据说孔子适周,曾向他请教"礼",他答复道:"子所言者,其人与骨皆已朽矣,独其言在耳。且君子得其时则驾,不得其时则蓬累而行。吾闻之,良贾深藏若虚,君子盛德,容貌若愚。去子之骄气与多欲,态色与淫志,是皆无益于子之身。吾所以告子,若是而已。"孔子退而告诸弟子:"鸟,吾知其能飞;鱼,吾知其能游;兽,吾知其能走。走者可以为网,游者可以为纶,飞者可以为矰,至于龙,吾不能知,其乘风云而上天。吾今日见老子,其犹龙邪!"②

《老子》无论成书于何时,都是对后世影响最大、最久远、最系统的第一部道家经典。秦汉以后,因其"言道德之意五千余言",并以《道经》为上篇、《德经》为下篇,所以称为《道德经》。1973年,在湖南长沙马王堆三号汉墓发现大批西汉帛书,其中有两种《老子》写本(世称甲、乙本),编排顺序与传统《老子》不同,不是《道经》在前而是《德经》在前。因此,先秦时代的《老子》究竟是《道德经》还是《德道经》,抑或二者并存,尚待进一步研究。这里仍以传统的《老子》为据。《老子》书中具体的法律观点不多,主要集中于法律哲学的探讨,是其以"道"为核心的整个哲学体系的重要组成部分。

一、"法自然"之"道"

"道"是道家一切学说的原始起点。"道可道,非常道;名可名,非常名;无,名天地之始。有,名万物之母。"可见,"道"是天下万物的总源头。"有物混成,先天地生。寂兮廖兮,独立不改,周行而不殆。可以为天下母。吾不知其名,字之曰道,强为之名曰大,大曰逝,逝曰远,远曰反。"天地万物都遵循道的原则。

道的一个特征是"常",即不变。通过对经验世界的观察,与道相对,天地间的万事万物都在变动之中,"飘风不终朝,骤雨不终日。孰为此者?天地。天地尚不能久,而况于人乎?""天地不仁,以万物为刍狗;圣人不仁,以百姓为刍狗。"作为"常"的道不同于经验世界万物,而是经验世界的万有总体,自身是一种独立存在。

---

① 苦县,春秋时称为相,本来属于陈国,陈为楚所灭,故此时隶属于楚。
② 《史记·老子韩非列传》,载司马迁撰:《史记》(第七册),中华书局1959年版,第2140页。

道虽独立存在,但它在万物中皆有体现。这种体现也就是常说的道之内容:"反者,道之动。"即事物发展都会走向反面。"天下皆知美之为美,斯恶矣;皆知善之为善,斯不善矣。故有无相生,难易相成,长短相较,高下相倾,声音相和,前后相随。""祸兮,福之所倚;福兮,祸之所伏。""金玉满堂,莫之能守;富贵而骄,自遗其咎。""合抱之木,生于毫末;九层之台,起于累土;千里之行,始于足下。"既然万物都在变易流逝之中,每一事物都没有真实性或者说确定性可言,故人对事物不能有所固执,执着于物。因此人只有按照事物的本来面目,任其自然。如此,人才能不为物所役。

二、对仁义礼法的批评

道家同儒墨两家一样,将太古之世视为人类发展的黄金时代,此时大道流行。在他们看来,社会不是进化而是退步,当前的社会动乱是因人们违背大道而发生的恶果。"大道废,有仁义,智慧出,有大伪。六亲不和,有孝慈,国家昏乱,有忠臣。""失道而后德,失德而后仁,失仁而后义,失义而后礼。夫礼者,忠信之薄,而乱之首。"在老子看来,要解决当时的社会问题,儒、墨两家均不得要领,没有从更深远的角度探求人类遭遇困境之原因;儒家认为是周礼的破坏导致社会的变乱,批评贵族的贪欲和越礼;墨家则将阶层分化看做问题的关键,欲求一种弥合来改变现状。尽管两家看法有别,但都是隔雾看花,无法弄清问题的根本;他们解决社会问题的思路,都是在人类已有的规则里翻滚,不能从根本上解决问题。老子认为,社会问题的根本在于人类背离了正常的生活轨道,不能循道而行,却自以为是,任意胡为,不知常而妄作,故根本的解决办法是人要循道而行,其表现就是无为。

无为本是不陷于物、不为物所役之意。但要让人信服,老子就需论证无为的经验效果。因此也就要从无为中衍生出一些具体观念,以用之于人类社会。具体表现在个人自处"守柔",与人相处、与世相处则要"不争",社会政治形态就是"小国寡民"。

万物运行,皆时时走向其反面。故人自守于柔弱,静观它者之盛衰,自身永无所谓损害。故"守柔曰强","故坚强者死之徒,柔弱者生之徒,是以兵强则灭,木强则折"。总之,"弱者,道之用"。

所谓"不争","不争"则"无尤",就是说争则树敌,有敌则难免不败,不争则无敌,自立于不败之地;无争则能容人,人即有可能为我所用。"圣人抱一为天下式,不自见故明,不自恃故彰,不自伐故有功,不自矜故长。夫唯不争,故天下莫能与之争。"故"上善若水,水善利万物而不争……夫唯不争,故无尤"。

守柔、不争,很容易被人解读为在教导权术。试看"江海所以能为百谷王者,以其善下之,故能为百谷王。是以欲上民,必以言下之;欲先民,必以身后之。是以圣人处上而民不重,处前而民不害。是以天下乐推而不厌"。这种侧重"权术"层面的解读,导致了后来的道法思想合流。

"小国寡民"是老子的理想国,"小国寡民,使有什伯之器而不用,使民重死而不远徙。虽有舟舆,无所乘之;虽有甲兵,无所陈之;使人复结绳而用之。甘其食,美其服,安其居,乐其俗。邻国相望,鸡犬之声相闻,民至老死,不相往来"。这是老子思想中以柔自处、与人无争的个人行为推演到国家社会层面的必然结果。

要整个社会循道而行,老百姓相对比较容易做到,难的是统治者。为了说服统治者,老子从两个方面入手:一是解释社会问题产生的根源。百姓所以饥饿,是由于在上者吞食税赋太多;人民所以难治,是由于在上者强作妄为;人民所以轻死,是由于在上者奉养奢厚。天下的禁忌越多,人民越陷于贫困;人间的利器越多,国家越陷于昏乱;人们的技巧越多,邪恶的事情就连连发生;法令越多越森严,盗贼反而不断增加。从一般人性上来说,缤纷的色彩使人眼花缭乱,纷杂的音调使人听觉不敏,太多的精致饮食使人食不知味,纵情狩猎使人心放荡,稀有货品使人行为不轨。① 上有所好,下必甚焉。正是在上位者无知妄作,社会才如此混乱不堪。二是阐述无为而治所能达到的效果。"不尚贤,使民不争;不贵难得之货,使民不为盗;不见可欲,使民心不乱。是以圣人之治,虚其心,实其腹,弱其志,强其骨,常使民无知无欲。"如果百姓皆能"绝圣弃智""绝仁弃义""绝巧弃利",社会便能达到"民复孝慈""盗贼无有",这不正是统治者所追求的么?对统治者来说,则是不劳而治,所谓"治大国如烹小鲜"。以无为达到无不为的效果。所以从老子的思维逻辑来看,不能不对整个政治、法律持否定态度。

据此,老子提出了一系列具体主张,即便在上位者做不到无为而治,也至少应该在下述几个方面努力,以减轻社会的混乱和动荡:(1)反对厚敛,主张薄税。他认为繁多的赋税造成了百姓的饥贫,批评那些极尽奢靡生活的贵族,丰食美衣、轻车肥马与强盗无异。(2)反对暴政苛刑和战争,主张减少刑罚。他认为百姓并不怕死,用死来恐吓是没有作用的,"民不畏死,奈何以死惧之?"用严厉的行政管制或者刑罚镇压手段,并不能有效地制止犯罪。因战争造成土地荒芜,民众死亡,无异于一场灾难。用道辅助君主的人,不靠兵力逞强于天下;即便是善于用兵,也只求达到救济危难之目的,而不是用兵来逞强。②

老子既崇尚"无为",提倡"无为而治",故鄙薄"有为"的人定法,抨击儒家所维护的"礼治"和法家所提倡的"法治",认为他们都未能把握自然无为的本性,是舍本逐末,其解决社会问题的办法势必不能合于道,徒然造作,戕害社会,非但无助于改变人类境况,而且会加重危局。因为无论"礼治""法治",都缺乏根据,就像对一个病人,施以不正确的治疗方法,即使有一时的效用,终究无法治愈永久的病根。所以,他认为儒、墨、法的救世方法,无异于给病态社会开出一剂错误的"良药"。

他指出,儒家所倡导的仁、义、忠、孝等"礼治"原则,是失去了道的社会家族不和、尔虞我诈、秩序混乱等病态的反映。儒家只在礼上寻找出路,实在是蒸沙千载,成饭无期。墨家将天下大乱归之于人与人不相爱,是找错了乱世的根源。其根源在于统治者过分搜刮

---

① 《道德经》原文为:"民之饥,以其上食税之多,是以饥。民之难治,以其上之有为,是以难治。民之轻死,以其上求生之厚,是以轻死。夫唯无以生为者,是贤于贵生。""天下多忌讳,而民弥贫;多利器,国家滋昏;人多伎巧,奇物滋起;法令滋彰,盗贼多有。""五色令人目盲;五音令人耳聋;五味令人口爽;驰骋田猎,令人心发狂;难得之货,令人行妨。是以圣人为腹不为目,故去彼取此。"(陈鼓应:《老子注译及评介》,中华书局1984年版,第339、284、106页。)

② "以道佐人主者,不以兵强天下。其事好还。师之所处,荆棘生焉。大军之后,必有凶年。善有果而已,不敢以取强。"(陈鼓应:《老子注译及评介》,中华书局1984年版,第188页。)

民财和过分的奢靡,完全受制于外物的缚累,妄自造作。墨家强调"兼爱"出于"天志",他则认为"天地不仁",天没有意志,更不会有"兼爱"之心。墨家强调"尚贤使能",他则主张"不尚贤,使民不争"。法家强调公布成文法,要求官民一体严格遵守,务求以严刑峻法,以期法治的必成,仍然是有违自然之道的人为之道,是欲治反乱的倒行逆施。法治非但不能因顺自然,整顿秩序,反而可能成为宰制人民、导致天下愈加纷乱的工具。儒、墨、法诸家之主张既不可行,也就更证明了循"道"的无为而治才是应对春秋战国乱世的对症良药。

第二节　庄子的法律思想

庄子是道家继老子之后的一个重要代表人物,老庄并称,始于司马迁,流行于魏晋。庄子(约前369—前286),名周,宋国蒙(今河南商丘县东北)人,约与孟子同时而稍后,曾为漆园吏,与魏相惠施有所交游。庄子生活在一个多灾多难的国度、一个极其混乱的时代。宋国现在河南省东部,在战国时期是有名的"四战之地"。周围都是大国,其东有齐鲁、北有晋、西有郑秦、南有楚,其生存较为困难;且这些国家绝大多数与周王朝有密切关系,而宋又是殷遗民,文化迥异。这些因素都在不同程度上对庄子的思想有所影响。相传楚威王闻庄周贤,使厚币迎之,许以为相。庄周笑谓楚使者曰:千金卿相这样的重利尊位,就像对用于祭祀的牛一样,尽管加恩养育,却不免被宰杀的命运。所以,千金卿相不过是一种束缚。我宁愿自由自在,不愿为统治者所拘束,终生不为官,以求得快乐。

庄子之学"无所不窥,然其要本归于老子之言。故其著书十余万言,大抵率寓言也"①,老之有庄,犹孔之有孟。《庄子》并非出自庄子一人之手,各篇的观点也不尽一致,但显然有着共同的倾向和统一的体系。大体三十三篇中,内篇七,一般认为是庄子所著;外篇十五、杂篇十一,可能出于后学。庄子用辛辣的讽刺、浪漫的笔触,批判扭曲的病态社会,高扬个体的生命自由。透过《庄子》来看当时的社会,似乎充满了深沉的绝望感和郁闷的窒息感。正是对现实的绝望,才使得庄子极力开拓心灵世界和追求精神的绝对自由。在法律思想方面,《庄子》发展了《老子》中否定礼、法等观点,认为包括道德、法律在内的一切人类文明都是人追求心灵自由的桎梏。

庄子是中国哲学史上的一大天才,他在思想和文学上的才华使他成为先秦诸子中的不朽人物。《庄子》一书,由于开拓了心灵世界和对生命问题的深切体悟,不需要庙堂的提倡和奖励,也为绝大多数知识分子所喜好,因此其思想普遍地融化到传统文人的生命之中,从而成为对中国文化影响最为深远的人物之一。

---

① 言里面寓着一个东西,就是把想说的东西放在一个形象的表达里面,就是寓言。比如说我想解释勤奋、懒惰、骄傲等概念时,说不清楚,就用龟兔赛跑来说明,让一切尽在无言中。寓言往往会有较好的效果,庄子自己就说得很明白:"亲父不为其子媒,亲父誉之,不若非其父者也。"

一、庄子思想概述

庄子观察人生和社会,所见皆是痛苦,"人之生也,与忧俱生"。人从降生之日起便陷入欺诈、争夺和杀戮的漩涡之中,面临着三大悲哀:一是"与物相刃相靡",即为了追求物质利益而无穷无尽地拼命、操劳;二是"终身役役而不见其成功",筋疲力尽而不知其归宿;三是形体消尽,精神毁灭,如烟消云散,一无所获。他借老子之口说:"人生天地之间,若白驹之过郤,忽然而已。注然勃然,莫不出焉;油然漻然,莫之入焉。已化而生,又化而死,生物哀之,人类悲之。"①尤其是当今之世,君臣昏乱,"无耻者富,多言者显",使本来就很悲哀的人生更为艰难。因此,他发出了强烈的呼声,希望能够摆脱悲哀的命运,自由自在地游于天地之间。总之,我们的日常生活太现实了,总是把其他的事物都当作我之外的,从而在"我"与"物"以及"我"与"人"之间严格划界。这是一切苦难的根源所在。

庄子从"破生死"入手,认为物理意义上的肉体与万物一样,不关于"真我"。人之所以认肉体为我,即执着于各种感觉。但这种感觉只是一组经验事实,即肉体和万物在同一个层面上流动。既然万物非我,则肉体亦非我。看到这一点,即能静观生死,做到"安时而处顺,安乐不能入"。

如此一来,肉体对"真我"成为一种限制、一种负担。肉体消灭,即意味着自我解除限制和负担,这就是庄子说的"县解"(自然地解除倒悬)。躯体虽灭,但"真我"永存,就像烛薪的燃烧虽有时穷尽,但火却传了下去,没有穷尽之时。② 不仅如此,在庄周梦蝶的寓言中,觉与梦都是相对的,蝶与庄周也是相对的,都属于"物化"(万物之流转),因此,就不必固守人、我之间的界限。人不执著且能超越于肉体和"真我"之别、人我(包括物我)之别,以道养心,就能达到逍遥之境。

同样,任何理论也是同万物一样,处于旋生旋灭的流变过程中。从内容上看,任何理论学说只能为有限的知识,人执着于这有限的知识,妨碍了他认识"道"。因此,"道隐于小成,言隐于荣华"。因此,儒墨诸家皆是其所非,非其所是,不见大道。

二、主张无为,绝对否定仁义礼法

《庄子》在继承《老子》"道"论,肯定道的权威性、普遍性和主宰地位的基础上,突出了道的神秘性、自主性、与人的亲和性:一方面,道自本自根,以自己作为根据,毫不依赖于其他;其外观无为无形,其行迹无所不在;但却生天生地,化育万物,是一个充满了神秘感的超然存在。另一方面,在庄子那里,道并非是像老子所说的那样,以万物、百姓为刍狗,而是有仁心仁德在其内的,因此人是可以接近、体悟道的。"夫道,有情有信,无为无形;可传而不可受,可得而不可见。自本自根,未有天地,自古以固存;神鬼神帝,生天生地;在太极之上而不为高,在六合之下而不为深,先天地生而不为久,长于上古而不为老。""齑万物而

---

① 《庄子·知北游》,载陈鼓应注译:《庄子今注今译》(下册),商务印书馆2007年版,第657页。
② 《庄子·养生主》,载陈鼓应注译:《庄子今注今译》(上册),商务印书馆2007年版,第124页。

不为义,泽及万世而不为仁,长于上古而不为老,覆载天地刻雕众形而不为巧。"①因此他肯定道是包括人生与社会在内的天地万物所应共同遵守的法则,他借孔子之口讲:"道者,万物之所由也。庶物失之者死,得之者生;为事逆之则败,顺之则成。故道之所在,圣人尊之。"②

庄子还把老子的无为之道推向绝对无为。他说,天无为自然清虚,地无为却自然宁静,天地无为而相合,万物乃变化生长。恍恍惚惚,不知道从哪里生出来,找不出一点迹象来!万物繁多,都从无为的状态中产生。看来,天地无心作为,但万事万物都是从它们中生出来的。因此,人也应该效法天地之道的这种无为精神。③ 故理想的状态是完全放任,万不得已需要治,也应是无为而治,"君子不得已而临莅天下,莫若无为"④。故他坚决反对任何干扰和破坏自然之道的行为,激烈抨击各家的有为政治,认为这些有为政治是导致虚伪、欺诈、残杀和大乱的根源。从这一角度,庄子激烈批判了儒、墨、法三家的主张。

于儒家礼治,他认为儒家所谈的礼戕害人的自然本性,其实人的基本需求就是吃饱喝足,没有那么复杂。因此,要摆脱礼治羁绊,张扬人的个性,"道德不废,安取仁义?性情不离,安用礼乐……毁道德以为仁义,圣人之过也"⑤。儒家礼治的危害还不止此,礼乐仁义不仅会给个人造成悲剧,而且会造成社会动乱。"比干剖心,子胥抉眼,忠之祸也;直躬证父,尾生溺死,信之患也……"⑥"爱利出乎仁义,捐仁义者寡,利仁义者众",比如说尧,只知道贤人有利于天下,而不知道贤人贼害天下,只有扬弃贤人的人才是知"道"者。⑦ 仁义行为,只有造成虚伪,仁义本身还会成为贪求的工具,因为高喊仁义的人往往欺世盗名。更有甚者,仁义礼乐成了大盗窃国的工具。"圣人不死,大盗不止。虽重圣人而治天下,则是重利盗跖也。为之斗斛以量之,则并与斗斛而窃之;为之权衡以称之,则并与权衡而窃之;为之符玺以信之,则并与符玺而窃之;为之仁义以矫之,则并与仁义而窃之。何以知其然耶?彼窃钩者诛,窃国者为诸侯。诸侯之门而仁义存焉,则是非窃仁义圣知邪?"⑧仁义只是先王治天下的一剂药,病除则药停,"仁义,先王之蘧庐也,止可以一宿而不可久处"⑨。

庄子认为法家的法治同样是致乱之源。他反对法家通过以法为治、君主独制来实现大治。认为"治,乱之率也",治国的结果,是乱人之性,造成人与人的仇恨和残杀;治人的结果是乱天之经,破坏了天地的和谐;运用刑罚的结果是天下大乱,治天下者执着于赏罚,是不可能的。"举天下以赏其善者不足,举天下以罚其恶者不给。故天下之大,不足以赏

---

① 《庄子·大宗师》,载陈鼓应注译:《庄子今注今译》(上册),商务印书馆2007年版,第213、237页。
② 《庄子·渔父》,载陈鼓应注译:《庄子今注今译》(下册),商务印书馆2007年版,第946页。
③ 《庄子·至乐》,载陈鼓应注译:《庄子今注今译》(上册),商务印书馆2007年版,第522页。
④ 《庄子·在宥》,载陈鼓应注译:《庄子今注今译》(上册),商务印书馆2007年版,第320页。
⑤ 《庄子·马蹄》,载陈鼓应注译:《庄子今注今译》(上册),商务印书馆2007年版,第290页。
⑥ 《庄子·盗跖》,载陈鼓应注译:《庄子今注今译》(下册),商务印书馆2007年版,第908页。
⑦ 《庄子·徐无鬼》,载陈鼓应注译:《庄子今注今译》(下册),商务印书馆2007年版,第754—755页。
⑧ 《庄子·胠箧》,载陈鼓应注译:《庄子今注今译》(上册),商务印书馆2007年版,第302页。
⑨ 《庄子·天运》,载陈鼓应注译:《庄子今注今译》(上册),商务印书馆2007年版,第439页。

罚。自三代以下者,匈匈焉终以赏罚为事,彼何暇安其性命之情哉!"①

对墨家,庄子也没有放过。他认为:"兼爱不亦迂乎?无私焉,乃私也。"②结果使天下人失去养育之道,是使人迷失本性的一种表现。故兼爱永远只能是一种幻想,不可能实现。墨家认为"杀盗人非杀人",这是自以为独尊而奴役天下的人,导致天下震惊。③ 尚贤使民有争心,"举贤则民相轧,任知则民相盗",举贤任智这些方法,使得人民远离淳厚,导致老百姓贪利心切,弄得子杀父,臣弑君,白日抢劫,正午挖墙。大乱之根源就在于此,照这样治下去,千载之后,必出现"人与人相食"之恶果。④

所以,儒、墨、法三家求治,都是治而不得其法,这种不得其法的治,都只是破坏人性,造成罪恶。其实,天地虽大,演化却是均匀的;万物虽多,条理却一致;民众虽多,但需要君主主政。君主如何主政,是依"德"而成全于自然。远古君主治理天下,都遵循这个原则,出于无为,顺应自然。所以只有循无为而治之"蓄"天下(养育百姓)才是治天下之正道,"古之畜天下者,无欲而天下足,无为而万物化,渊静而百姓定"。如此,贯通于道而万事可成,无心获取而鬼神敬服。⑤

道家相对于儒、墨、法各家的思想,有相当不同的性格。对于整顿社会秩序,他们直接追踪到天地的根源,试图以天道——自然之道作为恢复秩序、完善人生的总根据。根据自然无为的思想观念,抨击了当时的造作之制,尽管有过激和过于理想化的倾向,但无疑给当时的社会和思想界提供了独特的视角、广阔的视野。据梁启超先生所分析:一方面,道家将人类的缺点,无情地尽数揭破,使人得反省以别求新生命。道家的言论对流弊丛生的人类文明,恰似当头棒喝,可起到猛然惊醒的作用。另一方面,道家撇却卑下的物质文化,去追寻高尚的精神文化;教人离开外生活以完成内生活。强调不以生活为达到任何目的之手段,生活便是目的,进而将生活艺术化,倡导一切皆"无所为而为"的生活态度。⑥ 庄子凸显了个人在社会宇宙中的位置,为中国思想开辟了新空间。在集权专制中,为中国人保留了一分心灵自由的家园。

具体到道家在法律思想方面的影响,主要体现在下述两个方面:一个是因为它对自然的强调,遂认为法律乃破坏人性之一种表现,对之持否定、批判的态度。这对于传统中国知识分子形成对法律的轻视、乃至虚无的态度可能有影响。另一个就是它对法律本身的批判也使得传统中国人意识到法律本身的局限性,尤其是它对法家所倡导的以赏罚两手来立法以实现君主独制所进行的激烈批评。

---

① 《庄子·在宥》,载陈鼓应注译:《庄子今注今译》(上册),商务印书馆2007年版,第317页。
② 《庄子·天道》,载陈鼓应注译:《庄子今注今译》(上册),商务印书馆2007年版,第404页。
③ 《庄子·天运》,载陈鼓应注译:《庄子今注今译》(上册),商务印书馆2007年版,第444页。
④ 《庄子·庚桑楚》,载陈鼓应注译:《庄子今注今译》(下册),商务印书馆2007年版,第686页。
⑤ 《庄子·天地》,载陈鼓应注译:《庄子今注今译》(上册),商务印书馆2007年版,第347—349页。
⑥ 参见梁启超:《先秦政治思想史》,天津古籍出版社2004年版,第128—131页。

思考题：

1. 道家"无为而治"的内涵是什么？
2. 如何理解老子所讲的"法令滋彰，盗贼多有"？
3. 为什么庄子认为仁义礼仪会造成人的虚伪，当政者以此求治反而是添乱？
4. 评述庄子对法家以赏罚治天下的批判。

第五章 法家法律思想

法家是战国时期主张"以法治国"的一个学派。在先秦诸子中,法家对法律、法学最有研究。他们对法律的起源、本质、作用以及法律同社会经济、时代要求、国家政权、伦理道德、风俗习惯、自然环境,乃至人口、人性等一系列基本法律理论问题,都有自己的独到见解,并提出了一套比较系统的法治理论和实行法治的方法,为建立统一的专制主义中央集权制国家提供了理论根据,同时,对促进我国古代法学的发展也作出了重要的贡献。

法家的代表人物很多,而且大多数是当时著名政治家、思想家和军事家。春秋时期的管仲,一般被看做是法家的先驱。法家可分为前期法家和后期法家。前期法家有战国初期的李悝、吴起,战国中期的商鞅、慎到、申不害等,代表法家中的三派,商鞅重法、慎到重势、申不害重术。后期法家的重要代表人物有二人,一是韩非,一是李斯。

法家这些主要代表人物都有著作,或者是本人写的,或者是他们的后学写的,但大多数都失传了。现在保存下来且比较完整的有《商君书》《韩非子》。这是研究法家思想最基本的著作。除了这两本书以外,还有经过后人编辑起来的《慎子》十篇、《申子》二篇,是一些残篇、佚文。另外,战国中期还有一本重要的书叫《管子》,这是战国中后期齐国一些学者写的,不是管仲本人所写。《管子》范围很广泛,涉及经济、政治、哲学方方面面,其中代表法家思想的部分,通过近人考证,是齐国法家写的。《管子》中的法家思想,其价值不低于《商君书》和《韩非子》,也是研究法家思想的重要著作。法家法律思想既是先秦也是整个中国法律思想史的重点。

第一节 法家法治思想产生的社会背景

东周以降,礼崩乐坏所造成的社会剧变,直接影响到整个社会政治、经济结构的变化。在政治方面,贵族政治逐渐有向郡县官僚制演化的趋势;经济上以公有为特征的井田制全面崩溃,逐渐变为土地私有。

随着整个社会政治、经济结构的变化,出现了新的社会阶层。自孔子以降,私家讲学兴起,从而造就了一个真正的社会知识阶层——"士",他们依靠知识可以晋升,而国君则有人才可资任用,更可利于摆脱贵族的牵绊,得以突出自己的地位和权力。国君和"士"阶层的结合,形成了新的政治集团。

法家是新政治集团在思想领域的代表,为了反对传统自西周以来的"礼治",他们提出了"法治",并在各诸侯国内先后掀起了变法革新运动:要求变传统的"礼治"为新兴的"法治"。在这一运动中,当时各诸侯国的国君为了打击其他贵族的分裂割据,加强君权,实现富国强兵,取得兼并战争的胜利,积极支持变法,从而使变法运动能自上而下比较顺利地进行。这种变法运动在整个战国时期几乎从未间断过。其中比较著名的有:魏国魏文侯时期李悝的变法、楚国楚悼王时期的吴起变法、秦国秦孝王时期的商鞅变法等。先秦法家的法律思想就是适应这种变革的需要而产生的。法家的法治主张在当时能付诸实践,与当时的这种形势密切相关。原因在于:诸侯兼并,要取得战争的胜利,就必须富国强兵;而要富国强兵,只有法家的主张才能达到目的,其他儒、墨、道等,都无法快速实现富国强兵这一目的。

第二节 法家主要代表人物简介

一、被法家奉为先驱的管仲

管仲(? —前686),名夷吾,字仲,春秋前期著名的政治家、思想家。由于鲍叔牙的推荐,他被齐桓公任命为卿相,在齐国实行改革。他认为:"仓廪实则知礼节,衣食足则知荣辱",把经济发展视为人们遵守礼义法度和使社会秩序稳定的物质基础,并为此采取了一系列的措施。他在齐国"修旧法",使法"与俗同好恶","俗之所欲,因而予之;俗之所否,因而去之",从而做到"令顺民心"。他重视"礼义廉耻",比之为"国之四维"。同时他也重视赏罚的作用,认为富国强兵、保证法令贯彻的最有效的办法是"劝之以赏赐,纠之以刑罚"。主张以法治国,加重刑罚,使人"畏威如疾"。他打破周礼"任人唯亲"的"亲亲"原则,破格选拔人才,"匹夫有善,可得而举",甚至可为"上卿之赞(辅助)"。同时还打破"刑不上大夫"的传统,惩治"不用上令""寡功"和"政不治"的官吏。他在齐国实行新的军事和户籍编制,五家为轨,十轨为里,四里为连,十连为方,以为军令。"寄内政于军令",加强对人民的控制。管仲的法律思想在经济上、政治上都初步带有适应新兴势力要求的倾向,被视为法家先驱。今存《管子》一书,虽出于战国中期齐国法家纂辑,但其中亦包含了不少管仲的思想。

二、法家的开创者李悝

李悝(前455—前395),有的典籍或称之李克或里悝,战国初期政治家,魏国人。从公元前406年起,任魏文侯相,主持变法,从经济、政治、法律诸方面进行改革。其方针是:"为国之道,食有劳而禄有功,使有能而赏必行,罚必当。"其目的在于打击贵族的宗法世袭制,建立新的官僚制。他的突出贡献是在整理春秋以来各诸侯国所制定的成文法基础上,编撰了我国第一部比较系统的成文法典——《法经》。这部法典对传统立法产生了很大影响,但它本身已失传。李悝是先秦法家的重要开创者。

三、法家思想的奠基人商鞅

商鞅(前390—前338),又名卫鞅、公孙鞅,出身于卫国公族,战国中期政治家、法家思想体系的奠基者。商鞅年轻时好"刑名之学",曾为魏相公叔痤的家臣,熟悉李悝、吴起等人的变法理论和实践。秦孝公即位后，他携带李悝《法经》入秦，两次主持秦国变法，奠定了秦国富强的基础。因封地在商（今陕西商县东南商洛镇），故史称商君、商鞅。孝公死后，他被告发谋反，秦惠文王处之以车裂之刑。现存《商君书》是研究商鞅一派法律思想的重要材料。

在先秦法家中，商鞅以"重法"著称。他认为远古时代本无国家法律，后来由于社会出现"以强制弱""以众暴寡"的混乱局面，为了"定分止争"才产生国家和法律。

商鞅主张"法治"，坚决反对"礼治"。他认为"人性好爵禄而恶刑罚"，因此治理国家就应当"因民之性"，即按照人民的好恶，用赏罚两手来驱使人民"喜农乐战"。他提出"壹赏""壹刑""壹教"的口号。"壹赏"即只赏有功于耕战、告奸（揭发犯罪）的人，无功者即使是贵族也不赏；"壹刑"即"刑无等级"，不论卿相、将军、大夫、庶人，凡触犯国法的一律处罚；"壹教"即取缔一切不符合国家法律、不利于农战的思想言论，实行文化专制，后来发展到"燔诗书而明法令"。

在推行法治的方法上，商鞅强调法、信、权三个要素。法，指制定和公布成文法，使人"知所避就"；信，即"信赏必罚"，指该赏的一定赏，该罚的一定罚；权，即权势，由君主独掌立法、司法权，"君尊则令行"，保证法律畅行无阻。

在刑罚方面，商鞅提出"重罚轻罪"的重刑论："刑罚重其轻者，轻者不至则重者无从至。"意思是说，轻罪即重罚其结果是轻罪都无人敢犯，重罪就更无人敢犯了，就可达到"以刑去刑"之目的。

四、以重"势"著称的慎到

慎到（前395—前315），赵国人，早年曾"学黄老道德之术"，是从道家中分化出来的法家人物，在先秦法家中以重"势"著称。

慎到重"势"，其目的在于"尚法"。在他看来，"法"是客观、公正、至高无上的，应当成为人们的行为准则和衡量其是非功过的唯一标准。"法者，所以齐天下之动，至公大定（正）之制也。"任何人都不得越法而谋、越法而议、越法而行。在这里，"至公"的"公"是指新兴政治集团的整体利益。与此相对，他把包括君主和各级官吏在内的个别人或少数成员的利益以及照顾这种利益的行为说成是"私"。慎到在中国法律思想史上，较早以比较系统、普遍性的形式提出"公""私"观。他认为"法之功莫大于使私不行""有法而行私，谓之不法"。坚决反对个别人（包括君主）以"私"乱"公"、以"私"乱"法"。

基于这种对"法"的性质和作用的认识，慎到坚决主张"法治"。在他看来，"治国无其法则乱。"要实行"法治"就必须尊君和尚法，"民一于君，事断于法"，这是"国之大道"。在尊君上，他既反对贵族同国君分庭抗礼，也反对儒、墨两家的尊贤、尚贤，要求臣民都必须服从君主的统治。在法律上只有君主才有立法权和变法权。各级官吏只能"以死守法"，严格遵守和执行君主的法令。至于一般的老百姓则只能"以力役法"，即必须服服帖帖地接受法令的役使。但是他反对国君随意立法变法，要求国君像"法自然之道"那样，"以道变法"，即必须顺应人们要求私有的自为心来立法，而不能只为国君个人利益立法。只要国君"因人之情"立法,立法后又能凡事一断于法,国家就一定能治理好。

由于慎到要求君主立法"为公",反对立法"为私",因此他特别强调君主和各级官吏要严格遵守法令。"为人君者不多听,据法倚数,以观得失。无法之言,不听于耳;无法之劳,不图于功;无劳之亲,不任于官。官不私亲,法不遗爱,上下无事,唯法所在。"就是说,不论亲疏贵贱,一切以法为断。同时,他坚决反对"人治"。他认为,"君人者舍法而以身治,则诛赏予夺从君心出矣","人治"就是"身治""心治",其结果"受赏者虽当,望多无穷;受罚者虽当,望轻无已",不用法就会失去赏罚的标准,被赏者和被罚者都不满意。因此,"君舍法而以心裁轻重,则是同功而殊赏,同罪而殊罚矣。怨之所由生也"。相反,如果"事断于法",依法赏罚,使"法之所加,各以其分",其结果就会"怨不生而上下和"。所以"法治"无论如何也要比"人治"好。即使"法"还不完善,也比"无法"的"人治"强,因为它能"壹人心"。

慎到"尚法",同时又重"势"。在他看来,君主如果没有掌握能使法令得以贯彻执行和使臣民不得不服从的权势,"法治"就只能是一句空话。君主有了权势,即使像夏桀那样昏庸,也能"令则行,禁则止"。反之,没有权势,君主即使像尧那样的贤智,老百姓也不会听从他的指挥。用他的话说就是"尧为匹夫,不能治三人,而桀为天子,能乱天下"。因此,"势位"足恃,而贤智不足慕。他重"势",要求国君"权重位尊",却又不是君权至上论者。在君与法的关系上,他始终坚持君主必须"事断于法",君主只能为国、为"公",而不能越法"行私"。因此他反对国君"自任",要求国君"任法",即"大君任法而弗躬为,则事断于法矣"①。

总之,慎到"尚法"、重"势",都以其"公""私"观立论,他的法律思想为新兴统治集团在当时推行"法治"提供了部分理论根据。

五、重"术"的申不害

申不害(约前385—前337),郑国人。"本于黄老而主刑名",是从道家中分化出来的法家。韩国灭郑以后,韩昭侯任他为相,主持改革。

同先秦其他法家一样,申不害也主张"法治",要求君主"明法正义""任法而不任智"。他认为:"君之所以尊者令,令不行是无君也,故明君慎令。"但是在先秦法家中,他以重"术"著称,自成一派。

为了解决随着君主专制制度的建立而日渐突出的君臣矛盾,申不害吸收、改造了道家的"君人南面之术",以维护法家所主张的中央集权君主专制制度。他认为要实行"法治",君主就必须集权于一身,群臣只能围着君主转,一切听从君主的号令。"明君为身,臣为手;君若号,臣若响;君设其本,臣操其末;君治其要,臣行其详;君操其柄,臣事其常",君主要把关系国家安危的立法定制、任免官吏、行赏施罚等大权牢牢地掌握在自己的手中,防止臣下"蔽君之明,塞君之听,夺君之政而专其令",特别要防止"一臣专君",使君主手中的

---

① 参见《慎子》,黄曙辉点校,华东师范大学出版社2010年版,第6—7页。

大权旁落,从而导致"乱臣破国"和"弑君而取国"的后果。他的"术",即为解决君臣之间的这一矛盾。"术"的具体内容主要有两个方面:

(1) 为人臣(君)者操契而操其名。这种"术"是指公开的、君主用以选拔、监督和考核臣下的方法。韩非后来所说的"因任(能)而授官,循名而责实,操生杀之柄,课群臣之能者也",即为这种"术"。意思是说,君主按照臣下的才能公开授予官职,然后考察臣下所做的工作(实),看是否符合他的职守(名),以"名""实"相符与否来决定赏与罚。在"名""实"是否相符上,他对臣下的要求极为严格,既不许失职,也不许越权,甚至主张"治不逾官,虽知弗言",即凡不属于自己职权范围内的事,臣下即使知道也不许言讲。用这种"术"去治理国家其结果必然会使君主闭目塞听,陷于十分孤立的处境。

(2) "藏于无事""示天下无为"。这是一种驾驭臣下的阴谋权术,或者说是"暗术"。这种"术"就是后来韩非所说的:"藏之于胸中,以偶众端,而潜御群臣者也。"君主在臣下面前不露任何形迹,对什么事情都装作没有听见、没有看见,毫无所知。这样自己不暴露,臣下就会感到高深莫测,觉察不出君主的真实意图和虚实。臣下无从投其所好,也就无法隐藏自己的过错。最后君主就能像明镜一样,看清臣下的一切,真正识别忠奸。

由于申不害过分强调"术",忽视君主统一宪令等根本问题,这就离开了法家的"法治"精神,而变成君主一人的"独治"。因此韩非不仅批评他"未尽于'术'",而且批评他"徒术而无法"。

六、集法家思想大成的韩非

韩非(约公元前280—前233),战国末期人,出身韩国贵族,先秦法家思想的集大成者,与李斯同为荀况的学生,他"喜刑名法术之学",见韩国衰弱,曾建议韩王变法,未被采纳,便发愤著书。秦始皇看了他的书非常欣赏,感慨地说,他如能见到作者,并和他交游,"死不恨矣"。后到秦国,由于李斯、姚贾的陷害,被迫服毒自杀。他的著作收集在《韩非子》一书中。

韩非的政治法律思想和先秦其他法家的代表人物一样,以"法治"为核心。但是他的法治理论比其他法家代表人的理论更系统、更深入;推行"法治"的方法比其他法家更完备、更具体。他总结前期法家法、势、术三派的理论,建立了一个"以法为本",法、势、术三者结合的完整体系,为君主专制中央集权制国家的建立奠定了思想基础。

"法与时转则治"的历史观、"人民众而货财寡"的人口论和人人"皆挟自为心"的人性论是韩非"法治"理论的基石。他把人类社会的演进分为四个时期,即:构木为巢、钻木取火时代的"上古",夏禹治水时代的"中古",汤武征伐时代的"近古"和战国时代的"当今之世"。"中古"胜于"上古","近古"又胜于"中古","当今之世"胜于"近古",不断进化,不断发展。历史条件不同,治国的方法也要相应地变化,不能保守、复古,"法与时转则治,治与世宜则有功",法必须随着时代的变化而变化,以适应时代要求。

韩非从根本上否认儒家所宣扬的仁义道德和儒家所推崇的道德高尚的"圣人"。在他看来,随着社会的发展,"人民少而财有余,故民不争"的时代早就一去不复返了。"当今之世"是"人民众而货财寡,事力劳而供养薄",人口增加,生活资料不足,是生存竞争时代。而人的本性又"皆挟自为心",在"自为心"的支配下,人人都不惜千方百计地损人利己。人与人之间,甚至父母与子女之间都是一种赤裸裸的尔虞我诈、你争我夺的利害关系。在这种互相争夺的混乱局面下,必须也只有用国家和法律才能"禁暴""止乱",维持社会秩序。因此,国家不能"务德",只能"务法"。"严家无悍掳,而慈母有败子",只有"威势"才能"禁暴","德厚"不足"止乱"。

在先秦法家中,商鞅"重法",慎到重"势",申不害重"术"。韩非总结三者的理论,提出"以法为本","法""势""术"三者结合的思想。在他看来,法律是当政者维护秩序和实现富国强兵的根本。因此他坚决主张"明法",树立法令的绝对权威。"言不二贵,法不两适""言行不轨于法令者必禁"。"法"是判断言行是非和进行赏罚的唯一标准。他反对在法令之外讲仁义道德,"行义示则主威分,慈仁听则法制毁"。他反对释法行私,"治强生于法,弱乱生于阿"。他甚至要求实行文化专制,禁止一切与法令不合的言论,以统一思想,使"境内之民,其言谈者必轨于法"。为此他强调国家要制定成文法并予公布,使人民的思想言行有所遵循,使"官不敢枉法,吏不敢为私"。他强调君主要用"赏罚"二柄,以保证"法"的贯彻秩序。"刑过不避大夫,赏善不遗匹夫",突出"赏誉同轨,非诛俱行"。他主张使用重刑,"重一奸之罪而止境内之邪",收到杀一儆百的效果。韩非重"法",把"法"提到前所未有的高度。

只有"法"还不行,"法"之外君主还必须有"势"(权势)。"法"离不开"势","尧为匹夫不能治三人,而桀为天子能乱天下"。"权重位尊"的君主才能做到"令则行,禁则止"。"势"是法的后盾。然而"势"又不能离开"法",有"势"无"法"就不是"法治"而是"人治"。"抱法处势则治,背法去势则乱","人治"是乱国之道。基于这种思想,他主张君主在"抱法"的同时,要"擅势",集权于一身,绝对尊君,把君主专制推向极端。

"抱法处势"还必须有"术"。韩非认为"术"是使君主牢牢掌握政权、防止臣下阴谋篡权、阳奉阴违,真正贯彻法令,从而实现"法治"的方法、策略和重要手段。在他看来,君臣之间根本不存在儒家所说的"亲亲"关系,而是"上下一日百战"的利害冲突。因此君主没有一套驾驭臣下的"术",就会大权旁落,失去"生杀之柄",从而不能"潜御群臣",使之奉"公"守法,实现"法治"。所以他不但为专制君主玩弄阴谋诡计公开制造理论根据,而且为他们出了不少点子。

第三节 法家的法律观

法家以主张"以法治国"的"法治"而著称,并提出了一整套推行"法治"的理论和方法。他们对法律的起源、本质、作用,以及法律同社会经济、时代要求、国家政权、伦理道德、风俗习惯、自然环境,乃至与人口、人性的关系等基本问题都有独到的见解,对促进我国古代法学的发展作出了重要贡献。他们的理论以"人性论"为依据,过分夸大了法律特别是刑法的作用,错误地认为,只要加重了轻罪的刑罚就可"以刑去刑",轻视甚至完全否定道德感化的作用。

法家的法律观主要指他们对法律的本质、起源和作用等基本问题的看法。

一、法的本质

法家对法律本质的认识大体可分为两类。一类把法律比作度量衡,像量长短的尺寸、正曲直的绳墨、秤轻重的衡石等一样公平、正直,是衡量人们行为的客观准则。这种公平性、正直性,和"礼"形成鲜明的对照。《管子·七法》说:"尺寸也,绳墨也,规矩也,斗斛也,角量也,谓之法。"《商君书·修权》则说:"法者,国之权衡也。"绳墨、规矩、斗斛、角量等都是度量衡,法家用他们来比拟"法",其目的在于强调"法"的客观性和平等性,是人人必须遵守的行为规范、行为准则。法家这种客观性、平等性、公平性是以普遍性的形式提出来的,或者说是以社会全体成员代表的身份提出这种观点。正因为这样,所以这种"法"也就不同于贵族"别亲疏、殊贵贱"的"礼"。西汉司马谈对法家思想有个概括,叫做"不别亲疏,不殊贵贱,一断于法"。"不别亲疏",是针对周礼中"亲亲"原则提出来的。"不殊贵贱",是针对周礼中"尊尊"原则提出来的。按照法家的观点,贵也好,贱也好,都要根据同一个法律来判断。这样一来就和"别亲疏、殊贵贱"的"礼"形成鲜明的对照。法家为什么要这样主张?在法家看来,贵族垄断经济(土地)、政权是不公平的;而新兴阶层要求土地可以私有,也就是说,贵族可以占有土地,新兴阶层也可以占有土地;政权上,要求按照功劳和才能的大小来授予官爵。废除世袭,这才是公平的。因此,他们认为应该按照新兴阶层的意志来立法,只有这种法才算是"法",按照贵族意志来立法,那不是"法",而是"礼"。他们认为,"礼"是不公平的,不客观的。从这里可以看出,法家所讲的"法",不是一般的法律,而是体现新兴阶层意志和利益的法律,这也是"法"字本来的含义。法字古文作"灋",又作"佱",合于正。法家只反对贵族世袭特权,不反对等级、特权。另一类则把"法"与刑结合起来,这种结合是把"法"作为定罪量刑的依据,将刑以及与刑相对应的赏作为实施"法"的手段。如《韩非子·定法》说:"法者,宪令著于官府,赏罚必于民心。赏存乎慎法,而罚加乎奸令者也。"意思是说:法,是官府明示公布的成文法,使赏和罚在人民心中都有准确的认识。所以受赏,其原因在于能谨慎地守法,而惩罚则加于扰乱法令者。这种"法"刑结合有两个特点:一是区别于贵族的"礼"。因为在贵族的"礼治"中,"礼"和刑是分开的,"礼不下庶人,刑不上大夫"。法家要求"法"、刑结合,意味着刑上大夫。二是"法"既然以刑为保证,"法"就成了人民必须遵守的行为规范,具有以国家暴力为后盾的强制性,违反法令就要受到刑罚的制裁。

法家既然把法律看成是公平的、正直的,故他们便进而认为法律应该为整个国家的利益服务,它高于所有社会成员包括最高统治者在内的利益。慎到即说:"立天子以为天下,非立天下以为天子也;立君以为国,非立国以为君也。"① 就是说:立天下是为了整个天下的人,立国君是为了整个国家,不是反过来,立天下、国家为天子、君王一个人。他们把统

---

① 《慎子·威德》,载《慎子》,黄曙辉点校,华东师范大学出版社2010年版,第2页。

治集团中的个人利益(包括天子、君主)称之为"私",统治集团的整体利益称为"公"。"法"体现了"公",因而是"公法"。商鞅也说:"法令者,民之命也,为政之本也,所以备民也。"①"公"高于"私","法"当然也高于"私",因此,"私"必须服从"法"。《韩非子·诡使》中言:"夫立法令者,以废私也。法令行而私道废矣。私者,所以乱法也。"从维护统治集团的整体利益出发,他们坚决反对"君臣释法任私",把法律丢在一边,自己搞自己的一套。法家这种把体现新兴统治集团意志的法说成是"公法"的观点,具有重要的思想意义。但另一方面,慎到重"势",申不害重"术",韩非则集其成,主张君主明用"法"、暗用"术"以巩固"势"。"法"和"术"都成为君主治天下的工具,君主之权位遂超越于法度之上而不可能有丝毫之限制。②

二、法的起源

法家认为法律和国家都是历史演进到一定阶段的产物,并不是人类社会一开始就有的。人类社会在"民知其母不知其父"的原始时代,并没有法律和国家。社会发展到一定阶段以后,人与人、族与族之间,经常发生争夺。为了制止争夺,为了"定分""止争",需要"立禁""立官""立君",这样才产生了国家和法律。"定分",有的时候,法家又称为"明分"。"定分""明分"就是明确规定人们的权利义务。"分"即"作为土地、财货、男女之分"(划分土地、财务、男女的分界),主要指以土地私有制为基础的财产所有权。所谓"立禁",就是要制定法律、禁令来保护人们的私有财产权,用国家的暴力来制止争夺,维护社会秩序。法家的这种法律起源论,完全排除了君权神授思想的影响,否定了"亲亲而爱私"的血缘关系,而将法的起源与"定分止争"联系起来。在法家的这种起源论中,法的产生既然在于"立禁""止争",这样的法律本身也就具有强制性,非遵守不可。他们毫不掩饰国家和法律的这种暴力性,所谓"内行刀锯,外用甲兵"③,即对内实行镇压,对外从事战争。

三、法的作用

《管子·七臣七主》篇有句话对法的作用有非常精炼的概括:"法者,所以兴功惧暴也;律者,所以定分止争也;令者,所以令人知事也。法律政令者,吏民规矩绳墨也。"可见法家认为法主要有三个方面的作用:

一是"兴功惧暴"。"兴功"主要指富国强兵,这是法家进行兼并战争,统一全中国的要求。从他们的先驱者管仲起,就提出这种主张。到了战国时期,为了取得兼并战争的胜利和实现全中国的统一,法家对富国强兵的要求更加迫切。奖励耕战的政策,就是兴功的具体内容。所谓"惧暴",即用法律镇压民众的反抗,从而迫使民众服从统治。

二是"定分止争"。这个作用,主要是指用法律保护以土地私有制为基础的财产所有权。几乎所有的法家主要代表人物如商鞅、慎到、韩非等都强调"定分止争"的重要性。他

---

① 《商君书·定分》,载蒋礼鸿撰:《商君书锥指》,中华书局1986年版,第144—145页。
② 参见萧公权:《中国政治思想史》,新星出版社2005年版,第167页。
③ 《商君书·画策》,载蒋礼鸿撰:《商君书锥指》,中华书局1986年版,第107页。

们曾多次举同一个形象的例子:"今一兔走,百人逐之",为什么那么多人追逐这只野兔呢?因为这只野兔是无主物,"分"未定,即所有权还没有确定。所以,大家都去追,谁抓到了,就归谁拥有。相反,"积兔满市",市场上摆满了兔子,但"行者不顾",是不是人们都不想要兔子了呢?不是的。因为"分已定矣",所有权已经确定,只能通过买和卖使所有权转让,而不能争。"分已定,人虽鄙,不争。"商鞅在这个基础上还进一步指出:如果"名分"未定,即所有权还没有确立的时候,就是尧舜这样的圣人,也会像快马那样去追兔子;而如果"名分"已定,所有权已经确定了,就是小偷也不敢随便去取。法家这一观点,是战国时期以土地私有制为基础的财产私有权和私有观念的反映。

三是"令人知事"。法可以统一全民行动,使他们作为或不作为。它是君主"壹民使下",即统一老百姓、役使臣下的重要手段和工具。

总之,法律是"吏民规矩绳墨",即准绳,它的作用如此之大,所以他们认为治国不可无法,坚决主张"以法治国"的法治观念。

第四节　法家推行"法治"的理论

一、"法治"与"礼治""德治""人治"的对立

法家法律思想的核心是"以法治国"的"法治"。"法治"与"礼治""德治""人治"的对立,是法家与儒家争论的焦点。"以法治国"高度概括了当时法家在政治、法律思考上的全部主张。法家是战国时期继墨家之后、反对儒家的最有力的学派,法家所主张的"法治",主要是作为儒家的对立面而出现的。这种对立,主要表现在三个方面:

"法治"与"礼治"的对立。法家认为,只有代表新兴统治集团利益的法才是公平的、正直的,代表贵族利益的礼则是不公平、不正直的。礼法对立,实质上是两种不同性质的法律与制度的对立。"礼治"维护世袭贵族特权。"法治"则要求"不别亲疏,不殊贵贱,一断于法";反对贵族世袭各级官吏的宗法等级制度和垄断土地所有权的土地国(王)有制;主张土地私有,允许自由买卖土地,根据功劳与才能的大小选拔官吏。

"法治"与"德治"的对立。主要是统治方法的对立。"德治"主张"以德服人",强调道德与教化的作用,相对轻视法律及其强制作用;"法治"主张"以力服人""不务德而务法",强调法律的暴力作用,把法律的强制手段看成是最有效的,甚至是唯一有效的统治方法,轻视甚至否定道德教化的作用。

"法治"与"人治"的对立。是指在治理国家上"法"和"人"谁起决定作用。儒家强调"人治",强调"为政在人""其人存则其政举,其人亡则其政息",治理国家起决定作用的是"人"而不是"法"。"法治"则与此相反,认为"以法治国,举措而已"。就是说,只要根据新兴统治集团的意志立法,并坚决加以贯彻执行,就能轻而易举地治理好国家。他们强调治国的关键是"法"而不是"人"。他们抨击"人治",并把"人治"说成是统治者随心所欲的"心治"或"身治"。赏罚予夺,如果不以法律为依据,而由君主个人的主观意志来决定,势必造

成同功不同赏、同罪不同罚,这就是产生怨望的根源。也就是说,没有法律就没有准绳、没有标准。集法家思想之大成的韩非,讲:"释法术而任心治,则尧不能正一国。"①他的意思是说,尧这样的圣人也应该按照法律办事,不依法律,他连一个诸侯国也治理不好,更不要说治理天下了。为了强调法治优于人治,慎到甚至指出:"法虽不善,犹愈于无法,所以一人心也。"②法律虽然不完善,也比没有法律好,因为它能统一人心。法家强调法治是对的,但把人治说成是"身治""心治"则曲解了儒家的意思,儒家的人治是贤人政治,其"仁政"自有可取之处,当然法家批评长官意志也有对的成分在内。法家主张绝对君权,儒家不那么绝对,孟子就非常强调"民贵君轻"。

二、法家推行"法治"的理论前提

法家推行"法治"是基于他们对人性和历史演进的看法,试分述如下:

(1)"好利恶害"的人性论。"好利恶害"或"趋利避害"是法家对人性的认识。这种本性人一生下来就有,看见对自己有利的东西就喜欢,见到对自己不利的、有害的东西就避开。他们列举了不少例子来说明人的见利则趋、见害则避的本性。如商人做生意,他们不避风霜昼夜兼程,一天走两天的路,备尝艰辛,把货物从这里运到那里,目的是为什么呢?那是因为有利可图,"利在前也"。又如打鱼的人,他们出没江河湖海,踏惊涛、履恶浪,甘冒风险,是因为水中有利可图,"利在水也"。人的这种好恶,被法家看成能对人民实行法治的根据。商鞅有句名言叫做"人性有好恶,故民可治也"③。法家认为人不好利,赏不能使之动,罚不能使之惧,这种人违反人的本性,最难治,对这种人最好的办法是统统杀掉。由于"人性好爵禄而恶刑罚",所以赏罚的法律手段就成了治理国家的最好方法,无须采用儒家的那一套"仁义""恩爱"来进行统治。

韩非在这个问题上走得更远,他把"好利恶害"的人性论发展成人人都有自私自利的"自为心"。在他看来,人与人之间的关系统统都是赤裸裸的利害关系,都受"挟自为心"的支配。他举了很多例子,如"舆人成舆,则欲人富贵;匠人成棺,则欲人之夭死也。非舆人仁而匠人贼,人不贵则舆不售,人不死则棺不买。情非憎人也,利在人死也"④。做车的人愿意人富贵,做棺材的人愿意人死亡,都不是他们的心仁慈不仁慈,而是由他们的切身利益决定的。不但普通人之间的买卖关系是如此,即便亲如父母和子女,其关系也不例外。他以溺婴(女婴)为例说:父母为了长远利益,生下男孩就互相庆贺,生下女孩就把她杀死,这种行为本身就说明父母对待子女都要受自私自利的"自为心"的支配。父母与子女之间如此,推而至于君臣、君民关系,更不能例外。君主对老百姓,"有难则用其死,安平则用其力";君臣之间,"臣尽死力以与君市,君垂爵禄以与臣市",君主所以给臣下以高官厚禄是

---

① 《韩非子·用人》,载王先慎:《韩非子集解》,中华书局1998年版,第205页。
② 《慎子·威德》,载《慎子》,黄曙辉点校,华东师范大学出版社2010年版,第2页。
③ 《商君书·错法》。一般的《商君书》版本,原文为"人君而有好恶,故民可治也",但研究者根据上下文,多以为"君"字乃"生"字所误,"生"字通"性"。(蒋礼鸿撰:《商君书锥指》,中华书局1986年版,第65页。)
④ 《韩非子·备内》,载王先慎:《韩非子集解》,中华书局1998年版,第116页。

因为这样做臣下就能为他效死力;臣下所以愿意为君主卖力气是因为这样可以得到高官厚禄。不仅如此,韩非还把君臣关系描绘成"上下一日百战"的关系,非常紧张。他写《备内》,就是要君主特别警惕皇后、妃子,防止他们内外勾结、篡权、篡位。总之,在他看来,要使臣民服从只能靠"威势",靠"刑赏"。

韩非这种"挟自为心"的人性论,一方面来源于前期法家,另一方面是受他的老师荀子性恶论的影响。但荀、韩有所不同,主要有两点:第一,荀子认为人的"好利恶害"的本性通过后天的学习教育是可以改变的,这叫做"化性起伪";就是说可以改恶从善。韩非却认为不能改变,所以,他根本就不承认什么道德高尚的人。他说:儒家所吹捧的尧舜这样的圣人,他们同样受"自为心"的支配。"好利恶害"、自私自利,他们实行禅让是因为当时帝王生活很苦,禅让天下是为了解除自身的劳苦。因此不能认为这是道德高尚的表现。第二,荀子认为人性是"恶"的,韩非认为,人性无所谓善也无所谓恶都是一样的"好利恶害"。既然人都是自私自利的,受"自为心"的支配,所以要使人民服从就不能靠仁义道德,不能讲恩爱,只能靠威慑、靠刑赏;只能讲法治,不能讲德治。法家正是利用这种人性论来否定温情脉脉的宗法关系,否定儒家所讲的礼治、德治、人治;同时又为实行"法治"提供理论依据。

(2)"法与时转"的历史观。在历史观上,法家反对复古守旧,认为历史是向前发展的,不是今不如昔,而是今胜于昔,一切法律和制度都必须适应历史的发展而变化,故步自封不能治理好国家,复古倒退更不能治理好国家。在他们看来,"法与时转则治,治与世宜则有功",历史发展了,治理国家的方法就要跟着变化。如果不变,国家就一定会大乱。依据这种历史观,针对战国时期"强国事兼并,弱国务力守"的特点,法家认为"礼治""德治"已经不合时宜,富国强兵,迅速发展农业生产和加强军事力量才是唯一的出路。韩非说:"力多则人朝,力寡则朝于人。"我的力量大,人家就来朝拜我;我的力量小,就要朝拜人家,向人称臣。因此几乎所有法家都对"力"倍加赞颂。从这种思想出发,法家非常重视耕战。怎样才能发展农业生产和加强军事力量呢?他们从"好利恶害"的人性论出发,认为唯一有效的办法就是颁布法令,奖励一切有利于农战的人,惩罚一切不利于农战的人,以此保证人人都"喜农而乐战"。这样一来,"法治"在他们的心目中就成了时代发展的必然。

在历史观上,韩非比商鞅等前期法家更激进。他不但反对复古,反对保守,而且"美当今"。他把那些言必称尧舜的儒家骂为不识时务的蠢货,把那些讲复古、讲保守的人比作"守株待兔"的蠢人。他的历史观还有一个特点就是把历史的发展以及国家法律的产生同人口问题联系起来。他认为人类社会最初人口少、货财多,所以人性虽然好利恶害,但也用不着争夺,因此不需要国家、法律。后来人口增加,生活资料的增长赶不上人口的增长,"人民众而货财寡,事力劳而供养薄,故民争"。他举例说:"今人有五子不为多,子又有五子,大父未死而有二十五孙。"①生活资料赶不上人口增长的速度,分配不均,所以要互相争夺。为了适应社会发展、人口增长的情况变化就必须有国家和法律来禁暴止乱。这样

---

① 《韩非子·五蠹》,载王先慎:《韩非子集解》,中华书局1998年版,第443页。

一来,人口论也成了他实行"法治"的理论根据。

三、法家推行"法治"的方法

法家推行"法治"的方法,概括起来,主要有四点:

第一,"以法为本"。有法,而且"以法为本",是法家推行法治的先决条件。但是法家没有把这个问题绝对化,他们认为要使法令能够贯彻执行,立法者绝对不能随意立法。他们对立法内容有三个原则要求:(1) 适应时代发展的要求,制定奖励耕战、富国强兵的法令,即所谓的"当时而立法"。(2) 立法必须体现"好利恶害"的人性,这就是他们所说的"因人之情""令顺民心"。(3) 立法必须考虑人民是不是力所能及。"毋强不能",即立法时要考虑所立之法,人民是否能够遵行。否则,超越人民所能遵守的限度,即使用刑罚强迫,法律也会毫无作用。这三点主要是前期法家的思想,后期法家迷信暴力,主要用严刑峻法。此外,气候、地理、环境、风俗习惯也是法家提出的立法条件。

第二,法令必须成为判断人们言行和行赏施罚的唯一标准。对此,法家也有三个要求:(1) 法令制定以后,为了使人们能切实遵守就必须以成文法的形式"布之于百姓",同时还要力求做到家喻户晓。他们提出公布成文法的目的有二:一是"使万民皆知所避就",按照法律作为和不作为。二是"使官吏不敢以非法遇民,而民不敢犯法以干法官"。这样既有利于防止官吏罪刑擅断,又可防止罪犯法外求情,或者刁难法官。这个主张是对传统的"刑不可知,则威不可测"的秘密法的否定,打击了当时贵族和各级官吏的个人专横。(2) 法令必须统一并保持相对的稳定性,即所谓的"法莫如一而固"。法家反对政出多门,要求由君主统一立法权,同时保持君主法令的相对稳定性,不要朝令夕改,使人民无所适从。如果朝令夕改,那么"赏"与"罚"就不能起到应起的作用。特别反对两种不同性质的法令并存,从而使国内法令互为矛盾。这个问题实际是废旧立新。他们认为前面君主颁布的旧法令一定要废除,如果不废除,同新的法令有矛盾,那就会使人民无所适从,就会有利于贵族而不利于新兴统治集团。(3) 必须使法令具有绝对权威。这一条包含两个方面的内容:一是要使法令高于一切。这一点对老百姓和官吏都不难,难的是对君主本人。因为君主是最高掌权者和立法者,有立法权也有废法权。为此法家提出"不为君欲变其令,令高于君"的命题,要求法令不但高于一般臣民,而且高于君主本人,具有绝对权威。这种思想在当时是很可贵的,但是无法实行。法家否定圣人,君主当然不是圣人了,不是圣人就要受"好利恶害"人性论的支配。君主也好利恶害,一般人可以用法来适应这种人性,君主怎么办呢?法家自始至终都没能解决君主不守法怎么办这个大问题,是法家"法治"的致命伤。二是法令一出,无论任何人都必须遵守。他们不但要求各级官吏守法,而且要求君主本人也"慎法制",做到"言不中法者不听也,行不中法者不高也,事不中法者不为也"①。对那些敢于坏法的贵族和大臣,他们主张给予坚决打击。商鞅提出"壹刑""刑无

---

① 《商君书·君臣》,载蒋礼鸿撰:《商君书锥指》,中华书局1986年版,第131页。

等级",除君主之外,"自卿相将军以至大夫庶人,有不从王令,犯国禁,乱上制者,罪死不赦"①。韩非则提出:"法不阿贵""刑过不避大夫,赏善不遗匹夫"②,禁止贵族、官吏破坏法令。对一般老百姓,法家要求他们"服法死制",不许违犯也不许议论,"作议者尽诛",无条件服从法令。在禁止人们议论法令的同时,还主张从人们思想上来根本解决问题,要求"禁奸于未萌"。在他们看来,禁止犯罪的最好办法是在犯罪心理尚未萌发的时候就加以禁止,"是故禁奸之法,太上禁其心,其次禁其言,其次禁其事"③。后来又从用法令来统一人们的思想发展成为"以法为教""以吏为师",实行文化专政,禁止一切不合法令的仁义道德、诗书礼乐。结果由商鞅的"燔(烧)诗书而明法令",导致出秦始皇、李斯的焚书坑儒,实行肉体消灭。

　　第三,必须善于运用赏罚。在运用赏罚上,法家也有三个重要主张:(1)"信赏必罚"与"厚赏重罚"。前者指按照法令规定,该赏的一定要赏,该罚的一定要罚,以取信于民。既不迁就权贵也不放过近亲,"罚不讳强大,赏不近私亲",赏罚都不能徇私。同时也不能赦罪和减免刑罚。"厚赏重罚"是商鞅提出的,韩非也很推崇,认为赏要多,罚也要重。这样统治者希望得到的就能很快地得到,希望禁止的也会很快禁止。"厚赏重罚"的目的主要不在于赏罚对象本身,而在于扩大影响。在他们看来,重罚可以杀一儆百,"重一奸之罪而止境内之邪";厚赏则可以"报一人之功而劝境内之众"。④ (2)"赏誉同轨,非诛俱行"。"非"即"诽",就是说社会舆论的毁誉与法律的罚赏必须一致。法律所赏者,必为舆论所称誉;法律所罚者,必为舆论所谴责。否则就会"赏者有诽焉不足以劝,罚者有誉焉不足以禁"⑤。通过赏罚要使受罚者有恶名、受赏者有善誉,只有这样才能禁止人们犯罪。(3)刑多赏少和轻罪重罚。商鞅一派的法家以主张重刑著称。"禁奸止过莫若重刑。"⑥其重刑有两层含义:一是与赏相对应,在数量上要刑多而赏少,反对滥赏,要求只赏有功于耕战和告奸的人,后来则发展成为只罚不赏。他们认为"赏善"等于"赏不盗",意即奖赏那些做了好事的人就跟奖赏那些不偷东西的人一样。如果凡是不偷东西的人都给予奖赏那就会不胜其赏,所以要取消赏。二是加重轻罪的刑罚,并据此提出"以刑去刑"的理论。先秦诸家对刑罚的主张不一。道家主张轻刑;儒家孔孟主张轻刑,荀子主张重刑,但他的重刑与法家不一样,他主张普遍的重刑,还有一点主张"刑称罪"的味道;墨家主张刑罪相称。在法家看来,只要加重轻罪的刑罚,使老百姓害怕得连轻罪都不敢犯,重罪也就不会发生了。这样一来就可以达到"以刑去刑,刑去事成"之目的。从这种理论出发,他们既反对重罪轻判,也反对罪刑相称的"重重而轻轻"。他们认为"重重而轻轻"是就事论事的办法,达不到

---

① 《商君书·赏刑》,载蒋礼鸿撰:《商君书锥指》,中华书局1986年版,第100页。
② 《韩非子·有度》,载王先慎:《韩非子集解》,中华书局1998年版,第38页。
③ 《韩非子·说疑》,载王先慎:《韩非子集解》,中华书局1998年版,第400页。
④ 《韩非子·六反》,载王先慎:《韩非子集解》,中华书局1998年版,第420页。
⑤ 《韩非子·八经·听法》,载王先慎:《韩非子集解》,中华书局1998年版,第440页。
⑥ 《商君书·赏刑》,载蒋礼鸿撰:《商君书锥指》,中华书局1986年版,第101页。

"以刑去刑"的目的。

第四,"法""势""术"相结合。在前期法家中,商鞅、慎到、申不害分别以重法、重势、重术而各成一派。三派都主张法治,侧重点有所不同。韩非总结了三派的思想,提出了"以法为本",法、势、术三者紧密结合以实现"法治"的观点。这一思想的要点有二:(1)"抱法处势则治"。"势"指权势,慎到重势。他认为贤人为什么要被不肖的人统治,原因是不肖的人有"势"。比如说孔子是贤人,但他为什么必须接受鲁哀公这样的庸才的统治?原因是鲁哀公"权重势尊",而孔子是"权轻位卑"。韩非总结他的思想,他认为权势对君主非常重要。君主如果无"势",就不能发号施令,也不能行赏施罚,"法治"即成一句空话。反之有势无法,那就不是"法治"而是"人治"。因此他主张法、势结合,法不能离开势,势也不能离开法。"抱法处势"才是最好的办法。此外他还强调"势"必须由君主"独擅",用今天的话说就是专制。否则,臣下"擅势",君主就会大权旁落,反而被臣下所制。(2)"法、术皆帝王不可一无之具"。"术"是君主掌握政权,贯彻法令的策略和手段,它的作用在于维护君主专制,使君主易于觉察和防止贵族、大臣篡权夺位和阳奉阴违不遵号令。韩非从人人"皆挟自为心"的人性论出发,把君臣关系看成是"上下一日百战"的关系。为了解决君臣之间的这一矛盾、巩固君权,所以他重视"术",要求君王用"术"来贯彻法令,加强吏治。但他反对"徒术而无法",始终坚持"以法为本",认为"法"与"术"都是君主手中"不可一无之具",两者应该紧密结合。韩非讲术讲了很多,大体可分三类:一类是阳术,叫"因任(能)而授官,循名而责实"。前者是选拔官吏的方法,后者是考核官吏的方法,要求按才能授官、按职务的规定来考核臣下的实际工作。法家考核官吏的方法很严厉也很机械。各级官吏都要不折不扣地履行职责。该做的未做、或做少了要罚,做多了做过了头也要罚。另一类是控制臣下的阴谋权术,叫"潜御群臣"。他讲了很多不可告人的阴谋,如"倒言反事",即试探臣下,用反语问臣下。"挟知而问",知道的事装作不知道而问臣下。用这些阴谋权术考察臣下是否忠于自己,使臣下感到畏惧,唯君主之令是从,不敢有非分之想。还有一类是介于上面两类之间,叫做"君道无为,臣道有为"。"君道无为"是从道家来的,也叫"君人南面之术",就是君主除抱法处势用术之外,不做任何具体工作,也不暴露个人的好恶,这样可以防止臣下投其所好,猜测君主的意图。具体工作交给臣下去做,做好了是君主的功劳,是君主贤明;做错了与君主无关,罪在臣下,即"有功则君有其贤,有过则臣服其罪"。

韩非的"以法为本",法、势、术相结合的思想是先秦法家思想的总结和归宿。"法治"思想在当时的历史条件下基本上符合了时代的要求。但是由于他把法家思想推向极端,所以按照他的理论实行统治的秦王朝很快激化了社会矛盾,从而仅二世而亡,从此使得法家思想落了个"刻薄寡恩"的恶名声。

《韩非子·定法》

问者曰:"申不害、公孙鞅,此二家之言孰急于国?"应之曰:"是不可程也。人不食,十日则死;大寒之隆,不衣亦死。谓之衣食孰急于人,则是不可一无也,皆养生之具也。今申不害言术而公孙鞅为法。术者,因任而授官,循名而责实,操杀生之柄,课群臣之能者也,此人主之所执也。法者,宪令著于官府,刑罚必于民心,赏存乎慎法,而罚加乎奸令者也。此臣之所师也。君无术则弊于上,臣无法则乱于下,此不可一无,皆帝主之具也。"

问者曰:"徒术而无法,徒法而无术,其不可何哉?"对曰:"申不害,韩昭侯之佐也。韩者,晋之别国也。晋之故法未息,而韩之新法又生;先君之令未收,而后君之令又下。申不害不擅其法,不一其宪令,则奸多。故利在故法前令则道之,利在新法后令则道之,利在故新相反,前后相悖,则申不害虽十使昭侯用术,而奸臣犹有所谲其辞矣。故托万乘之劲韩,七十年而不至于霸王者,虽用术于上,法不勤饰于官之患也。公孙鞅之治秦也,设告相坐而责其实,连什伍而同其罪,赏厚而信,刑重而必。是以其民用力劳而不休,逐敌危而不却,故其国富而兵强;然而无术以知奸,则以其富强也资人臣而已矣。及孝公、商君死,惠王即位,秦法未败也,而张仪以秦殉韩、魏。惠王死,武王即位,甘茂以秦殉周。武王死,昭襄王即位,穰侯越韩、魏而东攻齐,五年而秦不益一尺之地,乃成其陶邑之封。应侯攻韩八年,成其汝南之封。自是以来,诸用秦者,皆应、穰之类也。故战胜则大臣尊;益地则私封立,主无术以知奸也。商君虽十饰其法,人臣反用其资。故乘强秦之资,数十年而不至于帝王者,法不勤饰于官,主无术于上之患也。"

问者曰:"主用申子之术,而官行商君之法,可乎?"对曰:"申子未尽于法也。申子言:'治不逾官,虽知弗言。''治不逾官',谓之守职也可;'知而弗言',是谓过也。人主以一国目视,故视莫明焉;以一国耳听,故听莫聪焉。今知而弗言,则人主尚安假借矣?商君之法曰:'斩一首者爵一级,欲为官者为五十石之官;斩二首者爵二级,欲为官者为百石之官。'官爵之迁与斩首之功相称也。今有法曰:'斩首者令为医匠。'则屋不成而病不已。夫匠者手巧也,而医者齐药也;而以斩首之功为之,则不当其能。今治官者,智能也;今斩首者,勇力之所加也。以勇力之所加而治智能之官,是以斩首之功为医匠也。故曰:'二子之于法术,皆未尽善也。'"

思考题:

1. 法家思想登台的时代背景是什么?

2. 韩非法律思想的人性论依据是什么？
3. 法家"定分止争"说的内涵是什么？
4. 商鞅为什么要主张重刑？
5. 为什么说韩非是法家思想集大成者？
6. 法家"法治"与现代法治之间有什么关系？

第二编　帝制时期的法律思想

自秦始皇统一中国,创建包括皇帝制度在内的中央集权制度以后,中国由此进入帝制时期。直到20世纪初期经过辛亥革命,帝制时代才结束。与帝制相适应,自汉代中叶起,中国即逐步确立了以"外儒内法"为核心内容的正统法律思想。

第六章　正统法律思想的形成

秦汉魏晋时期逐渐定型的正统法律思想,在整个中国法律思想史上占有极其重要的地位。它不但长期支配着传统中国的立法、司法活动,而且对近代中国的法律生活也有很大影响,且这种影响直到今天仍然有不同程度的存在。

中国正统法律思想的初步形成经历了从秦皇到西汉中期上百年的时间,其间政治局势、思想流派之消长,都有很大的变化。到魏晋时期,律学得到了很大的发展,儒家思想逐渐内化到法律制度之中,极大地推动了法律儒家化的进程。本章重点阐述这段时期内正统法律思想的初步定型过程和随后儒家思想对法制的重大影响。

第一节　秦汉之际政治社会思潮的变迁

秦始皇灭六国统一天下为我国政治史上空前巨变,主要表现在:由宗法制度下贵族之分权变为君主集权,郡县制代替了分封制。传统中国变成了帝制天下,与此相应,此一时期的政治思想也发生了很大的变化。首先,秦王朝凭借法家思想立国,一统天下,但残暴不仁,二世而亡。汉朝代兴,吸取了秦王朝尊法家而亡之教训,改弦更张,黄老登台。及至武帝,儒家终成在政治上占统治地位的思想意识,直至清末。下面将分别论述这几种思想的变迁沉浮。

一、法家思想命运由盛而衰的大转折

秦始皇统一中国后,为国祚长久,很重视政法制度的规划。博士淳于越建议秦帝国应实行周代的分封制,他指责秦帝国在郡县制下"陛下有海内,而子弟为匹夫,卒有田常、六卿之臣,无辅拂何以相救哉? 事不师古而能长久者,非所闻也"。秦始皇于是下令群臣讨论分封制和郡县制的利弊。丞相李斯进行了反驳,主张应实行郡县制,但因此事乃博士提出,遂建议实行文化专制:"古者天下散乱,莫之能一,是以诸侯并作,语皆道古以害今,饰虚言以乱实,人善其所私学,以非上之所建立。今皇帝并有天下,别黑白而定一尊。私学而相与非法教,人闻令下,则各以其学议之,入则心非,出则巷议,夸主以为名,异取以为高,率群下以造谤。如此弗禁,则主势降乎上,党与成乎下。禁之便。臣请史官非秦记皆烧之。非博士官所职,天下敢有藏诗、书、百家语者,悉诣守、尉杂烧之。有敢偶语诗书者弃市。以古非今者族。吏见知不举者与同罪。令下三十日不烧,黥为城旦。所不去者,医药卜筮种树之书。若欲有学法令,以吏为师。"①李斯的建议得到秦始皇认可。除了这次大规模以运动形式推行的焚书之外,秦朝律法还规定:"敢有挟书者族。"因为有焚书和禁止挟书的法令,所以民众欲学者,只能到官府学习法家之学,然后出而为吏,这就是配合大一统专制帝国进行思想专制的"以吏为师"。

秦始皇统一中国后,为一统政令、律令和思想起见,在秦国原有法律的基础上,经过补充、修改,制定了统一的法律,在全国范围内颁布实施,开创了法令一统的新局面。秦帝国严格推行自商鞅以来的"以刑为教,以吏为师"的重刑政策和文化专制,结果二世而亡。汉代建立后,当政者认识到,尽管作为治理国家手段的法令仍不可或缺,但法家学说已落得苛刻、暴政、刻薄寡恩的评价,因其声名狼藉,不可能再成为帝国的统治思想。按照《吕氏春秋·功名》的说法:"强令之笑不乐,强令之哭不悲。强令之为道也,可以成小,而不可以成大也。"西汉像样点的儒生,无不反对以法家思想治国。因为社会由风俗而见,所以风俗即是社会。政治和法律必植基于社会之上,有安定巩固的社会,才有安定巩固的政治和法律。而安定巩固的社会,乃由人与人之间的合理关系而来。像秦代的刑法之治,告讦之风,把人与人之间互信互助的社会关系变为互相欺诈互不信任。政权的基础,建立在这种混乱而没有团结力同时也就是没有向心力的社会关系上,不亡待何?秦亡汉兴,法家思想成为舆论抨击的对象,由盛极而走入衰落一途。

二、汉初的黄老思想

汉王朝建立之初,因为特殊的政治局势和社会情形以及对秦灭亡的教训,决定了他们不可能选取法家作为治国的意识形态,而以黄老思想作为指导思想。黄老学派是先秦道家学派的一个分支,假托黄帝和老子之言,形成于战国时期。它的出现是儒、道、法诸家学说对立和斗争促使学术分化重组的产物。它最初盛行于齐国的稷下学宫。其经典著作,除《道德经》外,还有一些假托黄帝的经书。1973年长沙马王堆三号汉墓出土《经法》《十六经》《称》《道原》四篇古佚书,学界多认为这就是战国中期以后流传的《黄帝四经》。从中可见,黄老学说虽然讲求"执道",崇尚"无为",而其主旨却在强调"刑名法术",是道法结合以法为主的一种学说,即以道家的理论形式灌注了法家法治学说的内容。② 到汉初,统治

---

① 《史记·秦始皇本纪》,载司马迁撰:《史记》(第一册),中华书局1959年版,第254—255页。
② 参见陈鼓应:《黄帝四经今注今译——马王堆汉墓出土帛书》,商务印书馆2007年版,第5页注释。

者一方面要利用刑法来维持秩序,另一方面也要统治者自律以清静无为来休养生息,故选择了黄老学说作为其治国理论。

黄老思潮在汉初六七十年之间非常得势,固然是因为它提倡统治者治国应"清静无为",但更重要的是它在"君人南面之术"方面发展出了一套具体的办法,因而受到汉初帝王的青睐。帝王们需要一套能自圆其说的思想,为其统治获得正当性。黄老学说的"道"能满足这一功能:"道"极简单,所以是"一",当然"一"也有唯一真理的意思。但这个"一"只是一个最高原则,并非一成不变。它可以"长",即可以引申而运用于任何一种情况,具有无穷的妙用。掌握了这个唯一真理的人只能是"圣人",黄老学说称为"正人"。所谓"正人",即"政人",兼有正确和政治的意思(这可能与秦代讳"政"字有关)。如此一来,黄老的帝王就是这种"正人",在理论上是"道"的垄断者,他的一言一动皆合乎"道",故能永远正确,自然是臣民的楷模,"圣王是法,法则明分"。在黄老学说中,一方面,民众仅仅是被治理的对象,另一方面,它所倡导的清静无为又对当政者的行为有所限制,君和民都很容易不满意。这就决定了它不可能长时期成为大一统帝国的治国指导思想。

在黄老学说作为治国主导思想所形成的相对宽松政治环境之下,原先被压制的各种学说得到了空前的发展,尤其是儒学得以重新兴起并产生了越来越大的影响。加以汉中期形势的变化,使得重点在无为而治的黄老学说不适应大一统帝国的要求,黄老作为治国的指导思想地位逐渐动摇。政治家和思想家因此又不得不从先秦诸子思想宝库中去寻求适合大一统帝国且能长治久安的一种学说以替代黄老思想,儒家学说慢慢进入了其视野。

三、儒学在汉初的发展

第一,儒学与天道的联系变得紧密一些。在远古时代,人们因为知识的贫乏而未知的事物太多,只能将这些未知的事物归于那玄之又玄的"天"。"天"在人的生活中占据了非常重要的位置。任何社会秩序建立所依靠的制度设计需要在"天"那里找到其合理性根据。从周代以来价值观念的中心趋向于人的自觉,先秦儒家学说,不论是强调人内在道德自觉的孔孟一系,还是秉持人定胜天的荀子一系,都反对神性之"天"。这种思想,太过超前,不易被大一统帝国的绝大多数臣民所接受。儒家要成为统治思想,必须在这方面有所改变。

被汉代人视为正统儒家经典的《易经》,尤其是《易传》在这方面有所发展。它蕴含了丰富的天人一贯、天人相通思想。如"乾知大始,坤作成物""天地盈虚,与时消息,而况于人乎?""女正位于内,男正位乎外,男女正,天地之大义也。"早在秦始皇统一中国之前,由吕不韦主持编定的《吕氏春秋》一书,是吕不韦为即将统一的秦帝国预为拟定的"建国方略"。在《十二纪·纪首》中推崇《易经》,"天地以顺动,故日月不过,四时不忒。圣王以顺动,故刑罚清而民服",认为统治者应顺天道而行事。从汉初开始,有士人在论证"天"作为人间秩序终极合法性的标准,提出了天人交感的思想。如陆贾在《新语》开篇即讲"天生万物,以地养之,圣人成之,功德参合而道术生焉"。儒家思想的这种变化,可满足当时绝大多数士人和民众的心理需求。

第二，儒学吸收了阴阳五行学说的核心内容。原始儒家学说或注重内在道德自觉，或集中于外在的礼仪法度，诸多与民众日常生活息息相关的实用知识，如医方、占卜等，无法在其中找到存在的根据。到战国中晚期，阴阳五行学说兴起，渐与卜筮合流。至秦焚书，不去卜筮之书，阴阳五行学说因为诸子散佚而大盛，阴阳家言论成为士人共同的思想观念。到汉文、景帝时期，立经学为专门之学，流风所及，说经者都具有了阴阳五行的色彩。这部分满足了人们对神秘性的向往，其所作预言更容易为统治者所信服。

何为"阴阳""五行"？这就要追溯到战国中晚期的邹衍。据《史记》记载：邹衍以天地未分和天地已分之际的天文地理为据，以奇怪之说耸动人心，从而游说君王以仁义节俭为事。结果"驺子重于齐。适梁，惠王郊迎，执宾主之礼。适赵，平原君侧行撇席。如燕，昭王拥彗先驱，请列弟子之座而受业，筑碣石宫，身亲往师之……其游诸侯见尊礼如此，岂与仲尼菜色陈蔡，孟轲困于齐梁同乎哉！"①阴阳者，源于中国上古思想，认为万物都有阴阳两个对立面，例如，天是阳，地是阴；日是阳，月是阴。凡是旺盛、萌动、强壮、外向、功能性的，均属阳；相反，凡是宁静、寒冷、抑制、内在、物质性的，均属阴。以此来解释自然界的各种现象，认为阴阳的对立和统一，是万物发展的根源。五行说认为，世界是由木、火、土、金、水五种基本元素所组成，事物的发展变化，都是这五种基本元素不断运动和变化的结果。邹衍较早地将阴阳学说和五行学说结合起来，解释社会政治现象，提出了"五德终始说"。它认为"新君"的兴起是缘于"旧君"德运衰微，"新君"因具有克胜"旧君"的德运而获取政权。

真正将邹衍的一家之言引入政治生活的是秦始皇。"始皇推终始五德之传，以为周得火德，秦代周德，从所不胜。方今水德之始，改年始，朝贺皆自十月朔。衣服旄旌节旗皆上黑……更名河曰德水，以为水德之始。刚毅戾深，事皆决于法，刻削毋仁恩和义，然后合五德之数。于是急法，久者不赦。"②秦始皇用"五德终始说"论证了秦的合法性，证明了秦的建立和一统乃天意使然。汉代秦兴，即为土德，足见阴阳五行学说的影响。儒家受时代思潮的影响，也开始吸收阴阳五行学说的内容，作为其立说的根据。如《淮南子·精神训》一篇，虽立于道家思想，亦推崇儒家，却以天人相类学说为论证之要点，认为万物乃天地所生，背阴而抱阳；天之特征表现为四时五行九解，相应地人也有四肢五脏九窍三百六十节。③可见，儒家逐渐吸收了阴阳五行学说的相关内容，在一定程度上能更好地满足时代需要。

第三，部分儒生开始持现实主义立场。在秦汉之际，开始有儒生以汉代秦兴为例来论证儒家代替法家作为意识形态的合理性，为游说君主，他们部分抛弃了孟子的"民贵君轻"说、荀子的"从道不从君"论，而代之以法家的"尊君卑臣"论。比较著名的，如刘邦与陆贾的对话：陆贾常在汉高祖刘邦面前引述《诗经》《尚书》等古代儒家典籍，刘邦便呵斥他说："乃公居马上得之，安事《诗》《书》？"陆贾对答道："居马上得之，宁可马上治之乎？"刘邦马

---

① 《史记·孟子荀卿列传》，载司马迁撰：《史记》（第七册），中华书局1959年版，第2344—2345页。
② 《史记·秦始皇本纪》，载司马迁撰：《史记》（第一册），中华书局1959年版，第237—238页。
③ 张双棣撰：《淮南子校释》（上册），北京大学出版社1997年版，第722页。

上省悟,让他总结秦亡汉兴的经验教训和历史上的治乱得失,陆贾遂作《新语》十二篇,讨论"行仁义、法先王"的道理。还有儒生叔孙通,积极为汉高祖制定朝廷礼仪,使朝廷上下尊卑秩序重新整理,让汉高祖体会到皇帝的尊严。与此相反,那些在实际政治生活中坚持其理想和立场的人多付出了惨重的代价。如辕固生固执地对老子表示轻蔑被好黄老之术的窦太后迫害而差点命丧野猪之口。可以看出,儒家人士通过凸显儒家学说中对当政者具有现实实用性这一面,诱导当权者采纳儒家学说作为治国之具。这就是《新语》所归纳的:"制事者因其则,服药者因其良,书不必起于仲尼之门,药不必出于扁鹊之方,合之者善,可以为法。"世事在变,大多数儒者在那个纷乱变动的年代,在经历了秦王朝短暂的压制之后,很多儒生认识到,为了学说能见信于当权者,需要对学说进行实用性改造,向大一统帝国这一现实妥协。

如此一来,儒家学说因具有了包容性和温和性,进入了当权者的视野。早在秦始皇时期,其长子扶苏曾以"诸生皆诵法孔子"为理由,劝秦始皇改法从儒。秦始皇的"刻石"中,虽然主要强调的是"作制明法""端平法度"的重要性,但如何才能将"明法"制定出来,"法度"如何能端平?那就要强调"以明人事,合同父子。圣智仁义,显白道理"等内容,这当然是儒家的强项。刘邦以小吏而投身行伍,早年轻视儒生及其背后的知识,后来认识到自己的不对,在给太子的遗教中讲:"吾遭乱世,当秦禁学,自喜谓读书无益。洎践祚以来,时方省书,乃使人知作者之意。追思昔所行,多不是。"①晚年更以太牢祭祀孔子,启帝王祭祀孔子的先河。贾谊于《过秦论》中更深刻总结:治国用礼义较之刑罚更能培育良好的社会风俗,利于长治久安。"俗固非贵辞让也,所上者告讦也;固非贵礼义也,所上者刑罚也。使赵高傅胡亥而教之狱,所习者非斩劓人,则夷人之三族也。故胡亥今日即位而明日射人,忠谏者谓之诽谤,深计者谓之妖言,其视杀人若艾草菅然。岂惟胡亥之性恶哉?彼其所以道之者非其理故也。"在儒术独尊之前,当权者渐渐得知儒家学说的价值,有渐渐靠拢的趋势。儒学成为治国的指导思想已大体具备,只是需要一个合适的契机了。

四、董仲舒的思想和儒学独尊

董仲舒(前179—前104),广川(今河北枣强)人,是西汉时期的重要思想家,春秋公羊学的代表人物。早年潜心治《春秋》之学,汉景帝时为博士官,生徒众多,极受尊礼。武帝即位(前140),诏举贤良方正、直言极谏之士,董仲舒应诏,奏上著名的"天人三策",提出奉天法古、兴教化、抑豪强、贵德贱刑、官不与民争利、养士办学、独尊儒术等主张,得到武帝重视。曾任江都、胶西相,但先后受主父偃、公孙弘等人嫉害排挤,恐获罪,辞病归家,专事治学著书。由于他的声望卓著,朝廷有重大事情的讨论,时不时会派使者甚至廷尉到他家里去听取其意见,其应对都能明确周到。他的著述现存的有《汉书·董仲舒传》中收录的策对、经后人整理编辑的《春秋繁露》。② 其主要思想大体如下:

---

① 《汉高祖手敕太子》,载章樵编:《古文苑》(卷第十),江苏书局1886年刻本。
② 董仲舒的主要著作《春秋繁露》,读者可参见苏舆撰:《春秋繁露义证》,中华书局1992年版;关于董仲舒的其他著述,读者可以参见袁长江主编:《董仲舒集》,学苑出版社2003年版。

第一,天人交感说。天与人之间的关系由天生人演绎而来,在董仲舒看来,天生万物,人的本原在天,人就是天的投影,"人之形体,化天数而成;人之血气,化天志而仁;人之德行,化天理而义。"① 人的身躯,也是如此与天紧密相连,头如天圆,耳目如日月,鼻口如风气,骨节合天数,五脏对五行,四肢如四季,眨眼如昼夜。② 如此,天人之间即有感应关系存在。天人感应关系体现在政治上,是系统的君权神授论。他认为,人间受命统治之君主,其权力为天意所给予,因此君主应顺天意而处事,掌握着生杀予夺的大权,与天一起主导世上变化的大势。他进一步说,古人发明文字,"王"字的写法就说明了君主的作用,即用一竖画将三横连接起来;"三画者,天、地与人也"③,将他们联系起来,就是使其互相沟通。王,即君主,正是沟通天人的代表。君主既然有这样高贵的、与天合一的权威,当然就应该受到尊崇。

自先秦儒家开始,一直用"德治""礼治"等思想将"王道"和以法家为代表所倡导的"霸道"区别开来,以便对君主的恣意性进行制约。在将君主神圣化后,又如何能对君主进行制约,这是儒学大师董仲舒重点关注的问题,为此,他借鉴古来的神道设教,总结出一个对后世影响深远的"灾异说"。其实,将灾异与政治行为联系在一起的思想很早就有。较早的如《尚书·金縢》篇记载,武王死,成王即位,成王怀疑周公。周公居东不归。于是在秋天,百谷已熟但还没有收获之际,发生自然灾害,雷电与大风让庄稼倒伏,大树被拔起,国人非常恐慌。成王和大夫们戴上礼帽,打开金縢,看到了周公的祝辞,知道周公被冤枉。成王认为这是上天动怒来表彰周公的功德,遂决定到郊外迎回周公。当成王走到郊外,天开始下雨,风向反转,倒伏的庄稼又全部伸起来,迎来了一个丰收年。在董仲舒生活的那个时代,普通的人如何看待、解释灾异现象?在人类的早期意识中,对现实生活中的某些问题认为不合理,遇着灾异,就将两者加以附会。虽然从客观上来讲,不合理的现实和灾异发生之间并无必然关联,但相信某种学说或观念达于极端,便会不知不觉运用所相信的观念学说来解释一切问题,尤其是解释那些在心里存留了很久,而自以为是严重的巨大问题。这就是"灾异说"能为君主和民众普遍接受的思想原因。

董仲舒认为,由于天人之间相互感应,如果人间有过失罪恶,天就会有异常反应,这种反应就是灾异:天地之间万物的不正常变化,大的叫做异,小的叫做灾。灾常常先发生而异随之出现。灾实际上就是上天的谴告,异则表示天的威势。"凡灾异之本,尽生于国家之失。"④国家政治的过失刚刚开始萌芽的时候,天就会有所感应,出现灾来谴告;谴告之后如果仍不知改,就降下种种怪异之事;要是还不知畏惧,一意孤行,大的灾祸就随之而来了。董仲舒"灾异说"是要强调在君主背后还有天,君主利益之上还有天所代表的正义和公道,在力量面前还有良心和道义。上天通过灾异进行的警示,君主能稍微收敛其行为。董仲舒希望儒生能够代天立言而保有一些与君主抗衡和对君主进行制约的愿望:"天"降

---

① 《春秋繁露·为人者天》。
② 《春秋繁露·人副天数》。
③ 《春秋繁露·王道通三》。
④ 《春秋繁露·必仁且智》。

灾异,儒生来解释灾异,以此制约天子之行为。

自汉初以来的几十年间,尽管黄老学说否定了法家的严刑峻法,但黄老学说依然强调法的重要地位以及专制政治发展的惯性,董仲舒感到儒、道两家靠人格修养来消解大一统帝国专制者的权力是不可能的,但鉴于汉初尚刑之下由人民血肉堆积而成的专制政治之残酷,又必须改变,以拯救苍生,因此希望能以"天"的名义来制约"王",纳政治于正轨。虽然其初衷很好,董仲舒为人之人格也很高尚,但实际效果难免因为大一统帝国下的皇权专制而大打折扣。董仲舒在《玉杯》篇中说"屈民而伸君,屈君而伸天,《春秋》之大义也"一语,董仲舒的真意在"屈君而伸天","屈民而伸君"是陪衬、是虚语、是策略。不过,不幸的是后来的统治者和陋儒,恰恰将之倒转过来,造成无穷的弊害。①

天人感应说承认人是天的投影,如果按照此一思路发展下去,人的生命则具有如天那般至高无上的价值和尊严,那么其性情和欲望也应受到最大的尊重。如此一来,儒家学说在大一统帝国中又应该处于什么位置?又怎么能够让人君满意而成为统治思想呢?董仲舒的创造性就体现在其"性三品"说上。

第二,性三品说与德主刑辅。董仲舒在天与人之间加了一个"性"。在董仲舒看来,天有阴阳,人有善恶仁贪,这才是天人吻合。但人与人之间为何有如此区别,这是"性"在其间起作用。董仲舒把人性分为上、中、下三品。他认为,人性有"圣人之性""斗筲之性"和"中民之性"三种。② 其中圣人之性是上品,是道德表率;斗筲之性是下品,天生性恶。这两种都属于特殊情况,而大多数普通人都属于中民之性。董仲舒为阐明其"性",做了一个比喻,性好比禾苗,善好比米,米从禾苗中生出来,但并非所有的禾苗都能生出米来。到这里,人之生就不再是最重要的事情了,最重要的是人的后天教育,变化人性,使人向善。如何教育,那就需要用儒家的教化,如仁忠孝悌等,其中最核心的就是三纲五常。

在把握人性的基础上,董仲舒结合天人相类、天人感应理论,提出了德主刑辅说。之所以治国要德主刑辅,其主要理由有二:一是王者必效法天道,而天道虽不离阴阳,但它是以阳成岁,以阴辅阳。阳以生养为特征,对应于德;阴以肃杀寒冷为特征,对应于刑。因此,王者之治,是以德治为主,以刑辅德。③二是总结历史经验教训,即秦放弃礼义,灭先圣之道,推行"自恣苟简"之刑治,是"以乱济乱,大败天下之民",到汉初,没能及时改制更化,结果是"法出而奸生,令下而诈起,如以汤止沸,抱薪救火",因此当及时更化,更化之道就在于改自秦以降的刑治为德主刑辅。

---

① 《先秦儒家思想的转折及天的哲学的完成——董仲舒〈春秋繁露〉的研究》,载徐复观:《两汉思想史》(第二卷),华东师范大学出版社2001年版,第182—264页。
② 《春秋繁露·实性》。"斗筲","筲"指的是两升的容器,容量很小,比喻人之才识短浅,心胸狭窄。如《论语·子路》:"斗筲之人,何足算也?"
③ 董仲舒原文是这样说的:"上承天之所为,而下以正其所为,正王道之端云尔。然则王者欲有所为,宜求其端于天。天道之大者在阴阳。阳为德,阴为刑;刑主杀而德主生。是故阳常居大夏,而以生育养长为事;阴常居大冬,而积于空虚不用之处。以此见天之任德不任刑也。天使阳出布施于上而主岁功,使阴入伏于下而时出佐阳;阳不得阴之助,亦不能独成岁。终阳以成岁为名,此天意也。王者承天意以从事,故任德教而不任刑。刑者不可任以治世,犹阴之不可任以成岁也。为政而任刑,不顺于天,故先王莫之肯为也。"(董仲舒:《天人三策》,载袁长江主编:《董仲舒集》,学苑出版社2003年版,第8页。)

汉武帝欲致太平，与五帝三王比肩，于元光年间亲自策试人才，董仲舒所上的"天人三策"为武帝所激赏，被定为第一。"天人三策"的主旨就是建议朝廷应以思想大一统配合政治大一统："《春秋》大一统者，天地之常经，古今之通谊也。今师异道，人异论，百家殊方，指意不同，是以上亡以持一统；法制数变，下不知所守。臣愚以为诸不在六艺之科孔子之术者，皆绝其道，勿使并进。邪辟之说灭息，然后统纪可一而法度可明，民知所从矣。"①武帝从董仲舒所请，在中央政府设置五经博士，还为博士设立弟子员，通一经即可任命为官吏，通经入仕成为官吏之正途。不明令罢黜百家，通过官府的提倡，百家自无所为，以较为巧妙柔和的手段渐渐实现了独尊儒术之目的。在儒家学说的支配下，辅以法家的刑制，逐渐形成了影响中国几千年的正统法律思想。

第二节 两汉时期的经义决狱

两汉律令已较发达，但朝廷以经义，尤其是《春秋》中的经义来决狱的风气很盛行，一直延续到六朝之末。经义决狱，又称《春秋》决狱，即司法者用《春秋》经典的事例作为刑事判决的法源依据，尤其是碰到特别疑难的刑案，以《春秋》等儒家经义来比附论罪科刑；观其本义，是"原心定罪"，亦即"略迹诛心"，以行为人的主观犯意来决定其罪责的刑事断案方法。

一、经义决狱出现的背景

为什么汉代会出现经义决狱现象呢？因为在汉武帝之时，虽然其意识形态已经确定了儒家一尊的原则，但汉代的成文法早在汉王朝建立之初已经制定，汉律是以萧何所拟定的《九章律》为核心发展起来的，而《九章律》又是沿袭秦朝的法律，其指导思想是先秦之法家。尽管其成文法与汉武帝所确立的意识形态不相吻合，但出于对祖宗成文法的尊重，很难将之推倒重新制定。此其一。其二，即便能够重新立法，刚成为意识形态的儒家思想也未必能够在短时期内被全面反映到法律中去。司法则不同，以儒家经义决狱，儒家思想可以直接而迅速地影响法律实践活动，而不必再处处严格受拘束于法家思想指导下的成文法。简言之，通过经义决狱，一方面司法者可以尊重祖宗成文法，另一方面又可以迅速以意识形态规避成文法达到实际改造成文法之目的，所以它在汉代得以出现并流行。

经义决狱，顾名思义，是以儒家经义作为司法审判的依据，直接运用于司法，判决罪之有无和轻重。汉代决狱所直接运用的儒家经义主要是指《春秋》一书。当时的儒家学者认为，孔子作《春秋》，之所以能够达到"乱臣贼子惧"的效果，其原因在于《春秋》一书，有微言大义存在于其中。这种微言大义，就是维护了君臣、父子、夫妇等伦常观念，可以有效防止自春秋以降的"礼崩乐坏"乱局，实现社会的长治久安。根据《春秋》精神来解释甚至修正现行法律以指导定罪量刑，始自大儒董仲舒。在儒家被确立为国家的意识形态之后，《春

---

① 董仲舒：《天人三策》，载袁长江主编：《董仲舒集》，学苑出版社2003年版，第28页。

秋》作为儒家的重要经典,其间所蕴含的纲常伦理对于维护君权和等级社会的稳定非常有利,所以董仲舒的这种做法得到了皇帝的赞成和提倡,《春秋》逐渐成为事实上的审判根据,经义决狱之风甚嚣尘上。

二、董仲舒的经义决狱

董仲舒的《春秋决狱》一书虽已失传,但近代法制史学者程树德在《九朝律考》中辑录了董氏《春秋决狱》的六个例子,可以粗略地看出经义决狱所确定的司法原则。下面将举两个例子:

第一,拾儿道旁案。秦代法制主要建立在法家理论之上,推行连坐,奖励告奸。到汉初,虽然对秦朝严刑峻法政策有所反思,但汉代法制沿袭的成分较多,虽然不能确定连坐、告奸是其法制的构成部分,但立法中尚未充分体现"亲属相隐"。与法家思想相对立,儒家主张人世伦理具有特殊的重要性,亲属之间,尤其是关系最近的父子之间,伦理价值本身即体现了社会的正义,不应轻易毁弃。孔子曾言:"父为子隐,子为父隐,直在其中矣。"①

自儒家思想在庙堂的地位越来越重,这种要求亲属之间有"证"之义务的法规范需要作出相应地调整。董仲舒所拟制的春秋决狱案例中,即有"拾儿道旁"一案,以阐明亲族伦理之重要性:

> 时有疑狱曰:甲无子,拾道旁弃儿乙,养之以为子。及乙长,有罪杀人,以状语甲,甲藏匿乙,甲当何论?仲舒断曰:"甲无子,振活养乙,虽非所生,谁与易之。《诗》云:'螟蛉有子,蜾蠃负之。'《春秋》之义,父为子隐。甲宜匿乙,而不当坐。"②

案情为拟制,很简单:甲只有养子乙,乙长大杀了人,回家告诉了养父甲,甲将乙藏匿起来。问甲是否应被科罪。董仲舒认为甲不应当被科罪,其推理分两步:(一)引证《诗经》螟蛉子一诗,证明甲、乙之间的养父子关系应被视为亲子关系;(二)引《春秋》父为子隐之义,证明父为子隐无罪。结合(一)、(二),得出甲不应被科罪的结论。

儒家主张亲亲为人伦之本,家国一体,"人人亲其亲,长其长,而天下平"。孔子强调"父为子隐",无关乎其父攘羊一事是否当罚,而是强调为人子者应顺应父子伦理之大,为父"隐"而已。汉朝廷既要以儒术治国,又标榜圣朝以孝治天下,如法沿袭秦而不变,岂非教、法对立:教之所加为法之所禁?结果不免教、法两伤,殊非所以治国之道。如改教而从法,是回到秦王朝,不可取,只有变法而从教。所以董仲舒的判决适应了时代需要。到地节四年(前66)夏五月汉宣帝下"子首匿父母等勿坐"诏:

> 父子之亲,夫妇之道,天性也。虽有患祸,犹蒙死而存之。诚爱结于心,仁厚之至也,岂能违之哉!自今子首匿父母,妻匿夫,孙匿大父母,皆勿坐。其父母匿子,夫匿

---

① 《论语·子路》。朱子有这样的注释:"父子相隐,天理人情之至也。故不求为直,而直在其中。"(朱熹撰:《四书章句集注》,中华书局1983年版,第146页。)与此相对,法家将家国对立起来,偏重国而轻忽家,重"尊尊"而轻"亲亲",主张大义灭亲。
② 程树德:《九朝律考》,中华书局2003年版,第161页。

妻,大父母匿孙,罪殊死,皆上请廷尉以闻。①

该条诏令所规定之内容,为日后的律典吸收而进入正式法制中,即为"同居相为隐"条。

第二,误伤己父案。孝在中国古代文化中地位特别重要,所谓"百善孝为先"。汉朝强调圣朝以孝治天下,要求子孙对待父母、祖父母,要恭谨顺从。如子孙有不逊等行为,即为社会、法律所不容。所以,"不孝"在法律上为重大犯罪,处罚很严。汉律定不孝罪的处罚为死刑。至于殴打祖父母、父母,更是不能容忍的恶逆重罪,比不孝更为严重,汉律刑罚为枭首。但子孙殴打父母、祖父母,具体到个案之中,可能情形千差万别。有的完全是无心之失,非有意冒犯可比,一律科以斩、枭重刑,岂非情法之不平? 更违背朝廷教孝之道。董仲舒即拟制了这样一案:

> 甲父乙与丙争言相斗,丙以佩刀刺乙,甲即以杖击丙,误伤乙,甲当何论? 或曰殴父也,当枭首。论曰:臣愚以父子至亲也,闻其斗,莫不有怵怅之心,扶杖而救之,非所以欲诟父也。《春秋》之义,许止父病,进药于其父而卒,君子原心,赦而不诛。甲非律所谓殴父,不当坐。②

若要依照当时的成文法汉律,甲当以殴父定罪,应处以枭首之刑。董仲舒对此不以为然,认为应从主观动机来考量甲的殴父行为,即甲是为救父而误伤其父,本无伤父之心。为了论证这种考量主观动机的合理性,董仲舒引用了《春秋》中所记载的许止为父进药的事例。许止进药,本来是想医治其父之病,并无害父之意。虽许止的父亲许悼公因服此药而死,但《春秋》并不认为是许止所杀,只是批评许止为人子不能善尽子责。本案之甲殴父之动机与许止进药大致无什么差别,不应科以殴父枭首之刑罚。

董仲舒在这个案件中根据《春秋》经义"原情定过,赦事诛意"而确立了"论心定罪"的司法原则,即"志善而违于法者,免;志恶而合于法者,诛"的主观动机论,将甲原本应判的枭首予以减轻处罚,自有其合理性。

三、汉代重要经义决狱

经大儒董仲舒的提倡,在汉武帝之后,很多朝臣颇好经义决狱,一时蔚为风气。程树德在《九朝律考》一书中辑录了汉代直接以经义决狱的重大案件二十多个,以《春秋》论事的例子更多达三十多个。下面即以"薛况之狱"来予以说明。

哀帝初年,博士申咸公开讲薛宣不供养父母,薄于骨肉,以前就因不忠孝而免职,不宜复列封侯,立于朝堂之上。薛宣的儿子薛况为右曹侍郎,几次听过申咸说过类似的话,就以钱财买通杨明,让他将申咸毁容,让申咸不能居于朝堂之上说他父亲的坏话。正好当时司隶一职出缺,薛况害怕申咸当上,就不好报复了。因此令杨明在咸宫门外动手。杨明在

---

① 班固撰:《宣帝纪》,载《汉书》(第一册,卷八),中华书局1962年版,第251页。
② 程树德:《九朝律考》,中华书局2003年版,第161页。

宫门外挡住将上朝的申咸去路,以刀斧斩劈,导致申咸鼻、唇断裂,身上有八处创伤。

汉律有"大不敬""斗以刃伤人""造意""首恶"等条文,薛况究竟应如何定罪?朝臣之间有很大分歧。御史中丞等大臣的意见是:申咸所言薛宣之事都是事实,即"众人所共见,公家所宜闻",薛况是害怕申咸当了司隶后举发薛宣,因此公然令杨明等在宫阙要道上,于大庭广众之下刺伤天子近臣申咸,和普通百姓因愤怒争斗不同,按照《春秋》尊君之义,因近臣接近于君,故应礼敬。且《春秋》断狱,注重主观动机,"上浸之源,不可长也",因此薛况主使,杨明下手,都应以大不敬罪处以弃市严刑。廷尉等的意见则与此不同,认为:此案件虽然发生在宫门外,但与凡民争斗无异。按照汉律"斗以刃杀人"条,应处以"城旦"徒刑,谋划者与动手杀人者各加一等处罚。为了论证这种适用法律的合理性,他们又援引《传》的记载:遇到人不以为义相待而殴伤对方,有无留下疤痕,罪都相同,这是由于厌恶不直。本案申咸屡次诉说薛宣的不是,造成流言,即是不义的行为。因此,薛况有理由要伤害申咸,计谋已经确定,后来听闻朝廷要设置司隶,因而催促杨明行动,并非是担心申咸成为司隶才开始谋划。虽然在宫门外伤害申咸,但与百姓争斗的案件无异。杀人者死,伤人者刑,是古今通道。再引《论语》孔子"名不正,则至于刑罚不中;刑罚不中,而民无所错手足"之说,如果把薛况和杨明以大不敬处以弃市,则在定罪量刑上存在偏差。最后根据《春秋》原心定罪之原则,薛况是因其父被说坏话而为父复仇,并无其他大过恶。只有小过错即处死,那是"违明诏,恐非法意,不可施行",且"圣王不以怒增刑",主张"以贼伤人不直"将两人处以"城旦"的劳作刑。最终,皇帝经过权衡诸位大臣的意见,薛况减罪一等,徙居敦煌,薛宣贬为庶人,归于故郡,老死于家中。①

本案争议双方都援引了《春秋》以及其他儒家经义,可见当时引经决狱风气之盛,也暗示我们,经义决狱在实际运用上非常欠缺确定性,争议各方可能从经义中各取所需,导致弊端迭出。

四、对经义决狱之评价

经义决狱之风随着法律儒家化在唐代的完成才最终从制度上退出历史舞台,也就是说,它在完成了法律儒家化的使命后才寿终正寝。

自近代以降,很多学者都注意到经义决狱问题,有很多研究和思考。其主要观点大致有两种:一是持肯定的评价,以沈家本为代表,他在考证《春秋决狱》时指出:"今观《决狱》之论断极为平恕,迥非张汤、赵禹之残酷可比,使武帝时,治狱者皆如此,酷吏传亦不必作矣。"②另一种是完全否定的评价,以章太炎、刘师培师徒为代表:"独董仲舒为春秋折狱,引经附法,异夫道家儒人所为,则佞之徒也。"③其主要理由是董仲舒乃始作俑者,后世佞臣、酷吏得以舞文弄法,进退其间,因缘为市,媚于人主。这里的争点实际上有两个:一是经义决狱是否导致或者加剧了舞文弄法之现象;二是董仲舒应不应该为同时代及以后

---

① 《汉书·薛宣传》;又见程树德:《九朝律考》"汉律考七",中华书局 2003 年版,第 164—165 页。
② 沈家本:《历代刑法考》(第三册),邓经元等点校,中华书局 1985 年版,第 1776 页。
③ 章太炎:《检论原法》,转引自杨鸿烈:《中国法律思想史》(下册),商务印书馆 1989 年版,第 62 页。

时代酷吏借经义决狱所为负责,即便要负责,应该负多大的责任?

对于这个问题,黄源盛教授在深入考证汉代经义决狱事例的基础上,对这两个争点作出了较有说服力的回应,因此其对经义决狱的评价更中肯,现略述如下:

  针对从近代罪刑法定原则及法解释学的角度来看,董仲舒的春秋决狱是否完全破坏"罪刑法定",是否将法治精神破坏殆尽?要回答这个问题,当然要先了解西汉在体制上是否有此规定或精神?否则,这种提问本身就是荒谬的。答案是,只要皇帝的钦定立法权存在,就不可能有司法的独立性。司法无独立性,就不可能有近代严格意义的罪刑法定。我们也就不可以苛责儒吏引经断狱,因为君主专制下没有真实的法治可言,即使对君主负责的司法者想守法,但却无法制止君主的不守法。尤其,在传统法律观念里成长的人民,他们无法理解过于严格的法律解释以及程序法的重要性。经义决狱是否导致或者加剧了舞文弄法之现象呢?传统司法利用比附类推,除了弥补律条的不足之外,的确能解决实际的难题,至少给人民感觉到衙门里没有不能解决的问题。事实上,在君主政体下,皇帝虽可不顾法律,甚至变更法律,但作为臣下的司法官,仍须受法律的约束,在律无明文规定时,纵使引用经义以当比,仍须识大体,衡量情与理,并使一般人接受,最低限度也要自圆其说,否则为故出、故入人罪,要负法律上绝对责任。董仲舒的春秋决狱,在律有明文规定时,引春秋经义以解释律文,并无法扮演破律的角色;在律无明文规定时,却担起"创造性补充"的漏洞填补功能。应该考虑到,汉律条文每罪所科之刑,除另有加减例外,皆系绝对一刑,并无"相对之法定刑"可言。在此情况下,罪刑法定实有困难。何况,依当今罪刑法定原理,刑法固不能类推适用,比附援引入被告于罪,但比附援引的结果,苟对被告有利,并不在禁止之列。董仲舒坚持德主刑辅的法律理想,在儒家伦理纲常原则未能正式入律之前,企图采用经义决狱的形式以儒家的仁德来舒缓法家立法的峻罚,是一种儒者仁心的外在表现。

  董仲舒希望《春秋》这部经典有一天能成为汉代的法典,这样他自己的"春秋学"自然能发挥代圣贤立言的效果。他一方面承认专制政体的合理性,另一方面又想给予此政体一个新的理想和内容,这两种企图都要经由《春秋公羊传》来加以完成,春秋决狱不过是其表现方式之一。关于酷吏借经义决狱之名来取媚人主的问题,不能直接归咎于董仲舒。"所谓国家之败由官邪,冤狱之成由有司,刀笔奸吏引《公羊春秋》以深文周内,其本身已不知《春秋》之义何属,真可以说是《春秋》的罪人了,又怎可归咎于《春秋》经义。因此,可以说,这批酷吏才是真正的'经之蚍虱,法之秕稗'。"①

第三节 魏晋时期"法律儒家化"进程的逐步展开

  历经四百多年的汉帝国因为外戚、宦官专权乱政而覆亡,社会陷入动荡。除了西晋短期统一外,长期处于分裂战乱之中。直到隋代重新混一宇内,建立隋唐帝国。在长达四百

---

① 参见黄源盛:《汉唐法制与儒家传统》,元照出版有限公司2009年版,第116—123页。

多年分裂期间内,北方游牧民族进入中原,民族融合,战乱不断,民生多艰。随着汉帝国的覆亡,以法家思想为主导的汉律从此成为历史。之后历朝为证明其合法性所颁布的成文法发生了变化,前代的法律儒家化成果逐渐进入法典,后代又继续其成果,将法律儒家化推向深入。故整个魏晋时期都是法律儒家化逐渐深入的阶段。在这个过程中,以引经注律为特征的儒学得到了快速发展,涌现出了一批法律思想家。

一、两汉魏晋时期以"引经注律"为特征的律学

律学原本是经学的一个分支,两汉又特别崇尚经学。早自西汉,与经义决狱并行,就不断有儒者聚徒讲解法律,出现了"汉以来,治律有家,子孙并世其业,聚徒讲授,至数百人"①的局面,律学成为经学中的专门之学,地位自然尊崇。此种传统,到东汉,更成时代风气,叔孙宣、郭令卿、马融、郑玄等儒学大师曾注汉律。诸儒章句,十有余家,家数十万言。凡断罪能用到的章句,一共26372条,770万多字,极端烦琐,不适于用。汉儒根据儒家经义来研究、解释法律,即"以经注律",形成律学,故大儒不仅获得了成文法的法律解释权,而且对于后世的立法也颇有影响,是儒家思想进入法制领域的重要步骤。

曹魏初期,继续承用汉律,在继承汉代律学传统的基础上,因当政者的提倡,律学持续发展,出现了陈群、钟繇、刘邵等一批对法律研究有素的律学专家。鉴于东汉诸儒章句之烦琐,于是魏文帝下诏,各级法司断案时,只准用郑玄的章句,不得杂用余家。卫觊上书,鉴于"刑法者,国家之所贵重,而私议之所轻贱;狱吏者,百姓之所悬命,而选用者之所卑下",造成政事缺失,请求朝廷设立律博士,来教授狱吏的律学知识。该建议为朝廷所接受。律博士之设置,更有助于律学的发达。到魏明帝时,陈群、刘邵等律学家受命,"删约旧科、傍采汉律",制定了曹魏新律十八篇。② 从这一时期开始,以法家思想为指导的汉律已然成为历史,当政者可以根据现实需要,利用两汉时期经义决狱所积累的经验,将儒家经义或者是某些规范吸收入律,即重点在立法领域开展法律儒家化。

晋代是中国古代律学发展的一个高峰。早在曹魏时期,司马昭即认为魏律虽然在汉律的基础上有所改革,但"本注繁杂",于是组织了贾充、杜预、羊祜等多人的修律班子,开始修律。到晋武帝泰始三年修订新律,史称《泰始律》。《泰始律》在中国法律史上地位重要,是法律儒家化的重要里程碑。因参与修律的人不仅为当朝重臣,且很多都是博学鸿儒,故《泰始律》是以儒家学说为指导思想的法典。《泰始律》颁行后,晋武帝亲自临讲,杜预③、张斐等为之作注。杜、张注《泰始律》,"兼采汉世律家诸说之长",是汉魏以来法律修订和注解之理论及实践的一次系统性总结。张斐的《律表》和杜预的《律本》经晋武帝的批准颁行天下,与《泰始律》一样,具有法律效力,后人称之为《张杜律》。这表明律学已成为

---

① 《南齐书·崔祖思传》。
② 《晋书·刑法志》。
③ 杜预(222~284),字元凯,京兆杜陵(今陕西西安)人。出身儒学世家,晋武帝时任河南尹,与车骑将军贾充等共同制定律令。后任镇南大将军,统帅荆州诸军。著作保存至今的有《春秋左氏经传集解》。他曾著《律本》二十一卷,是对晋《泰始律》的注释,惜已不传。

依据经义原则研究具体法律问题的独立知识门类,大大推进了包括法典体例、律文原则、刑名诠释等古代法律理论的发展。代表此一时期律学发达水平的张斐、杜预的律学著作,为集汉唐律学大成的《永徽律疏》之问世打下了基础,在中国律学史上具有承前启后的重要作用。

二、张斐的法律思想

张斐,生卒年月不详,晋武帝时任明法掾,曾为《泰始律》作注。《晋书·刑法志》收入其所著《注律表》,对于研究刑名和刑法基本概念、原则和术语颇有参考价值。此外,他还著有《汉晋律序注》《杂律解》《律解》等律学著作,但均已失传。张斐法律思想的特色主要在于"以礼率律",从而对律进行整体性、系统性的研究和考察,在此基础上将法律儒家化和律学研究推向深入。

张斐认为,法律的根本精神是礼。他在注《泰始律》所上之表中指出,《泰始律》二十篇,始于《刑名》,终于《诸侯》,体例结构完整、严密而有系统,"王政布于上,诸侯奉于下,礼乐抚于中,故有三才之义焉,其相须而成,若一体焉"。"礼乐抚于中",即是明确指出"礼乐"是贯穿整部《泰始律》的根本精神,每个条文都必须折衷于它。这是张斐"以礼率律"法思想的主要内容。

在这个有体系的律中,被置于首篇的《刑名》具有特别重要的地位。《刑名》类似于现代刑法典的总则。将《刑名》置于律的首篇,始于曹魏新律。在此之前,都是沿袭李悝《法经》的编排顺序,被称为"具律",置于律之末尾。《泰始律》继承了曹魏新律将《名例》置于首篇的编排方法,张斐予以了理论说明。张斐明确指出《刑名》的作用是"经略罪法之轻重,正加减之等差,明发众篇之多义,补其章条之不足,较举上下纲领"。

《泰始律》各篇都有其特定功能,共同构成了一个具有活力的整体,张斐以人的身体部位为比喻,指出"告讯为之心舌,捕系为之手足,断狱为之定罪,名例齐其制。自始及终,往而不穷,变动无常,周流四极,上下无方,不离于法律之中也"。律作为整体之所以有活力,在于它有作为灵魂的"理"。

张斐"以礼率律"法思想具体表现在他所提出的"理直刑正"主张上。整部律是有体系的,具体法律条文之间相互联系,有的可互相发明,有的可相互补充。这种内在关系是贯穿其中的礼乐精神,也就是"理"。所以人欲明律文,必先懂"理"。"夫理者,精玄之妙,不可以一方行也。"理精玄微妙而富于变化,不拘泥于某一固定的形式,它内在于律,使律在形态上灵活变通,不可拘执固守。

"理"是"法"的灵魂,立法者和司法者只有准确把握住这个"理",做到"理直"(律文明确体现纲常伦理),方能"刑正"(适用法律宽严适中,罪刑相符)。这样就可将礼法紧密结合,所谓"礼乐崇于上,故降其刑;刑法闲于下,故全其法"。用今人语言来说:当政者在上面尊崇礼乐,需要制定刑法来维护它;刑法在社会上要起到防闲的作用,必须要予以健全。礼与法能紧密联系,互相配合,才有可能实现"尊卑叙、仁义明、九族亲、王道平"的理想。

立法者和司法者如何才能准确把握这个幽微玄奥的"理"呢？

第一，张斐对律中最基本的概念做了解释，下了定义，为司法者探求律文背后的"理"提供了重要的前提条件。在注律表中，张斐列举了二十个刑律名词并赋予其较准确含义：

> 其知而犯之谓之故，意以为然谓之失，违忠欺上谓之谩，背信藏巧谓之诈，亏礼废节谓之不敬，两讼相趣谓之斗，两和相害谓之戏，无变斩击谓之贼，不意误犯谓之过失，逆节绝理谓之不道，陵上僭贵谓之恶逆，将害未发谓之戕，唱首先言谓之造意，二人对议谓之谋，制众建计谓之率，不和谓之强，攻恶谓之略，三人谓之群，取非其物谓之盗，货财之利谓之赃。

通观这二十个名词定义，大致可分为两类：一是突出名词背后的纲常伦理，如谩、诈、不敬、不道、恶逆等犯罪，主要是因为该种行为分别违犯了忠、信、礼、节、上下尊卑等伦理准则；另一类是扼要点出犯罪之构成要件，如故、失、斗、戏、贼、戕、谋、盗、赃等。张斐对这些重要名词的释义，将传统律学推进到一个新的高度，有助于司法官寻求"律"后之"理"，从而能更准确理解和适用律文。

第二，张斐提出了司法官应灵活变通地进行司法。"律者，幽理之奥，不可以一体守也。"法律必须体现"理"。为了遵循"理"，司法官不能机械株守一成不变的律条。他告诫司法官，在断狱时要全面、深入、周到地体察案情："论罪者务本其心，审其情，精其事，近取诸身，远取诸物，然后乃可以正刑。"在张斐看来，每一个案件都是具体的，各有其不同的情况，法律则是一般性规定。在大多数情况下，可以"化略以循常"，不必考虑案件的细节差异，使之与法律的一般性规定相适应；在少数情况下，个别案件的特殊性使之难于纳入法律的一般性规定之中，就需要以"随事以尽情""趣舍以从时""引轻而就下"等方式来具体考量。总之，理想的司法官在尚未定罪的初期审理阶段，"采其根牙之微，致之于机格之上，称轻重于豪铢，考辈类于参伍"，才可望达致"理直刑正"的目标。

张斐极重视礼法结合、探求法后之理、灵活司法以追求"理直刑正"这一高远目标。除此之外，张斐一个很重大的贡献是力图提升律学研究的地位。自汉兴以来，法家学说名声扫地，两汉的"引经注律"虽在短时期内提升了律学的地位，但时间一长，律学渐渐失去了独立性而成为经学的附庸，为舆论所轻贱。与张斐同为《晋律》做注的杜预就讲："法者，盖绳墨之断例，非穷理尽性之书也。"法学不是什么高深的学问，难与"穷理尽性"的至言妙道等量齐观，没有跻身于学术之林的资格。要从根本上改变这种观念，就要证明并真正使律学成为一门学问。张斐于是指出法律的深奥在于内有精妙之理，在论到立法时，他说："非天下之贤圣，孰能与于斯！"在论到司法时，他讲："自非至精不能极其理也！"在《注律表》结语中，张斐总论"法律之义"，讲："形而上者谓之道，形而下者谓之器，化而财（裁）之谓之格。"在张斐看来，法学上体大道，下裁万物，是沟通道、器之间的媒介，非常重要。所以法学本身就是"穷理尽性之书"，有深入独立探究之必要。在中国传统法律思想演变历程中,包括律学在内的整个法学在传统学术中处于边缘,张斐关于律学的定位特别难得。①

三、刘颂的法律思想

刘颂,字子雅,广陵人,世家大族出身。"少能辨物理,为时人所称",曹魏文帝时曾以相府掾的身份"奉使于蜀"。司马氏代魏之后,刘颂在晋代做官凡四十来年,几乎与西晋王朝的命运相始终,历任尚书三公郎、中书侍郎、守廷尉、淮南相、三公尚书等,长期主持西晋王朝的司法工作,以直言敢谏、执法严明著称后世。② 与张斐相比,刘颂不是纯以理论见长,而是更多地关注法律实践。道并行而不悖,刘颂凭借其丰富的法律实践经验,也总结出很多对后世产生了重要影响的法律理论。其最著者为君、大臣和各级官吏在司法层面上的职责差别,他的法律思想即由此而展开。

刘颂严格区分立法和司法工作。在刘颂看来,尽管西晋王朝初建并一统中国,但此时并非盛世,"实是叔世",因东汉末年以来的积弊相沿,未能得到有效地纠正。因此,新建的西晋王朝当务之急是"早创大制",奠定长治久安的基础。刘颂所谈的"大制",最主要的是封建制。刘颂认为因时之宜学习周代封邦建国的封建制,可让晋王朝长治久安。"善为天下者,任势而不任人。任势者,诸侯是也;任人者,郡县是也。郡县之察,小政理而大势危;诸侯为邦,近多违而远虑固。"具体到当时,刘颂主张要给予各诸侯王更大的权力,比如庆赏刑断等,这样让诸侯有更大的安全感,一旦朝廷有事,他们就能更好地拱卫朝廷;由此,就能在很大程度上避免朝廷权臣擅权行私。事实上,西晋后来爆发的八王之乱即证明刘颂的具体设想行不通,但刘颂"早创大制"的主张仍不失为远见卓识。比如他讲的朝廷施政,须注意"振纲总领"三条:"凡政欲静,静在息役,息役在无为。仓廪欲实,实在利农,利农在平籴。为政欲著信,著信在简贤,简贤在官久……此三者既举,虽未足以厚化,然可以为安有余矣。"

刘颂认为,法是"人君所与天下共者",而非其一人所私。因此立法之时要汲取历代的经验教训,很重要的一条就是"纲举网疏",即抓大放小,"善为政者纲举而网疏,纲举则所罗者广,网疏则小必漏。所罗者广则为政不苛,此为政之要也"。

刘颂关注的重点在司法。他提出了帝制中国司法应有的三个层次,即"主者守文""大臣释滞"和"人主权断"。他讲:"君臣之分,各有所司。法欲必奉,故令主者守文;理有穷塞,故使大臣释滞;事有时宜,故人主权断。"下面对这三层逐一予以阐释:

"主者守文",指的是关于具体案件的审断,各级司法官吏必须严格依照成文律令办事,"死生以之,不敢错思于成制之外以差轻重"。只有如此,才能维护法令的权威,避免各级官吏坏法行私。因此他极力反对当时颇为流行的"看人设教""随时之宜"的主张。他认为,这些主张都是立法原则,而非司法原则。"看人设教,制法之谓也;又曰随时之宜,当务

---

① 本小节引文未注明出处的见《晋书·刑法志》,参见刘笃才:《论张斐的法律思想——兼及魏晋律学与玄学的关系》,载《法学研究》1996 年第 6 期。
② 参见《晋书·刘颂传》,载房玄龄等撰:《晋书》(第 5 册),中华书局 1974 年版,第 1293—1309 页。

之谓也。然则看人随时,在大量也而制其法。法轨既定,则行之。行之信如四时,执之坚如金石,群吏岂得在成制之内,复称随时之宜,傍引看人设教,以乱政典哉?"这即是说,"看人""随时"指的是在立法时,要考虑大量的、普遍的情况,以符合当时时势的需要。所以,法在"始制之初固已看人而随时矣"。如果在法已经制定出来以后,发现它"未尽当",那应该修改法律;如果法没什么问题,各级官员就必须严格执行法律。"看人""随时"绝对不能成为各级官吏执法时规避法律的借口。各级官吏"皆以律令从事,然后法信于下,人听不惑,吏不容奸,可以言政。人主轨斯格以责群下,大臣、小吏各守其局,则法一矣"。也就是说,"主者守文"是法制统一的必要前提。

"大臣释滞",指的是在审理成文律令没有明确规定的案件中,即"事无正据,名例不及",严格适用成文法的各级官吏就无从裁断了,应当由"大臣论当,以释不滞,则事无阂"。这就是说,法律没有明文规定之时的法律解释权应由朝廷的"大臣"来行使,不应由各级执法官员所得擅专。

"人主权断",指的是有些特殊情况,要进行超越法律的"非常之断,出法赏罚",则非各级官吏乃至大臣的权限,"唯人主专之,非奉职之臣所得拟议"。在刘颂看来,将此种"权断"的专属权仅限于"人主",则法外徇私的问题就有望得到大面积的遏制,有助于发挥法律整齐划一的职能,"然后情求旁请之迹绝,似是而非之奏塞,此盖齐法之大准也"。但凡事利之所在,弊亦随之,刘颂更意识到人主可能据此经常超越法律行事,从而破坏法制的统一性,使得各级官吏和大臣不知其职守所在。有鉴于此,刘颂强调法的公共性,即"人君所与天下共者,法也",以此来论证即便贵如人主,其权断的范围也是有限的。他直言不讳地批评晋惠帝"陛下为政,每思尽善,故事求曲当,则例不得直;尽善,故法不得全"。为什么呢?因为皇帝想"尽善""曲当",下面的执法官员就会在引用和解释法律时投其所好,导致"法多门,令不一",结果"吏不知所守,下不知所避。奸伪者因法之多门,以售其情,所欲浅深,苟断不一,则居上者难以检下,于是事同议异,狱犴不平,有伤于法"。故"人主权断"不可成为"终年施用"的"经制",虽然它在个别问题上,较之援引律令成文更合于人心,有暂时快意之处,但总体效果来看并不理想,"恒得一而失十"。其间的原因在于:"小有所得者,必大有所失;近有所漏者,必远有所苞。"作为"谙事识体,善权轻重"的人主,"不以小害大,不以近妨远",遇到想"权断"的事情,"不牵于凡听之所安,必守征文以正例……恒御此心以决断"。

综合"主者守文""大臣释滞"和"人主权断",刘颂概括出传统中国类似于西方罪刑法定主义的一个原则:"律法断罪,皆当以法律令正文,若无正文,依附名例断之,其正文律例所不及,皆勿论。"①

总之,刘颂的法律思想,特别具有创造性的是他的司法思想,是礼法已然在立法领域有较充分结合之后,对司法领域的一个高度总结。之后,帝制中国的诸多司法制度规定,都受到了其思想的影响。

---

① 参见《晋书·刑法志》所引《刘颂上疏》,载《历代刑法志》,群众出版社1988年版,第54—59页。

思考题:

1. 为什么是儒家成为西汉中期之后整个传统中国的主导思想?
2. 董仲舒的德主刑辅说的主要内容是什么?
3. 两汉魏晋时期"引经注律"的律学有什么得与失?
4. 张斐的律学成就主要体现在哪些方面?
5. 刘颂的司法思想的主要内容是什么?

第七章 正统法律思想的主要内容

自东汉灭亡,中国即陷入了长达三四百年的分裂动荡时期。在这一时期,儒家思想法律化获得了充分的发展。随着隋唐统一帝国的建立,逐渐形成了《唐律疏议》为核心文本的"东亚法文化圈"。晚清修律大臣沈家本曾评价:"历代之律存于今者唯唐律,而古今律之得其中者亦唯唐律,谓其尚得三代先王之遗意也。"①作为传统中国最具代表性的法典及其注疏,《唐律疏议》中蕴含了极其丰富的法思想。到宋代,理学和心学思潮兴起,为正统法律思想提供了哲理化根据,强化了固有法制中的纲常伦理。

第一节 正统法律思想的典范:《唐律疏议》的立法思想

东汉灭亡后,儒家知识分子即直接参与法律的制定工作,因此也就更有机会将体现儒家理想的礼糅合到法律条文中去,从而使法律产生了重大的变化,加快了法律儒家化的进程。到《唐律疏议》的制定,"一准乎礼""以礼入法",标志着传统法律的儒家化过程基本完成。

以长孙无忌为首制定的《唐律疏议》包括《唐律》和《律疏》两大部分,继承了历代法制和律学的成果,完整体现了正统法律思想对法律制度的影响,并且泽及后世。现存《唐律疏议》制定于唐高宗永徽年间,在《名例》篇律疏中,明确标示了立法指导思想:把德礼当作是政治教化的根本,刑罚只是推行政治教化的手段;治理国家必须兼用德礼和刑罚,二者不可或缺,如白天与黑夜一起才构成一天,春季与秋季一起才能构成年岁。这种思想,一般称为"礼教立法"或"礼刑合一",也有学者将之归纳为"礼本刑用"。②

其特征大致可归纳为两点:第一,礼和刑虽然都是治理国家所必需的社会规范,但二者的地位并不是平等的,礼是刑的精神真谛,刑的功能是辅助德礼之不足。第二,刑以礼为指导原则,刑律的内容是从德礼中获得价值的。礼不仅高据于刑律之上,且深入于刑律之中,使得礼的规范法律化,形成"出礼入刑"的法律内涵。综合这两点,礼与刑的关系就是"相须而成"地有机结合起来了,即礼的精神已经充分内化于律文之中,不仅礼之所许,律所不禁;礼之所禁,律亦不容。这种礼法结合的法律观即成为正统法律思想的核心内容,集中体现在伦理纲常的法律化和维护社会等级特权这两个方面。

一、纲常伦理的法律化

纲常伦理就是常说的三纲五常,"三纲"是根据上下、尊卑之序,严格加以界定的三种

---

① 《汉律摭遗自序》,载沈家本:《历代刑法考》(第三册),邓经元等点校,中华书局1985年版,第1365页。
② 黄源盛:《中国法史导论》,元照出版有限公司2012年版,第235页。

伦理关系,即君为臣纲、父为子纲和夫为妻纲。这种观念应该说是起源于《韩非子·忠孝》篇:"臣事君,子事父,妻事夫,三者顺则天下治,三者逆则天下乱。"总结出三纲说的应该是董仲舒,他在《春秋繁露·基义》篇中云:"天为君而复露之,地为臣而持载之;阳为夫而生之,阴为妇而助之;春为父而生之,夏为子而养之,秋为死而棺之,冬为痛而丧之。王道之三纲,可求于天。"三纲说定型于东汉章帝时代的《白虎通义》:"三纲者,何谓也?谓君臣、父子、夫妇也……君为臣纲、父为子纲、夫为妻纲。"这种观念,是传统伦理中最重要内容。"五常"指的是仁、义、礼、智、信五种德行。《白虎通义》将之称为"五性":"五性者何?谓仁、义、礼、智、信也。仁者,不忍也,施生爱人也;义者,宜也,断决得中也;礼者,履也,履道成文也;智者,知也,独见前闻,不惑于事,见微知著也;信者,诚也,专一不移也。"在《唐律疏议》中,体现得最为明显的是三纲,下面分别予以介绍。

君为臣纲乃三纲之首,强调的是忠。为了确保皇帝的权威,《唐律疏议》严格规定:凡是违反"君为臣纲"的,均属罪大恶极,处以最严厉的刑罚。这些犯罪,集中体现在"十恶"中的谋反、谋大逆、谋叛和大不敬等,它们是直接危害皇帝人身、尊严和权力的行为,严重有悖君臣大义。谋反,"谓谋危社稷……为子为臣,惟忠惟孝。乃敢包藏凶慝,将起逆心,规反天常,悖逆人理,故曰谋反"。社稷在古代是君主和朝廷的代称。《唐律疏议》根据谋反的不同情节分为三种情况予以严惩:谋反未行,即同真反;谋反已行,而无后果;口陈欲反之言,而无任何行动。谋大逆,"谓谋毁宗庙、山陵及宫阙……此条之人,干纪犯顺,违道悖德,逆莫大焉,故曰大逆"。这是图谋毁坏君主宗庙、先帝陵寝和宫殿的犯罪。为什么将之归入十恶之次,是因为宗庙、山陵和宫阙乃君主权威之神圣象征。谋叛,"谓谋背国从伪……谋背本朝,将投番国,或欲翻城从伪,或欲以地外奔"。在传统中国,国是君主之国,谋叛当然直接严重损害君主的安全。大不敬,"谓盗大祀神御之物、乘舆服御物;盗及伪造御宝;合和御药,误不如本方及封题误;若造御膳,误犯食禁;御幸舟船,误不牢固……责其所犯既大,皆无肃敬之心,故曰大不敬"。

父为子纲是三纲的基础,强调的是孝。自汉以后的中国历代王朝,都标榜要以孝治天下。儒家强调忠孝一体,认为凡忠臣必出于孝子之门。因此,孝的伦理贯穿于君臣、父子、夫妇关系之内,包括皇帝在内的所有人都必须履行孝道。就整部《唐律疏议》观察,父为子纲表现得最为全面和具体。"十恶"中的不孝罪最为典型:"谓告言、诅詈祖父母父母,及祖父母父母在,别籍、异财,若供养有阙;居父母丧,身自嫁娶,若作乐,释服从吉;闻祖父母父母丧,匿不举哀;诈称祖父母父母死……善事父母曰孝。既有违犯,是名不孝。"凡属不孝,《唐律疏议》都依据情节和危害之轻重,分别予以处罚。

夫为妻纲也是《唐律疏议》的基本原则。在家庭里,夫妻关系是根本。根据礼的规定,男尊女卑,天经地义;具体在夫妻关系上即是夫为妻纲。《唐律疏议》中有很多条款即是夫为妻纲的具体化,如夫妻相殴、闻夫丧匿不举哀、居夫丧而嫁、离婚中的七出等。

唐代以后的历代法典,以三纲五常为核心内容的伦理都是最重要的立法根据,构成了正统法律思想的核心内容。

二、维护社会等级特权

传统中国是一个等级社会，这种等级为礼制所认可，并认为是社会成立的基础。《礼记·乐记》有云："礼义立则贵贱等矣。"按照礼学家郑玄的注释："等，阶级也。"就是说，由礼义即生出社会等级。《唐律疏议》即按照礼的原则和精神，将臣民划分为许多等级，进而规定各个等级的不同法律地位，赋予其各异的义务。其最著者是贵族、官僚的特权以及良贱之间的差异。

贵族、官僚的特权表现在诸多方面，简言之，他们都可根据其品级分别享有免纳或减轻赋税、徭役、刑罚以及世袭官爵、荫及亲属等特权。这些特权，林林总总，当这些人触犯国法时，《唐律疏议》规定了议、请、减、赎、官当等减轻或者免除刑罚处罚的规定。议即"八议"，指的是包括下列八种人犯了死罪，负责官员不能直接处理，只能开具犯罪事实、所触犯的刑律以及该罪犯的八议具体身份，上奏皇帝，由皇帝交给有关大臣集体议决，议完之后由皇帝最后裁决。一般而言，八议者犯死罪，经"议"之后，都能得到减轻；犯流罪及其以下，确定减一等。但如八议者犯十恶重罪，则不再适用该条予以议减。这八种人是亲（皇帝的亲戚）、故（皇帝的故旧）、贤（有大德行的人）、能（有大才艺的人）、功（有大功勋的人）、贵（职事官三品以上、散官二品以上及爵一品者）、勤（有大勤劳的人）、宾（承先朝之后为国宾者）。"请"指的是皇太子妃大功以上的亲属、应"议"者期以上的亲属及孙以及五品以上的官，犯了死罪须上请皇帝裁定，犯流罪以下可以减一等，但犯十恶、反逆缘坐、杀人、监守内奸、盗略人、受财枉法等罪的，不适用此律。"减"适用于七品以上官和应"请"者的亲属，犯流罪以下可减一等。"赎"则适用于应"议""请""减"范围内的人和九品以上官，以及七品以上官的祖父母、父母、妻、子、孙犯流罪以下的，允许赎罪。"官当"适用于一般官吏犯罪，其规定甚为详细，大致是可用官品抵罪。大致而言，《唐律疏议》规定了一套完整的关于特定身份人犯罪免除或减轻处罚的规定，地位越高，免除刑罚的可能性越大，荫及的亲属范围越广；反之亦然。

除了上述贵族、官僚所享有的特权外，《唐律疏议》还有良贱异法方面的法律规定。良是平民，贱是贱民。平民占社会的绝大多数，贱民包括杂户、官户、部曲、奴婢等。《唐律疏议》明确规定贱民在政治、诉讼和社会生活方方面面的地位都较平民为低。贱民不能应考做官，奴婢没有授田资格，官户和杂户虽可授田，但有严格限制。贱民中又以奴婢地位最低，被视为牛马，"奴婢贱人，律比畜产""奴婢有价"。奴婢没有户籍，在很大程度上可由主人自由处置，"奴婢视同资财，即合由主处分"。良贱之间禁止通婚，如贱民娶良人女为妻，贱民要被处以杖刑或徒刑；以奴婢冒充良民为夫妻者，加重处罚。在刑罚方面，《唐律疏议》明确规定了良贱之间相犯同罪异罚。良民侵犯贱民，处罚较常人为轻，反之，贱民侵犯良民，处罚则较常人为重。如杀伤罪，主人谋杀奴婢，至多处徒刑1年；而奴婢谋杀主人，不论为首还是为从，一律处斩刑。主人过失杀奴婢，不论罪；而奴婢过失杀主人，则处绞刑。在诉讼方面，《唐律疏议》依照主从尊卑原则，将部曲和奴婢视为家内卑幼，赋予其容隐义务，不准其告发主人，否则处以绞刑；主人告发奴婢、部曲，即便为诬告，"即同诬告子孙例,其不在坐限"。

总之,《唐律疏议》作为中华法系的代表性法典,吸收、继承了前代立法、司法等各方面的经验和成果,将正统法律思想的内容基本纳入了法律制度之中。这有利于将正统思想的各个组成部分更好地组合为一个有机的系统,贯彻于司法实践之中。由于《唐律疏议》成功地完成了正统法律思想的制度化,它作为历代正统法律思想的结晶和法制之代表,为后来历代所宗奉。①

第二节 理学思潮与正统法律思想的强化

一、宋明理学概述

在唐以前盛极一时的律学,说到底不过是儒家经学的一个分支,但是作为儒家经学理论基础的"天人感应""天人合一"等思想毕竟较粗糙,并未随着儒家经义的法典化而同步发展,反而受到佛教、道教和魏晋玄学的冲击和侵袭,长时间出现了衰微之象,按照钱穆先生的说法:"盖儒术衰歇,自晚汉而已然。"②儒家的正统地位出现了危机。到宋代,经前后几代天才理学家的努力,把儒家吸取各家之长并在此基础上创造综合的优点完全发挥出来,产生了更加思辨和哲理化的新儒学——程朱理学和陆王心学,从而不仅保持住且加固了儒家的正统地位。

理学又称道学、宋学、新儒学等,其中,理学、道学、宋学都是固有的称呼,唯有新儒学是受西方影响而来,现在却最流行。那么什么是理学呢?简言之,就是在以尽心诚意体认天理的基础上,来探究人、物之理,进而修身、齐家、治国平天下,最终达到赞天地之化育境界的学问。③ 所以,理学的主要目的不是使人成为"知识人",而是使人成为"德性人"或者"智慧人"。为什么人理、物理与天理相通?那就是所谓的"理一分殊",它来源于张载的《西铭》:"天地之塞,吾其体。天地之帅,吾其性。民吾同胞,物吾与也。"④后来二程兄弟和朱熹对它进行了集中阐释:理是宇宙万物的基本原理,它是"一";自然现象和人事现象是分殊,是"多"。多由一而生,一因多而成。故曰"理一分殊"。朱熹曾借用了禅宗"月映万川"来说明这个道理:月在中天,只是一个;但散落于天下江河湖海之中,则成为"多";且

---

① 关于《唐律疏议》的注释本,现今学界常用的,同时也具有代表性的有曹漫之主编:《唐律疏议译注》,吉林人民出版社1989年版(本书是华东政法学院古籍整理研究所的七名先生所作的集体译注);刘俊文:《唐律疏议笺解》(上下册),中华书局1996年版;钱大群:《唐律疏义新注》,南京师范大学出版社2007年版。另外,戴炎辉教授的《唐律通论》(台湾元照出版公司2010年版)和《唐律各论》(上下册,台湾成文出版社1988年版)则是以现代刑法学观点对《唐律疏议》进行解析的代表性著作。

② 钱穆:《国学概论》,商务印书馆1997年版,第193页。

③ 我国台湾地区学者黄彰健先生对理学下的定义虽深奥但更准确:"理学是教人致诚以尽其仁义礼智之天理,以研究人之理、物之理,使人的行为合于仁义礼智,合于理,使人意诚心正身修,能齐家治国平天下,能赞天地之化育,以与天地参的一种学问。"(黄彰健:《理学的定义、范围及其理论结构》,载《大陆杂志》第50卷第1期;转引自韦政通:《中国哲学辞典》,吉林出版集团2009年版,第527页。

④ 《张载集》,中华书局1978年版,第62页。

每个江河湖海等见皆是一完整的月,而非月的一部分,即所谓"千江有水千江月"。

宋明理学大致可分为理学和心学两大派。理学的代表人物有周敦颐、程颐、张载、邵雍,到朱熹集其大成,自元代以降,成为官方学术正宗;心学的代表人物是陆九渊,其思想受到了程颢的影响,到明代王阳明创立致良知之说,表彰陆氏,心学一时风靡天下。

二、宋明理学对正统法律思想的影响

宋明理学作为帝制中国后期长达六七百年的主导思想,对正统法律思想当然也产生了重要影响,主要表现在:第一,完成了正统法律思想的哲理化论证;第二,对儒家人性理论有所发展,更充分论证了德教和刑罚之间的关系。

理学思想一个很重要的特征是其精微彻底,"一事之是非,必穷至无可复穷之处,而始可论定"①。他们所肯认的"理",是贯通天、地、人乃至幽冥世界的主宰。有人问伊川先生(程颐):"人有言:尽人道谓之仁,尽天道谓之圣。此语如何?"伊川先生是这样回答的:"此语固无病,然措意未是。安有知人道而不知天道者乎?道一也,岂人道自是人道,天道自是天道?……岂有通天地而不通人者哉?……天地人只一道也。才通其一,则余皆通。如后人解《易》,言乾天道也,坤地道也,便是乱道。语其体,则天尊地卑,论其道,岂有异哉?"②既然宇宙之中,"理"只是这一个"理","道"只是这一个"道",那作为传统法律思想基础的伦常观念自然统摄于这个"理"或"道"。这就把它上升到了本体论的高度,因此更具正当性和权威性。按照张载的说法,每个人都是天地之子女,所有的百姓都是我的同胞,万物皆是我的朋友,君主是天地之嫡长子,大臣则是帮助嫡长子的管家,忠孝也就成了天经地义的"理"。推而广之,君臣有君臣之理,那就是君仁臣敬;父子有父子之理,那就是父慈子孝。经过如此论证之后,纲常伦理就有了空前坚实的理论基础。

理学家还发展了作为正统法律思想之基础的人性论。我们知道,孔子认为人是"性相近,习相远";孟子言性善;荀子道性恶;董仲舒讲性三品。但一则强调直觉体认,一则强调经验层面的归纳,谁也不能说服谁。到了理学家这里,则大大发展了儒家的人性论,认为性一方面是理的体现,但同时包含了两个不能分开的部分:天命之性和气质之性。其中,只有天命之性才是天理之体现;气质之性是因人而异,兼具善恶。这不仅把前此儒家关于人性矛盾冲突的说法重新统一了起来,而且因为变化气质之故,更突出了教化和刑罚的必要性。

既然儒家伦理纲常是天理的集中体现,人又有不同于天理之气质之性的存在,导致人有违犯伦理纲常的恶行,因此需要变化气质。变化气质虽主要靠内在的自省、慎独等学的功夫来实现,但光凭内在自觉修养有时是不够的,还要外在的砥砺,那就是为政者主导的教化和刑罚。在这里,尽管从儒家的整体思路上,教化和刑罚有先后主次之别,但在理学家的论证层面上,则进一步模糊了这种先后主次之间的关系。反映在法律思想上,就是从

---

① 吕思勉:《理学纲要》,商务印书馆2015年版,第180页。
② 《二程集》(上册),王孝鱼点校,中华书局1981年版,第182—183页。

"德主刑辅"到"明刑弼教"的微妙变化,这在朱熹等人的法律思想中有所体现。"明刑弼教"一词,来源于《大禹谟》"明于五刑,以弼五教",经后人概括为"明刑弼教"。《大禹谟》篇属于《古文尚书》,为魏晋人所作。这表明,在魏晋时期,就已经出现了较为成熟的"明刑弼教"思想。从字面上,"明刑弼教"与"德主刑辅"没有什么实质性差别,但一般而言,"德主刑辅"的重点是德主,是要强调教化,一般与轻刑之主张联系在一起。"明刑弼教"的重点是明刑,强调的是刑罚对于教化的必要性和前提条件,往往和重刑政策联系在一起。到明初,朱元璋即以"明刑弼教"作为他推行严刑峻法的指导思想。

总之,理学对宋明法律思想产生了较大影响,一方面,为儒家纲常伦理进行了本体论上的证明,增加了其正当性和权威;另一方面,在发展儒家固有人性论的基础上为局部调整德教和刑罚之间的关系提供了理论依据。

综上所述,自西汉中期以来一直延续至19世纪末20世纪初的正统法律思想,是在儒家不断自我革新的基础上,吸收了不同时期其他学说(主要包括道家、法家、阴阳家和后来的佛道二教)合理因素的产物,主要具有维护君权、父权和等级特权,主张德主刑辅或明刑弼教,提倡礼治、德治、人治和刑治,讲究经权结合,遵循重利轻义原则等主要特点。它对传统中国的法律和司法制度产生了很深刻的影响,且并未随着传统法制的解体而退出历史舞台,直到今天,仍然在不同程度影响着我们的法律思维和观念。

思考题:

1. 《唐律疏议》的立法思想主要内容是什么?
2. 唐代的贵族官僚在法律上有哪些特权?
3. 举例说明三纲在《唐律疏议》条文中的体现。
4. 理学家所言的"理一分殊"的含义是什么?
5. 宋明理学对正统法律思想的影响主要表现在哪些方面?
6. "义理之性"和"气质之性"的区别是什么?

第八章　明清之际的法律思想

　　明代中后期,政治、经济、思想各领域都在其长期积聚的基础上或酝酿或进行着新的变化。政治上,君主专制政体显示出它自身无法克服的弊端,终于引发明末农民起义,以致清兵入关,明王朝的统治被彻底地摧毁。这些历史原因和社会剧变令那些对故国怀有深厚感情的思想家们痛彻心扉。由此引发他们对政治和法律问题的深入思考,从而使正统法律思想发生了一些重大的突破,在一定程度上成为中国法律思想由传统走向近代的先声。这些大思想家们有着相似的人生经历:身遭国变,都曾投入到"反清复明"的抵抗运动中,又都对明亡的历史进行了理性的总结。他们在关乎国计民生的政治、法律等重大问题上有一致看法,但是对具体问题又往往各抒己见,其结论各有特色。

　　从明代中期王阳明悟道讲学开始,思想界出现了新发展。这种新发展对社会影响尤大者,一是士农工商四民之间的界限进一步模糊,所谓"古者四民异业而同道",在原先地位悬殊的士商之间表现得更明显;一是有些士大夫带着对皇权专制的失望将改造社会的希望由寄托于庙堂转向民间。随着阳明学说的风行,此种观念的影响与日俱增。① 尤其在黄宗羲那里,作为阳明学派传人,他对皇权专制政体进行了体系性的深刻反思和批判,主张君应为天下谋利益,否则不成其为君;臣是辅助君主为天下谋利之人,而非一姓一人之家奴;法也是要为天下兴利制暴,否则是非法之法,不成其为法;要求公是非于天下,学校书院应有议论朝政得失促使朝廷实行之权。

　　在当时大多数汉族士人、百姓看来,明清鼎革绝不是单纯的改朝换代,而是关系文明兴废、民族存亡的深重社会危机,所谓"甲申、乙酉,沧桑变革,动魄惊魂"②。鉴于明亡的惨痛教训,这些大思想家们对明亡的历史教训进行了总结。此种总结,明显不同于司马光等人在《资治通鉴》中所做的那般,单纯寻求历代治乱得失,而是对几千年来的君主政体和法律制度进行了思考,提出了自己的看法,使几千年传统思想笼罩之下的中国思想界露出了一丝亮色。这也就是为什么要把这些启蒙思想家单独拿出来讲述的原因所在。

第一节　黄宗羲的法律思想

　　在明末清初的思想家中,思想鲜明而锐利、地位很突出的当数黄宗羲。黄宗羲(1610—1695),字太冲,号南雷,浙江余姚人,世称梨洲先生。他一生经历了明清改朝换代,这对他的思想发展产生了重要影响。他的父亲黄遵素是"东林"名士,后因弹劾魏忠贤

---

① 参见《儒家伦理与商人精神》,载余英时:《余英时文集》(第三卷),广西师范大学出版社2004年版,第155—212页。

② 陈翼:《乾初府君行略》,载陈确:《陈确集》(上册)(首卷),中华书局1979年版,第13页。

而被下狱致死。黄宗羲幼受熏陶,自小就养成了勇于抗争的精神,19岁时袖藏长锥入都诉冤,为父报仇。后来师从阳明心学大师刘宗周,又曾参加"复社"。中年时正值清兵南下,他招募义兵进行抵抗,几经艰险,事卒无成。明亡后拒绝清廷征召,隐居著述,终其一生。死前留遗嘱,令葬时不用棺椁。盖取死欲速朽之意,以表达其亡国隐痛。他留下的著作主要有《宋元学案》《明儒学案》《明夷待访录》《南雷文案》《南雷文定》《南雷文约》等。

《明夷待访录》是集中体现其法律思想的著作。何谓"明夷"? 该词来自《易经》第三十六卦,"地火明夷",坤上离下。"明"即是太阳(离),"夷"是损伤之意。从卦象上看,太阳处"坤"即大地之下,是光明消失、黑暗来临的情况。这暗含作者对当时黑暗社会的愤懑和指责,也是对太阳再度升起照临天下的期盼。简言之,作者自己期许为拨乱反正必读书。该书成于1662年,是他52岁时的作品。1660年,永历帝被吴三桂抓获而殉国,黄宗羲在1661年闻此噩耗,知兴复无望,故著此书,于中国传统政治法律制度的弊害痛切言之,留待后之复国者所用。全书分十三个题目,始于"原君",终于"奄宦",共21篇。其中有些篇目,如论兵制、田制等内容,主要系针对晚明弊端而发,由于当今时势的变化,仅有史学上的参考文献价值。但"原君""原臣""原法"诸篇,尤其是其"原法"篇,则具有很高的政治法律思想价值。顾炎武在与他的通信中对此书推崇备至,曾说"读之再三,于是知天下之未尝无人,百王之敝可以复起,而三代之盛可以徐还也"[①]。梁启超称此书"实为刺激青年最有力之兴奋剂"[②]。该书长期被清统治者列入禁毁一类;到清末,梁启超等人对它进行大量翻印、传播,使之成为中国近代化的重要思想武器。

一、抨击君主专制和限制君权

中国有两千多年的君主专制主义传统,固有法制对谋反、谋大逆、谋叛一类罪行的杀无赦就是它在法律领域的直接反映。在古代经典中,反映君主专制的论断比比皆是,"君权至上"的观念,在臣民心目中占有很重要的地位。早在上古的《诗经》中就讲"普天之下,莫非王土,率土之滨,莫非王臣",《春秋》中有"王者无外"之说。春秋战国时期,儒、法两家虽有重大的观点差异,但是在如何确立君主统治的问题上却走到了一起,他们都主张维护最高统治者的地位和尊严,君主专制的正式形成也与儒法合流有着直接的关系。汉代以后,作为统治理论核心内容的"三纲五常",经过董仲舒等人的理论化而被逐渐确立起来,其中"君为臣纲"最为关键。随着君权被神化,皇帝成了代天统理、代天立言、代天惩罚的半人半神的真龙天子。随着历史的演进,君主专制统治越来越强化和完善,于明代达到顶点。这是黄宗羲批判君主专制制度的时代背景。

中国传统社会的法律从它建立之初,就决定了它的主导价值是为君权服务的,而这一点被以后历朝所沿袭相因。黄宗羲在他的《明夷待访录》之"原君"篇中,批判了传统法律所维护的君主专权对天下的危害:"后(三代以后)之为人君者不然,以为天下利害之权皆

[①] 《顾宁人书》,载黄宗羲:《明夷待访录》,中华书局1981年版。
[②] 梁启超:《中国近三百年学术史》,东方出版社1996年版,第56页。

出于我。以天下之利尽归于己，以天下之害尽归于人。"皇帝运用手中的权力，任意地宰割人民，"屠毒天下之肝脑，离散天下之子女""敲剥天下之骨髓，离散天下之子女，以奉我一人之淫乐，视为当然"。他在总结历史上君主专权的危害之后，进而指出"然则为天下之大害者，君而已矣"，概括出一个很重要的命题："天下为主君为客"，即君主当以利民、养民、服务天下苍生为职责所在。维护君主的绝对权力是传统法律的最主要价值所在。对君主暴行的揭露和批判，正面提出"天下为主君为客"命题，就是对传统法律这一价值的深刻批判。

君主大权独揽严重损害了君臣和君民关系。"君为臣纲"是传统法律的核心价值。韩非子"明主治吏不治民"的主张被历朝统治者所认可并采纳，因而君臣关系是君主统治赖以顺利推行的最主要方面。君主要利用官吏来管理国家，不得不给予官吏一定的管理权；同时还要牢固地掌握权力，以防止臣下的擅权。结果走到极端：臣下唯君命是从，不能对君主有任何的冒犯，最终导致了官吏活动的僵化，所以黄宗羲说："天下之是非，一出于朝廷，天子容之则群趋以为是，天子辱之则群挞以为非"①，大胆地批判了以君主个人的主观好恶为是非曲直的判断标准。由于法律制度对社会具有一定的引导作用，导致在明朝现实社会中，许多"俗儒"一旦出仕，成为迎合皇帝好恶而丧失正义感和不讲道义的小儒。即使君主有错误之处，臣下也不敢指出，"故有明奏疏，吾见其是非甚明也，而不敢明言其是非，或举其小过而遗大恶，或勉以近事而阙于古，则以为事君之道当然"②。结果是那些"学而优则仕"的儒生，不能治理国家、担当国家大任，使得现实社会中形成奴颜婢膝的风气，这是导致明朝灭亡的一个原因。本来的君臣关系是怎样的呢？他做了一个比喻，君臣之间就好比是共同拉木头之人。总而言之一句话，"臣之与君，名异而实同"。

君主专权也严重损害了君民关系。君民之间的和谐是国家得以治理的重要保障。在三代以前，人民对君主爱戴有加，"古者天下之人爱戴其君，比之如父，拟之如天，诚不为过也"。而后世因君主为一家之私利而野蛮专制，导致人民对君主充满怨毒之情。

本来君臣、君民关系应如此，现有的君臣、君民关系又如彼，需要改变自不待言。如何改变呢？就是要限制君权。黄宗羲限制君权的主张大致有三点：

第一，重相。宰相制度长期以来一直是中国古代政权组织中的重要一环。从秦汉三公到唐代三省，再到宋代二府，宰相起着内议政事、外察百官的重要作用，是君主的臂膀。明太祖朱元璋废宰相，以皇帝直接统辖中央六部，极大地强化了君主专制。黄宗羲认为，明代之所以没有出色的政治，正是发端于朱元璋废相，所以他力主恢复设置宰相的制度。他认为，在宰相尚未被废除前，天子传子，宰相传贤，传贤能弥补皇帝世袭带来的天子不贤之缺陷；而废相后这个弥补措施也就不存在了。所谓"宰相既罢，天子之子一不贤，更无与为贤者矣"。秦汉以后，虽然没有了君臣互拜之礼，但君主对宰相还有特殊礼遇，废相后则连对君主的这点束缚也没有了，君主对臣下的态度是"能事我者贤之，不能事我者否之"，

---

① 《明夷待访录·学校》，载黄宗羲：《明夷待访录》，中华书局1981年版，第10页。
② 《明夷待访录·奄官》，载黄宗羲：《明夷待访录》，中华书局1981年版，第44页。

真正是一切尽出己意,结果导致了有明一代的宦官专权。

黄宗羲要恢复的宰相制度并不只是旧有制度的复活,他提出,宰相要能与天子"同议可否",这种主张与"是官者,分身之君也"和"臣之与君,名异而实同"是一致的。君主与官吏同属天下之"客",是为了兴利除害而存在的。具体说来,即每日宰相、六卿、谏官与天子同殿议政,由一般士人执行具体事务。有奏章进呈时,先由六科给事中禀明宰相,宰相再禀明天子,然后共同商议处置办法。天子和宰相都有批阅奏章的权力,宰相所批可以直接交付六部执行,不必再进呈天子做最后决断。宰相的办事机构称政事堂,下设各房,对国家的各项事务进行统一管理,力求做到无事不察。① 在中国古代,皇权虽然时常凌驾于法律之上,但是任何朝代的统治都没有放弃法律。恰如沈家本根据纪昀《四库全书》"法家类存目案语"基础上所总结的:"刑为盛世所不能废,而亦盛世所不尚"②,虽然由于当时社会的环境和个人认识的局限,黄宗羲不可能设想出通过法律制度来确立权力的相互制约和平衡,但黄宗羲从现实出发,总结历史经验,以相权制约君权,在当时的君主专制笼罩一切的情况下,无疑是难能可贵的。

第二,学校议政。黄宗羲重视学校的作用,认为学校不仅是培养人才的地方,还应该成为反映民意、评议是非的议政机关。汉代就有太学生评议朝政、纠弹谗臣的传统;宋、明以后,某些书院在读书识文之外还关心国家大事和民生疾苦,成为书生议政的杰出代表,明代东林书院就是一典型例子。黄宗羲深受东林风气的影响,和同时代的启蒙思想家一样,继承了历史上的"清议"传统。他的根本主张是"公其是非于学校"。君主以为对的未必正确,君主以为不对的未必错误,学校有评判是非的最高权力,并且是表达天下百姓的舆论和代表民意参政的机构。

学校可以参与法律和政策的制定,可以监督君主、官吏的执行法律情况。不但中央的太学拥有议政权,地方郡县的各级学校也拥有类似权力。在中央,天子、公卿每月一次到太学听太学祭酒(即校长)讲学,天子、公卿在祭酒面前就弟子之列,祭酒可以对国家大政的缺失直言无讳。在地方,郡县长官、乡绅也要每月两次集会于学校,听学官讲学,学官对地方政事的缺失,小事直接改正之,大事以公议为准。此外,黄宗羲还对学校的组成、运作进行了周密的考虑,如以公议的形式推举郡县的"名儒"担任各级学官,推举当世的大儒担任太学的祭酒,学校培养出的人才在合适的国家机关效力等。③ 虽然他的学校议政远非议会政治,但已经是突破君主专制后向前迈进的重要一步。

第三,地方分治。自秦以后,郡县制代替分封制成为中国地方制度的主流,其本意在于地方服从中央,如身之使臂,但地方权力的过度萎缩也影响了整个国家和社会。黄宗羲主张地方要有独立的财权、行政权和军权。他从是否设立"方镇"的角度探讨了如何看待

---

① 《明夷待访录·置相》,载黄宗羲:《明夷待访录》,中华书局1981年版,第9页。
② 沈家本:《历代刑法考》(第四册),邓经元等点校,中华书局1985年版,第2143页。案纪昀在《四库全书》中的相应原文为"刑名之学,起于周季,其术为盛世所不取。然浏览遗篇,兼资法戒……于虞廷钦恤,亦属有裨"。(《四库全书总目(整理本)》(上册),中华书局1997年版,第1313页。)
③ 《明夷待访录·学校》,载黄宗羲:《明夷待访录》,中华书局1981年版,第11—13页。

地方权力的问题。从唐代方镇之乱以后，统治阶级对"方镇"基本上持否定的态度，认为"方镇"的存在是对中央的极大威胁，宋太祖的杯酒释兵权就是一例。黄宗羲认为，唐代虽然有方镇之乱，但是平定叛乱也正是凭借了方镇之力，唐朝的灭亡不是由于方镇势力的强大，而是由于唐末方镇衰微，以至于无法平定后来的黄巢、朱温之乱。① "方镇"是中国历史上地方势力的代名词，黄宗羲对它的肯定与他强调地方权力的根本立场不可分，他赞同地方应该有独立于中央的实际权力。这里应该看到，在以皇权为统治权的核心、以中央集权制度为基本统治方式的传统社会，黄宗羲提出的观点充分反映了他力图改变君主集权制的良好愿望。

二、以"天下之法"取代"一家之法"

黄宗羲详细比较了"一家之法"和"天下之法"，主张以后者取代前者，建立体现天下民众利益、维护天下民众权利的新法律。

黄宗羲肯定"无法之法"，否定"非法之法"。他明确指出，维护君主专制的法律是"一家之法"，而非"天下之法"。所谓"一家"是指君主一姓，"天下"是指天下民众。"一家之法"是维护君主私人利益的法律，"天下之法"是体现民众利益的新法律。他通过对比三代以上的法律和三代以下的法律来阐释应以"天下之法"取代"一家之法"的道理。他提出的观点是"三代以上有法，三代以下无法"。三代以上的法律是为维护天下人民利益而设立的"天下之法"，法律虽粗疏却能收到良好的统治效果，可以称之为"无法之法"。三代以下的法律是为保护君主独享天下而存在的"一家之法"，法令虽详却并非为天下民众而设，只能称之为"非法之法"。而从公天下的角度看，"非法之法"是不配称为法律的。在此必须注意到黄宗羲推崇三代之法并不是持历史退化观而主张复古，他的真实意图是为了建立他心目中的理想"法治"而对正统法制进行彻底的批判。

为了证明以上观点，黄宗羲从法律的产生和法律的社会效果两方面展开论述。首先，三代以前的帝王为了天下黎民的利益而建立各种制度，授田地，兴学校，制礼仪，建军队，如此种种"固未尝为一己而立也"，都是兴公利的好事。而后世君主夺得天下后，"唯恐其祚命之不长，子孙之不能保有也"，为防患于未然，制定出了后来的法律。这种完全为君主及其家族的利益而制定出的法律，只能是"一家之法"。黄宗羲举秦朝废封建为郡县、汉朝封诸子为王、宋朝夺方镇之兵为例，认为三代以下这种没有"一毫为天下之心"的法律，根本不配称为法。其次，三代之法因为是"藏天下于天下"，帝王对"山泽之利""刑赏之权"并不是窃为己有，所以与其子民之间并无贵、贱悬殊差别。法律虽然粗疏，人民却能自觉地遵守它，结果是"法愈疏而乱愈不作"，正是"无法之法"。三代以后的法律为了保护君主尽吞天下财富的私欲，"藏天下于筐箧"，尽归于君主一人，为了防备他人侵夺，用人行事处处设防，结果是法律越来越繁杂，"法愈密而天下之乱即生于法之中"，所以称之为"非法之法"。

---

① 《明夷待访录·方镇》，载黄宗羲：《明夷待访录》，中华书局1981年版，第21页。

黄宗羲希望以"天下之法"取代"一家之法"。为了确立"天下之法",黄宗羲对"一家之法"的弊端进行了分析,并对维护"一家之法"的旧观念进行了批判。他指出,"一家之法"的弊端之一就是法令繁杂,君主为图私利,疑人设防,"故其法不得不密"。二是有法不依,君主"不胜其利欲之私",而随意践踏法律。三是压制贤才,所谓"非法之法桎梏天下之手足","非法之法"为维护君主一姓的利益而设立,使得天下能人贤士不得不屈从于其困缚,从而无法发挥他们治国安邦、为天下谋利的真正才智。四是胥吏横行,为害百姓。君主谋取私利,成为胥吏们的榜样。他们操纵着密法酷刑,最终受其残害的牺牲品就是天下百姓。

黄宗羲批判维护"一家之法"的旧观念主要表现在他对"一代有一代之法,子孙以法祖为孝"论调的驳斥。他认为,王朝的开国者创立法度是"不胜其利欲之私",是为了个人的享用和子孙的保有,后主毁坏法度也是"不胜其利欲之私",创立者和毁坏者都是危害天下之辈,俗儒们拘泥其间,鼓吹守训法祖完全是错误的。①

黄宗羲认为,应该严禁"为天下之大害"的君主为个人及家族谋取私利的行为,确立维护天下人利益的"天下之法"。"天下之法"的根本原则是"天下为主君为客",君主是被动的服从者,天下人才是真正权力与财产的支配者。"天下之法"的主要内容是"天下之利"②,即民众的土地、财产、教育等权利。天下之人不论出身、职业,在政治和法律方面应该是平等的,为官者不因爵位而贵,平民百姓不因出身而贱。他说道:"三代之法藏天下于天下也,山泽之利不必尽取,刑赏之权不疑其旁落,贵不在朝廷也,贱不在草莽也。"

"有治法而后有治人"是黄宗羲的基本法制原则,是"天下之法"的重要组成部分。先秦儒家中荀子最明确地提出了"有治人无治法"的观点,在正统法律思想中该观点得到了确认和发扬。黄宗羲主张"有治法而后有治人"是立足于"天下之法"取代"一家之法"的基础上,其"治法"正是"天下之法",而不是用于维护统治者一己之私的专制法律,这就打破了正统儒学的"人治"论,是在民众立场上赋予"治法"以新的含义。此外,黄宗羲认为天下有才智之人困束于"非法之法""一家之法",只能"安于苟简",而如果把"先王之法""天下之法"确立起来,就不但可以发挥"能治之人"的才干,还能够限制贪婪残忍之徒,使其不能危害天下,所以他坚持"有治法而后有治人"。③

在考察传统社会的"治人"和"治法"问题上,也曾有人走到了与他相同的出发点上,结果却是同途而殊归。理学家朱熹曾说道:"今日之法,君子欲为其事,拘于法而不得骋。"④他认为这是"法弊",提出的办法是立法疏略,让统治者根据情况自行处断,这就与黄宗羲的结论相异。可以说,黄宗羲的这一观点是深邃而锐利的,颇具远见卓识。

黄宗羲的法律思想是明末清初社会矛盾、社会鼎革的产物,富有时代色彩。在一个有着几千年专制传统的大一统帝国,他的理论开启了后来者的思维,为中国的近代化提供了锐利的思想武器。

---

① 《明夷待访录·原法》,载黄宗羲:《明夷待访录》,中华书局1981年版,第5—7页。
② 《明夷待访录·原君》,载黄宗羲:《明夷待访录》,中华书局1981年版,第2页。
③ 《明夷待访录·原法》,载黄宗羲:《明夷待访录》,中华书局1981年版,第7页。
④ 黎靖德编:《朱子语类》(第七册),中华书局1986年版,第2688页。

第二节 王夫之的法律思想

王夫之(1619—1692),又称船山先生,字而农,湖南衡阳人。自幼聪慧,与兄王介之一起在崇祯壬午乡试中举。张献忠攻陷衡州,王夫之藏身南岳,张献忠遂抓捕其父亲,逼他出山。王夫之于是自残,"引刀遍刺肢体",让人抬到营中换取父亲归来。张献忠见其重创,不堪任使,一起将父子放免。清兵南下,王夫之在衡山附近抗清,不利,又远走桂林,入永历朝廷。时国势阽危,朝中诸大臣因派系、权力之争尚势成水火。对此不堪之政局,王夫之知事不可为,大失所望,终于因母丧辞官归乡,时年33岁。"明亡,益自韬晦。归衡阳之石船山,筑土室曰观生居,晨夕杜门,学者称船山先生。"晨夕著读,凡四十年,自铭曰:"抱刘越石之孤忠而命无从致,希张横渠之正学而力不能企。幸全归于兹邱,故衔恤以永世。"①康熙十八年,吴三桂僭号称帝于衡州,有人嘱其上劝进表,王夫之说得异常沉痛,云:"亡国遗臣,所欠一死耳,今安用此不祥之人哉!"遂逃入深山以避之。及至吴三桂乱平,朝廷派大吏嘉奖,王夫之以老病拒见。未几,逝世于隐居处,自题墓碣曰"明遗臣王某之墓"。王氏著作,恰如其凄苦身世,长时期湮没无闻。死后40年,其子孙上其遗书于当道,得以立传于儒林,惜其著述仍未能流传。直到同治二年,时距王夫之过世已一百七十余年之久,曾国荃才在江南刻《船山遗书》,王氏著作始得见于世,天下学子才有机会目睹此大儒学术之涯略。王氏著述甚富,据《船山遗书》所录,凡著作七十七种共二百五十卷。他一生致力于学术,在隐居之后更是全身心投入研读著述,后世对他有如此评价:"夫之刻苦似二曲,贞晦过夏峰,多闻博学,志节皎然,不愧黄、顾两君子。"②

王夫之法律思想集中体现于《读通鉴论》《宋论》《读四书大全》《黄书》《噩梦》等著作中;尤以《黄书》和《读通鉴论》最为丰富。《黄书》是王夫之关于政治问题的著作,成书于1656年,时王夫之年38。该书主旨是如何保护华夏种族免除夷狄外患,进而严厉批判君主专制。《读通鉴论》是他的史论巨著,始作于1687年,成书于1691年,距其去世仅1年。在该书中,王夫之纵观历代政法利弊得失,深入剖析其间之精义,多所阐发。总之,其法律思想与政治观密不可分,并有着深厚的历史、哲学底蕴,故他对法律问题的阐释广大而深厚,取精而用宏。据此,钱穆先生认为他对历代法制利弊得失之深入考察,"立论精密,多合于人情时势",其见识大概在同时期的黄宗羲、顾炎武、颜元之上。③

一、以"夷夏大防"为中心的民族主义

华夷之辨是明亡之后王夫之全部著述中注目的中心问题。④他对前秦王苻坚禁恶富

---

① "刘越石"即西晋将军刘琨,"张横渠"即北宋理学家张载。
② 以上关于王夫之生平之著述,参考《清史稿》"列传第267"王夫之传记。"二曲"指的是李颙,"夏峰"指的是孙奇逢,二人皆为与王夫之同时的大儒。
③ 钱穆:《中国近三百年学术史》(上册),商务印书馆1997年版,第130页。
④ 参见张学智:《王夫之〈春秋〉学中的华夷之辨》,载《中国文化研究》2005年夏之卷。

商一事有这样的评论:"天下之大防二:中国夷狄也,君子小人也。非本末有别,而先王强为之防也。"①王夫之为什么会如此看重夷夏之大防呢?主要是由于明清之间的朝代鼎革是他一生中发生的最重大事件。在他看来,这不仅仅是一次普通的改朝换代,更是一个兴亡绝续之文化大事件。作为一名正统的儒家士大夫,王夫之具有很强的文化使命感,在这一点上,他和近代王国维有相似之处,虽然王夫之面对此变局选择了隐居成为"活死人",王国维选择了自沉于昆明湖而以身殉,但其所献身者同,那就是他们所深深服膺的文化。所以,陈寅恪对王国维的下述评价,在相当程度上也适合于王夫之:"凡一种文化值衰落之时,为此文化所化之人,必感苦痛,其表现此文化之程量愈宏,则其所受之苦痛亦愈甚……盖今日之赤县神州值数千年未有之巨劫奇变,劫尽变穷,则此文化精神所凝聚之人,安得不与之共命而同尽。"②不过,对于他们所服膺的文化之未来命运,王夫之和王国维似乎有不同判断:在王国维生活的时代,海禁已大开,在西方文化的巨大冲击面前,王国维对其所服膺的传统文化之未来已是绝望,故选择了自杀以殉;王夫之面对明清鼎革,认为这只是华族政法上的失败,导致夷狄坐大,且夷狄本无与华族相当之文化,华族文化定能复兴。因此王夫之选择了隐居著述,潜心阐发传统政法之精义,寄希望于其所服膺之圣人之道在未来能再度发扬光大。

王夫之的大量著述背后,或明或暗、或隐或显,皆有夷夏大防之存在。这种夷夏大防,按照近代以降学者的说法,是一种民族主义。王夫之的这种民族主义,其大致思路如下:

种族之存在和自我保护,乃是生物界的普遍规律,人类亦不能例外。所以人们之间所成就的政治组织,其最主要的职责就是保类卫群。既然要保类卫群,就要严格族类与族类之间的界限,在族类之内部求其发达。推之于人类,区别人与物之间的界限,区别华夏与夷狄之间的界限,促进华夏族之发达,就成为文化中"人极"大义之所在。王夫之在《黄书》开篇即力陈此义,曰:"夫观初始于天地者,岂不大哉……清其族,绝其畛,建其位,各归其屏者,则函舆之功所以为虑至防以切……是故圣人审物之皆然而自畛其类,尸天下而为之君长……夫人之于物,阴阳均也,食息均也,而不能绝乎物。华夏之于夷狄,骸窍均也,聚析均也,而不能绝乎夷狄。所以然者何也?人不自畛以绝物,则天维裂矣。华夏不自畛以绝夷,则地维裂矣。天地制人以畛,人不能自畛以绝其党,则人维裂矣。"③

既然严华夷之辨是人极之则,故民族大义因之而立。国家乃民族国家,政权当牢牢掌握在本族人手中,在此基础上建立一切教化、政法诸生活,以树立民族之政统与道统。所谓"智小一身,力举天下,保其类者为之长,卫其群者为之邱。故圣人先号万姓而示之以独贵,保其所贵,匡其终乱,施于孙子,须于后圣,可禅、可继、可革,而不可使夷狄间之"④。以此民族大义衡量中国历史,则有王夫之所概括的"孤秦陋宋"之说。在王夫之看来,自黄帝建国以来直到秦之前,虽有禅让到家天下之变化,但从保群卫族的民族大义来看,皆是

---

① 王夫之:《读通鉴论》,中华书局1975年版,第372页。
② 《王观堂先生挽词序》,载陈寅恪:《陈寅恪集·诗集》,生活·读书·新知三联书店2001年版,第12页。
③ 王夫之:《思问录·俟解·黄书·噩梦》,中华书局2009年版,第101页。
④ 同上书,第103页。

天下为公。但从秦开始,建立皇权专制帝国,为了保其皇位永固,大起猜忌之心,"恐强有力者旦夕崛起,效己而劫其藏",开始采取各种措施防范同族,而不用心于夷夏大防。故曰"孤秦"。虽然在溃夷夏大防上秦开其端,但二世而亡,两汉代兴,得暂时免于华族沉沦之祸。直到宋代,以藩臣夺取政权,猜忌防范之心大盛,采取各种可想见的措施弱其同种,对异族之契丹、女真、蒙古毫不措意,视苟安于已足,夷夏之防大溃,启"生民以来未有之大祸",故曰"陋宋"。①

可见,王夫之的民族主义和中国儒家传统之种族观有相当大的差别。自孔孟以降,皆认为华夏和夷狄的差别主要在于文化之差异。华夏不遵王化则沦为夷狄,夷狄接受华夏先进文化可进而为同类。② 所以华夏对夷狄,则应"修文德以来之"。到王夫之这里,则是以血缘、地理环境等自然因素作为划分种族之标准,"夷狄之与华夏所生异地。其地异,其气异矣。气异则习异,习异则所知所行蔑不异矣"③。故夷狄永远是夷狄,绝无成为华夏之可能。如此一来,严夷夏大防就有了稳固的基础。因为在孔孟那里,以文化之文野作为判断根据,固然显示了王者的宽广胸怀,但与此同时,也为文化汉奸提供了辩护根据。如元、清两朝之初的汉族文人,为了一己之进身,甘当贰臣,尚能借孔孟学说中以文化、王道化夷狄之论以自我辩护而泯灭廉耻。

在王夫之这里,"道统""治统"乃华夏文明之核心,"天下所极重而不可窃者二:天子之位也,是谓治统;圣人之教也,是谓道统"④。既然夷夏大防如此重要,因此华夏之君臣,对于非我族类之夷狄采取种种措施,以防范其窃我华族疆土、道统、治统之行为,皆为正当。因此,王夫之对历来为正统儒者所诟病的汉武开边给予了很高的评价,即便是傅介子诱斩楼兰王,王夫之也肯定,认为对夷狄完全不必要讲信义等伦理,因为他们不配。"人与人相与,信义而已矣;信义之施,人与人相与而已矣!未闻以信义施之虎狼……傅介子诱其主而斩之,以夺其魄,而寒匈奴之胆,讵不伟哉!故曰:夷狄者,歼之不为不仁,夺之不为不义,诱之不为不信。何也?信义者,人与人相与之道,非以施之非人者也。"⑤在唐代刘李党争的辩论中,王夫之也表达了类似观念,"夫诚信者,中国邦交之守也。夷狄既逾防而为中夏之祸矣,殄之而不为不仁,夺之而不为不义,掩之而不为不信"⑥。

如果王夫之仅仅论述到这里为止,我们可能认为他持有极端贱视其他族类之观念,当为今世所不取。但王夫之还有进一步的论述。在他看来,华夏之所以优越于夷狄,根本还在于其文化,在于文化中的义利之辨,在于重义轻利。但一个族群的文化也是其历史的产

---

① 王夫之:《思问录·俟解·黄书·噩梦》,中华书局2009年版,第104—106页。
② 孔子曾言:"天子失官,学在四夷,犹信。"(《左传》"昭公十七年")《论语·子罕》:"子欲居九夷。或曰:'陋,如之何?'子曰:'君子居之,何陋之有?'"《孟子·离娄下》:"舜生于诸冯,迁于负夏,卒于鸣条,东夷之人也;文王生于岐周,卒于毕郢,西夷之人也。地之相去也,千有余里;世之相后也,千有余岁。得志行乎中国,若合符节,先圣后圣,其揆一也。"
③ 王夫之:《读通鉴论》,中华书局1975年版,第372页。
④ 同上书,第352页。
⑤ 同上书,第75页。
⑥ 同上书,第790页。

物,有产生、发展、衰落之轨迹;优秀的文化并非与某个特定的族群、地域结缘,当然会发生转移。在文化未能充分演进之际,华夏在上古也是夷狄。及至文化演进之后,华夏已区别于夷狄,但如五胡乱华之际,"中国之文乍明乍灭",更担心"他日者必且凌蔑之以至于无文,而人之返乎轩辕以前,蔑不夷矣"①。可见,王夫之的民族主义,严夷夏大防,其目的是要警醒华夏民族保有强烈的忧患意识,防止其沉沦,其重点并非在仇视夷狄上。

从夷夏大防这个大原则出发,王夫之推演出华夏族的民族忧患意识,就为在明清之际这个天崩地裂的大变局中探求华夏文化之精义,以成就一代之制找到了坚实的根据,同时也找到了判定"精义"之标准。正是在这个意义上,萧公权先生指出:"船山所接橥者不仅为二千年中最彻底之民族思想,亦为空前未有最积极之民族思想也。"②有了这个根据和标准,王夫之的法律思想就有了立足点和中心线索。

二、立法以成就"一代之制"

在明代,阳明心学在儒家士大夫群体中有绝大的影响。阳明心学之核心在于致人人皆有之良知,尧舜人人可学而至,从而鼓舞普通人皆可致力于圣人之学且能有所成。但利之所在,弊亦从之,此种圣学简易之教,很容易使不学无术之人假圣学名目以自夸,其末流"狂恣滋甚,徒以一二口头禅相尚。其对于自己也,去实践愈远;其对于社会也,去实用愈远"。加以"晚明政治之腐败,达于极点,其结局乃至举数千年之禹域,鱼烂以奉诸他族,创巨痛深,自古所未尝有也"③。鉴于学术和政治皆有如此之流弊,王夫之遂起而矫正之。提倡博学、实学,成就一代之制就成了王夫之致力的目标。

在王夫之那里,"法"与"制"紧密相连,且在多数情况下意思相通,指的是外在规范和禁令。这些规范和禁令对于族群之治安、兴衰具有特别重要的意义。"立法欲其彻乎贤不肖而俱可守,法不精研,而望人之能舍已从人也,亦不可得之数已。"④比如他在评论裴寂为隋代立法时即指出:"今之律,其大略皆隋裴政之所定也。政之泽远矣,千余年间,非无暴君酷吏,而不能逞其淫虐,法定故也……隋一天下,蠲索虏鲜卑之虐,以启唐二百余年承平之运,非苟而已也;盖有人焉,足以与于先王之德政,而惜其不能大用也。"⑤良好的立法,能成就一代之制,甚且能泽及千年之下,那如何才能立出良好之法呢?立法定制之人应注意些什么呢?王夫之认为,主要是要让主事者把握好法的变与常、简与繁之间的关系。下面分别言之:

第一,法的变与常。法制有其稳定的一面,但亦有其变化的一面。从古至今,没有不发生变化的具体法制。面对纷繁变迁的具体法制,如何能够更好地为今后立法,成就一代之制?在王夫之看来,很重要的一点就是要看到并把握具体法制这种变的背后的不变,也

---

① 王夫之:《思问录·俟解·黄书·噩梦》,中华书局2009年版,第73页。
② 萧公权:《中国政治思想史》,新星出版社2005年版,第423页。
③ 梁启超:《清代学术概论》,中国人民大学出版社2004年版,第101页。
④ 王夫之:《读通鉴论》,中华书局1975年版,第594页。
⑤ 同上书,第541—542页。

就是常。他曾以井田、封建、肉刑三种制度的变迁来说明制度演变之必然及其背后不变的精义。他认为,中国几千年的制度演变可分为三个阶段:一是上古洪荒时代,二是夏商周三代,三是秦汉以降。上古时代智识未开,制度很简略,到三代才逐渐形成了以封建为核心的体制,即宗法领主制,诸侯各有其国,天子成为共主,与当时封建制相联系的有井田、肉刑等制度。秦汉以后,确立了郡县制,打破了封建制的传统,与郡县制相联系的是限田均田、法密刑酷。三代的制度不能在后世推行,正如同秦汉以后的制度不能推行于三代一样。王夫之分析了其中的具体原因,他认为,在夏、商、周三代,百姓纯朴而且能够听命于世家大族,所以可分封各诸侯领主;由于诸侯们独立地统治其国,取赋税于民,容易造成轻重悬殊,所以可实行井田制;由于当时存在先贤圣王制定的政策、法令,而且君主、官吏都有"仁""恕"之心,所以可施行肉刑制度。但是随着历史的发展,到了春秋战国时代,各国互相征伐,强吞弱,大并小,剩余者越来越少,为了能在新情况下有效地管理国家,统治百姓,只能将国土"分之为郡,分之为县",选择能干之人充任长官,使国家得到有效治理。于是封建制演变成了郡县制,而井田制、肉刑制也因国情、民情随天下的离合、治乱产生的变化而不再适合新时期的要求。"封建、井田、肉刑"三种制度当初能得到确立并取得成效,是顺应了历史趋势,即"趋时而立本",而它们被新的制度取代也同样是顺应了历史趋势;因此主张它们可一一恢复的观点是错误的。据此,他归纳出"天下有定理而无定法"的结论。所谓"定理者,知人而已矣,安民而已矣,进贤远奸而已矣;无定法者,一兴一废一繁一简之间,因乎时而不可执也"①。因此,在变化的法制背后有不变的"理"。

"理"和具体的法制之间是一种本末关系,"理"是本,具体的法制是"末"。末可因时而变,本则不可变,是"常"。"夫饬大法、正大经、安上治民、移风易俗,有本焉,有末焉,有质焉,有文焉。立纲修纪,拨乱反正,使人知有上下之辨、吉凶之则者,其本也。缘饰以备其文章,归于允协者,其末也。末者,非一日之积也。文者,非一端之饰也。豫立而不可一日缓者,其本质也。俟时而相因以益者,其末文也。"②这种作为常的"理",从性质上说是大经大法,从功能上说是维持纲纪、移风易俗、拨乱反正,从目标上来说是实现知人、安民之效果。因此,在定法立制的时候,要特别注意这种"理""常"和"本",才可能立出利国利民的良善之法,"故立法者,无一成之法,而斟酌以尽理,斯不损于国而无憾于人"③。

注意到这种一定之理,将之运用到立法之上,就不会因为看到古代立法中的某个制度良好就贸然移用于今,以至于囫囵吞枣,丧失"法古"之精义。如王安石之变法,就是没有掌握这种"定理"而贸然实行《周礼》中的某些制度,结果导致北宋内外交困。王夫之多次批评了这种贸然"法古"之做法,以此揭示体察定理或法之精义的重要性。"闻古人之效而悦之,不察其精义,不揆其时会,欲姑试之,而不合,则又为之法以制之,于是法乱弊滋,而古道遂终绝于天下。"④"一代之治,各因其时,建一代之规模以相扶而成治,故三王相袭,

---

① 王夫之:《读通鉴论》,中华书局1975年版,第142页。
② 同上书,第21—22页。
③ 同上书,第20页。
④ 同上书,第49页。

小有损益,而大略皆同。未有慕古人一事之当,独举一事,杂古于今之中,足以成章者也……举其百,废其一,而百者皆病;废其百,举其一,而一可行乎?浮慕前人之一得,夹糅之于时政之中,而自矜复古,何其窒也!"①所以,在王夫之看来,立法须借鉴往古,是要借鉴超越时空的法之精义,即"定理",而非忽略时势环境的变化来机械模仿具体之法制,"故善法三代者,法所有者,问其所以有,而或可革也;法所无者,问其何以无,而或可兴也。跬遵而步效之,黠民乃骄,朴民乃困,治之者适以乱之"②。只有在体悟"定理"之基础上,结合具体时势,才能立好法。简言之,要立好法,必须先处理好法的变与常之间的关系。

第二,法的简与繁。为什么立好法,成就一代之制是相当困难的呢?在王夫之看来,是因把握法之定理或精义之不容易。为什么不容易呢?是因为法律的烦琐。为什么法律如此烦琐呢?法律的烦琐是天经地义,自古如此的吗?如果不是自古如此的,那导致现今法律如此烦琐的原因是什么呢?只有把这种原因探究清楚,然后才有可能在此基础上找到恰当的改革之道。王夫之认为,在上古,法律简而易行,及至秦以降,历代帝王为了一家天下之私,出于猜忌、防范之需要订立了很多法规。但这些帝王们并不以此为满足,因为他们还是对执行法规之人不放心,遂又制定出一些法规来弥补前述法规的漏洞以及管理监视执法之人。如此循环往复,法安得不密而形成法网?

法既密矣、繁矣,但这种繁密之法,其是否能达到较好的效果?这种效果可以从君主和百姓两个方面来说。王夫之对前一个方面论述得较多,其结论是导致天子的权力下移至胥吏。因为秦以后改朝换代之频繁,很多帝王不得善终,就是这种繁密之法对维护君权没起到较好效果的证明。王夫之举了不少例子:亡秦者楚,其领头者就是项梁、项羽叔侄。项梁在栎阳已被抓捕,蕲狱掾曹咎写了一封请托关照的书信给司马欣,于是项梁被释放,后成为反秦领袖。在王莽的新朝,南阳刘秀兄弟杀人,也是因为当地胥吏之宽纵而使他们成为亡新的头目。这是见于史书记载的例子,那些没有记载的请托、货赂的事情就更不知凡几了。不论是在秦朝还是在新朝,法网之严密,都达到了顶点。据此,王夫之得出:"法愈密,吏权愈重;死刑愈繁,贿赂愈章;涂饰以免罪罟,而天子之权,倒持于掾史……设大辟于此,设薄刑于彼,细极于牛毛,而东西可以相窜。见知故纵,蔓延相逮,而上下相倚以匿奸。闰位之主,窃非分而寐寝不安,藉是以箝天下,而为天下之所箝,固其宜也。"③帝王本想以繁密之法钳制天下,不料却被天下之胥吏所钳制而失去天下,所以对君主来说,繁密之法不足以依靠。对老百姓来说,繁密之法的危害更是显而易见。因为繁密之法,使得司法权力从天子之手实际上转到胥吏之手,胥吏得以凭借繁密之法条鱼肉百姓,结果是"百姓大困"。所以,繁密之法对君主、百姓皆有大害,唯一能从中渔利的是胥吏。

既然繁密之法有如此之大害,那为了减少此种大害,就需要立简易之法了。在王夫之看来,简易之法具有下述几个方面的优点:第一,可以有效防止胥吏之专权。"受天命,正万邦,德足以威而无疚愧者,勿效尔为也。宽斯严,简斯定。吞舟漏网而不敢再触梁笱,何

---

① 王夫之:《读通鉴论》,中华书局1975年版,第624—626页。
② 同上书,第873—874页。
③ 同上书,第7页。

也？法定于一王,而狱吏无能移也。"①第二,可望实行宽仁之政。"曰宽、曰不忍、曰哀矜,皆帝王用法之精义,然疑于纵弛藏奸而不可专用。以要言之,唯简其至矣乎！八口之家不简,则妇子喧争；十姓之间不简,则胥役旁午；君天下,子万民,而与臣民治勃谿之怨,其亦陋矣。简者,宽仁之本也；敬以行简者,居正之原也。"②虽然,简易之法未必即能有宽仁之政,但没有简易之法却绝对不可能有宽仁之政。第三,简易之法可以增加法的确定性,故有望暂时挽救法在演进过程中趋于烦琐、不定之弊端。"政莫善于简,简则易从。抑唯上不惮其详,而后下可简也。始之立法者,悉取上下相需、大小常变之条绪而详之,乃以定为画一,而示民以简,则允易从矣。"③

王夫之在考察历代治乱得失之后,认为成就一代之制需要良善的法制。良善的法制首先需要妥当的立法。要进行妥当的立法就需处理好法之变与常、简与繁之间的关系。面对变幻纷纭的具体法制,立法定制者需要找到其背后之"常",也就是"定理",充分注意到法的系统性,然后在此基础上结合时势来立法。与此相联系,良善之法必须符合"简"的原则,以免胥吏从中弊混,增加法的确定性。也就是说,只有把握法之精义,结合时势,创立简易必行之法,才有望所立之法是善法,也才有可能成就一代之制。

三、"任法"不如"任人"

在传统中国法思想中,一直有个争论：于治国而言,起决定作用的到底是人还是法？型构中国正统法思想的儒法两家对此给出了两种不同的回答：在儒家看来,人是起决定性的因素,是先有治人而后有治法；法家认为法是决定性因素,君臣上下一体奉法则国治。王夫之作为一儒者,在这个问题上仍然坚持了传统儒者"任法"不如"任人"之看法,不过他在论证其理由时颇具新意：通过对历代史实的考察更全面深入地阐述了"任法"之弊端。

首先,"任法"不能保证所任之法是善法。事实上,法有善不善之分。法家认为,"法虽不善,犹逾于无法"；王夫之对此不同意,认为施行恶法之治,其害远过于无法。恶法之害,"民心离,士心不附,上有余怨,下有溢怨,国家必随之以倾"④。其实,在"任法"之下,所任之法绝大多数是恶法。为什么呢？在王夫之看来这有两个原因：一是任法之目的在于"人主安",希望的是"乍劳长逸",因此难免不流入申、韩一途。"行督责之术,然后绝谏争之路……谏争绝,桎梏脱,则虽目劳于刑名文籍之中,而耽酒嗜色、佚游骄乐,可晏享而不辍。苟未忘逸豫之情者,恶能不以此为两得之术哉！"故人君之任法,多是一种"人主安而天下困"之恶法。⑤ 退一步说,即便其所任之法为善法,那随着时间、环境的变化,原来的善法也会日久弊生,变成恶法。"法虽善,久而必有罅漏矣,就其罅漏而弥缝之,仍一备善之法也。即听其罅漏,而失者小,全者大,于国民未伤也。妄言者,指其罅漏以讥成法,则必灭

---

① 王夫之：《读通鉴论》,中华书局1975年版,第7页。
② 同上书,第651页。
③ 同上书,第711页。
④ 同上书,第504页。
⑤ 同上书,第5页。

裂成法而大反之,歆之以斯须之小利,亦洋洋乎其可听矣。不知百弊乘之,蠹国殃民而坏风俗,此流毒于天下而失民心之券也。"①此乃"任法"所不可行理由之一。

其次,普遍性的法不足以应对差异性的事,所谓不可"立理以限事"也。王夫之以杀人为例来说明了此问题:虽然从表面上看都是杀人,但其所以杀人的具体情形则千差万别,有长期怀恨在心因势利便而杀人的;有双方相斗而杀人的;有激于一时愤怒本无杀心而杀人的,如此等等。如果不问这些具体情形差别而一律以客观之杀人而定罪,则显失公平;而这类千差万别的具体情形,又不是"法"所能应对的。"法之所立,弊之所生矣。盖其为救时之善术者,去苛虐之政,而未别立一法,故善也。其因陋就简而生弊者,则皆制一法以饰前法,故弊也。法之不足以治天下,不徒在此,而若此者为尤。"②至此,王夫之发出感慨:"甚矣,刑之难言也。"③

最后,法的相对稳定性不足以应对社会中具体事情之不断变迁,有限的法条永远不可能穷尽人事变化。"夫法之立也有限,而人之犯也无方。以有限之法,尽无方之慝,是诚有所不能该矣。于是而律外有例,例外有奏准之令,皆求以尽无方之慝,而胜天下之残。于是律之旁出也日增,而犹患其未备。"④在王夫之看来,如果要强使具有相对稳定性的法来适应变动不居的人事,那必然导致法外生法,律外生例,法律越来越繁杂琐碎。法律一繁杂琐碎,那就会被胥吏等操纵,从中渔利为奸。

综合上述三点原因,显然"任法"不足以为治。既然单纯的"任法"不足以为治,黄老、申韩之说不当作为治国之指导思想也就顺理成章了。"任法"既然不可行,那并不一定意味着"任人"的效果就更好。其实,在王夫之这里,他认为,"任人"的效果和"任法"比较起来好很多,为什么呢?王夫之主要给出了下述理由:

首先,既然所立之法多为恶法,善法随着时势之推移也会变成恶法,那"任人"则可以在一定程度上减轻恶法之危害。"法严而任宽仁之吏,则民重犯法,而多所矜全。法宽而任鸷击之吏,则民轻犯法,而无辜者卒罹血不可活……严之于法而无可移,则民知怀刑;宽之以其人而不相尚以杀,则民无滥死。故先王乐进长者以司刑狱,而使守画一之法,雷电章于上,雨露润于下,斯以合天理而容保天下与!"⑤其次,"任人"能够克服因"任法"而产生的普遍性与差异性、稳定性与变化性之矛盾所引起的弊端,"任人"得法,能够具体问题具体处理,达到个案之实质公正。比如前述所讲的各式各样的杀人事例,单纯"任法",详细考察各类杀人之原因和动机而加以区别对待,那上有政策下有对策,"猾民伏其巧辩,讼魁曲为证佐,赇吏援以游移,而法大乱"。如能"任人",只需悬一简易不移之法,即杀人者死,那效果就会好很多,为什么呢?因为法简易不移,民有所畏惧,有所钦服,杀人案件自然有所减少;即便发生了杀人案件,民之奸心未起,亦能更易查清案情,司法官酌情处断,

---

① 王夫之:《读通鉴论》,中华书局1975年版,第503页。
② 同上书,第931页。
③ 同上书,第149页。
④ 同上书,第79页。
⑤ 同上书,第46页。

民亦能心服。"夫法一而已矣,一故不可干也,以齐天下而使钦畏者也。故杀人者死,断乎不可词费而启奸也;乃若所以钦恤民情而使死无余憾者,则存乎用法之人耳。"①最后,"任人"能在一定程度上弥合法条和人情之间的鸿沟。"任人"必然是法条简易,人情厌恶欺诈,而"任法"所产生的法条繁杂实是致欺之源,"夫人情亦惟其不相欺耳,苟其相欺,无往而不欺;法之密也,尤欺之所藉也。"②不仅如此,王夫之还举了个例子,东汉明帝"任法",致其过于明察,严格依法而无钦恤之心;而希望在上者有钦恤之心又为一般的人情,情与法遂产生了矛盾。"明帝之过于明察也,非法外而加虔刘,如胡亥之为也,尽法而无钦恤之心耳。其法是,其情则过;其情过,其法固是也。"③综合来看,"任人"能克服"任法"所引起的弊端。

"任人"尽管能克服"任法"所引起的弊端,但这并不能证明"任人"优于"任法"。在王夫之看来,这却是一定的。因为"任人"尚能保持简易不移之法,"任法"则导致法律之烦琐且为小人所把持,"法"与"人"二者兼失。"治之敝也,任法而不任人。夫法者,岂天子一人能持之以遍察臣工乎?势且仍委之人而使之操法。于是舍大臣而任小臣,舍旧臣而任新进,舍敦厚宽恕之士而任憿幸乐祸之小人。其言非无征也,其于法不患不相傅致也,于是而国事大乱。"④故比较来看,"任法"不如"任人"。

单纯比较来看是如此,但王夫之认为,要成就一代之制,单纯的"任人"或是"任法"都是有所不足的。因为"任人"有其弊端,即"任人而废法,则下以合离为毁誉,上以好恶为取舍,废职业,徇虚名,逞私意";"任法"亦有其优长,"天下将治,先有制法之主,虽不善,贤于无法也"⑤。"法未足以治天下,而天下分崩离析之际,则非法不足以定之。"⑥

既然单纯的"任人"有其弊端,"任法"亦有其优长,故成就一代之制,最好的办法是"任人"配以简易不移之法。"用人与行政,两者相扶以治,举一废一,而害必生焉……是用人行政,交扶以图治,失其一,则一之仅存者不足以救;古今乱亡之轨,所以相寻而不舍也。以要言之,用人其尤亟乎!人而苟为治人也,则治法因之以建,而苛刻纵弛之患两亡矣。"⑦"法者非必治,治者其人也;然法之不善,虽得其人而无适守,抑末繇以得理,况乎未得其人邪?"⑧

如果不能将"任人"与"任法"、用人与行政二者妥善结合,退而求其次,也应该是以"任人"为上。为什么呢?因为治理天下之实质是"择人而授以法,非立法以课人也"。之所以如此,其道理在于,"以法言之,周官之法亦密矣,然皆使服其官者习其事,未尝悬黜陟以拟其后。盖择人而授以法,使之遵焉,非立法以课人,必使与科条相应,非是者罚也。法诚立

---

① 王夫之:《读通鉴论》,中华书局1975年版,第149—150页。
② 同上书,第218页。
③ 同上书,第167页。
④ 同上书,第144页。
⑤ 同上书,第930—932页。
⑥ 同上书,第705页。
⑦ 同上书,第301页。
⑧ 同上书,第542页。

矣,服其官,任其事,不容废矣。而有过于法之所期者焉,有适如其法之所期者焉,有不及乎法之所期者焉。才之有偏胜也,时之有盈诎也,事之有缓急也,九州之风土各有利病也。等天下而理之,均难易而责之,齐险易丰凶而限之,可为也而惮于为,不可为也而强为涂饰以应上之所求,天下之不乱也几何矣!上之所求于公卿百执郡邑之长者,有其纲也。安民也,裕国也,兴贤而远恶也,固本而待变也,此大纲也。大纲圮而民怨于下,事废于官,虚誉虽腾,莫能捄也。苟有法以授之,人不得以玩而政自举矣"①。

以上是王夫之关于"任人"与"任法"关系的大致意见。其观点虽无甚新意,但其论证却是深刻全面的,尤其是他关于"任法"弊端的指陈,确实触及了"法治"的千古难题,值得后人深思。

四、成就"一代之制"的司法举措

既然王夫之认为治国、成就一代之制是"任人"优于"任法",且人有君子小人之别、仁慈刻薄之异;所任之"法"又是简易不移之法,所以保证让君子、仁者来具体实施法律、负责司法工作,就是成就一代之制最紧要的事情了。那如何才能保证让君子、仁人居于司法官位置呢?王夫之分别对皇帝和司法官提出了下述要求:

对皇帝而言,"任法"不如"任道"。"任法"之"法"前面已经有所分析和说明,但"任道"之"道"是什么呢?"治天下以道,未闻以法也。道也者,导也,上导之而下遵以为路也。"②在中国法律思想史中,最难以说得清楚明白的就是这个"道"了。先秦儒墨道法等诸子百家各有其"道"。在王夫之这里,"道"之含义属于孔孟正统儒家范畴,是一种"引导",是通过在上位者的表率来发生作用的。那"道"的内容到底是什么呢?在王夫之看来,是君王以仁民爱物之心对下实施教化,然后在此基础上,执简易必行之法之大纲以治那些不服教化的奸顽之徒,以达到移风易俗的效果。"夫先王以有限之法治无方之罪者,岂不审于此哉?……先王之将纳民于轨物而弭其无方之奸顽者,尤自有教化以先之,爱养以成之,而不专恃乎此。则虽欲详备之,而有所不用,非其智虑弗及而待后起之增益也。乃后之儒者,恶恶已甚,不审而流于申、韩。"③

"道"之内容乃如此,自然就与"法"区别开来。"法先王者以道,法其法,有拂道者矣;法其名,并非其法矣。道者因天,法者因人,名者因物。道者生于心,法者生于事,名者生于言。言者,南北殊地,古今殊时,质文殊尚;各以其言言道、言法;道法苟同,言虽殊,其归一也……以道法先王而略其法,未足以治;以法法先王而无其道,适足以乱;以名法先王而并失其法,必足以亡。"④简言之,"道"高于"法":"道"乃一,是具体背后的抽象,是具体以上的精义;"法"乃因乎各类情势、人事而生的具体,是万殊。反映到运用上,就是要法先王之所以如此为法之精义,此即是"任道";法先王具体之法,不顾时势人事之变迁,胶瑟鼓

---

① 王夫之:《读通鉴论》,中华书局1975年版,第281—282页。
② 同上书,第108页。
③ 同上书,第80页。
④ 同上书,第514页。

柱,强而法之,是乃"任法"。"任道"而不"任法",虽不是成就一代之制的充分条件,但却是必要条件;"任法"而不"任道",那必流于申、韩,非但不足以成制,反适招乱。故人君治国,当以教化为先,体察先王立法创制之精义,因乎时势和人情,创立简易必行之法,此之谓"任道"。所以,人君"任法"不如"任道"。

人君治国要"任道",但"道"之中仍寓"法"之精义。此种精义为何,用王夫之自己的话说,就是要"严以治吏,宽以养民"。

为什么要从严治吏呢?因为传统政制的特征是"生法者君也,守法者臣也,法于法者民也",各级官吏都是能人,联系于君民之间,所以人君治国,重点必然是治吏。吏治好了,民是不难治的。历朝治吏,有宽严之分,但"驭吏以宽,而民之残也乃甚",所以"严者,治吏之经也"。治吏如何从严,在王夫之看来,最重要的是先从严治上官开始。"严下吏之贪,而不问上官,法益峻,贪益甚,政益乱,民益死,国乃以亡。"①如果是只拍苍蝇,不打老虎,尽管有严刑峻法以约束官吏,仍然无济于事。为什么要宽以养民呢?为驳斥"刑乱世用重典"之一般说法,王夫之给我们打了一个比方:严刑重典好比治病的药石,宽和好比养人的饭菜。当一个人身强力壮、偶然染病,吃药是必要的,但病愈之后就要立即停止吃药,开始吃饭菜;如果这时还要继续吃药,非吃出新病来不可。如果一个人衰老羸弱、病入膏肓,这时医生还不准他吃饭菜而只吃药,病人非被医死不可。所以,对老百姓不能像对待官吏那样从严,而应宽以养之。

王夫之是把"严以治吏,宽以养民"作为君王治国之常经,而非一时权宜之计。"严者,治吏之经也;宽者,养民之纬也。并行不悖,而非以时为进退者也……故严以治吏,宽以养民,无择于时而并行焉,庶得之矣。"②早在战国时期,韩非子即提出了"明主治吏不治民"③的主张,理由在于吏的职责是临民治民的,直接治吏即等于间接治民。君主独居高位、大位,势不能直接治民,只有抓重点来治吏,达到纲举目张之效。韩非的"治吏"说其长在实效,故在随后的帝制时期多被历代君主实际上奉为圭臬;其短亦在只讲实效而流于极端功利,且将民众完全视为被治理对象,故注定其最多收效于一时,而非长久之计。秦汉统一帝国建立后,随着治理经验的累积,终于确立了以外儒内法为核心思想依据的治道。到明清之际,王夫之先生感于国破之痛,以绝世之姿,精研历代治道,以"严以治吏,宽以养民"一语,将帝制中国法制精义一语道破:一方面将"治吏"原则上升到历代治道核心内容的高度,另一方面,是将法家的"治吏"说内化到儒家的"养民"说中,赋予了"治吏"说崇高的目标和价值追求。

"任道""严以治吏,宽以养民"都主要是针对君主而言,那对各级司法官吏来说,王夫之以为官吏们也要善于体会君主的这些原则,在司法实践中妥当运用。如何才能表示是

---

① 王夫之:《读通鉴论》,中华书局1975年版,第886页。
② 同上书,第207—208页。
③ 《韩非子新校注》(下册),陈奇猷校注,上海古籍出版社2000年版,第805—806页。

妥当运用了呢？其中一个重要标志就是在具体司法之时，在"明慎"和"不留狱"之间保持平衡。

"明慎"是先王司法之精义所在，但不能固执胶着，一条路走到黑，要知道有所止。如不知所止，一味"明慎"到底，"则留狱经岁，动天下而其害烈矣"。历史上这样的例子很多，比如"汉武帝任杜周为廷尉，一章之狱，连逮证佐数百人，小者数十人，远者数千里，奔走会狱，所逮问者几千余万人。呜呼！民之憔悴，亦至此哉"！为什么折狱会导致民生憔悴至斯呢？在王夫之看来，就是拘泥于"明慎"二字之恶果。既然要明慎，要证实首恶之凶残，就要所有的同恶之人来证明；要辩明言辞之是否诬枉，就要所有的见证者到堂当面质证；只有真正找到受冤枉的人，才能够准确说出被冤枉的实情。如此一来，求全求备，案件安有断结之一日？结果，当事人、证佐久系狱中，一方面给贪赃之官僚胥吏提供了更多的敲诈勒索之机会，另一方面使得当事人之间的仇怨越积越深。于此，王夫之发出了这样的感慨："法密而天下受其荼毒，明慎而不知止，不如其不明而不慎也。"①

正是因明慎不知止所造成"留狱"之结果，百姓憔悴至斯，还有一些帝王为其所谓的"明慎"辩护，王夫之对此进行了严厉的批评。如北魏孝文帝拓拔弘"重用大刑，多令覆鞫，以自诧其矜恕，而囚系积年，不为决遣，其言曰：'幽苦则思善，故智者以囹圄为福堂'"。王夫之沉痛指出，就在这"福堂"之中，老百姓不知有多少人死在这里，何得谓之福堂？正确的做法是"速断之，而刑者刑，免者免，各得其所，而无所连逮"。就是从效果来看，这种"速断"亦较"留狱"为优，盖因为审案之初，情之真伪易见。"夫人之情伪，不可掩于初犯之日，证佐未累，其辞尚直，情穷色见，犹可察也；迨及已久，取案牍而重复理之，移审于他署，而互相同异，犯者之辨，且屡屈屡伸而错舛益甚，目眩心疑，愈以乱矣。不留者，取人之初心而验其诚也；非今岁一官，明岁一吏，颠倒反覆之所能得其情也。徒以饥寒疾疫死之于丛棘之下，不亦惨乎！"②

不仅是审断要防止"留狱"，在执行判决的时候也应如此。针对传统建立在"天人感应"说之上的秋冬行刑之制，在王夫之看来，也造成"留狱"，他据此提出了相应的改革思路，即死刑可以等到秋后才执行，但其他的刑罚还是及时执行的好。因此，司法者不论是在审断，还是在执行之时，皆要记取"夫子取子路之无宿诺，诺不宿，狱不留矣"之训诫。③

以上所述，仅为王夫之法律思想之大端。王夫之的法律思想紧扣如何成就一代之制这个中心问题，在立法、司法等领域皆有发人深省的论述，尤其是他关于"严以治吏，宽以养民"这一传统治道精义的准确归纳，值得深思玩味。

---

① 王夫之：《读通鉴论》，中华书局1975年版，第68页。
② 同上书，第453—454页。
③ 同上书，第186—187页。

阅读材料

《明夷待访录·原法》

三代以上有法,三代以下无法。何以言之?二帝、三王知天下之不可无养也,为之授田以耕之;知天下之不可无衣也,为之授地以桑麻之;知天下之不可无教也,为之学校以兴之;为之婚姻之礼以防其淫;为之卒乘之赋以防其乱。此三代以上之法也,固未尝为一己而立也。后之人主,既得天下,唯恐其祚命之不长也,子孙之不能保有也,思患于未然以为之法。然则其所谓法者,一家之法,而非天下之法也。是故秦变封建而为郡县,以郡县得私于我也;汉建庶孽,以其可以藩屏于我也;宋解方镇之兵,以方镇之不利于我也。此其法何曾有一毫为天下之心哉,而亦可谓之法乎?

三代之法,藏天下于天下者也:山泽之利不必其尽取,刑赏之权不疑其旁落,贵不在朝廷也,贱不在草莽也。在后世方议其法之疏,而天下之人不见上之可欲,不见下之可恶,法愈疏而乱愈不作,所谓无法之法也。后世之法,藏天下于筐箧者也;利不欲其遗于下,福必欲其敛于上;用一人焉则疑其自私,而又用一人以制其私;行一事焉则虑其可欺,而又设一事以防其欺。天下之人共知其筐箧之所在,吾亦鳃鳃然日唯筐箧之是虞,故其法不得不密。法愈密而天下之乱即生于法之中,所谓非法之法也。

论者谓一代有一代之法,子孙以法祖为孝。夫非法之法,前王不胜其利欲之私以创之,后王或不胜其利欲之私以坏之。坏之者固足以害天下,其创之者亦未始非害天下者也。乃必欲周旋于此胶彼漆之中,以博宪章之余名,此俗儒之剿说也。即论者谓天下之治乱不系于法之存亡。夫古今之变,至秦而一尽,至元而又一尽,经此二尽之后,古圣王之所恻隐爱人而经营者荡然无具,苟非为之远思深览,一一通变,以复井田、封建、学校、卒乘之旧,虽小小更革,生民之戚戚终无已时也。即论者谓有治人无治法,吾以谓有治法而后有治人。自非法之法桎梏天下人之手足,即有能治之人,终不胜其牵挽嫌疑之顾盼;有所设施,亦就其分之所得,安于苟简,而不能有度外之功名。使先王之法而在,莫不有法外之意存乎其间。其人是也,则可以无不行之意;其人非也,亦不至深刻罗网,反害天下。故曰有治法而后有治人。

思考题:

1. 黄宗羲、王夫之的法律思想跟明清之际的政治剧变有什么关系?
2. 黄宗羲的"一家之法""天下之法""非法之法"和"无法之法"的含义是什么?

3. 评述黄宗羲"有治法而后有治人"这一命题。
4. 如何评价王夫之以"夷夏大防"为中心的民族主义？
5. 在成就一代之制这一问题上，王夫之持什么主张？
6. 王夫之"严以治吏，宽以养民"说的内涵是什么，在中国法律思想史上具有什么价值？

第三编　近现代中国的法律思想

第九章　近现代法律思想概论

自鸦片战争以来，中国开始全面接触西方，历史进入了转型期。它是春秋战国之后中国历史的第二次社会大转型。因此，研究近现代中国的法律思想，相对于中国传统社会，因为它与现今社会联系较紧密，从实用一面来看，显得比较重要；同时也更难研究和评论，一方面是资料的浩繁，另一方面是今人分析研究近人思想，尚未盖棺论定，且作为研究者的我们，身处庐山之中，反倒难以认识其面目。故学习中国近现代的法律思想，尤其不能掉以轻心。也许，近代有些思想家，因为其所处时代和自身的特殊经历，其思想在我们今天看来难免幼稚，但我们还是要认真对待，如亚里士多德所说："我们受益于前人，不但应该感荷那些与我们观点相合的人，对于那些较肤浅的思想家，也不要忘记他们的好处；因为他们的片言剩语却正是人们思绪的先启，这于后世已有所贡献了。"①

第一节　中国社会从传统到近代的转型

传统中国到了19世纪进入了一个特殊时期。这种特殊体现在"遭遇西方"上面。正是在"遭遇西方"之时，出现了新参照物，传统中国的弊端得到了充分暴露。受"西洋"的冲击，中国社会渐渐走出了"长久停滞"的怪圈，开始了由传统到近代漫长而又艰辛的转型历程。

至19世纪，时处王朝周期盛世已过的衰世，清王朝遭遇了具有强烈侵略性且富于活力的西方，内政不修更引起外敌觊觎，外力重压引发了内部变革。随着变革逐渐由表及里、从海疆一隅到内陆腹地，整个社会已慢慢转型，法制亦不能不随之而转。由此，中国在经历了两千年之久的定型期后又进入了转型期。转型期的近代中国，最主要的特点就是"大变""剧变"，重要当局者李鸿章体认尤深，称之为"合地球东西南朔九万里之遥，胥聚于中国，此三千余年一大变局也"②。中国近代史研究大家郭廷以先生指出：

---

① 〔古希腊〕亚里士多德：《形而上学》，吴寿彭译，商务印书馆1988年版，第33页。
② 李鸿章：《复议制造轮船未可裁撤折》，载《李鸿章全集》（第五册），安徽教育出版社2008年版，第107页。

历史是延续的,但永远是变的,因革损益,随时而异,其间仅有缓速显晦之别。就中国而论,以十九世纪中期以来,最为显著……中国遭遇到前所未有之强敌,处境大非昔比,不仅不再是独一无二的神州,甚至存亡系于旦夕。前此的中国并非绝对的孤立,曾接触过许多或友或敌的民族,亦遭受过严重的侵凌,何以不曾使其大变?何以不曾引起如是的认识和忧惧?因为以往所接触的民族,纵能凭其一时武力,乘中国之敝,以图一逞,彼此形势犹可相埒。近代所接触的西洋大不然。除了强大的武力,尚有别具一格的政治组织、经济力量、高度文化,一旦彼此短兵相接,中国的藩篱为之突破,立国基础为之震撼。于是张皇失措,自处处人,两无是处,遂陷入悲运。"西洋人之入中国,为天地之一大变",并未过甚其辞。①

一、近代前夕的中西社会情形

　　之所以要先谈及近代前夕的中西社会情形,是因为中国传统社会的近代转型是在西方的直接刺激之下才发生的。其实,早在中西两种文明的大规模接触以前,中西两种文化的歧异就已非常显明。这种歧异本是人类文明多元发展的一个正常现象。在各不相同的文明之间没有起码的接触和冲突之前既无比较的必要,也不会形成系统的关于文明比较的知识。只有在文明的接触成为频繁且极度重要之时,文明之间的比较才会成为一个能够充分吸引人们视线、引起人们思考的重要问题。至今,中西文化间的大规模的接触已经进行了170年以上的时间,此时当我们回过头去反思这种中西文明间的冲突与影响,很多人已经发现:其实中西两种文明相互冲突和影响的过程在很大程度上已经由其各自在大规模接触之前的情况所奠定了。

　　在西方,从14、15世纪开始在意大利出现了一种新型的资本主义经济活动。所谓资本主义经济活动,是通过利用交换的机会以获取利润的方式,也就是和平地获取利润的活动。② 由于资本主义经济模式是通过和平方式来获取利润,所以资本家的活动是以计算为基础的,这在某种程度上促进了以数学和物理学为基础的近代自然科学的发展。有了近代自然科学的发展,才会有新大陆的发现和环球航线的开辟。这反过来又导致了资本主义所需市场的扩大,资本主义生产方式得到了进一步的发展,再反过来又促进了自然科学的研究。自然科学逐渐突破了宗教的限制而发展出了科学精神。所谓科学精神,就是判断真理的标准不再是先验的,而是可以通过实验来验证,可以用人类共通的理性来进行推理。这种科学精神的适用范围逐渐越出了自然科学,迅速影响到几乎所有的人文社会学科领域,产生了近代意义上的人文社会科学,这种人文社会科学出现和早期发展的过程同时也是西方的启蒙运动思潮蓬勃发展之时。

　　经过资本主义经济活动的洗礼和启蒙思潮的激励,在欧美产生了一系列的社会革新

---

① 郭廷以:《近代中国史纲》,香港中文大学出版社1979年版,第1页。
② 〔德〕马克斯·韦伯:《西方文明的独特性》,载《文明的历史脚步》,黄宪起等译,生活·读书·新知上海三联书店1997年版,第5页。

实践,比较著名的是英国17世纪的建设近代国家的努力、美国的独立建国以及法国大革命。通过这些努力,主权国家、人民主权、权力分立与制衡等制度设计以及围绕宪政国家之下的民主、自由等价值观念逐步确立起来,民族国家得以巩固。这些民族国家的建立以及相关的政治秩序、经济政策和法律制度确保了资本主义经济模式健全且迅速地发展,随着作为其市场和原料产地的殖民地拓展,这一套那时最新、最先进的经济模式、政治制度及其相关的价值观念逐渐在全球范围内传播开来。

与此相对,中国传统文明尽管也曾达到了相当高的水平,为整个世界所称道,但早在中西大规模接触的几个世纪之前已经基本上处于停滞不前的状态且此种状态在内部很难被打破。所谓的"百代都行秦政法"[①]、"千年不变"[②]等语汇都道出了传统社会这一"不变"的特征。作为异族入主中原建立的清王朝,满汉矛盾根深蒂固。鉴于此,"清代的统治策略,一切以集权、防范、压制为尚"。即便如此,经几代君主励精图治,清朝开创了百多年的康雍乾盛世,声威之隆,直比汉唐。但月盈则亏,盛极而衰,到19世纪,中国与西洋直接接触开始之际,清廷已步入王朝循环的衰落期,主要表现为:皇权专制登峰造极而吏治却极度腐败、人口大幅度增加引起社会贫困程度加剧、因严密的思想控制而导致思想学术陷入烦琐考据且几无关乎国计民生。中国的内部秩序已不易维持。即令无外来的冲击,清朝的治权已不易保,对于虎视眈眈的西方强敌,又焉能抵御?

中西两种文明大规模接触之前双方的态势大致已如上述。其中一个已步入老年,暮气沉沉,停滞僵化;一个正当壮年,血气方刚,朝气蓬勃。这样的两种文明相遇,既然其冲突不可避免,其结局在双方接触之前已大致确定。

二、近代中国学习西方的逐渐深化——器物、制度和文化

在鸦片战争之前,除了有英国的使臣觐见中国皇帝要求通商等官方交涉之外,还有一批来自民间的西方传教士在东南亚一带传教,为以后的西学东渐做了一定的准备。1840年爆发的鸦片战争,使得中英两国签订了不平等条约,从此中国被迫开放了国门而踏上了近代化之途。伴随着每一次中外战争,中国的开放程度都在加深,民族危机在加重,中西文化间的冲突是愈演愈烈,同时中国人对西方文化的认识亦在不断加深。在这种中西文化愈来愈深入广泛的交流之中,中国开始了以学习西方为重要内容的近代化历程。在这个过程中,西方文明在近代中国的输入内容与中国人对西方文化的认识深度大致吻合。根据梁启超的归纳,西方文明在近代中国的传播,也就是近代中国人对西方文化的认识大致分为由浅入深的三个阶段,即器物、制度、文化。[③]

第一次鸦片战争,英国人所派遣的几千远征军在清朝廷长达几千公里的海疆纵横驰

---

① 毛泽东:《七律·读〈封建论〉呈郭老》,载《建国以来毛泽东文稿》(第13册),中央文献出版社1998年版,第361页。

② 参见唐德刚:《告别帝制五千年》,载《晚清七十年》(第一册),台湾远流出版事业股份有限公司1998年版,第20—21页。

③ 梁启超:《五十年中国进化概论》,载《饮冰室文集点校本》(第五册),云南教育出版社2001年版,第3249—3250页。

骋并且最后还胁迫清朝廷在南京订立城下之盟。有一部分目光敏锐的士大夫开始感受到了这种时代变化的气息,如魏源提出了"师夷长技以制夷"的主张,要求学习西方的先进军事科技。经第二次鸦片战争和太平天国运动,在朝廷内部形成了所谓的"洋务派",主张学习西方的先进科技,刚开始限于军事技术和军事工业,后来发现军事工业不能离开民用工业而单独发展,就又开始学习西方与军事有密切关系的民用工业。他们对西方的学习主要属于西方的物质文明,其学习西方的原则就是张之洞所归纳的"中体西用"。洋务派学习西方物质文明的努力随着甲午一役北洋海军的覆灭而宣告失败。这个阶段就是梁启超所讲的近代中国人学习西方的第一个阶段——器物,即物质文明阶段。

早在甲午战争之前,就有一些思想家、政府驻外使节和来华外国人以赞赏的口吻介绍了西方的政治制度,如王韬在《重民》一文中提到了西方的"民主之国"和"君民共主国"的议院制度。① 由于当时洋务运动搞得轰轰烈烈,有声有色,这种介绍没能引起人们太多重视。甲午战争后,一些善于思考的中国人开始正视洋务派学习西方的方式方法以及学习范围所存在的问题。有更多的中国人认识到原来"西政"与"西艺"是连在一起的,离开了"西政"的"西艺"根本就不可能是真正的"西艺",船再坚、炮再利,还要有人才,有相关的制度保证,不然仍旧无济于事。所以在甲午战争之后,康有为、梁启超等主导的改良维新和孙中山、章太炎等力主的武装革命相继登台。关于改良维新,先是1898年的戊戌变法,主张君主立宪,希望通过由皇帝主导自上而下的改良完成整个国家政治制度的近代化,达到求富求强的目的,后是清廷主动进行的晚清新政。在20世纪的最初10年,晚清新政居于近代中国这个大舞台的中心位置。晚清新政从制度层面引进了西方一系列和宪政相关的制度设置,如地方自治、预备国会、司法独立、变法修律等。但因限于"中体西用"这个框架和难以理顺的晚清矛盾之网,包括满汉矛盾、中央集权与地方坐大矛盾、财政矛盾等,革命运动遂成为不可避免之事。革命运动突破了"中体西用"的范畴,随着辛亥革命的成功,亚洲第一个共和国得以建立,具有宪法性质的《中华民国临时约法》和《中华民国约法》正式颁布,西方近代国家的一系列主要制度框架基本上得到移植,如以三权分立为核心的共和宪政,以及自由、平等、博爱写入了宪法条文,自由发展的经济政策、新闻言论自由等社会文化政策也逐步有了成文法律的保障。这是近代中国学习西方的第二个阶段——制度阶段。

民国成立之后,虽然从文本上学习了西方的制度文明,但国家依然一片黑暗,其黑暗程度和晚清相比,似乎是有过之而无不及。尽管袁世凯和宣统的先后复辟这类明目张胆的反动事件旋起旋灭,但专制的阴影依旧笼罩在中国上空,军阀混战不休,国家依旧贫穷衰弱,人民更是痛苦万分。国人学习西方制度文明所孜孜追求的国家富强、人民自由民主等目标在民初乱局中看不到希望。当此之时,先进的中国人又开始反思之前学习西方究竟出现了什么问题。经过求索,发现这一切的根源在于西方的器物、制度原非孤立,乃西

---

① "国家有事,下之议院,众以为可行则行,不可则止,统领但总其大成而已,此民主也。朝廷有兵刑礼乐赏罚诸大政,必集众于上下议院,君可而民否,不能行,民可而君否,亦不能行也,必君民意见相同,而后可以颁之于远近。此君民共主也。"王韬:《弢园文录外编》,上海书店出版社2002年版,第18—19页。

方整个文化系统中的一部分,绝非单独学习其某个部分可以奏效,因此,不学习西方则已,要学习就要学习西方的整个文化。1919年陈独秀在《新青年》创刊号上提出了"德先生"和"赛先生"的口号,即科学和民主,倡导科学精神和个人主义,否定传统道德权威。从美国归国的胡适更提出了文学革命的口号,主张以白话文代替文言文,并以其实用主义的哲学主张来评估传统中国的一切。此后,中国人学习西方,不管是主张全盘西化、儒学复兴,还是选择欧美民主宪政之路、用马克思主义改造中国,都不同程度地触及了中西文化的深层问题。这是近代中国人学习西方的第三个阶段——文化阶段。

第二节 中国近代法律思想发展之脉络

一、近代早期西方法的输入

在鸦片战争之前,因清政府奉行闭关自守政策,外国人对中国的了解一般是通过与东南亚等地华人的间接交流、西方学者在其著作中对中国的介绍和想象以及在广州的外国商人一知半解而获得的,因此多流于表面和零碎,既非深刻也谈不上系统。如19世纪一位外国人在观察了中国的司法审判过程之后,反倒认为连传统中国人多加诟病的刑讯都有其合理性:"在一个把起誓当作毫无价值的东西的国度里——许多人可以花十美分就找到为自己作伪证的人,只要你有钱,除了用刑别无他法弄清事实真相。过程无疑残酷异常,但它能保证后果。"此书作者介绍了一位在印度办案的英国绅士证明在适当场景运用刑讯的作用:"摆在他(英国绅士)面前的诸多案件使他确信证人是在撒谎,但却无能为力,无法验证。其实只要稍用拶指,抑或是一顿鞭打,便能真相大白。"[①]

清政府处理涉外案件遵循的是"凡化外(来降)人犯罪者,并依律拟断",即强调司法主权的原则。[②] 清朝廷对"细故"案件(按照外国人的说法,大致为民事诉讼案件)的处理,没有引起较严重的中外交涉问题。因为中外经济纠纷的主动权在清政府闭关锁国的情况下完全握在十三行手中,案件容易得到解决;且外人之间的商务纠纷,一向不告诉中国官府,而是通过调解方式来解决。在命盗重案,也就是外国人所说的刑事控诉案件中,中外之间产生了比较严重的分歧。

我们知道,在海上航行的时间通常都很长,因此对于水手们来说,能登岸休假是加倍甜蜜的事,岸上很多东西对水手们来说都是极大的诱惑,因此容易发生刑事案件。对于这些刑事案件,清政府是一种什么样的态度呢?这主要涉及一个管辖权的问题。

根据资料显示,清政府一直牢牢地把管辖权抓在自己手里。在澳门,中国人很早就采取各种步骤将刑事案件管辖权保留在自己手中,就是欧洲人之间的凶杀事件,也不允许葡萄牙人行使法权。当然不管是在省城广州附近的地方,还是外国人停靠在中国港口的商

---

① Field, Henry M., *From Egypt to Japan*(sixteen edition), New York, 1890, pp.379—380.
② 该条文原袭唐律,直接来自明律。参见吴坛:《大清律例通考》,中国政法大学出版社1992年版,第295—296页。

船,清政府都要坚持这种管辖权。比如1754年,英法两国的海员在一次争斗中,一英国人被法国人杀死。中国官员为此案举行过一次审讯,两广总督根据英国人的申诉,以停止对法贸易相要挟,逼使法国人交出凶手,犯人在次年大赦时被赦免。1773年,澳门有一个中国人丧命,一名叫斯考特的英国人被指控为杀人犯。该犯已被葡萄牙法庭审理并宣判无罪。但中国官府要求交给其审理,最终该案由中国官府重审,斯考特将被处死。1780年发生了一起法籍海员杀死葡萄牙人的案件,罪犯逃到法国领事馆躲避,在中国官府要求下,犯人最后被交给中国,最后由广东巡抚审理判处死刑。据此,一个英国历史学家认为"这是一个欧洲人在中国杀死另外一个欧洲人而被处死刑的第一个事例,并且也被认为造成了一个危险的先例"。

道光元年(1821)美船急庇仑号水手以瓦罐投向兜卖水果的中国妇女,致使其落水淹死。广州官府命令美方交出凶手。因美方拒绝,清朝廷遂停止中美贸易。后经同意在船上进行审判。这次审判由番禺县令主持,该县令听取了原告方面的证据,而不准对这种证据予以翻译,也不准被告方提供证明或申辩就宣判了罪状。在这样"一种笑话式的审讯和滑稽式的裁判"之后,被告便被船上的官员加以锁铐,但尚未交出。贸易仍旧被停止着,美国商人们大感苦恼。在一个星期后,美国遂被迫交出凶手,押解赴省,由广州府举行第二次审讯。在这次审判中没有一个非中国人在场,判处罪犯死刑,罪犯最终被押赴刑场绞决。两广总督为此还传谕美国大班说:"当知天朝法度尊严,该夷人即赴内地贸易,自应安静守法。该大班及船主务须时时戒饬船内水稍人等,毋许滋事逞凶。设已酿成事端,该大班即应查明肇衅生事之人,立即指名交出,听候地方官查审究办,切勿徇庇诿延,自取重咎,以副天朝恩溥怀柔之至意。"事后美国宣布了他们对于该案的立场:"当我们在你们的领海内,我们理应服从你们的法律;即使他们永远是这样的不公正,我们也不能反对他们。"

是什么使得外国人认为清政府的法律不公正呢?难道是清政府偏袒本国人吗?是刑罚的残酷性吗?是刑讯的广泛存在吗?似乎不尽然。确实,在心理上,清政府认为本国人是文明人,不能和夷狄等量齐观。比如说苏东坡在《王者不治夷狄论》中即基于此种思想指出:"夷狄不可以中国之治治也,譬若禽兽然,求其大治,必至于大乱。先王知其然,是故以不治治之。治之以不治者,乃所以深治之也。"这种对外国人的优越感,同时也表现为对自己作为文明人的高标准严要求。反映在涉外案件上,诚如外国观察者所言:"中国人并不希望在他们本国人犯罪的时候庇护他们……这一种说法,不仅在控诉中国人的案件中证明是真实的,就在中国人控诉外国水手们的时候,也是同样的真实。"①说到刑罚的残酷,在同一时期,按照英国的法律,盗窃超过价值十二便士的东西,都要判处死刑;同时,杀人未遂或者意图杀害而露面并扳动实弹的枪械,也是一种可以处死的重罪;直到1861年,意图杀人但结果仅使人身体受伤的,才从死罪名单中剔除。故刑罚的残酷也不是外国人认为不公的原因。在英国,刑讯在很长一段时期内被认为是一种旨在保护犯人的目的而

---

① 参见〔美〕马士:《中华帝国对外关系史》(第一卷),张汇文等译,上海书店出版社2000年版,第116—127页。

存在的。虽然到17世纪后半期英国已经废止了刑讯的实施,但作为一种思想,用刑讯迫使犯人招供的正当性一直存在。直到1827年,长期作为一种罪状的"拒不招供"因为人道主义思想的影响才被改为无罪推定。那让外国人感到不公正的原因究竟何在呢? 从外国人的直接表示看,那就是要有一个建立在正当程序基础上的公正审判。比如说控告必须有确定的证据和个人;审判时要听取两造的证据,允许辩护等。深层原因是中国和西方在法律价值观念与适用方面的差异。

导致鸦片战争在法律上产生分歧的重要原因是林则徐下令围禁商馆、勒令具结及因林维喜案禁止供给英人柴米食物等几件事。英国人对于这几件事,都认为是强暴非法的行为,而林则徐及当时的中国人都认为这是合理合法的。为什么呢? 英国人认为法律与命令当有分界,政府随便的一个命令,不能立刻构成新的罪名;法律责任只限于当事者,不能随便加诸当事者以外的人;构成法律责任的事实,当具有充分的证据,不能专凭一面之词就随便剥夺人的人身自由权或危及其生命。按照这个观念来判断林则徐的行为,无处不觉其强暴非法。勒令外国人"货尽没官,人即正法"的甘结,是随便可以入人以罪;围禁商馆断绝供应,是不待事实明确,随便将法律责任加诸所有的外国人,无故剥夺外国人的人身自由甚至危及其生命,因此这些行为都不合法。但在中国政体之下,皇帝的谕旨可以构成新法律,可以变更旧法律;官厅的命令行为,有皇帝谕旨的明示许可或默许,也可以成为法律,所以作为钦差大臣的林则徐的命令就是当然的法律。关于法律责任问题,传统中国虽有"一人犯法一人当"的俗语,但在法律习惯上,所谓"连坐"的范围,往往漫无限制,一人犯事连累一家,一家犯事连累一村、一族,找不到犯人责成地保。皇帝的谕旨既然认定贩卖鸦片为犯罪,那么在这种连带观念下让所有有贩卖鸦片嫌疑的英国人统统具结又怎么算违法呢? 义律是英国人头目,对贩卖鸦片尤应负责。在传统中国处理外事方面,中国商人如果拖欠外人的债务,曾由中国政府代为偿还,中国当局对于自己商人的行为都负责,你英国人何能例外? 所以将义律也围困在商馆,直到全部交出鸦片方准离开又有什么不合法的呢?① 双方观念上的差异无法通过和平的说服,只有在战场上一决高下了。鸦片战争以后,与传统中国法观念和制度迥异的西方法文化突破了政府闭关锁国的禁令而逐渐开始传播。近代中国西方法文化的传播主体既包括来华的外国人,也包括中国人自身,两者相辅相成,共同推进了西方法在近代中国的传播。

介绍西方法到中国的来华外国人主要有充当近代中国政府顾问的外国人、来华传教士等。他们把西方的法思想和制度作为一种文明来传播,是一种在使命感影响下的"传法"行动。来华传教士主要是为了把上帝的福音传播到近代中国,这些传教士大多在母国受到了一定的教育,对于母国的政治法律制度具备一定的知识,在传教的过程中,也顺带把西方法律制度和思想有意无意当作上帝的福音传播到近代中国。

租界的建立,对于传播西方政治法律制度也产生了较大的作用。租界虽然是列强侵略近代中国的产物,是对中国主权的公然侵犯,但在租界内部,却建立了一套完全从其母

---

① 参见李剑农:《中国近百年政治史》,复旦大学出版社2002年版,第48—50页。

国移植过来的政治制度,实行立法、行政、司法相对独立的政治体制,进行租界的治理工作。在上海的公共租界,纳税人会议近似于议会,凡居住在租界内,缴纳一定税额的外国人都是其会员,凡租界的预算、决算都由该会议决,还可以监督工部局的行政工作。工部局实行董事制,其董事都由选举产生,且有一定的任期。其司法由会审公堂以及后来的领事法庭负责。上述各机构都实行会议制,较好地贯彻了少数服从多数的民主原则,这与传统中国的专制制度迥然不同。[①] 就法律方面而言,租界一系列法令的颁布和会审公堂对案件的管辖和审理,给那些出入租界的中国人以实际经验展现出一个全新的法律制度体系及其运作。《申报》还定期报道会审公廨的情况,有助于国人了解西方的司法和法律制度。来华外国人对西方法律的介绍以及外国司法和法律制度在中国境内租界的实际运作,对于西方法律文明的传播,激发近代中国人的变法意识起到了极大的作用。

虽然中国一直有人对传统法律体系进行批评,但近代以前,它们都是一种体制内对枝节的批评,希望在既有的法——《大清律例》和固有的司法官员之间寻求一更佳结合点,使具体案件的处理尽可能地与天理、人情和国法三者相符合。早期的思想家,如魏源、龚自珍等对传统司法的批判就属于此范畴。随着因战争失利而导致的被动开放,西方文明以租界为中心,逐渐影响到沿海地区,中国思想界因新参照物出现而发生了巨大的变化。

他们首先通过阅读外国人的法学译著来了解西方,但这仅仅是抽象的纸上谈兵,尽管对中国人的影响也很大。直观的感性认识,在19世纪90年代,则经由清朝使节们的记载传入国内。尽管这些外交使节思想新旧参差不齐,但耳濡目染大千世界中的形形色色,他们之中的开明者终于得出"今之立国,不能不讲西法"[②]的结论。在观察西方法制之后,看到西方各国"无不法良意美,绰有三代以前遗风"[③],为随后近代法律思想的革新、制度层面上的变法提供了第一手材料。以上所举,乃近代早期的中国主动认识西方法的大致情形。[④]

二、近代转型的中心任务——宪政和法治

自鸦片战争之后,中国开始不可避免地正面遭遇西方。西方不同于传统夷狄,不只是一时的武力优势,其背后有一套足以对以儒学为主导的文化传统构成巨大威胁的文化体系。面对此种"危局"和"变局",越来越多的人逐渐意识到学习西方的必要。对西方的不同认识决定了学习的具体内容。近代中国对西方的学习和借鉴,随着对西方认识的加深,大致经历了三个阶段,即从器物到制度,最后深入到整个文化领域。对西方文化的学习和借鉴,使得传统社会必然发生从量到质的变化,从而开始了自春秋战国以后的又一次社会大转型。

---

① 参见吴士英:《论租界对近代中国社会的复杂影响》,载《文史哲》1998年第5期。
② 薛福成:《出使英法义比四国日记》,岳麓书社1985年版,第231页。
③ 马忠文等编:《中国近代思想家文库·薛福成卷》,中国人民大学出版社2014年版,第384页。
④ 关于以驻外使节为主的近代先进中国人对包括西法在内的西方世界的认识,有兴趣的读者可以参见钟叔河:《从东方到西方——走向世界丛书叙论集》,岳麓书社2002年版。

这次社会大转型,是中华民族从传统向近现代的转变。这一社会转型过程,其目标就是要建设一近代国家,"所谓近代国家,就是一个民主国家,对内工商业发达,注意科学研究,乃至于军备充实;对外维持其主权独立,领土之完整,且能与各大国相周旋;至于政府机构方面,一定有内阁、议会以及选举制度。这都是现代国家的特色,亦即近代国家应具备的种种特点"①。在所有这些特点当中,近代国家的基础在立宪政治,将确立宪政和法治原则作为目标。

徵诸中国近代史,尽管思想家们将"立宪"作为政纲正式登上政治前台始于19世纪末的戊戌维新前后,但早在近代社会开端之初,即有思想家开始向国人介绍来自西方的宪政思潮和学说。魏源在《海国图志》中评介了西方的法律制度,直接论述了美国的政制;梁廷枏在《海国四说》中直接介绍了美国的宪政制度。②郑观应在介绍了西方议会制度之后,为当时中国开了君主立宪的良方,认为在君主之国,设立议院,可以"集众思,广众益,用人行政,一秉至公,法诚良意诚美矣",而且可使君民相通,改变君主制下君民之间的隔阂情形。③到戊戌维新,维新派的变法纲领就是君主立宪。及至戊戌之后,因国内外形势所致,立宪为大势所趋,朝野皆以"宪政"相号召。以康有为、梁启超为首的改良派主张君主立宪,以孙中山、章太炎为代表的革命派则以共和宪政相号召,双方各自创办宣传报刊,撰文宣传自己的宪政主张,形成了持续数年之久的论战。清朝廷受内忧外患的困扰,因日俄战争的刺激,将宪政作为"新政"的目标,并确立了预备立宪的具体计划。在此期间,清政府成立了宪政编查馆、组建了中国最早的国会和地方议会预备机关——资政院和咨议局、颁布了中国最早的宪法性文件——《钦定宪法大纲》和《十九信条》。到辛亥革命之后,君主专制政体宣告终结,建设共和宪政成为以后新政府的首要目标,自《临时约法》以降,近代中国宪法和宪法性文件为数众多,如果包括各类宪法草案、地方宪法,其数量更不知凡几。就在设计、制定和研究这些宪法性文本的工作当中,不知耗费了近代知识分子、思想家们多少脑力和心力。

可是,尽管近代思想家们将宪政视为转型期的中心问题,为此劳神费力,产生了数量庞大、品质优良的宪法文本,但宪政道路却十分崎岖,真正的宪政也始终没能实现,个中原因耐人寻味。

何谓"宪政"?不可否认,宪政及其相关制度是西方的舶来品。在西方历史上,尽管宪政在其实践过程中有诸多变化,学者们的认识也存在不同程度的分歧,但宪政仍有着亘古不变的核心本质,即它是对政府的法律限制,是专制的对立面;其反面是专断,是恣意统治。简言之,即实现宪政需要励行法治。

为什么实现宪政需要励行法治?因为只有在法治之下,才能限制政府的权力。为什么要限制政府的权力?因为人与人生而平等,不管是帝王将相还是贩夫走卒,都有一些不可抛弃的权利。这些权利被西方启蒙思想家称为"天赋人权",包括人身、言论、信仰、集会

---

① 张君劢:《宪政之道》,清华大学出版社2006年版,第136页。
② 梁廷枏:《海国四说》,中华书局1993年版,第72—81页。
③ 参见郑观应:《盛世危言》,中州古籍出版社1998年版,第95—97页。

结社等自由。政府设立的目的,就是要保护国民的这些权利。如果政府权力无限,加以它所能调动的巨大社会资源,国民的权利则时刻处于危险之中。因此,就有了一系列的制度设计,如权力分立与制衡、司法独立、地方自治等,来防止政府的专权,从而达到保障国民权利的目的。所以在宪法中,在揭示国民的权利之后,一定要把上述制度规定进去,作为政府和国民共同遵守的首要准则。

什么是法治?虽然中国传统语汇中也有法治一词,但近代意义上为实行宪政所必需的法治则来自西方,最典型的表述是"rule of law",其最简单也是最权威的解释莫过于亚里士多德所下的定义:"法治应包含两重意义:成立的法律获得普遍的服从,而大家所服从的法律又应该是本身制定得良好的法律。"[①]要想获得"良法",就必须有国民的参与,也就是国民要享有基本权利。所以,"法治"是以权利为前提的。

"权利"一词是西方法学、尤其是私法的根本。中国古代虽有"权利"的用法,但其意义与近代西方法学中的"权利"存在着相当大的差异。在中国古代,"权利"意指"权"和"利",即"权势"和"货财"。美国传教士丁韪良在1864年翻译的《万国公法》中出现了近代意义上的"权利"一词。稍后出版的《公法便览》对"权利"语词进行了较为准确的阐释。但自《公法便览》刊行到19世纪结束的近30年间,"权利"一词备受冷遇,未能流传开来。到20世纪初,"权利"一词从日本经学人广为宣传,得以广为接受,才成为中国近代法学的核心语词。[②]

"权利"虽然在世纪之初广为流传,但出于种种原因而导致对"权利"的误解则更不可胜计。比如作为近代著名的思想家和领袖的孙中山,在三民主义演讲中所提到的"革命人权",认为只有参加革命方享有人权,不参加革命的人则不享有人权,便是对"人权"的误解。因为人权是凡称为人皆应享有的同样权利,而不是为某些阶级、阶层所独享的"特权"。[③] 受过西学系统训练,圣哲如中山先生,此种误解尚不能免,更何况那些普通民众、乃至等而下之的军阀官僚!作为宪政灵魂、法治基础的"权利"难免被误解,那国人对宪政和法治的解读更可以想见。

虽然在近代中国,宪政和法治成为国人致力的目标,但在理论上它们更多地被视为与坚船利炮同一层面上的富国强兵之具。虽然从长远来看,宪政和法治的确可以强国,但在深重的民族危机之前,国人多有"俟河之清,人寿几何"的焦虑,当他们发现有更直截了当的手段可以达致富国强兵的目的,宪政和法治的命运也就可想而知了。尚不止此,近代中国多数当政者都在"玩宪法"、抓权力。所谓"玩宪法",就是表面上颁布宪法,借施行宪政为口号以争取民心、宣示其政权的合法性,而实际上并不将宪法施行,甚至采取各种措施阻碍宪法得以落实。政治家、政客为个人权力,玩宪法、宪政,炒宪法、宪政,并通过玩、炒宪法、宪政,实现集中权力的目的。当政者这种以"施行宪政"之名,行"玩弄宪法"之实的

---

① 〔古希腊〕亚里士多德:《政治学》,吴寿彭译,商务印书馆1965年版,第199页。
② 李贵连:《话说"权利"》,载北大法律评论编委会编:《北大法律评论》(第1卷第1辑),法律出版社1998年版,第115—129页。
③ 参考张君劢:《宪政之道》,清华大学出版社2006年版,第155—156页。

做法,对中国近代社会的健康发展产生了极其恶劣的影响:宪政也好、宪法也好、法治也好,统统成为他们推行专制野蛮统治的冠冕堂皇的外衣。宪政的精神内核——用法治以保障公民的自由和权利——荡然无存。

尽管近代中国的宪政和法治未能健康发展,但思想家们对近代中国转型的思考基本上都是围绕着这个中心话题在贡献自己的心力和脑力。所以,要理解近代中国的法律思想及其演变历程,一定要建立在对这个中心话题的把握和理解的基础之上。只有准确把握和理解了这个中心,才能明了这些政治法律思想家们的思想渊源和思想内容及其影响,进而作出较为合乎客观实际的评判。

三、中国近代法律思想演变综述

由于传统中国法律思想历史悠久,且能独立自成一系统,"所以在欧美帝国主义未东来以前,确能支配朝鲜、日本、琉球、安南等东亚各国的司法界"[①]。但自鸦片战争以来,因为西方列强的到来,传统中国法思想在西方法文化的冲击下,逐渐动摇。近代中国法律思想家在这种大形势之下,也在积极应对变局,力图融合中西,构思一套能适应于近代中国转型、围绕宪政和法治建设的法思想体系。

早在第一次鸦片战争结束之后不久,一些早期改革派,以龚自珍、魏源、梁廷枏、徐继畬为代表,即开始主张学习西方的政治法律制度,并对传统中国法制和法思想进行了批判,对思想界产生了一定的影响。如魏源在钻研经世之学的基础上,面对变局,提出了"师夷长技"的变法主张,并以赞赏的语调描述了一些西方的政治法律制度。如在美国的议会民主下:"议事听讼,选官举贤,皆自下始,众可可之,众否否之;众好好之,众恶恶之;三占从二,舍独徇同。即在下议之人,亦先由公举,可不谓周乎。"在司法方面,"主谳狱"的刑官亦以"推选补充",有"偏私不公者",则"众废之"[②]。虽然他是以中国传统观念来解读西方政法制度,但无疑对近代中国开始接触和了解西方政治法律制度起到了引导作用,给沉寂的中国法律思想界吹进了一阵清新之风,在中国政治法律思想史上具有划时代的意义。

在清王朝内忧外患日趋严重的情况下,出现了一批以"变法自强"为号召的洋务派。张之洞的法律思想最具代表性,其变法的纲领即是"中体西用"。所谓"中体西用",简言之即是在新形势下以学习、引进"西艺"和"西政"为手段来为"中体"的纲常名教服务。在这里,西方法律思想、制度被当作形而下的"用",而不具有自身独立的价值,但不可否认,他的主张实际上已为引进西法和西学打开了一道旁门。

随着西方法律思想和制度被介绍到近代中国,在民族危机加深的背景下,以康有为、梁启超、谭嗣同和严复等人为代表的改良派,更热衷于向西方学习,以西学中建立在三权分立学说之上的宪政思想为主要武器,吸取黄宗羲等人的启蒙思想,以托古改制的名义,

---

① 杨鸿烈:《中国法律思想史》(下册),商务印书馆1998年版,第300页。
② 《海国图志》卷五十九《外大西洋墨利坚加州总叙》。

主张变法维新,要求设议院、开国会、定宪法,实行君主立宪。严复更向国人进行了西方宪政思想的核心价值自由、民主和法治观念的启蒙,提出了"以自由为体、民主为用"的思想命题。

在庚子国变之后,清朝廷迫于严峻的国内外形势,不断下诏"变法"和"预备立宪",并于 1902 年以"中外通行"为宗旨,着手修订法律。清廷以对中西法律和法学皆有深厚造诣的沈家本和对英美法素有研究的伍廷芳为修律大臣,在他们的主持下,制定了《刑事民事诉讼法》《大清新刑律》《大清民律草案》等一系列新法律,但遭到了以张之洞、劳乃宣为首的礼教派的猛烈抨击,由此爆发了长达数年之久的礼法之争。这次礼法之争不同于传统社会的法律争议,其实质是建设中国近代法律体系是以中国传统法律及其礼教为主体还是以西法及其背后的宪政与法治为根本的争议。通过这次大规模的争议,稳定异常的中国传统法律思想终因西法的输入而在一定程度上被突破。

以孙中山为代表的革命派,在法国大革命所倡导的"自由""平等""博爱"和美国共和宪政思想的影响下,将西方的法治与民主和中国固有的"天下为公"大同思想、"民为邦本"的重民思想结合起来,提出了"三民主义""五权宪法"的建国方略,主张实行"主权在民"的法治学说。革命派的另一代表章太炎在接受西方宪政和法治学说的同时,凭借其对中国古典学术的深厚造诣,在结合中西的基础上,提出建立一个"既反专制又反代议制"的独特共和国方案,在这个共和国里,需要"分四权"和"置四法",在三权分立之外,让教育权独立,贯彻"损上益下"确保实质公平的立法原则。尽管他们的这些设想存在或多或少的难题,但他们将西方的宪政和法治学说与中国的固有国情进行结合,力图有所创造,以解决近代中国转型的大问题。这种自觉意识则是近代中国法律思想在西方的刺激之下逐渐走向深邃的重要表现。

综上所述,近代中国的法律思想就是那些先进的中国人为应对西方、西学和西法的全新"变局"而进行法律层面思考的结晶。随着对西方了解的加深,西学和西法传播的广泛和深入,这些思想家们从朦胧意识开始,逐渐主动寻求并紧紧抓住西学和西法中"宪政"和"法治"这两个紧密联系的中心话题,进而围绕这个中心来推动制度层面上的变革和法思想体系上的建设。这是近代中国法律思想演进的重要内在逻辑。

思考题:
1. 西方法律文化与近代中国法律思想转型之间是什么关系?
2. 近代中国法律思想演变的特征是什么?
3. 为什么近代中国的宪政和法治道路异常曲折?跟法律人的学养有什么关系?

第十章 洋务派的法律思想

从1861年总理衙门成立到1895年中日战争,这段时间可算是我国近代化运动的第一阶段。这一阶段的主题是"洋务",其领导人就被称为"洋务派"。① 总结两次鸦片战争失败的教训、吸取成功平定以太平天国为主的内乱经验,一部分士大夫认识到西方文化表现在船坚炮利上面的较大实用价值,上自恭亲王奕䜣,下及各地湘淮军出身的督抚,竞谈"洋务",以筑路、开矿、办厂、建军、办同文馆、游学为主要内容,力图推进中国的近代化。尽管阻力重重,但由于洋务派诸人的努力,其"自强"运动还是进行得有声有色。

在第一次鸦片战争期间,魏源等主张学习西方军事技术的先进人物,提出"师夷之长技以制夷"的口号。他们可以称之为洋务运动的先驱,洋务思想的酝酿者。但是,魏源等人提出的这一严峻的历史新课题,在以后的近二十年中没有得到社会的认同。直至第二次鸦片战争之后,这一主张才重新被人们所认识,并逐渐演变成为洋务思潮。洋务派的代表人物,在中央有奕䜣、文祥等显赫的清朝贵族,在地方则有曾国藩、李鸿章、左宗棠、刘坤一、张之洞等一批掌握军政实权的总督巡抚。他们以"自强""求富"相号召,在三十年左右的时间里,兴办新式工业,翻译西方书籍,讲求国际公法。他们推行洋务的指导思想可概括为"中体西用"。

第一节 洋务派及其"中体西用"思想

在甲午战前,洋务派要面对守旧派的攻击。② 在当时,顽固守旧是一种社会普遍现象,作为新政的洋务自然遭到反对。问题在于顽固派抱着固守祖宗成宪的金字招牌,且与民族主义、爱国之情联系在一起,不合理的东西在合理的外表下被重新包装,成为"清流"、成为"公议",洋务运动阻力重重。

---

① "洋务",又称"时务"。"洋务"一词,较早见于道光十九年六月(1839年7月)清朝江南道监察御史骆秉章的奏折。在这个奏折中,明确出现"洋务"一词。这不是简单的字句变化,而是一种观念更新。在此之前,"洋务"被称为"夷务",在此之后,"洋务""夷务"在官方和民间叙述中交互并用,到19世纪七八十年代,"夷务"渐被"洋务"替代。"洋务"是19世纪后半叶中国人对外洋事务的概称。其主旨则为办理与外洋国家的交涉事务,"制洋器""采西学",学习西方军用民用工业技术和声光化电等学问。在西方列强侵入中国以后,办理"洋务"成了清王朝当务之急,因此,有人又称之为"时务"。

② 如倭仁在反对同文馆招收科举正途仕人学习天算之时所说:"立国之道,尚礼义不尚权谋;根本之因,在人心不在技艺。"山东道监察御史张盛藻也批评:"朝廷命官必用科甲正途者,为其读孔孟之书,学尧舜之道,明体达用,规模宏远也,何必令其学为机巧,专明制造轮船、洋枪之理乎?"(《中国近代史资料丛刊·洋务运动》(二),上海人民出版社1961年版,第29页。)据记载,当时有这样一副骂郭嵩焘的对联:"出乎其类,拔乎其萃,不容于尧舜之世;未能事人,焉能事鬼,何必去父母之邦。"(王闿运:《湘绮楼日记》,岳麓书社1997年版,"光绪三年八月三日"。)湖南乡试诸生公开集议,欲捣毁其祖茔。1891年,郭嵩焘病逝,李鸿章奏请予谥,奉旨:郭嵩焘出使西洋,所著书籍,颇滋物议。所请着不准行。其死后9年发生拳乱,还有京官上疏,"请戮郭嵩焘、丁日昌之尸以谢天下"。当时舆论由此可见一斑。

既然守旧派认为洋务派之所作所为是"以夷变夏"的"谬论",而坚持将之反对到底,洋务派也要证明自己所作所为的正确性,于是针锋相对,提出了"中体西用"的治国理论方略。早在1861年,因出入"夷场"而早识时务的冯桂芬在《校邠庐抗议》中即指出"以中国之伦常名教为原本,辅以诸国富强之术",稍后,身处中西变局之中的李鸿章、郭嵩焘、薛福成等以类似的言词反复表述了这个见解。1894年沈秉成在《万国公报》第75期上发表了一篇名为《匡时策》的文章,提出:"中西学问,本自互有得失,为华人计,宜以中学为体,西学为用。"此后,"中体西用"被广泛使用,成为流行语汇。张之洞在1898年撰成的《劝学篇》中,对"中体西用"思想作了全面系统的概括和总结。其核心思想是中国以纲常名教为核心的经世大法无不毕具,但应取西人制造之长以补我不足。

这个命题包含"中西""体用"两对范畴。这是在西方资本主义东来,中学遭受猛烈冲击,"采西学""制洋器"已无可回避的形势下,一部分中国人作出的回应。在洋务运动中,它逐渐成为洋务派调和中西矛盾的武器,是洋务运动的指导思想。

甲午战争后,"中体西用"逐渐流行开来,接受的人越来越多,但时间不长,人们开始扬弃它,代之以"变法改制"。因为"中体"和"西用"不会互不侵犯。换句话说,从本来意义上讲,"中体"应是对"西用"的限制,但"西用"既借"中体"为入门之阶,便会按照自身的要求发生影响,虽然有人想把它限制在既定的范围,这实际上难以如愿。人们慢慢发现,西学不仅可以作"用",而且可以充当"体"。也就是说,"西体西用"也是可以的,而且还可能比"中体西用"更好。由此,我国的近代化历程步入了"变法改制"这个政治体制改革阶段,也就是整个近代化过程的第二阶段。

"中体西用"是洋务派的思想体系,洋务派的法律思想当然是这一思想体系的一部分。整个洋务派的法意识、法思想,基本上仍是传统的旧法意识、旧法思想,只不过他们在维护以传统纲常名教为核心的旧法规范的同时,还主张适应时势的发展,采用某些西方新法以补充传统旧法,以便更好地维护君主专制制度。

第二节 张之洞的法律思想

洋务派代表人物曾国藩、左宗棠、奕䜣、李鸿章、刘坤一等于19—20世纪之交前后即故去,没能赶上20世纪初年的法律改革,其法律思想没有在争议中充分展现出来。张之洞是最后一个洋务派领袖,他在20世纪初年法律改革中的识见,集中代表了他的先辈和同辈的思想,因而是洋务派中在法律问题上最有代表性的人物。

张之洞(1837—1909),字孝达,号香涛,直隶南皮人。同治二年(1863)进士,殿试对策,获第一甲第三名(俗称"探花"),授翰林院编修。历任湖北、四川学政,提倡经史实学。自光绪七年(1881)任山西巡抚开始,历任两广、湖广、两江总督等封疆大吏垂三十年,由清流翰林一变而为洋务派,京汉铁路、萍乡煤矿、汉阳铁厂等知名洋务企业均为其主持开办。19世纪90年代初,他已成为地位仅次于李鸿章的洋务派首领,是清末举足轻重的封疆大吏。光绪末年任军机大臣、体仁阁大学士。慈禧与光绪死后,他以顾命重臣晋太子太保,死后被清廷谥为"文襄"。史称他"学兼汉宋,汉学师其翔实而遗其细碎,宋学师其严谨而戒其空疏""生平讲学最恶公羊,谓为乱臣贼子之资"①。

对张之洞的一生品评,梁启超在张氏死后不久撰写的《张文襄公事略》中便有概括:"10年前之谈新政者,孰不曰张公之洞,张公之洞哉?近年来之旧守见,又孰不曰张公之洞,张公之洞哉?以一人而得新旧之名,不可谓非中国之人望矣。"洋务时期的张之洞,与当时之官僚统治集团顽固派相较,确可标之为"新"。迨至戊戌,特别是辛丑以后,则确乎"旧"矣。但是,就坚持君主专制,维护纲常名教而言,"新""旧"张之洞毫无二致。

张之洞作为近代思想史上一个重要人物,其代表性著作主要有:

一是《书目答问》。这是张之洞任四川学政期间为了指导诸生读书治学而撰写的一部目录书。它以经世致用为依归,详列了书院生员应读之书两千余部,既指示了学术门径,又总结了学术发展之大概。它自问世一个世纪以来产生了广泛的学术影响。许多近现代的著名学者在治学初期,从《书目答问》中获得教益而走上学问之路。如鲁迅曾回忆"我以为倘要弄旧的呢,倒不如姑且靠着张之洞的《书目答问》去摸门径去"②。梁启超曾回忆:"启超本乡人,憒不知学,年十一,游坊间,得张南皮师《輶轩语》《书目答问》,归而读之,始知天地间有所谓学问者。"③

二是被誉为"中体西用的强国策"的《劝学篇》。这本书是张之洞写于1898年4月、发表于同年5月的一本很重要的小册子。该书共4万多字,分为内篇和外篇两大部分。"《内篇》务本,以正人心;《外篇》务通,以开风气。"内篇9部分,外篇15部分,共24部分。全书以中体西用为线索,广涉诸多领域,系统阐述了张之洞学术和政治理论,构筑了一个较完整的思想体系。张之洞写作该书的缘起,在该书序言中说得很明白,曰:"今日之世变,岂特春秋所未有,抑秦汉以至元明所未有也……于是图救时者言新学,虑害道者守旧学,莫衷其一。旧者因噎而废食,新者歧多而亡羊。旧者不知通,新者不知本。不知通则无应敌制变之术,不知本则有菲薄名教之心。夫如是,则旧者愈病新,新者愈厌旧,交相为瘉……学者摇摇,中无所主,邪说暴行,横被天下。敌既至,无以战;敌未至,无以安。吾恐中国之祸,不在四海之外,而在九州之内矣。窃惟古来世运之明晦,人才之盛衰,其表在政,其里在学。"故有《劝学篇》之作。该书刊行,立即产生了广泛影响。先是其门生黄绍箕进呈,光绪帝认为其"持论平正通达,于学术人心大有裨益",谕令广为刊布。该书很快风行海内,印数不下200万册。1900年美国纽约出版英译本,将该书改名为《中国唯一的希望》,该版本于1909年被译为法文出版。针对其思想,也有人进行了反驳,影响较大的有何启、胡礼垣于1899年写的《〈劝学篇〉书后》,二人认为其"不特无益于时,然且大累于世"。

三是《江楚会奏变法三折》。1901年1月29日,清朝廷因庚子国变大受刺激,下达了推行新政的上谕,要求内而六部九卿、外而督抚大臣条陈变法事宜。经过将近8个月的反

---

① 《张文襄公全集·卷首》,中国书店1990年影印本。关于张之洞的著述,现有赵德馨主编的《张之洞全集》12册(武汉出版社2008年版)。
② 《读书杂谈》,载鲁迅:《鲁迅全集》(第三卷),人民文学出版社1981年版,第428—429页。
③ 《变法通议·论幼学》,载梁启超:《饮冰室合集》(第一册),中华书局1989年版,第55页。

复磋商,由张之洞主稿,以刘坤一、张之洞领衔发出了该折。9月朝廷下发旨意:"刘坤一、张之洞会奏整顿中法、仿行西法各条,事多可行;即当按照所陈,随时设法择要举办。各省疆吏,亦应一律通筹,切实举行。"①朝廷批准该折,在西方列强面前树立了一个维新政府的印象,这实际上也是清廷就如何变法的一个总结。所谓三折,实际包括三折一片:《变通政治人才为先遵旨筹议折》《遵旨筹议变法谨拟整顿中法十二条折》《遵旨筹议变法谨拟采用西法十一条折》《请专筹巨款举行要政片》。第一折注重教育改革,以"兴学育才"为变革政治的先决条件,第二折重在除旧弊,第三折重在行新法。附片是劝说清朝廷排除阻力为新政筹款。该折既是张之洞法律思想的直接集中反映,又是晚清十年新政的一个纲领性文件,具有重要的意义。

下面以这些重要文本为据来论述张之洞的法律思想。

一、变而不失其道的变法观

当时的西法,建立在"天赋人权"的理论基础之上,为适应资本主义发展的需要,强调个人的权利与义务。中国传统法律,为适应君主专制的需要,强调"亲亲""尊尊"的等级名分,保护纲常伦理。在这个根本分歧点上,张之洞始终站在"旧学"的立场上,从来没有一点"新"味。对此,《劝学篇》有十分明确的阐述:"君为臣纲,父为子纲,夫为妻纲……亲亲也,尊尊也,长长也,男女有别,此其不可得与民变革者也。五伦之要,百行之原,相传数千年更无异义。圣人所以为圣人,中国所以为中国,实在于此。故知君臣之纲,则民权之说不可行也;知父子之纲,则父子同罪免丧废祀之说不可行也;知夫妇之纲,则男女平权之说不可行也。"②

"三纲为中国神圣相传之圣教,礼政之原本,人禽之大防"③,而"君为臣纲"又为三纲之首,所以他极力反对"民权",认定"民权之说,无一益而有百害"。粗举其目,则有四端:(1)本民权以开设议院,则民智未开。"中国士民至今日安于固陋者尚多,环球之大事不知,国家之经制不晓",外国兴学、立政、练兵、制器之要,"明者一,暗者百,游谈呓语,将焉用之?"(2)据民权以立公司,开工厂,则"有资者自可集股营运,有技者自可合伙造机,本非法之所禁,何必有权?"(3)欲借民权以开学堂,则从来绅富捐资创学堂,立义学,设善堂,例予旌奖,岂转有禁开学堂之理,何必有权?(4)欲借民权以练兵御外国,则既无机厂以制利械,又无船澳以造战舰,即欲购之外洋,非官物亦不能进口,徒手乌合,岂能一战?"更何况"兵必需饷,无国法岂能抽厘捐,非国家担保,岂能借洋债? 19—20世纪之交,"民权"是新旧的分水岭。张之洞对民权的态度如此,其立场可知。在张之洞看来,西方民权"但欲民伸其情,非欲民揽其权"。"泰西诸国,无论君主、民主、君民共主,国必有政,政必有法,官有官律,兵有兵律,工有工律,商有商律,律师行之,法官掌之,君民均不得违其法。政府所令,议员得而驳之,议院所定,朝廷得而散之,谓人人无自主之权则可,安得曰人人

---

① 《光绪宣统两朝上谕档》(第27册),广西师范大学出版社1996年版,第188页。
② 《劝学篇·明纲》,载张之洞:《劝学篇》,李忠兴评注,中州古籍出版社1998年版,第70页。
③ 《劝学篇·序》,载张之洞:《劝学篇》,李忠兴评注,中州古籍出版社1998年版。

自主哉？夫一哄之市必有平，群盗之中必有长，若人皆自主，家私其家，乡私其乡，士愿坐食，农愿蠲租，商愿专利，工愿高价，无业平民愿劫夺；子不从父，弟不从师，妇不从夫，贱不服贵，弱肉强食，不尽为人类不止。环球万国必无此政，生番蛮獠亦必无此俗。"总之，"民权之说一倡，愚民必喜，乱民必作，纪纲不行，大乱四起"①。老百姓只要遵循纲常伦理，安分守己，安贫乐道，天子和百官就会赐给他们阳光和雨露，使他们享有安宁和幸福。

从张之洞对三纲的坚持来看，他理当与顽固守旧派为伍，但他又斥守旧派为"泥古之迂儒""苟安之俗吏""苛求之谈士"，指责他们反对改革，因噎废食。他引经据典，证明穷则变，变则通。确如梁启超所云，大谈其"新"，其实他的"新"和"变"，有着十分明确的含义："夫不可变者，伦纪也，非法制也；圣道也，非器械也；心术也，非工艺也。"即"变器不变道"。伦纪不能变，法制可变，并不是说传统法制的根本可变，而是说传统法律的体例、形式可变。支撑传统法制的根本——纲常名教，亦即伦纪圣道，不能变。"夫所谓道本者，三纲四维是也，若并此弃之，法未行而大乱作矣；若守此不失，虽孔孟复生，岂在议变法之非哉。"②

二、整顿中法与采用西法

张之洞的变法措施，集中在《江楚会奏变法三折》中。对清律的改革，见之第二折的"恤刑狱"；对西律的采用，见之第三折"定矿律、路律、商律、交涉刑律"。分述如下：

张之洞认为："整顿中法，所以为治之具。"对当时的《大清律例》，张之洞在《劝学篇·教忠》中，曾将其作为清朝的十五大仁政之一加以罗列。在他的心目中，中国历代法律与司法，自秦汉以来，好法善法，莫过于有清一代之制。这不但与当时批评清律的改良派和革命派的看法相反，也与薛允升、沈家本等在朝律学专家之观点大相径庭（薛、沈等认为，中国历代法律，唐律最好）。在"变法"折中，他的观点有所修正。变法第二折罗列了12条应该变通整顿的法，其中第7条"恤刑狱"即为对清律的具体变革措施。此条之下，又分九目：一曰禁讼累、二曰省文法、三曰省刑责、四曰重众证、五曰修监羁、六曰教工艺、七曰恤相验、八曰改罚锾、九曰派专官。在他看来，去差役则讼累可免除；宽文法则命案少讳饰；省刑责则廉耻可培养；重众证则无辜少拖毙；修监羁则民命可多全；教工艺则盗贼可稀少；恤相验则乡民免科派；改罚锾则民俗可渐敦；设专官则狱囚受实惠。此即为张之洞对旧律之改革。综观其措施，均未超越儒家之仁政思想。

"采用西法，所以为富强之谋。"张之洞采用西法，见之于变法第三折，其要旨在于采用西方一些保护工商之法，以促进中国工商业的发展。以今日法学观点剖析，此即为经济立法。第三折拟定应采西法11条，第6条为定矿律、路律、商律、交涉刑律。西方列强在19世纪末20世纪初，对中国已由商品输出改为资本输出。因此，张之洞倡议定此四律，其目的就是与列强商战以求国家自立自强。

他之所以倡议制定矿律、路律，其理由有二：一为抵制外人侵夺。"中国矿产富饶，蕴

---

① 《劝学篇·正权》，载张之洞：《劝学篇》，李忠兴评注，中州古籍出版社1998年版，第86页。
② 《劝学篇·变法》，载张之洞：《劝学篇》，李忠兴评注，中州古籍出版社1998年版，第135页。

而未开。铁路权利兼擅,迟疑而未办。此事久为外人垂涎。近数年来,各国纷纷集股来华,知我于此等事务,尚无定章,外国情形,未能尽悉,乘机愚我,攘利侵权。或藉开矿而揽及铁路,或因铁路而涉及开矿。此国于此省倖得利益,彼国即于他省援照均沾。动辄另称某国公司,漫指数省地方为其界限。只知预先宽指地段,不知何年方能兴办。近年法于云贵,德于山东,英意于晋豫,早有合同,章程纷歧,恐未必尽妥善。庚子和议成后,各国公司,更必接踵而来。各省利权,将为尽夺,中国无从自振矣。"二为国内治安。"因开矿筑路之故,内地各处矿务铁路洋人,无处不有,不受地方官约束,任意欺压平民。地方官只有保护弹压之劳,养兵缉捕之费,无利益可沾,无抵制之术。一旦百姓不堪欺凌,或滋事端,又将株连多人,赔偿巨款,为害何可胜言!"有这些原因,故张之洞力主访聘外国著名律师,采取各国办法,妥定矿路画一章程,"务使界址有限,资本有据,兴办有期,国家应享权利有着,地方弹压保护有资,华洋商人,一律均沾。滋生事端,公司受累,亦须分别有因无因;办犯赔偿,亦须预定界线,庶中国自然之大利,不至为中国无穷之大害"。

关于定商律,"互市以来,大宗生意,全系洋商,华商不过坐贾零贩。推原其故,盖由中外贸迁,机器制造,均非一二人之财力所能。所有洋行,皆势力雄厚,集千百家而办公司者。欧美商律,最为详明。其国家又多方护持,是以商务日兴。中国素轻商贾,不讲商律。于是市井之徒,苟图私利,彼此相欺。巧者遁逃,拙者受累,以故视集股为畏途,遂不能与洋商争衡。况凡遇商务讼案,华欠洋商,则领事任意要索;洋欠华商,则领事每多偏袒。于是华商或附洋行股份,略分余利;或借无赖流氓为护符,假冒洋行。若再不加维持,势必至华商尽为洋商之役而后已。必中国定有商律,则华商有恃无恐,贩运之大公司可成,制造之大工厂可设,假冒之洋行可杜"。在诸律中,张之洞最为注重商律。当清朝廷筹设商部并向他征询意见时,他在复函中再次提请商部及早定商律以保护国内商业。①

关于定中外交涉刑律,"刑律中外迥异,猝难改定。然交涉之案,华民西人所办之罪,轻重不同;审讯之法,亦多偏重。除重大教案,新约已有专条,无从更定外,此外尚有交涉杂案及教案尚未酿成大事者,亦宜酌定一交涉刑律,令民心稍平,后患稍减,则亦不无小补"。

四律之制定如此重要,那么应用什么方法制定呢?制定后又如何施行呢?当时清廷法律改革尚未开始,故张之洞拟用如下办法:由总理各国事务衙门,电致各国驻外使节,访求各国著名律师,每大国一名,来华充当该衙门编纂律法教习,博采各国矿务律、铁路律、商务律、刑律诸书,为中国编纂简明矿律、路律、商律、交涉律若干条,分别纲目,颁行天下,一体遵守。但是,所请教习,在其合同内,必须归矿路商务大臣节制,并随事与该衙门提调商办。在制定四律的同时,总理衙门内设立矿律、路律、商律、交涉律等学堂,选职官及进士举贡充当学士,纂律时,帮同翻译缮写,纂成后,随同各该教习,再行讲习律法,学习审判一二年。四律既定,各省凡有关涉开矿山、修铁路以及公司工厂华洋钱债之事,及其他交涉杂案,悉按所定新律审判。两造有不服,只可上控京城矿路商务衙门,或在京审判,或即派编纂律法教习复审,即为定谳,再无翻异。京城学生毕业,并须随同洋员学习审判此等案

---

① 《覆商部》,载许同莘编:《张文襄公函稿》(卷5),1920年铅印本。

件。学成后,即派往各口充审判官。各洋教习,既为朝廷编纂四项新律,兼能教授学生。即可长留在京,以备咨访而资教授。果能及早定此四律,非特兴利之先资,实为防害之要着。

张之洞对中法的整顿和对西法的采用,显然未越戊戌康梁之构想。但他是在戊戌政变后首次提出法律改革的高官,所拟之措施在以后的法律改革中多被付诸实施。光绪二十八年的改革法律谕旨,基本上就是依他的上奏拟定的,并导致他与刘坤一、袁世凯保荐的沈家本、伍廷芳主持修订法律,从而开始了清末为时10年的法律改革,故实际上他对清末法律改革起了很大的推动作用。

三、博采东西诸国律法,力求合于国家政教大纲

1906年沈家本、伍廷芳草定《刑事民事诉讼法》上奏。因该法采用了一些西法中的审判制度,故遭到张之洞的严厉批驳,从而挑起了晚清立法中的礼法之争。张之洞引经据典,证明该法草案与传统中国的政教大纲不合:

第一,诉讼法违背中国固有法律之本原。张之洞以儒家经义立论,详阐传统法律的根本原理:"盖法律之设,所以纳民于轨物之中,而法律本原,实与经术相表里,其最著者为亲亲之义,男女之别,天经地义,万古不刊。"但是,所纂诉讼法,使"父子必异财,兄弟必析产,夫妇必分资;甚至妇人女子,责令到堂做证。袭西俗财产之制,坏中国名教之防,启男女平等之风,悖圣贤修齐之教……隐患实深。至于家室婚姻,为人伦之始;子孙嗣续,为宗法所关,古经今律,皆甚重之。中国旧日律例中,如果审讯之案为条例所未及,往往援三礼以证之。本法皆阙焉不及。无论勉强骤行,人情惶惑,且非圣朝明刑弼教之至意"。

第二,这个诉讼法如果颁行,不但难挽法权,而且转滋狱讼。张之洞认为:"立法固贵因时,而经国必先正本。"值此环球交通之世,从前旧法,必须量加变易。东西各国政法,可采者亦多。取其所长,补我所短,揆时度势,诚不可缓。但是,"必须将中国民情风俗,法令源流,通筹熟计,然后量为变通,庶免官民惶恐,无所适从"。法律大臣变通诉讼制度,以冀撤去治外法权,其意固甚善。但是,治外法权之能否收回,关键并不在法律之是否完善,实则"专视国家兵力之强弱,战守之成效以为从违……骤行此规模外人貌合神离之法,势必良懦冤抑,强暴纵恣,盗已起而莫惩,案久悬而不结",这样的话,不但难挽法权反而转滋狱讼。

第三,先制定诉讼法不合法律原理。张之洞认为,西洋各国和日本制定法律,都是先有刑法、民法,然后有刑事诉讼法、民事诉讼法。有诉讼之法,更须有执行之官。故必裁判权限分明,然后诉讼法推行尽利。如德国就是旧诉讼法与裁判所编制法同时实行。中国律例,详刑事而略民事,即以刑事法而论,亦与西律悬殊。综观诉讼法草案所编各条,除"中外交涉"外,大抵多为编纂刑法、民法以后事,或与司法官制相关的条文。此时骤然通行,不仅非常有悖于民情风俗,更与法律原理凿枘不合。按照张之洞的意见,编纂法律,必须有体有用,先体后用。故其势必仍行现行律例。但是,旧律以吏、户、礼、兵、刑、工分类,官制改革,名实已乖。近年新政新法,渐次增行,国际交涉日益繁重,旧法实在难以规范,即如轮船、铁路、电报、邮政、印花、钞票,都需要制定相应的法条。在西方,民法是法律主干,与刑法并行;而"中国合各项法律为一编,是以参伍错综,委曲繁重"。有鉴于此,"今日

修改法律，自应博采东西诸国法律，详加参酌，从速厘定，而仍求合于国家政教大纲，方为妥善之法。律条制定以后，再将刑事、民事诉讼法妥为议定，则由本及支，次第秩然矣。至目前审判之法，只可暂订诉讼法试办章程，亦期于民情风俗一无阻碍而后可"。① 所以，他对诉讼法中反映西法民主、平等要求的罪刑法定制度、律师制度、陪审制度等，逐条予以批驳和否定。

《大清新刑律草案》出台后，张之洞再次予以批驳。此次之激烈程度，远甚于围绕诉讼法的争议。据当时参与修律之董康诸人记述，文字之争几成大狱。"学部大臣张之洞，以刑法内乱罪，不处唯一死刑，指为袒庇革党，欲兴大狱，为侍郎宝熙所阻。复以奸非罪章，无和奸无夫妇女治罪明文，指为败坏礼教。"② 江庸亦云："维时张之洞，以军机大臣兼长学部，因《刑律草案》无奸通无夫妇女治罪条文，以为蔑弃礼教。"③ 当时的学部奏折，虽不一定是张之洞亲自起草，然依清朝惯例，他以军机大臣兼管学部，则学部一切事务必由其做最后之决定方能施行，此奏当然不能例外。学部批驳新刑律草案的奏折，经宝熙劝说，虽删去庇护革党之词，然而，在维护纲常伦纪上，则是半步不让："古昔圣王，因伦制礼，准礼制刑。凡刑之轻重等差，一本乎伦之秩序，礼之节文，而合乎天理人情之者至也。""凡听五刑之讼，必原父子之亲，立君臣之义以权之。"伦常是我国立法之本，不容丝毫变更。新定刑律草案与现行律例大相径庭者计有：（1）中国制刑明君臣之伦。故旧律于谋反大逆者，不问首从，凌迟处死。新律草案则于颠覆政府僭窃土地者，虽为首魁，或不处于死刑；凡侵入太庙、宫殿等处射箭发弹者，或计以100元以上之罚金。罪重法轻，与君为臣纲之义大为相悖。（2）中国制刑以明父子之伦。故旧律凡殴祖父母、父母者死，殴杀子孙者杖。新律草案则于伤害尊亲属，因而致死或笃疾者，或不处死刑，是视父母与路人无异。（3）中国制刑以明夫妇之伦。故旧律妻殴夫者杖，夫殴妻者非折伤勿论。妻殴杀夫者斩，夫殴杀妻者绞。而条例中妇人有犯罪坐夫者独多，是责备男子之意，尤重于妇人，法意极为精微，新律草案则并无妻妾殴夫之条，等之于凡人之例，与夫为妻纲大为相悖。（4）中国制刑以明男女之别。故旧律犯奸者杖，行强者死。新律草案则亲属相奸，与平人无别。对于未满12岁以下之男女为猥亵行为者，或处以30元以上之罚金；行强者或处以二等以下有期徒刑。甚且认为"犯奸之罪，与泥饮惰眠同例，非刑罚所能为力，即无刑罚制裁，此种非行，亦未必因是增加"。这就是破坏男女之别的力证。（5）中国制刑以明尊卑长幼之序。故旧律凡殴尊长者，加凡人一等或数等。殴杀卑幼者，减凡人一等或数等。干名犯义诸条，立法尤为严密。新律草案则并无尊长殴杀卑幼之条，等之于凡人之例。尊卑长幼之序因之荡然。新律如此破坏伦常，很明显是不可行的。那么，法律改革将如何进行呢？答复是四个字："删繁减轻。"减轻方面，已经废除凌迟、枭首等刑，而且停止刑讯，整顿监狱，朝廷仁厚恻怛之至意，已为各国所同钦，万民所共仰。剩下的问题即在内外刑官实力遵行。至于

---

① 张之洞：《遵旨核议新编刑事民事诉讼法折》，载苑书义主编：《张之洞全集》（第三册），河北人民出版社1998年版，第1772—1775页。
② 董康：《前清法制概要》，载何勤华等编：《董康法学文集》，中国政法大学出版社2005年版，第232页。
③ 江庸：《五十年来中国之法制》，载许章润主编：《清华法学》（第八辑），清华大学出版社2006年版，第260页。

删繁一节,修律大臣已奏请删定现行法律,拟有扼要办法。为今之计,应令修律大臣,"将中国旧律旧例,逐条详审,何者应存,何者可删;再将此项新律草案与旧有律例逐条比较,其无伤礼教只关罪名轻重者,斟酌至当,择善而从。其有关伦纪之处,应全行改正。总以按切时势而仍不背于礼教为主"。限期修改成书,颁行海内,以收变法之益,而不贻变法之害。在张之洞与礼教派的非议下,清朝廷终于在宣统元年颁发了修律不得违背纲常名教以保存国粹的谕旨,从而改变了之前确定了的"务期中外通行"这一修律宗旨。

四、任法不如任人

"任法"与"任人"和"法治"与"人治",历来争论纷纭。张之洞以科甲高第出身,又历任封疆,生杀予夺,号令一省或数省垂30年。其主"任人"和"人治",排斥"法治"与"任法",特别是排斥"法律面前人人平等"之西方"法治",乃是其必然之归宿。

他曾为其弟子解说春秋时候叔向非难子产"铸刑鼎"中的"先王议事以制"句,认为叔向此语是指:"先王用刑,临事酌断,不豫设详细条目。"在他看来,"任法"而"豫设详细条目",其害甚大。"若纤悉毕载刑书,布之民间,则奸民必有挺身扞法、避就、告讦诸弊,蠹吏亦有舞文鬻狱之弊",不能维持正常的统治秩序。"任法"如此,"任人"而"临事酌断"有无弊病呢?"官吏之弊,所谓乱狱滋丰,贿赂并行是矣",同样存在弊病。"任法""任人"既然均有弊病,那么,当做何取舍呢?张之洞的最后结论就是:"随时酌断岂得无弊?但任人之弊弊在官,任法之弊弊在吏;任人之弊在国家,任法之弊在奸民。两害相形取其轻,不如任人也。"①

基于这种认识,张之洞在其近三十年的封疆大吏生涯中,历来把"任人"摆在"任法"之前,人法兼用,宽猛相济,鼓吹仁政,施行重罚。"抚良民则以熙媪宽平为治,惩乱民则以刚断疾速为功。"既讲治国,"财力兵力权谋术数皆不足恃,惟民心为可恃";"欲为杜遏乱萌之谋,必先行辟以止辟之政"。② 既不"为文法所拘",亦不为法所限,"因时立制",每至一地,即奏行"就地正法"。③ 光绪十二年(1886),张之洞在广东"查办匪乡",1年之内便"就地正法"906人。光绪二十六年(1900),一次"就地正法"唐才常等二十多人。上海"苏报案"刚发,他即策划将章炳麟、邹容等引渡"正法"。"任人"使他在任内治理得心应手。

西方法治建立在法律面前人人平等的基础上,强调法律必须维护个人权利。这与张之洞的"任人""人治"格格不入,水火不容。因此,晚清法律议案中,凡涉及西方法治的内容,均遭到他的严厉驳斥。具体表现在:

第一,反对司法独立。"外国立宪之制,其最重一语曰三权分立",在三权之中,他最不赞成司法独立,理由有下述几点:(1) 外国司法独立,其故在专为力伸民权,与国情相适。"外国前数十百年前,暴君虐政,民不堪命,故国民公论特重司法独立之权,以求免残酷之祸。而外国民智多开,程度较胜,皆具有爱国之心,但争强于外国,不为害于本国。且适承虐政之后,故民权虽似偏重,而适得其中。"然而,即便这样,外国行之仍有弊端。如各国贼

---

① 《议事以制说》,载苑书义等编:《张之洞全集》(第十二册),河北人民出版社1998年版,第10037—10039页。
② 《查办匪乡折》,载苑书义等编:《张之洞全集》(第一册),河北人民出版社1998年版,第380页。
③ 《请定盗案就地正法章程折》,载苑书义等编:《张之洞全集》(第一册),河北人民出版社1998年版,第374页。

君刺君,即因"国事犯罕置重典"而时有发生;国事犯之所以不置重典,则与司法独立直接相关,因为"裁判官所定之罪无人驳改"。(2)司法独立与中国当时国情不合。"中国民智未尽开通,爱国者固多,而持破坏主义志在乱国者亦复不少。"革命党各处蠢动,沿江沿海伏莽充斥,各省辱官逐师,兵民殴杀本官,纷纷不绝,"狂焰日张,礼法寝废"。假如裁判官果有独立之权,州县臬司督抚概不与闻,裁判各员中,难保那些心思不端者,审讯逆党时,强引西律,曲贷故纵,一匪尚不能办,不过数年,乱党布满天下,羽翼已成,大局倾危,无从补救,中国自此糜烂,利归列强。(3)中国旧制已有司法独立之意。"一省之中,臬司即是高等审判厅。"臬司问案拟罪,须报督抚核批。报送刑部之案,由督抚核转,最后由刑部批复定罪。则"臬司及督抚即是司法之行政,刑部即是司法"。因此,无须因袭外国制度,再设各级审判厅局。否则,州县不亲狱讼,疆臣不问刑名,"则爱民治民之实政皆无所施"。以此求治,未见其可。(4)司法独立无助于收回治外法权。"或谓司法独立即可收回治外法权,尤为事理所无。"直隶施行新法,刊行试办审判章程,规定叛逆人命等重案,仍照旧例归臬司审理。他认为,"此时如必欲试行西法之裁判,万不得已,或者采取直隶章程",增加"准府州县监督地方裁判,臬司统辖高等裁判一条",试办数年,行之无弊,再改为独立章程,较为妥善。总之,与其过重裁判之权,不如扩大议院之规模。"盖议院虽重,仍是专属立法一门,不能兼揽司法之权,流弊尚少。"①

第二,反对罪刑法定。在晚清法律改革中,沈家本力主废弃传统的比附援引制度,采用西方式的"罪刑法定"。沈家本曾撰文批评"援引比附",力陈"援引比附"之害,把律无正条不得为罪的条款列入新律草案(《刑事民事诉讼法》第76条、《大清新刑律草案》第20条、《违警律》第2条)。张之洞不满沈家本之论,上疏批驳:"比附易启意为轻重出入之弊,此诚不免。但由审判官临事判断,独不虑其意为轻重耶?引律比附,尚有依据;临事判断,直无限制。"例如,新律中的罚金一项,多者达数千元,少者仅数十元,上下更易,出入必多,而且新律所定各条,多有同一罪而定三种之刑。故"悉任裁判官定拟,范围太广,流弊甚大"。传统法制所以有比附之规定,其原因在于"无非为情伪无穷,科条所不及者,则比附定拟以提防之。若因律无正条,不论何项行为概不置议,虽循东西各国之律,施诸中国,适开刁徒趋避之端,恐为法制废弛之渐"②。

第三,反对律师制、陪审制。陪审制、律师制是沈家本、伍廷芳制定《刑事民事诉讼法》时,取法各国通例最重要的两个方面。在该法中,"律师"和"陪审员"各专立一节,用36条条文规定律师与陪审员的资格、职权和活动范围。在呈送该法的奏疏中,并详论采用两制之必要。张之洞既主"任人",不主"任法",他侧重从当时中国现实出发,批驳律师之制云:"泰西律师成于学校,选自国家,以学问资望定资格,必求聪明公正之人。"其法官多从律师中挑选,名律师甚至可进上议院充任议员。由于律师与法官同受学堂教益,故不敢显背公

---

① 《致军机处厘定官制大臣天津袁宫保》,载苑书义等编:《张之洞全集》(第十一册),河北人民出版社1998年版,第9576—9578页。
② 《〈遵旨核议新编刑事民事诉讼法折〉之清单》,载苑书义主编:《张之洞全集》(第三册),河北人民出版社1998年版,第1781页。

理。中国情形与西方国家相异,"各官治事,所治非所学,任官又不出专门"。近来虽然设立法律学堂,培养人才,但短期内无法造就所需众多的公正无私之律师。即使选拔各省刑幕人员进入法律学堂肄业,加快培养速度,亦只能粗通法律知识,无法求其"节操端严,法学渊深"。因此,遽准律师为人辩护,"恐律师品格尚未养成,讼师奸谋适得尝试"。张之洞论陪审员之不可行与论律师不可行相似,"外国陪审员之制仿自英吉利。英人重公德,能自治,故陪审员有益而无损。法、德诸国仿之,已多流弊。盖为陪审员者非尽法律专家,逞其意见,反复辩论,既掣问官之肘,又延判决之期,欧洲学说已有指其弊者。日本裁判制度多仿西洋,然区裁判所只设判事一人,地方裁判所以上有陪审判事而无陪审员。所以然者,亦以日本人民无陪审员程度故也"。法、德、日本尚且如此,中国更不用说,"中国束身自爱之绅士,必不肯至公堂,即问官以陪审重要之故责以义务,科以罚金,必有甘受惩罚而不愿涉足公门者"。因此那些肯到公庭充任陪审员的人,"非干预词讼之劣绅,即横行乡曲之讼棍"①。用这些人参列陪审,又岂能帮助公堂秉公行法?

在近代中国法律改革中,张之洞以其新旧兼述,实质上坚持守旧而成礼教派首领,成为中西法律冲突中的一方代表人物。近代中国法律思想以中西法律思想的冲突为特征。因此,考察近代法律思想,对张之洞的法律思想不能不予以重视和反思。

《劝学篇·变法第七》

变法者,朝廷之事也,何为而与士民言?曰:不然,法之变与不变,操于国家之权,而实成于士民之心志议论。试观曾文正为侍郎时,尝上疏言翰林考小楷诗赋之弊矣。及成功作相以后,若力持此议,当可成就近今三十年馆阁之人材。然而无闻焉,何也?大乱既平,恐为时贤所诟病也。文文忠尝开同文馆,刊公法格致各书矣,以次推行,宜可得无数使绝国、识时务之才,然而曲谨自好者相戒不入同文馆,不考总署章京,京朝官讲新学者阒然无闻,何也?劫于迂陋群儒之谬说也。夫以勋臣元老,名德重权,尚不免为习非胜是之谈所挠,而不睹其效,是亦可痛可惜者矣。又如左文襄在闽创设船政,在甘创设机器织呢羽局;沈文肃成船政,设学堂,与北洋合议设招商局;丁文诚在山东、四川皆设制造洋枪枪弹局。此皆当世所谓廉政守道之名臣也,然所经营者皆是此等事,其时皆在同治中年、光绪初年,国家闲暇之时。惜时论多加吹求,继者又复无识,或废阁,或减削,无能恢张之者,其效遂以不广。

---

① 《〈遵旨核议新编刑事民事诉讼法折〉之清单》,载苑书义主编:《张之洞全集》(第三册),河北人民出版社 1998 年版,第 1790—1792 页。

夫不可变者伦纪也,非法制也;圣道也,非器械也;心术也,非工艺也。

请征之经,穷则变,变通尽利,变通趣时,损益之道,与时偕行,《易》义也。器非求旧惟新,《尚书》义也。学在四夷,《春秋》传义也。五帝不沿乐,三王不袭礼,礼时为大,《礼》义也。温故知新,三人必有我师,择善而从,《论语》义也。时措之宜,《中庸》义也。不耻不若人,何若人有,《孟子》义也。

请征之史,封建变郡县,辟举变科目,府兵变召募,车战变步骑,租庸调变两税,归余变活闰,篆籀变隶楷,竹帛变雕版,笾豆变陶器,粟布变银钱,何一是三代之旧乎?历代变法最著者四事:赵武灵王变法习骑射,赵边以安;北魏孝文帝变法尚文明,魏国以治。此变而得者也。商鞅变法,废孝弟仁义,秦先强而后促;王安石变法,专务剥民,宋因以致乱。此变而失者也。商、王之失,在残酷剥民,非不可变也,法非其法也。

请征之本朝:关外用骑射,讨三藩用南怀仁大炮,乾隆中叶科场表判改五策,岁贡以外增优贡、拔贡,嘉庆以后绿营之外创募勇,咸丰军兴以后关税之外抽厘金,同治以后长江设水师,新疆、吉林改郡县。变者多矣。即如轮船、电线创设之始,訾议繁兴,此时若欲废之,有不攘臂而争者乎?

今之排斥变法者大率三等:一为泥古之迂儒。泥古之弊易知也。一为苟安之俗吏,盖以变法必劳思,必集费,必择人,必任事,其余昏惰偷安,徇情取巧之私计,皆有不便,故藉书生泥古之谈,以文其猾吏苟安之智,此其隐情也。至问以中法之学术治理,则皆废弛欺饰而一无所为。所谓守旧,岂足信哉?又一为苛求之谈士。夫近年仿行西法而无效者,亦诚有之。然其故有四:一、人顾其私,故止为身谋而无进境,制造各局,出洋各员是也。此人之病,非法之病也。一、爱惜经费,故左支右绌而不能精,船政是也。此时之病,非法之病也。一、朝无定论,故旋作旋辍而无成效,学生出洋、京员游历是也。此浮言之病,非法之病也。一、有器无人,未学工师而购机,未学舰将而购舰,海军、各制造局是也。此先后失序之病,非法之病也。乃局外游谈,不推原于国是之不定、用人之不精、责任之不专、经费之不充、讲求之不力,而吹求责效,较之见弹求鸮炙、见卵求时夜,殆有甚焉。学堂甫造而责其成材,矿山未开而责其获利,事无定衡,人无定志,事急则无事不举,事缓则无事不废,一埋一掷,岂有成功哉?虽然,吾尝以儒者之论折衷之矣,吕伯恭曰:"卤莽灭裂之学,或作或辍,不能变不美之质。"此变法而无诚之药也。曾子固曰:"孔,孟二子,亦将因所遇之时、所遭之变,而为当世之法,使不失乎先王之意而已。法者,所以适变也,不必尽同;道者,所以立本也,不可不一。"此变法而悖道之药也。由吕之说则变而有功,由曾之说则变而无弊。夫所谓道本者,三纲四维是也,若并此弃之,法未行而大乱作矣。若守此不失,虽孔、孟复生,岂有议变法之非者哉?

思考题：

1. 如何认识作为洋务派法律思想纲领的"中体西用"？
2. 张之洞反对司法独立的理由主要表现在哪几个方面？
3. 张之洞为什么要反对罪刑法定？
4. 张之洞是如何看待《刑事民事诉讼法》草案和《大清新刑律草案》的？

第十一章　改良主义的法律思想

第一节　19世纪的社会改良运动和戊戌变法

因西方的介入,近代中国社会内部发生了变革。在经历了两次鸦片战争失败之后,首先在统治集团内部掀起了洋务运动,即学习西方的军事科技成果,以达到"自立自强"之目的。它是魏源所提出的"师夷长技以制夷"观念在实践层面的展开。随着中西方接触的加深,有一部分中国人逐渐意识到简单模仿西方技术层面的军事科技并不能达到"自强"的效果,他们觉得西方更有其政治、法律等制度文明层面的东西,甚至其背后还有整个成系统的知识。郭嵩焘出使英国后,认识到政教风俗在东西方的兴衰递嬗。"三代以前,独中国有教化耳,故有要服、荒服之名,一皆远之于中国,而名曰夷狄。自汉以来,中国教化日益微灭,而政教风俗,欧洲各国乃独擅其胜,其视中国,亦犹三代盛时之视夷狄也。"[①]又如在光绪七年(1881)出版的《花图新报》有文章明确指出:"今之谈富强者,大抵皆开矿、造船、练兵、制械、铁路、电线等事,此非富强之本。其所谓本何者?即变通学校是也。"[②]学校的变通即等于教育体系之变通,实际上也就是整个知识体系的变通。

如果说此一时期还只有极少数人意识到此点的话,那么到1895年中日甲午战争中国惨败,则使更多的人从单纯模仿西方技术的迷梦中觉醒过来。郑孝胥于1893年到日本,还对日本变法推行新政进行了批评,"外观虽美而国事日坏",还幸灾乐祸地讲:"天败之以为学西法者戒。"到《马关条约》签字之时,郑孝胥在其日记里就充满了满目辛酸的记载:"闻之(议和)心胆欲腐,举朝皆亡国之臣,天下事岂复可问?惨哉!"[③]类似这样悲观惨痛的话语在中日甲午战争后比比皆是。天朝大国竟然败给蕞尔小邦,这种耻辱感以及因此而来的巨大心灵震撼,今人难体会之万分之一。不要说那些一直主张变法的维新人士,就是那些以今天的眼光看来比较"保守"的官员和知识阶层,都在思考其原因。

其实,在此之前的洋务运动,相对于传统而言,也是在变,只是变而不得其法,所以相当一批士大夫思考的结果就是要真正变法。"以甲午战争为分野,《万国公报》的言论发生了显著变化,那以前大多没有超出通商筑路、改革科举的范围,那以后便转向'不变法不能救中国'。"[④]成文于1894—1895年之间的《新政论议》,其作者何启(1858—1914)和胡礼垣(1847—1916)即受到中日甲午战争的影响,在该文中指出中国要自存,则必须改革,改革

---

① 郭嵩焘:《郭嵩焘日记》(第三卷),湖南人民出版社1982年版,第439页。
② 《花图新报》(第十卷),台湾学生书局1966年影印本,第94—95页。
③ 《郑孝胥日记》,劳祖德整理,中华书局1993年版,第482页。
④ 朱维铮主编:《万国公报文选》,生活·读书·新知三联书店1998年版,第24页。

的内容不仅包括修路开矿、清理户籍、办理报纸等,更重要的还在于政治方面的改革,如选举、议会等,他们甚至还大胆提出了建立一种与君主制妥协的民主制度。① 1898年,樊锥在《湘报》发表了《开诚篇》,甚至提出了全盘西化主张:"洗旧习,从公道,则一切繁礼细故、猥尊鄙贵、文武名场、恶例劣范、诠选档册、谬乱条章、大政鸿法、普宪均律、四政学校、风情土俗,一革从前,搜索无剩。惟泰西是效,以孔子纪年。"

另外,随着民族危机的加重,民族主义也空前强大起来。一个历史悠久的民族,在内忧外患之际,人们一般会考虑如何在现代进程中保留传统。当越是对传统有信心的时候,可能民族主义并不是特别高昂;可一旦人们对传统的信心遭遇了严峻挑战和怀疑之后,民族主义反而会甚嚣尘上。中日甲午战争使得很多中国知识分子突然对传统失去了信心。宋育仁即意识到了此种西学传播对民族文化根本所造成的危害,他在《泰西各国采风记》中说:

> 其〔指西学〕用心尤在破中国守先之言,为以彼教易名教之助。
> 天为无物,地与五星同为地球,俱由吸力相引,则天尊地卑之说为诬,肇造天地之主可信,乾坤不成两大,阴阳无分贵贱,日月星不为三光,五星不配五行,七曜拟不于伦,上祀诬而无理,六经皆虚言,圣人为妄作。据此为本,则人身无上下,推之则家无上下,国无上下,从发源处决去天尊地卑,则一切平等,男女均有自主之权,妇不统于夫,子不制于父,族性无别,人伦无处立根,举宪天法地,顺阴阳,陈五行诸大义,一扫而空。②

可以说,中日甲午战争之后的变法思想不同于此前的变革观念,主要在于是"在政治传统中求变"还是"在政治传统外求变"。这种"在政治传统外求变"的思路集中表现在1898年由康有为、梁启超、谭嗣同等人所主导的戊戌变法中。在政治法律思想方面,维新者们宣传西方民主政治,要求设议院、开国会、定宪法,以实行君主立宪。为了达此目的,他们热衷于向西方学习,吸收了西方的"天赋人权""三权分立"、民主、自由等思想,一些主要代表人物还移植和改造了西方的进化论,以历史进化的观点作为替变法维新进行辩护的主要理论和批判传统伦理道德的重要武器。另外,因民族主义思想的影响以及保守势力的强大,他们采取了"托古改制"的变法模式。

由于变法运动仅仅依赖并无实权的皇帝,且其变法主张直接触动了统治集团的既得利益,所以变法运动仅仅维持了103天,就以失败告终。变法的失败使得清政府丧失了一次非常重要的自我拯救机会。变法维新者们既然以"变法"为宗旨,当然形成了较为系统的法律思想。康有为、梁启超和严复是他们的主要代表,下面分别论述他们的法律思想。

---

① 《新政真诠——何启、胡礼垣集》,郑大华点校,辽宁人民出版社1994年版,第103—180页。
② 郭嵩焘:《郭嵩焘等使西记六种》,生活·读书·新知三联书店1998年版,第388页。

第二节　康有为的法律思想

康有为(1858—1927),原名祖诒,字广厦,号长素,广东南海人,世以理学传家,幼承家学,宗程朱,有志为圣人。1876年受业于同乡朱次琦。朱氏人称"九江先生",主融通汉、宋二派儒学,不守一家门户。1878年冬康有为辞别九江先生,回家静坐读书。1879年,康有为阅读了一些西书,游历了香港等地,接触到英国治下的某些新事物,开始认识到"西人治国有法度""西人治术之有本",初步感到西方政治制度比起中国传统君主专制要优越,不能再用传统朝贡体制下以"蛮夷"的眼光,去看待西方诸国,这为以后讲习西学打下了一定的基础。1882年,借顺天乡试之机,康有为游历京师,路经上海,目睹租界之繁荣,更加深了他的这种感触,于是"大购西书以归讲求焉"。之后数年,"演礼运大同之旨,合春秋三世之义,兼采西洋学说,著大同书"。1888年,康有为首次以布衣身份向光绪皇帝上书,"极言时危,请及时变法",提出"变成法""通下情""慎左右"等主张。此举被时人视为病狂,大臣不为上达。康有为随即转入讲学和著述,积极宣传变法维新之主张,以开通风气。1895年,康有为偕同梁启超诸人入京会试,适逢《马关条约》之订立,感民族危机之深重,遂集各省举人"公车上书";又独上万言书,力陈变法万不可缓。之后,他率弟子创办报刊、组织学会,以"保国、保种、保教"为宗旨,号召变法维新。从1888年至1898年,康有为共7次上书清帝,在"百日维新"期间又上奏折三十余道,反复陈述变法为"立国自强"之本,主张变革中国现有的制度,实行君主立宪。戊戌变法失败后,康有为以外人之帮助,亡命海外,前后16年,游历欧美很多国家,组织保皇党,主张君主立宪。辛亥革命后,发行《不忍》杂志,主张"虚君共和"。1917年康有为与张勋共同参与复辟,失败后写《共和平议》表达其主张。1927年病逝。

康有为的法律思想主要反映在他早期所著《新学伪经考》《孔子改制考》《春秋董氏学》《大同书》等文论以及晚年所写的《拟中华民国宪法草案》《共和平议》等文章中。

一、维新时期的"变法"思想

戊戌变法前,康有为先后撰写的《新学伪经考》和《孔子改制考》等著作是其主张变法维新的理论基础。它主要以"托古改制"的形式,即利用儒学的旧形态,"旧瓶装新酒",宣传维新变法的新思想,旨在论证变法维新的必要性和合理性。康有为把孔子描绘成维新运动的祖师,抓住孔子这个"古圣"当大旗,利用孔子来为自己的行动做辩护。他在《新学伪经考》中,力图证明西汉末年刘歆的著作及当时社会崇奉的《左传》等古文经典都是"佐莽篡汉"的"伪经",湮没了孔子"改制之圣法",断言中国两千年来历朝"王者礼乐制度之尊严,咸奉伪经为圣法",从而否定了当时"亦无一人敢违者,亦无一人敢疑者"的传统意识形态。可见,《新学伪经考》之作,是为了冲破旧传统,破除士大夫对传统经学教条的迷信,为变法维新扫除思想障碍。《新学伪经考》就其内容来看,虽有某些精辟准确的论断,但很多地方失之武断和强辩。连其弟子梁启超也说,《新学伪经考》"往往不惜抹杀证据或曲解证据,以犯科学家之大忌"①。《新学伪经考》算不上是一篇严谨的学术论文,康有为此作的着重点也不在此,他主要是用这种学术活动来服务其政治斗争,引导人们怀疑古代经典,解放思想,为其变法主张制造舆论和鸣锣开道。

康有为在其撰著的《孔子改制考》里,从正面阐明了孔子"托古改制"思想,实际上是宣传他自己改制立法的变法主张。首先,康有为把孔子推为"托古改制""圣法"的创立者。他认为,《六经》是孔子制作的经书,六经统一于《春秋》,《春秋》之传在《公羊》。只有《春秋公羊传》才是阐发孔子"圣法"的真经。《春秋公羊传》的核心是"公羊三世说"。所谓"公羊三世"是汉代经师何休②在《公羊传注》中概括出的社会演变学说。即将自远古以来的社会分为三阶段:所传闻之世、所闻之世和所见之世。每世都有自己的特点:孔子于"所传闻之世,见治起于衰乱之中……所闻之世,见治升平……治所见之世,著治太平"。康有为即将之归纳为他的社会发展三世说,即社会由"据乱世"进入"升平世",再由"升平世"进入"太平世"。其次,康有为以自己的政治意图,解释孔子创制治世之法。他认为历史演进有"三世",孔子曾分别为这"三世"著有不同宪法,概括而言,就是《春秋》里的"大义"与"微言"。所谓"大义"即孔子治"据乱世"之宪法,从形式上讲是成文的;所谓"微言"即孔子所说的"升平世""太平世"之理想宪法,是不成文、口耳相传的。因"孔子以匹夫制宪法,贬天子,刺诸侯,故不能著之书而口授弟子"。康有为认为,沿着人类社会进化的三世,国家也必然地由"专制"进到"立宪",再由"立宪"进入"共和"。人类社会演化经三个阶段从乱到治,法自然应随时变化,机缘不到人们不能强使之躐等而行。

在戊戌变法前后康有为的思想体系中,大同太平世才是其最高理想,维新变法只不过是属于小康升平之范围。维新变法是当时中国实现大同的一个环节。其大同理想主要体现在《大同书》中。

《大同书》是康有为最重要的著作之一,虽发表较晚,实则成型于19世纪80年代末。其雏形为《实理公法全书》,是康氏早期关于社会学说的代表性著作。③ 在晚清没有刊行,学术界无从知晓。直到1913年,才在《不忍》杂志连续刊出其中的一部分。全书由其弟子钱安定整理,直到1935年才由中华书局出版。《实理公法全书》的写作受到了19世纪50年代数学家李善兰和英国传教士伟烈亚力(A. Wylie)合作翻译的《几何原本》的明显影响。其内容虽不免有荒诞之处,但实际是康氏关于人类理想之所在。它最重要的思想价值在于批判现状,批评根据主要来自晚清现实。他依据"公羊三世说",结合《礼记·礼运篇》的"小康""大同"说,佛教的"慈悲""平等""博爱"观念和卢梭的"天赋人权"理论,加上间接听到的一些西方空想社会主义学说,构造了一个大同世界。他认为"三世"中的太平世即大同世界,是人类最理想的社会。在那里,人们摆脱了"乱世"中存在的各种"苦

---

① 梁启超:《清代学术概论》,中国人民大学出版社2004年版,第199页。
② 何休(129—182),字邵公,任城樊(今山东滋阳)人,东汉杰出经学家。为人质朴多智,精研六经,口讷,不善讲说,门徒有问者,则用书面作答。诏拜郎中,因不合于自己的志愿,以病辞去。太傅陈蕃召请他参与政事。党锢事起,陈蕃被杀害,何休也遭禁锢。他闭门不出,用功十余年,作《春秋公羊传解诂》12卷。
③ 但康有为一直在修改中,尤其是他在戊戌变法之后周游列国长了见识,更是多做修正。

道"。社会上致人犯罪的政治、经济根源消失了,人性可以得到充分的发展,"人人皆有士君子之行"。人们不会犯罪,自然也就不再需要刑法。所以他说:"太平之世无讼,大同之世刑措。"

康有为在《大同书》中以西方人性论、天赋人权论为指导,探讨了犯罪的原因和不立刑的理论根据。他认为,人之所以犯罪受刑罚,是因为"私"危害"公理",阻碍社会进化。有了"私",才有阶级、国家、家庭、个人之分,并由此而引起各种纷争狱讼。如贫而不能忍,"则有窃盗、骗劫、赃私、欺隐、诈伪、偷漏、恐吓、科敛、占夺、强索、匿逃、赌博之事,甚者则有杀人者矣","有夫妇则争色争欲,而奸淫禁制责望怨怼,甚至刑杀之事出焉","有爵位,则有钻营、媚谄、诈伪、恃力、骄矜、剖夺之事起矣","有私产,则田宅工业商货之争讼多焉","有尸葬,则有墓地之狱焉","有税役关津,则逃匿欺吞之罪生矣","有军兵,则军法尤严重,杀人如草芥矣","有名分,则上之欺凌压制,下之干犯反攻起矣"。康有为认为,要消除犯罪,达到"刑措不用,囹狱不设"的太平极乐境界,只靠"日张法律如牛毛,日议轻刑如慈母,日讲道德如诸圣主"是永远办不到的,更不应该"多为法网,以待其触"。"惟大同之道",才能达到"无讼"境界。其方法是"去九界"。因为"九界"是"私"的载体和外在表现形式,同时它又是进一步强化"私"的酵母和催化剂,所以要致刑措、达大同,就必须去"九界"。这就是:一去国界,消灭国家,实行大同;二去级界,消灭等级,倡民族平等;三去种界,同化人类,使全世界都成为优种人;四去形界,解放妇女;五去家界,消灭家庭;六去产界,消灭私有制;七去乱界,取消各级行政区划,全球设大同公政府;八去类界,众生平等,博爱众生;九去苦界,至极乐,实行大同,达到至平、至仁、至公、至治的境界。

康有为坚信只要方法得宜,世界大同可望于短期内实现。他当仁不让,以大同社会制宪工作自任。大同世界之实现大致可以分为三个阶段,这就是康有为的"大同三世说",即公议政府、公政府以及去"九界"后的太平世界。所谓公议政府,就是在各国内政自主的基础上,各选派议员组成议会议决联合诸国间的公共事务,议决后交由公议政府强制执行。公议会在法律上的职权主要是议定各国公律,按照公律来判决各国交涉之事。公议政府则负责执行公议会的决定。公议政府行之有效之际,就到了设立"公政府以统各国为大同之中"。公政府与公议政府的区别就在于前者行于各国政府主权削减甚多之时,后者行于政府主权甚大之时;前者类似现今的联邦,后者类似于邦联。公政府时期要做到"废国""废君""废兵""同文"和"共历"。公政府最重要的特点就是"只有议员,无行政官、无议长、无统领也"。经历了此两个阶段后,国界才能真正去除,第三阶段就是去余下八界,如此世界才算真正进入了大同。

在康有为设想的"大同"极乐世界里,"无仰事、俯蓄之累,无病苦、身后之忧,无田宅、什器之需,无婚姻、祭祀、丧葬之费"。少有所教,长有所学,老有所养,一切无所迫而为之。人人独立,人人自由,人人各纵其欲,社会上也就"无复有窃盗、骗劫……乃至杀人谋财之事,则凡此诸讼悉无,诸刑悉措矣"。"大同无邦国,故无有军法之重律;无君主,则无有犯上作乱之悖事;无夫妇,则无有色欲之争、奸淫之防、禁制责望、怨怼离异、刑杀之祸;无宗亲兄弟,则无有望养、责善、争分之狱;无爵位,则无有恃威、怙力、强霸、利夺、钻营、佞谄之事；无私产，则无有田宅、工商、产业之讼；无尸葬，则无有墓地之讼；无税役、关津，则无有逃匿欺吞之罪；无名分，则无欺凌、压制、干犯、反攻之事。除此以外，然则尚有何罪，尚有何刑哉！""故太平之世无讼，大同之世刑措。"①

康有为的大同世界"治至刑措"的法律思想，在一定程度上表达了他对专制制度及其法律的批判，反映出他对人权、民主和自由、平等的热切追求。但是，这种"万年乐土"的乌托邦，更多寄托了他对于人类未来的理想，而难有实现的可能。

在戊戌变法时期，康有为认定晚清中国属于据乱世，维新者应顺应潮流，努力拨乱，以完成中国社会向小康升平世迈进，同时亦可完成其救国保种的要求。但维新者不能好高骛远，妄图进入大同太平世。因此，当时中国一定要变法维新，实行君主立宪政体；当时的"布衣改制""合乎古训"，完全适应时代的要求。故需要"行宪法、开国会"。

来自西方的权力分立理论，是建设宪政国家的必备因素。不管是君主立宪，还是共和立宪，都离不开权力的分立与制衡。近代中国求强求富、实现民族独立和挽救国家危亡，都需要建设一个近代国家。要实现传统政治架构的近代化，不能没有宪政，也就不能没有权力分立。康有为对权力分立的强调，无疑是抓住了变法维新的关键之点。所以，继马建忠介绍西方三权分立学说以后，康有为等人在19世纪末年宣传此种学说，进而要求实行这一制度，在近代中国思想史上具有重要意义。

康有为把"立宪法"或"定宪法"说成是"维新之始"，认为"各国之一切大政皆奉宪法为圭臬"。他在《应诏统筹全局折》中，积极主张仿效日本明治维新制定宪法。他说："考其维新之始，百度甚多，惟要义有三：一曰大誓群臣以定国是，二曰立对策所以征贤才，三曰开制度局而定宪法。"具体做法是："开制度局于宫中，选公卿、诸侯、大夫及草茅才士二十人充总裁，议定参预之任，商榷新政，草定宪法，于是谋议详而章程密矣。"

要"立宪法"，就必须"设议院""开国会"。康有为早在1898年的"公车上书"中，就曾向光绪委婉地提出了设议院的建议，要求"公举博古今、通中外、明政体、方正直言之士，略分府县，约十万户而举一人，不论已仕未仕，皆得充选……名曰议郎……以备顾问，并准其随时请对，上驳君书，下达民词。凡内外兴革大政，筹饷事宜，皆令会议于太和门，三占从二，下部施行"。这样就可以"上广皇上之圣聪""下合天下之心意"，做到"君民同体""休戚与共"。他在《上清帝第四书》中又进一步强调"设议院以通下情"的重要性与必要性。认为设议院益处很多："民信上则巨款可筹；政皆出于一堂，故德意无不下达；事皆本于众议，故权奸无所容其私。"这样，就可以"百度并举，以致富强"。可见，康有为把实行议会制的"立宪"视为救国治民的重要制度设计。

当然，也应看到，康有为所提倡的"君民共治"的君主立宪，较诸英国的君主立宪有很大差异。正当戊戌变法之际，顽固派以"若开议院"，则"民有权而君无权矣"为口实而攻讦。康有为是这样答复的："左右贵近"，"畏言兴革，多事阻挠"，必谓"开院集议，有损君上

---

① 参见康有为：《大同书》，载《康有为全集》（第七集），姜义华等编校，中国人民大学出版社2007年版，第1—188页。

之权",是无稽之言。因为"会议之士,仍取上裁,不过达聪明目,集思广益,稍输下情,以便筹饷"。"用人之权,本不属是,乃使上德之宣,何有上权之损哉?"即设议院是以不损害"君上之权"为前提。所以撇开康有为的政治策略考虑之外,单纯就文本而言,康有为所倡设之"议院",不过是徒备咨询的咨询机关而已。康有为还曾讲:"考定立宪国会之法,三权鼎立之意,凡司法独立、责任政府之例,议院选举之法,各国通例俱存,但命议官遍采而慎择之,在皇上一转移间耳。"①"中国不亡,国民不奴,惟皇上是恃。"②

康有为要求全面改革传统法律。"变法者,须自制度法律先为改定","非变通旧法无以为治"。他主张修改刑律,理由在于外国人以"我刑律太重",因而要"彼治其民,不与我平等之权利",是中国的"国耻",非改不可。因此,他建议"今宜采罗马及英、美、德、法、日本之律,重定施行"。同时他要求制定民法、商法、诉讼法等。在《上清帝第六书》中,他指出:"其民法、民律、商法、市则、船则、讼律、军律、国际公法,西人皆极详明,既不能闭关绝市,则通商交际,势不能不概予通行。然既无律法,吏民无所率从,必致更滋百弊。且各种新法,皆我所夙无,而事势所宜,可补我所未备。故宜有专司,采定各律,以定率从。"③即设立专门机构,制定各种所需要的法律。显然,和之前的思想家相比,康有为在关于建立近代法律制度的认识上,更强调它的实践意义。

康有为以"托古改制"的形式推行变法维新的主张,是一个需要深入思考的问题。一方面,此种"托古改制"将各种改革认为是古已有之的事情,在中国思想史上有其必然性。作为中国传统意识形态的儒家思想,关于社会演变的看法,一直有崇古倾向,"合于古制"一直是所有举措合法性的重要来源。所以,在思想领域中对来自西洋新思想的容纳和吸收,尤其在此种容纳和吸收的早期,多采取了"西学中源"之形式,即将西方新知视为中国古已有之的东西。"托古改制"就是学术思想领域的"西学中源"观念在政治法律领域的展开,有助于减轻"改制"的阻力,因此有其不得已和合理之处。但随着中西方交流的深入,"托古改制"也如同"西学中源"说一样,其弊端日渐凸显。关于这一点,梁启超在1902年即有所反思:"今之言保教者取近世新学新理而缘附之曰:某某孔子所已知也,某某孔子所曾言也……然则非以此新学新理厘然有当于吾心而从之也。不过以其暗合于我孔子而从之耳。是所爱者仍在孔子,非在真理也。""故吾所恶乎舞文贱儒,动以西学缘附中学者,以其名为开新,实则保守,煽思想界之奴性而滋益之也。""万一遍索之于四书、六经,而终无可比附者,则将明知其为铁案不易之真理,斯亦不敢不弃之矣。若是乎真理之终不能馈遗我国民也。故吾最恶乎舞文贱儒,动以西学缘附中学者,以其名为开新,实则保守,煽思想界之奴性而滋甚也。"1915年梁启超更进一步申述了此种认识:"摭古书片词单语以傅会今义,最易发生两种流弊:一、倘所引证之义,其表里适相吻合,善矣。若稍有牵合傅会,则最易导国民以不正确之观念,而缘郢书燕说之流弊。例如畴昔谈立宪共和者,偶见经典中某字某句与立宪共和等义略近,辄摭拾以沾沾自喜,谓此制为我所固有。其实今世共和

---

① 康有为:《请君民合治满汉不分折》,载汤志钧编:《康有为政论集》(上册),中华书局1981年版,第342页。
② 康有为:《进呈突厥削弱记序》,载汤志钧编:《康有为政论集》(上册),中华书局1981年版,第300页。
③ 康有为:《上清帝第六书》,载汤志钧编:《康有为政论集》(上册),中华书局1981年版,第214—217页。

立宪制度之为物,即泰西亦不过起于近百年。求诸彼古代之希腊罗马,且不可得,遑论我国。而比附之言传播既广,则能使多数人之眼光思想见局于所比附之文句,以为所谓立宪共和者,不过如是,而不复追求其真义之所存。二、劝人行此制,告之曰:吾先哲所尝行也。劝人治此学,告之曰:吾先哲所尝治也。其势较易入,固也。然频以此相诏,则人于先哲未尝行之制辄疑其不可行,于先哲未尝治之学辄疑其不当治。无形之中恒足以增其故见自满之习,而障其择善服从之明。"①因此,康氏"托古改制",虽有其不得已之处,但其所导致的崇古倾向反会妨碍近代中国人理解西方相关思想观念和制度建构之真义。

二、康有为晚年的法律思考

自近代中国与西方全面遭遇以来,学习西方以图存和自强成为近代思想家萦绕于心的重要问题。中国将对西方器物的学习作为救国主要手段仅在咸丰、同治年间,到光绪中叶,已逐步让位于政治法律制度的革新,以及随后而来的文化革新。康有为作为近代中国大思想家活跃于思想界即在戊戌变法到民国初肇这段时间。在此期间,学习西方的制度、文化成为当时思想界的主流。他领导发动的戊戌变法实际上开启了中国人集中心力借鉴西方制度文明的先河,自此,中国的立宪成为康有为始终思考的重要政治法律问题。鉴于宪政兼具制度和文化两个层面的特质,它得以成为近代中国的中心问题。康有为对政治法律问题的关注主要集中在宪政上面。他一生撰写了很多关于宪政问题的文章,但最成熟、最成系统的莫过于他于1913年应门人弟子邀请所作的《拟中华民国宪法草案》及其条文之后的按语。下面即以该文本为据,谈谈康有为对近代中国宪政问题的思考。

(一)君主立宪与共和立宪

康有为认为,据乱世不能行太平法,共和立宪乃太平世公政府"废君"后才应做的事,而中国现今是由据乱世向升平世过渡,只能推行君主立宪。"独立自由之风,平等自主之义,立宪民主之法,孔子怀之,待之平世而未能遽为乱世发也。以乱世民智未开,必当代君主治之,家长育之。否则团体不固,民生难成,未至平世之时而遽欲去君主,是争乱相寻,至国种夷灭而已。""夫所谓政党议会,民权宪法,乃至立宪共和专制,皆方药也。当其病,应其时,则皆为用。非其病,失其宜,则皆为灾。"②他在议论瑞士的共和宪政时更明确指出:"故(瑞士)议长共和制者,太平大同之制也,非今中国据乱世所能骤至也。孔子为时中之圣,陈拨乱、升平、太平三世之义……诸君但尊立宪君主之尧舜,不甚称无首之群龙者,以非太平大同之世,而妄行之,则致乱也。"康有为自戊戌政变后流亡海外组织保皇党,鼓吹君宪,除了光绪之恩义之外,还有此种思想认识方面的原因。他认为革命适为招乱,因为"积四千年君主之俗,欲一旦废之,以起争乱,甚非策也"。如果行革命换来共和立宪,每隔一定限期举行争总统之选举,其结果将是"两党列军相当,驱国人之属于党者相杀,每争总统一次,则死国民无算,其害大矣。夫立总统,不过为国民之代理而已,乃为一代理而死

---

① 梁启超:《清代学术概论》,中国人民大学出版社2004年版,第207—209页。
② 康有为:《文钞刊布春秋笔削大义微言考题词》。

国民无算,其害大矣,则民不如有虚君而不乱之为良法也"。他对革命破坏力的判断以及总统选举之弊端实有夸大之处,但有一定道理,民初乱象似乎在一定程度上证实了他的判断。

辛亥革命一举推翻中国数千年来的皇权专制,共和成为既定事实,康有为所主张的君主立宪已失去依托,尽管如此,他认为当时中国的理想政体仍是在精神实质上与君主立宪相通的"虚君共和"。鉴于美国、瑞士等共和宪法皆与中国当时国情悬隔,简单模仿不但不能引导中国进入大治,反而会招致大乱,故他选择了与"虚君共和"稍微接近的法国宪法作为他拟定宪法的蓝本。

要了解康有为"虚君共和"在其宪法思想中的核心地位,必须先明白其宪法观。为什么近代国家需要宪法作为治国之常经? 在他看来,因为宪法是为了防止专制政体、使专制者不得将国家视作私产而生的。"宪法何为而立也? 为敌人主专制其国而立也,为去人主私有其国而立也,为安国家而官明其职、人得其所而立也。"他将普天下的国家,按照公有、私有划分为两类;相应地,孔子所讲的乱世平世、小康大同之差别也是基于公有、私有而产生的。以君主之有无来区分君宪与共和不妥当,因为有君主存在的国家可能属于国家公有和民主的,如英国;保有共和形式没有君主存在的国家也可能是国家私有和专制的,如墨西哥等。一般人习惯以形式上君主之有无作为区分君宪与共和之标准,是因为"阿里士多图(今译亚里士多德)及孟德斯鸠之时,事变皆未备也,欧美后学,误泥其名,辨义不明,分体不析"。

以国家公有私有之别而非君主之有无来划分国体和政体,就出现了康有为心目中理想的宪政体制——"虚君共和"。何谓"虚君共和"? 即国家虽有君主,却保有共和实质。"立宪各国政体,虽有不同,而权在国会内阁,则一也,与共和国无少异也。夫既全权在国会,由国会政党之大者,组织责任内阁,故其君主毫无用人行政之权。"因此这种"虚君共和"之君,不同于"立宪君主"。在康有为心目中,像德、俄、日三国那样拥有相当主权的才是真正的"立宪君主"。而"虚君共和"之君,最多只是一个毫无实权的最尊爵位。所以实行"虚君共和"的国家不但不是君主国,也不是君主立宪国,反而是共和国,即"共和爵国"。康有为经过这番论证,证明了"虚君共和"之制与共和国体相吻合。

当时中国为什么要实行"虚君共和"? 也就是说,"虚君共和"和"民主共和"比较起来,其优越之处体现在什么地方呢? 康有为于政变后流亡海外,周游列国,留心各国之治乱兴衰,经过充分考察,认为"虚君共和"可以防止因为政权转移而出现的动荡。如在当时中国推行"民主共和"而非"虚君共和",康有为描述了一个可怕场景:"共和名义虽公,而有总统必属于一人,则遂为自私。谁能为之者? 以四万万之人,英杰枭雄者,各省辈出,谁能相下者? 常人家产田宅之争,尚倾力而为之。况总统乎? 故时拥土仗钺之将,岂能下于草泽之人? 旧日倡革主动之雄,岂肯屈于后至之英? 各省郡分起之豪,岂肯轻举土地而属于一主? 既无君臣之义,则人人皆有总统之思,而谁肯竭命尽忠者……真令人骨折心惊者也。"经过两相比照,"虚君共和"当然比"民主共和"更适合当时中国。

明确了他认为"虚君共和"更适合当时中国,加之民初民主共和治下的乱象以及他本人与清皇室的"恩义"关系后,就可以很好地解释康有为于1917年为何积极参与到张勋所发起的宣统复辟事件之中。

(二) 分权与制衡

晚清预备立宪期间,朝廷已意识到权力分立和相互制约的必要性,"以行政官而兼有立法权,则必有藉行政之名义,创为不平之法律,而未协舆情。以行政官而兼有司法权,则必有徇平时之爱憎,变更一定之法律,以意为出入。以司法官而兼有立法权,则必有谋听断之便利,制为严峻之法律,以肆行武健。而法律寖失其本意,举人民之权利生命,遂妨碍于无形"[①]。如果说在晚清因为皇权专制存在,尽管当道者在理论上认识到分权之必要,但在实际操作中无法真正推行,到民国肇造,则不仅在认识上有所深入,且政府架构及其合法性重要来源之一就是分权与制衡。权力如何分立与制衡,是当时所有宪法(草案)的重要关切点。康有为在所拟宪草中,按照西方通行做法,将政府权力分为立法、行政和司法三大块,但更有其特色。

康氏宪草最重行政。从编排来看,它将行政章置于国会和司法之前,突出了行政和作为行政首长总统的重要性。从内容上看,其关于总统权力的规定超过了当时世界上任何共和国总统的权力。康有为的理想是"虚君共和"。所谓"虚君",就在于无权,南面垂拱而治。为什么相当于"虚君"的总统反而要扩大其权力?他自述其理由为,民初混乱是革命误行民权所招致的结果。为什么行民权会导致混乱?康有为认为,治理国家既要"导之以政",还要"齐之以礼"。在民众素质未到之时,贸然倡导民权,结果就是无休止的动乱。由此,康有为提出了"重国"论,以矫正"贵民"之流弊。既要"重国",而民权不足兴,因此权力的重心必移之于上,于是要增加总统权力。

但如此一来,康氏宪草中的总统就远不是"虚君"了,其共和也就由他心目中理想的"虚君共和"变成了总统共和了。这是康有为思想的矛盾之处。他作为一个注重"一以贯之"的大思想家,为什么会允许自己的思想出现如此明显的裂痕?重要原因之一是他对国家民族前途的深深忧虑。早在戊戌变法前后,他即深感国家危亡,提出"保国、保种和保教"的主张,及至流亡海外,仍须臾不忘"保皇"。他之所以一直反对暴力革命,重要原因之一就是害怕暴力革命引起列强干涉而有亡国灭种之虞。在康氏宪草中,在论及地方和中央分权之时,他极力反对当时中国推行联邦和地方自治。在国权与民权自由的关系上,他坚持后者依赖于前者,因此赋予国权优先地位。

尽管他赋予总统极大权力,突出行政权的重要性,但康氏宪草仍力求在行政、立法和司法三权之间实现相互制约,以便将共和国建立在公有基础上,极力避免造成私有专制的结局。

综观各国宪法关于议会权限的规定,有概括主义和列举主义两种。采概括主义者,无形之中赋予了议会较大的权限。而康氏宪草采纳的是列举主义。为何?因他看到民初国

[①] 《庆亲王奕劻等奏厘定中央各衙门官制缮单进呈折》,载故宫博物院明清档案部编:《筹备立宪档案史料》(上册),中华书局1979年版,第463页。

会不尽如人意而产生对议员乃至议会本身的不信任。当前议会既不可信任，不能赋予较大的事权；且以现今议员之素质，要想起到制约行政权的作用，维持宪政体系之下起码的权力分立，绝无可能，只有极力在其他方面加以弥补。其办法有二：

一是设立国民大议会。在康氏宪草中，国民大议会为国家最高权力机关，由各县县议会分别选举出议员一人加上国会两院议员构成。其权力有三：修正宪法、割让国境和选举总统。他以为，照现今国会情形来看，以国会选举总统，若总统挟兵力以迫围议院，议员恐怕易从，不能起到制约作用。而国民大议会不同，"吾以县议会议员举国民大议会之议员，人数既多至二千，则金钱难以尽买，在各省先指定总统之候选者，则京师难以迫胁，然后可望总统得人"。

二是设立国询院。康有为赋予国询院以议会闭会期间制约总统以议大政之权力，其构成为议会两院各推举的5人和总统推举的5人，推举人选以阅历和才识为断。虽名义上为总统之顾问机构，但总统于宣战、讲和、订约、解散国会、任命总理、发布重大命令与预算外支款，皆须取得国询院之同意。如此一来，则有望可以避免总统引用私人之弊，甚且可以防止总统专制。

康有为虽主"虚君共和"，但困扰于民族危机而在康氏宪草中赋予了总统极大的权力。为实现宪政之下的分权和制衡，考虑到国会在民初的实际情形，他对国会持不信任态度，虽对其权力略有限制，但又别出心裁，设计国民大议会和国询院以补其缺失。其方法能否起到立宪国中应有的权力制衡功能，则非在实践中运作加以检验，不能根据逻辑推理而单纯臆测。但他在这个问题上的思考确实比那些机械照搬西方宪草条文的人来得高明，值得留意。

（三）有中国特色的司法设计

康有为自戊戌变法流亡以来，长期周游列国，在同时代人里，可谓见多识广。他不仅见识了欧美宪政文明所带来的国富民强以及民权保护的巨大优点，更注意到很多欧美国家因为国情或者宪法规定不完备所造成的灾难，加上他个人性格上的极度自信以及中华几千年辉煌文明所造成的民族优越感在他身上的折射，他希望能够为当时的中国创制出一部既能沟通世界宪政大同又能保持中国既有国粹、熔古今中西于一炉的理想宪法，这在司法制度设计方面尤为突出，主要体现在司法长官的人选和行政裁判这两点。

康有为坚持司法长官不以国务员同进退，而以总统同进退；司法长官不是内阁之一员，而是由副总统兼任。以副总统兼任司法总裁，他以为好处很多："试思总理随政党而变易，岁月难保，司法总长亦随之而岁月易位，岂可以司法之重要，而岁月移易乎？且高等法官，必备极崇高，妙选耆旧俊乂为之……资望尊重，乃能镇压顽嚣，持正守直，俾下僚知畏，贿托不行。司法总长为总理所援用，或多引新进少年之私人绝无资望者，耆旧岂能甘心俯首？尤非所以重国体而尊法律，所关非细故也。"司法独立制度能够建立，又以副总统兼任司法总裁，以示尊崇，"庶与政府、国会平行并立，以维司法之尊严焉"。征诸民初史乘，在制度设计上采取了西方国家的通行做法，以司法总长作为内阁一员，随整个内阁之进退而进退。在整个民初(1912—1927),先后有21人出任过司法总长①,这尚不包括一些暂署、暂代之人,平均任期不到1年。像章宗祥担任该职3年零4个月,已算超长的了。每个新司法总长上台伊始,多思有所作为,结果因时间短暂,来不及有所实施,遂因内阁垮台而不无遗憾地挂冠而去。如民初王宠惠、许世英、梁启超先后出任司法总长,皆提出自己的司法改革计划,最终成效未彰即辞职,徒留人去政失之叹。鉴于此,康氏宪草关于司法总裁由副总统兼任的做法自有其价值。

康有为在行政裁判方面的主张集中体现在其所拟宪草第74条,该条规定:"设立都察院以司行政之讼治,凡人民受官吏之违法抑害,与吏互讼者,别以法律定之。"其理由为:首先征之中国传统,认为自秦汉两千年来,"行政之讼,与民间之讼,事义迥分",现在也要和普通审判机关分开,设立独立的行政审判衙门,"吾国既以司法为独立之院,则行政裁判所与大理寺合为三法司,若英俗然,保其国粹,义之宜也"。因此反对那种从日本行政裁判之名而使用平政院名称的做法。他之所以要以都察院作为共和国行政裁判所的名称,最根本原因是他希望中国在走向作为世界大同趋势的"共和宪政"之中保有中国特色,维持民彝、族彝于不坠。他以西方的诉讼分类观念考察了中国监察制度之沿革,认为监察制度是传统中国吏治之特色,从秦汉到晚清一直不同程度存在的以御史为主体的监察对于防止行政官员的专横、保障普通百姓的权利具有重要意义。当民国考虑建立行政诉讼制度时,应该立足于传统的监察制度,结合西方行政诉讼观念和实践,方能切实推行。

在这里,康有为提出一个重要命题:处于古今中西交汇点的中国应根据何种原则来设计合适的制度?在中国传统与西方通行做法之间,是将价值的天平倾向其中的一方还是二者兼顾?这就涉及对西方具体制度的价值评估问题。自工业革命以后,西方凭借其强大实力,以殖民扩张为手段,以传教士姿态将其物质、制度和思想等成果作为一种普适性的成果向全球推广。而那些饱受列强欺凌但却深切了解欧美学术和文明的非欧美知识分子,尽管在自己国家与欧美相比时对自己的国家抱有自卑感,更极度忧虑自己的国家和民族的未来命运,却不能容忍对自己所属社会的全盘否定,他们多将西方发展出来的某些制度或文化解释为特定社会和文化的产物,从而为寻求自身文明中的优长找到合适的空间。康有为对行政裁判制度的设计即有此种考虑。在他看来,中国现今的贫弱并不能否定中国固有制度在某些具体方面的优点和长处。尽管中国要向西方学习宪政、法治等通向世界大同的道路,但具体怎么走,则不能全盘照搬西方路线,祖宗经验仍然应该借鉴。为此,他还做了一个发人深省的比喻:"如故家世族,必室陈世藏之器,虽敝寻亦珍之,所谓文明也;若寒家骤富,多购洋货,而无世藏之物,世家子必轻笑之。"②民初行政裁判制度的建立没有按照他的设想进行下去,而采纳了大陆法系尤其是日本的做法,设立平政院或行政法院。但康有为提出的重要思想命题值得关注:在欧风美雨弥漫全球之际,其制度和文化是

---

① 参见刘寿林编:《辛亥以后十七年职官年表》,引自沈云龙主编:《近代中国史料丛刊续编》(第五辑),台湾文海出版社1974年版,第73—89页。
② 《拟中华民国宪法草案·发凡》,载《民国经世文编(法律)》,引自沈云龙主编:《近代中国史料丛刊》(第五十辑),台湾文海出版社1970年影印本,第1392—1415页。

普世性的还是相对性的？非欧美民族的文化又该作何等价值评估，在实际上应如何取舍？

康有为以"公羊三世"说为指导，替当时中国认真把脉，认为救治中国的政治良药是君主立宪。及至辛亥革命后共和告成，他因其固有主张，加以海外阅历，依然认为应实行"虚君共和"，但受国家民族危机的困扰，他在所拟宪草中扩大了总统权力，而以国民大议会和国询院来进行制约，尽力维持行政权和立法权间的平衡。在司法方面，他在坚持司法独立的前提下，提出副总统担任司法总裁的想法；为防止官吏虐民，他主张以传统的都察院行使行政裁判职能。尽管康有为晚年关于宪政的思考在近代中国实践进程中影响不大，但理论的实践与否并不能衡量理论本身的价值和贡献。"一个说白马是马的人，当然是正确的，但大概是毫无价值可言；另一个说白马非马的人，当然是错误的，但却没有一部思想史可以轻易忽略它在理论思维上的贡献。"①康有为所思考的那些问题，其贡献当与那个论述"白马非马"的人相类似。

第三节　梁启超的法律思想

梁启超(1873—1929)，字卓如，一字任甫，号任公，又号饮冰室主人，广东新会人，是中国近代著名的政治活动家、思想家和学者，学识渊博，著述丰富，笔锋犀利而常带感情，同时他也是近代中国著名的法律思想家。梁启超自幼饱读经、史、子、集、训诂和词章，有神童之誉。他1884年中秀才，1889年中举人，次年入京会试，但没有考中，于南归途中，在上海见到《瀛环志略》以及若干西书，从此开始接触西学。梁启超回到广州后，拜康有为为师，对其维新思想异常倾倒，从此更加热心西学，曾协助康有为编撰《新学伪经考》《孔子改制考》等重要著作，思想为之一变。1895年在京参加"公车上书"，任强学会书记员。1896年在上海任《时务报》主笔，发表了《变法通议》等力倡维新变法的政论文章，在全国思想界影响甚大。后任湖南时务学堂总教习，大力宣传变法维新、救亡图存、兴民权等思想。1898年到京协助康有为发起和组织保国会。戊戌变法失败，梁启超亡命日本，进一步研读西学、办报刊，《新民丛报》为最著者。他大倡新民说，认为"欲救今日之中国，莫急于以新学说变其思想"，称自己是"中国—新民"，并写了《新民说》一书，系统地阐述了他本人对国家、权利、自由、进步等问题的看法。1896年至1903年是梁启超作为近代中国启蒙宣传家的黄金时期，他这一时期的论著，对后来几代的青年都产生了重要影响。1905年前后，他作为君宪派主要代表，同革命派进行论战。1912年10月，梁启超结束了长达15年的海外流亡生涯，从日本回国，在天津创办报纸《庸言》。1913年初正式加入共和党，历任司法总长、币制局总裁、财政总长等职。在司法总长卸任之际，为改良民初司法状况，梁启超提出了《司法计划书》，对民初司法产生了一定的影响。1920年后，梁启超专力从事教育事业和学术研究，先后讲学于南开、清华和东南等大学。《先秦政治思想史》即是他在东南大学1922年秋季讲学之讲稿，其间还担任了民初司法官培训机构司法储才馆的馆长。

---

① 何兆武：《历史理性的建构》，北京大学出版社2005年版，第173页。

梁启超的一生,全部在国耻世变中度过,蒿目忧心,不能自已,始终以救国新民之责自任,发之于笔端,著述逾千万言,其著作有中华书局出版的《饮冰室合集》,分文集、专集两部分。其中阐述法律思想的部分文章被收入《梁启超法学文集》①一书中。

一、"随时创法"之变法观

梁启超在戊戌变法前后以春秋公羊学说为理论工具,初步形成了"随时创法"的变法观。1896 年 8 月他在《论不变法之害》中针对传统中国祖宗成法不能变的论点,明确指出:"不能创法,非圣人也;不能随时,非圣人也……要而论之,法者天下之公器也,变者天下之公理也。大地既通,万国蒸蒸,日趋于上,大势相迫,非可閼制,变亦变,不变亦变。变而变者,变之权操诸已,可以保国,可以保种,可以保教;不变而变者,变之权让诸人,束缚之,驰骤之。"他主张的变法的理论根据主要是他对中西历史治乱兴衰的考察:"法何以必变?凡在天地之间者莫不变:昼夜变而成日;寒暑变而成岁……藉曰不变,则天地人类并时而息矣。故夫变者,古今之公理也。贡助之法变为租庸调,租庸调变为两税,两税变为一条鞭……上下千岁,无时不变,无事不变,公理有固然,非夫人之为也。"征之外国亦莫不然,"泰西治国之道,富强之原,非振古如兹也,盖自百年以来焉耳……自法皇拿破仑倡祸以后,欧洲忽生动力,因以更新。至其前此之旧俗,则视今日之中国无以远过,惟其幡然而变,不百年间,乃浡然而兴矣"。既然征诸中西各国实乘,皆因变法而兴,不变则弱、则亡,何况今日中国"忽与泰西诸国相遇也。泰西诸国并立,大小以数十计,狡焉思启,互相猜忌,稍不自振,则灭亡随之矣……日相比较,日相磨厉,故其人之才智,常乐于相师,而其国之盛强,常足以相敌,盖舍是不能图存也"②。

受康有为影响,梁启超一度用春秋公羊学说作为变法的重要理论基础,但为时不长。戊戌变法失败后,梁启超流亡海外,更多地接触到西方社会科学知识,进化论、民约论成为其变法思想的主要理论。他受西方法律思想家卢梭、孟德斯鸠的影响,推崇民约论、人性论等学说。他曾宣称:在"西哲"的治国方案中,卢梭的民约论"最适于今日之中国"。1902年他专门撰写《法理学大家孟德斯鸠之学说》一文,专门评介孟德斯鸠的法律思想体系,明确表达了景仰之情:"孟子曰,有王者起,必来取法,是为王者师也。近世史中诸先哲,可以当此语而无愧者,盖不过数人焉,若首屈一指,则吾欲以孟德斯鸠当之。"基于这样的认识,他以自然法学派的理论为基础,批判中国传统专制制度下的法律体系及其背后的思想观念,阐明法律的起源和性质,说明采用西方法律制度的合理性和优越性,进而论证变法之必要。

通观梁启超一生,尽管其变法的理论基础不时有所变化,但其变法的主张可谓终身未改。但究竟如何变法,早在戊戌变法前后,他即著文批驳了洋务派所推行的"变法":近三十年而成效不彰,其原因就在于他们的变法非真变法,"即吾向者所谓补苴罅漏,弥缝蚁

---

① 范忠信选编:《梁启超法学文集》,中国政法大学出版社 2000 年版。
② 《论不变法之害》,载梁启超:《饮冰室合集》(第一册)(文集之一),中华书局 1989 年版,第 2—8 页。

穴,漂摇一至,同归死亡,而于去陈用新,改弦更张之道,未始有合也"。当时中国要变法,必须探求其本原。他通过对中国社会情形的考量和分析,得出结论:"变法之本,在育人才;人才之兴,在开学校;学校之立,在变科举,而一切要其大成,在变官制。"① 官制究竟要如何变呢?那就是借鉴西方的"君民共主""兴民权"等做法,在近代中国推行真正的宪政。

二、君宪与共和——梁启超的宪政观

在戊戌变法时期,梁启超认为要救中国则必须变革君主专制政体,推行君主立宪,其理论基础是"公羊三世六别"说。所谓"三世六别",即社会之进化须经三世,即多君为政之世、一君为政之世和民为政之世,每世又分两阶段,三世共六个阶段。这六个阶段,所有民族都要经历,不能逾越,也不能超前。当时中国已经历了长久的一君为政之世,现在要向民为政之世过渡,因此要提倡民权,实行君主立宪。

梁启超在戊戌变法之后流亡日本,接触了更多西学知识,开始提倡民权,宣扬新民学说,极力批判专制。其倡导民权的理论基础不再是传统的公羊说,而是进化论。人世进化分为六级,即族制政体、临时酋长政体、神权政体、贵族封建政体、专制政体、立宪君主或革命民主政体。从戊戌流亡到辛亥年间,梁启超始终坚持当时中国应该从专制政体走出来,向君主立宪或共和立宪迈进。至于中国究竟是要实行君主立宪还是共和立宪,整体说来,他倾向于君主立宪。于1902年前后,他一度对共和立宪比较推崇。他在介绍孟德斯鸠的生平和学说时,即非常不满意孟德斯鸠对君主立宪的推崇。"然其(指孟德斯鸠)论所以统一之法,则以为舍君主末由,此盖犹拘墟于一时之耳目,而未达法治之大原也……孟氏必欲举行法权,归诸累世相承不受谴责之君主,又欲调剂二权,置贵族于君民之间,以成所谓混和政体者,此由心醉英风太甚。而不知英国此等现象,实过渡时代,不得不然,非政法之极则也。"② 梁启超之所以在君宪和共和之间游移,除康有为的影响外,还有自身思想认识上的原因。他认为,政治进化有一定之阶段,不能躐等而行,民权政治为最后之归宿。其思想取决于他对此两方面强调的侧重点的转移。方其重视民权之时,则主张共和宪政;转而注重政治进化必经阶段之时,则主张君宪。③ 不管此一时期是主张君宪还是共和,梁启超都对君主专制的批判则一以贯之。

梁启超对君主专制的批判不留余地,相当深刻。他认为,中国之所以现在积贫积弱且极端守旧,不思进取,最主要的原因就是君主专制。在君主专制之下,不外乎有仁政和暴政之别。中国传统法律思想受儒家影响,颂扬当政者推行仁政。他则认为,即使是仁政,也摧残了百姓人格。"夫出吾仁以仁人者,虽非侵人自由,而待仁于人者则是放弃自由也。仁者多焉,则待仁于人者亦必多。其弊可以使人格日趋卑下。若是乎仁政者非政体之至焉者。"所以,即使是圣君明相在位,只要是君主专制,就与自由民权之思想相悖。在专制

---

① 《论变法不知本原之害》,载梁启超:《饮冰室合集》(第一册)(文集之一),中华书局1989年版,第10页。
② 《法理学大家孟德斯鸠之学说》,载范忠信选编:《梁启超法学文集》,中国政法大学出版社2000年版,第23—24页。
③ 参考萧公权:《中国政治思想史》,新星出版社2005年版,第492—493页。

之下,"平昔之待其民也,鞭之棰之,敲之削之,戮之辱之,积千数百年霸者之余威,以震荡摧锄之"。等待敌国大至,这时要求老百姓奋全力保卫国家,就像"不胎而求子,蒸沙而求饭"一样不可能。为什么呢?因为"国民者,一私人之所结集也;国权者,一私人之权利所团成者也,故欲求国民之思想之感觉之行为,舍其分子之各私人之思想感觉行为而终不可得见。其民强者谓之强国,其民弱者谓之弱国。其民富者谓之富国,其民贫者谓之贫国。其民有权者谓之有权国,其民无耻者谓之无耻国。夫至以'无耻国'三字成一名词,而犹欲其国之立于天地,有是理耶?有是理耶!其能受阉宦差役之婪索一钱而安之者,必其能受外国之割一省而亦安之者也。其能奴颜婢膝昏暮乞怜于权贵之门者,必其能悬顺民之旗箪食壶浆以迎他族之师者也"①。专制制度摧杀了人之所以为人的资格和能力,导致了国家的贫弱不振。

对比中西社会发展,梁启超探讨了中国专制制度根深蒂固之原因,即贵族制度在中西方的不同命运。他认为:"贵族政治者,虽为平民政治之蟊贼,然亦君主制度之悍敌也。"贵族政治实乃平民政治的媒介,"凡政治之发达,莫不由多数者与少数者之争而胜之。贵族之对于平民,固少数也,其对于君主,则多数也。故贵族得裁抑君主而要求得相当之权利。于是国宪之根本,得以粗立。后此平民亦能以此为型,以为之楯,以彼之裁抑君主之术还裁抑之,而又得相当之权利。是贵族政治之有助于民权者一也。君主一人耳,既用愚民之术自尊曰圣曰神,则人民每不敢妄生异想,驯之视其专制为天赋之权利。若贵族之专制也,则以少数之芸芸者与多数之芸芸者相形见绌,自能触其恶感,起一吾何畏彼之思想。是贵族政治之有助于民权者二也。一尊之下既有两派,则畴昔君主与贵族相结以虐平民者,忽然亦可与平民相结以弱贵族。而君主专制之极,则贵族平民又可相结以同裁抑君主。三者相牵制、相监督,而莫得或自恣。是贵族政治之有助于民权者三也"②。西方有长时期的贵族政治,民权反而易伸。中国贵族消灭于秦,传统中国人民又多有自由,有所谓的"朝舍郎登天子堂"之制度,这导致了君主专制的根深蒂固。

对于当时中国应实行何种国体这一重大问题,大体以辛亥革命为界,之前梁启超基本主张君宪,之后则矢志捍卫共和。为什么会有如此重大变化?主要原因是他坚持主张国体一旦确立不能轻易变更。他于1911年撰写的《新中国建设问题》一文中即指出虚戴君主之共和政体"虽未敢称为最良之政体,而就现行诸种政体比较之,则圆妙无出其右者矣",但在当时中国,由于大清皇室无道,此种"圆妙"之君主立宪不能实行,"皇室实为恶政治之所从出……今之皇室,乃引鸩以祈速死,甘自取亡,更贻我中国以难题。使彼数年以来,稍有分毫交让精神,稍能布诚以待整吾民,使所谓'十九条信条'者,能于一年数月前发布其一二,则吾民虽长戴此装饰品,视之希腊那威等国之迎立异族耳,吾知吾民当不屑靳靳与较者"。到袁世凯复辟帝制前夕,梁启超为反对此种国体的轻易变动,撰《异哉!所谓国体问题》,明确阐述了捍卫既定国体的主张。在他看来,凡是主张立宪的,不论是政论家

---

① 《新民说·论权利思想》,载梁启超:《饮冰室合集》(第六册)(专集之四),中华书局1989年版,第39页。
② 《中国专制政治进化史论》,载梁启超:《饮冰室合集》(第一册)(文集之九),中华书局1989年版,第80—82页。

还是政治家,应该是只问政体,不问国体。政体是立宪不立宪的问题,国体是共和不共和的问题。政治家的天职是在现行国体的基础上谋政体之改进,若超越此界限,则是革命家之所为,非堂堂正正之政治家所当有事也。"凡国体之由甲种而变为乙种,或由乙种而变为甲种,其驱运而旋转之也,恒存乎政治以外之势力。其时机未至耶,绝非缘政论家之赞成所能促进;其时机已至耶,又绝非缘政论家之反对所能制止。以政论家而容喙于国体问题,实不自量之甚也。故曰不能问也。岂惟政论家为然,即实行之政治家亦当有然。"

　　梁启超之所以秉持此种主张,深层原因是他对于渐进改良和激进革命二者在推动社会发展方面的价值判断。终其一生,他一直秉持只有在现行国体基础上进行变法工作才能真正推动社会进步,而革命带来的只能是混乱和无序。即使说革命有其作用,但就社会进化而言,与改良相比,则属下策,只能是革命家所取,而非政论家和政治家所孜孜追求;革命只能是不得已而为之,而非首选。从这个意义上来讲,他可说是革命的反对派。明白了他关于革命和改良的价值评判且他能一以贯之,就能够解释他为什么在辛亥前后对革命一直持反对态度,及至辛亥革命胜利,共和国体已经建立起来,他在《新中国建设问题》一文中还对君主立宪抱有好感。等到共和国体确立并经过一段时间之后,到袁氏和废帝溥仪先后复辟君主立宪之时,他又持激烈的反对态度。在这种看似矛盾现象的背后,实有连贯的逻辑在其中,那就是无论如何要避免因变更国体而频繁革命。他在戊戌变法前后所为,则曰"改革而已"。他用自己的行为作出了关于改革的积极价值判断。其后经历了极短暂的思想反复后,他更坚定地反对革命。他于1904年2月写就《中国历史上革命之研究》一文。在该文中,他比较中西革命,认为中国革命不可避免会出现问题,故激烈反对在中国搞革命。"吾宁不知革命论者之中,其高尚严正纯洁者,固自有人,顾吾所以且忧且惧而不能已者,吾察其机之所趋有大不妙者存,吾深虑彼之高尚严正纯洁者,且为法国罗兰夫人党之续也。"看到辛亥革命后的政治乱局,他更坚定了之前关于革命和改革的价值评判。1912年,他在《鄙人对于言论界之过去及将来》一文中说明了他主张改良而非革命的原因:"其后见留学界及内地学校因革命思想传播之故,频闹风潮,窃计学生求学,将以为国家建设之用,雅不欲破坏之学说深入青年之脑中。又见乎无限制之自由平等说,流弊无穷,惴惴然惧。又默察人民程度增进非易,恐秩序一破之后,青黄不接,暴民踵兴,虽提倡革命诸贤,亦苦于收拾。加以比年国家财政国民生计艰窘达于极点,恐事机一发,为人劫持,或至亡国。而现在西藏、蒙古离畔分析之噩耗,又当时所日夜念及而引以为戚。自此种思想来往于胸中,于是极端之破坏,不敢主张矣。"

　　既然中国不可革命,只能改革。那究竟要如何改革才能救亡图存?就是将宪政真正落到实处。抓住宪政这个中心,这是梁启超同前此洋务派的区别关键所在。在他看来,只有推行宪政,不管是在君主国体下还是在共和国体之下,才是真正的改革。在梁启超的思想体系中,在近代中国励行宪政是一项艰巨的工作,必须从下述几个方面入手,方能将宪政落到实处,而非纸面上的宪法条文。

三、"民权"与"法治"

梁启超在《政闻社宣言书》中论述了立宪政治与民权的密切关系。专制政治与立宪政治之别主要在于政府是压制民权还是发展民权。立宪政治就是国民政治,要将国民政治落到实处且能够长期保持并不断发扬光大,其根本还在于国民自身。立宪政体之下的国民要具备包含此层层递进的三个方面的素质:"当使国民勿漠视政治,而常引为己任;当使国民对于政治之适否,而有判断之常识;当使国民具足政治上之能力,常能自起而当其冲。"简言之,是要"兴民权"。1902年针对有清朝官员认为德国、日本的立宪政体有"尊崇帝国、裁抑民权"之事实,他指出:"谓德国尊崇帝国,斯固然矣。至固谓其裁抑民权,则吾不知何据也。凡其国苟无国会者,则民权必裁抑,其有完全之国会者,则民权未有不能伸者也。"①从而驳斥了毕士麦(今多译"俾斯麦")以裁抑民权为治国之策的说法。1903年他在《答某君问法国禁止民权自由之说》中认为"兴民权"是人类进化之公理,"民权自由之义,放诸四海而准,俟诸百世而不惑"。民权运动于"18世纪时代,人民运动之范围,各在本国,今则运动之范围普及于天下",因此"医今日之中国,必先使人人知有权,人人知有自由,然后可。《民约论》正今日中国独一无二之良药也"。

在君主专制下,之所以没有民权存在的空间,主要原因是传统中国推行人治、礼治和德治,无所谓权力分立与制约,君主握有事实上的最高立法权、司法权和行政权。就立法而言,由于利己是人的天性,"故操有立法权者,必务立其有利于己之法,此理事所不能免者也"。在君主专制政治下,有"诽谤、偶语者弃市;谋逆者夷族"之类法律出现,不足为奇。如立法者同时还握有司法和行政之权,那这种立法利己的弊端就更严重。

要兴民权,必须要法治。"法治国者,一国之人各有权,一国之人之权各有限之谓也。固无宪法之国,断不能整齐、严肃。有法焉则自由固可也,专制亦可也。人民行其自由于法律之下,则自由而非暴;政府行专制于法律之下,则专制而非苛。"②在法治国中,政府要在既定的法律范围内行事,则民权要有所保障。

梁启超自戊戌变法之后流亡海外,接触到更多西方政治法律学说之后,逐渐认识到法治对于近代中国革新的重大意义,即"法治主义是今日救时唯一之主义"③。此后他始终秉持此种主张,直至生命的终点。考虑到法治之推行,必须养成国民尊重法律的习惯,使守法成为一种风俗;出于救亡图存的焦虑和近代以来中国事事不如人的刺激,他投入极大精力研究传统中国的法家,力图从法家学说中开出一片法治主义的新天地,将来自异域的法治传统内化为中华民族本来所固有,减少推行法治的阻力。他在作为政论家活动期间,于1904年撰写了《中国法理学发达史论》,初步研究了法家的"法治主义";到他晚年退出喧嚣的政界而专力学术之时,更对法家学说乃至整个先秦思想进行了系统研究,撰写了

---

① 《答某君问德国日本裁抑民权事》,载梁启超:《饮冰室合集》(第二册)(文集之十一),中华书局1989年版,第51页。
② 同上书,第57页。
③ 《中国法理学发达史论》,载梁启超:《饮冰室合集》(第二册)(文集之十五),中华书局1989年版,第43页。

《先秦政治思想》，对法家"法治主义"进行了系统的评析。

在他的思想观念里，到底什么才是法治？他于1922年在《先秦政治思想》一文中分析了先秦政治思想的四大潮流：无治主义、人治主义、礼治主义和法治主义。他对这些主义一一做了分析，认为无治主义为道家所倡，是"以人民不争不乱为前提"，从经济上看，万万办不到。人治主义为墨家和儒家所倡，"不能说他根本不对，只可惜他们理想的贤人靠不住能出现。欲贯彻人治主义，非国中大多数人变成贤人不可，儒家的礼治主义，目的就在救济这一点上"。礼治是儒家政治思想的根本立论所在。他认为："礼这样东西，本是以社会习惯为根据。社会习惯，多半是由历史上传统的权威积渐而成，不能认他本质一定是好的。绝对尊重他，用作政治上主义，很可以妨碍进步，我们实在不敢赞成。但换个方面来看，习惯支配社会的力量，实在大得可怕，若不能将习惯改良，一切良法美意都成虚设。"儒家提倡礼治主义的深意，"是要国中人人都受教育，都成为'至善'之民，他们深信贤人政治，但不是靠一两个贤人，他们最后目的，要把全社会人个个都变成贤人。质而言之，他们以养成国民人格为政治上第一义。他们反对法治，反对的理由就专为'民免而无耻'，于国民人格大有妨害"。但能否做到，实在有疑问。尽管如此，他还是给予了相当高的评价："法治主义，很像从前德国、日本的'警察政治'。礼治主义，很像英美的自由主义。"只有法治主义，才能切实解决治理问题，但却有其弊端。在他看来，法治主义的短处分两层：一是法治主义通有的短处，二是先秦法家特有的短处。法治主义通有的短处大致有三点：法律权力渊源在于国家，过信法治主义便是过信国家权力，结果个人自由都被国家吞灭了，此其一。法治主义总不免机械观，万事都像一个模型里定制出来，妨害个性发展，此其二。逼着人们在法律范围内取巧，成了儒家所谓"免而无耻"，此其三。先秦法家特有的短处在于无法限制君主，"他们知道法律要确定，要公布，知道法律知识要普及于人民，知道君主要行动于法律范围之内，但如何然后能贯彻这种主张，他们没有想出最后最强的保障。申而言之，立法权应该属于何人，他们始终没有把他当个问题。他们所主张法律威力如此绝对无限，问法律从哪里出呢？还是君主，还是政府？他们虽然唇焦舌敝，说：'君主当设法以自禁'，说：'君主不可舍法而心裁轻重'。结果都成废话。造法的权在什么人，变法、废法的权自然也在那人，君主承认的便算法律，他感觉不便时，不承认它，当然失了法律的资格。他们主张法律万能，结果成了君主万能。这是他们最失败的一点。因为有这个漏洞，所以这个主义，不惟受别派的攻击，无从辩护，连他本身也被专制君主破坏尽了。我们要建设现代的政治，一面要采用法家根本精神，一面对于他的方法条理，加以修正才好"[①]。

梁启超在《先秦政治思想》中对法家"法治主义"和普遍意义上的法治的分析中指出，法是"国家之意志"[②]，"天下之公器"[③]，国家应以立法治天下。世界上没有无法之国。"今世立宪之国家，学者称为法治国。法治国者，谓以法为治之国也。"[④]他还把有无法律和能

---

① 梁启超：《饮冰室文集》（点校本）（第五册），吴松等点校，云南教育出版社2001年版，第3084—3086页。
② 《论立法权》，载梁启超：《饮冰室合集》（第一册）（文集之九），中华书局1989年版，第102页。
③ 《变法通议·论不变法之害》，载梁启超：《饮冰室合集》（第一册）（文集之一），中华书局1989年版，第8页。
④ 《管子传》，载梁启超：《饮冰室合集》（第七册）（专集之二十八），中华书局1989年版，第12页。

否实行法治，视为区分国家文明与野蛮的标志："文明之根源有定者何？其法律愈繁备而愈公者，则愈文明；愈简陋而愈私者，则愈野蛮而已。"①

他深刻认识到，作为拯救中国良方的法治主义所需要的法，并不只是规则或法条的集合体，法治不仅仅是规则或法条的陈设，更重要的是这些规则或法条能够切实得到遵守，进而成为民众社会生活的一部分，因此他在很多地方都谈及落实法律规定的重要性。1910年他在《国风报》第10期发表《岁晚读书录》："国皆有法，而无使法必行之法。呜呼！何其一似为今日言之也。数年来新颁之法令，亦既如牛毛矣！夫法之良否勿论，要之诸法皆有，惟使法必行之法则无之。夫法而可以不必行，是亦等于无法而已，是法治之根本已拔，而枝叶更安丽也。中国而长此不变，则法愈多愈速其乱而已，然则使法必行之法维何？"在专制国，则要依靠圣君贤相，而在立宪国，则需要宪法和国会。不只如此，他还看到世界各国的历史，立宪国数十计，而真正有法治的国家只有几个，原因在于各国具体的"士习"和"民风"。尽管这种说法是老生常谈，但却是推行法治的根本着手处。

梁启超对民权和法治的推崇以及法治在治理国家中作用的论述有不少创见，再加之他在近代思想史上一言九鼎的地位，有助于宣传此类思想和见解并扩大其影响。

四、"立法"与"司法"

梁启超将宪政之实施作为近代中国改革的核心问题。宪政是有限政治，通过国家权力分立和制衡将政府及一切国家机关的威权限制在法律范围内，因此施行宪政必须励行法治。法治中的"法"是一个系统，一个体系。其中，处于最高地位的是宪法，它以根本法的形式确定了权力分立和制衡的基本原则。法律治理就必定包含创制法律和适用法律两个重要组成部分，即立法和司法。梁启超于1899年在《各国宪法异同论》中指出："行政、立法、司法三权鼎立，不相侵轶，以防政府之专恣，以保人民之自由。此说也，自法国硕学孟德斯鸠始倡之。孟氏外察英国政治之情形，内参以学治之公理，故其说遂为后人所莫易。今日凡立宪之国，必分立三大权。"传统中国无所谓权力分立，从西方权力分立的观点来看，是行政无所不包，独立于行政之外的立法和司法不存在。他于1902年在《论立法权》中更明确指出："立法、行政、司法诸权分立，在欧美日本，既成陈言，妇孺尽解矣。然吾中国立国数千年，于此等政学原理，尚未有发明之者。"

如说行政是国家的行为，那立法就是国家的意志。在他看来，西方政治之所以优越于中国，其本原就在于立法部发展较早。作为国家意志的立法，"就一人论之，昨日之意志与今日之意志，今日之意志与明日之意志常不能相同……惟国亦然，故须常设置立法部，因事势，从民欲，而立制改度，以利国民"。国家不仅要有常设立法部，还要与行政权分立，"立法行政分权之事，泰西早已行之。及法儒孟德斯鸠，益阐明其理，确定其范围，各国政治乃益进化焉"。反之，"立法行法二权，若同归于一人，或同归于一部，则国人必不能保其自由权。何则？两种相合，则或藉立法之权以设苛法，又藉其行法之权以施此苛法，其弊

---

① 《论中国宜讲求法律之学》，载梁启超：《饮冰室合集》（第一册）（文集之一），中华书局1989年版，第94页。

何可胜言！如政府中一部有行法之权者,而欲夺国人财产,乃先赖立法之权,预定法律,命各人财产皆可归之政府,再藉其行法之权以夺之,则国人虽欲起而与争,亦力不能敌,无可奈何而已"①。既然立法权要与行政权分离,而立法又是政治之本原,近世政治之目的在于求国民之幸福,那么立法权就应该由人民掌握。人民数量众多,欲行其立法权,则由其代议机关国会所代表。晚清新政,即是以西方三权分立学说为目标,设立了预备国会性质的资政院。针对立宪党人一次又一次的速开国会请愿活动,他作为立宪党人精神领袖,于1910年撰写了《中国国会制度私议》一文,明确指出"学者旧称国会为立法机关。立法事业,固非国会所得专。国会职权,亦非仅限于立法。虽然,立法为国会最重大职权之一,实无可疑也"。国会有两大立法权:参与改正宪法和参与普通立法。

针对民初立法中出现的因人因事立法、务外观而不务施行的种种立法乱象,梁启超有《箴立法家》一文,提出了自己对立法家的希望有三:第一,当求以法范人,不可对人制法。第二,法案之草创及修正,其精神系统不可紊也。第三,立法非以为观美也,期于行焉。而"当清之季,托名立宪,法如牛毛,然每一纸之颁,动腾天下之笑。盖当草案伊始,已什九皆拽撰迻译,其适于国情惬于人心者与否,未深问也。及其脱稿传观,而某司官增窜数条焉,某堂官涂乙数条焉,经一机关之会议,而增删涂改多一度。而其人固非有法律知识,又非有喻于立法本来之意也。甚或人持一议,争论不决,则糅合诸议,骈列成文……遂使一法之中,精神冲突,词旨矛盾,支离灭裂,无系可寻。及其施用也,以舞文则无往不宜,以驭事则无一而可。清之不纲,此其一征矣"。关于要制定能够切实施行的法律,而不是追求好高骛远的目标,他痛陈"有法而不能守"的危害,"欲养成人民尊重法律之习惯,则当一法之将颁,必先有能推行此法之实力以盾其后。若法意虽甚善美,而形势格禁,不获举而措之,则毋宁暂缓焉以俟诸方来之为得也"。"夫使法成为纸上空文,则渎法律之神圣莫甚焉。国民法律思想本已薄弱,更从而薄弱之,则其恶影响所及于将来者,更宁忍道耶?"

民国成立后,梁启超结束了海外流亡生活,回国直接参与政治运动。这一时期,他对宪法、国会和政党政治在近代中国的实施抱有极大期望,几乎投入了他全部精力。下面将以他1913年代表进步党所拟定的宪法草案为中心来分析该问题。

1913年第一届国会选举完成,他为实现政党内阁的目标,筹划成立了进步党。在当时的制宪热潮中,梁启超代表进步党拟定了一个宪法草案。该草案运用权力分立和制衡的原理,确认了主权在民原则,并以根本法的形式保障了人民各项法定权利。按照他自己所说,其独特之处在于国民特会、国家顾问院和法律等三部分。国家所在,主权随之,故国家必有最高机关,这个最高机关必须超乎立法、行政、司法三机关之上,以总揽主权。君宪国则由君主执掌,共和国则由国民全体执掌。观察国外的做法,有美国那样的人民直接投票,有法国那样的特设机关。他主张特设机关,名曰"国民特会"。其组成人员是国会两院议员的全体,其职权有四:修正宪法、选举总统、变更领土和弹劾总统或国务员等执政。国家顾问院是他参照法国的参事院和日本的枢密院而设计出来的,目的是限制行政权,使其

---

① 《论立法权》,载梁启超:《饮冰室合集》(第一册)(文集之九),中华书局1989年版,第101—107页。

在国会闭会期间依然发挥监督行政的作用,带有几分贵族政治的特色。国家顾问院是由国会两院选举出各 4 人和大总统荐任 5 人,共 13 名顾问构成,但该顾问不能兼任议员或国务员。该院职权在于牵制大总统,规定大总统在行使五项职权(任命国务总理、解散国会、发布紧急教令及财政上紧急处分、宣战媾和及提议改正宪法)时须经该院同意;另外该院还享有宪法解释权及宪法权限争议裁判权。另外,虽然外国宪法一般都把关于法律的规定包含在国会章节里面,但他考虑到国会的职权不只是立法,而法律能够成立的程序又不能由国会单独完成,故专门拟定"法律"一章,以名立法之程序,可见他对于立法的特别重视。

虽然他在其拟定的宪法草案里勾勒了未来中国的前途,但袁世凯以"宪法宜永久,约法乃临时"之计,于《临时约法》施行之际又拟定了《中华民国约法》,置宪法起草委员会拟定的"天坛宪草"于不顾。《中华民国约法》实行了一年左右,袁世凯又欲组织宪法起草委员会制定宪法,梁启超被任命为起草委员之一。针对此种情况,他认为,与其玩弄宪法,不如不制定宪法。"宪法宜采纯立宪的精神,而《约法》则不妨略带开明专制之精神,此其大较也。今制定宪法,若即以《约法》之精神为精神耶,则《约法》之名,奚损于尊严?而宪法之名,岂加于崇贵?何必将此种国家根本大法,旋公布而旋弃置,以淆民视听者。若于原《约法》精神之外而别求新宪法精神耶,学理上之选举,犹为别问题。然试问法之为物,是否求其适应,求其可行。谓《约法》不适应不可行耶,则宜勿公布。《约法》既适应可行耶,则与《约法》异精神之宪法,其不适用不可行,可推见也。谓一年前宜于彼者,一年后即宜于此,天下宁有是理?是故据鄙人私见,谓今日诚无汲汲制定宪法之必要也。"他进而指出,自《中华民国约法》公布以来,"何尝有一焉曾经实行者?即将来亦何尝有一焉有意实行者?条文云云,不过为政府公报上多添数行墨点,于实际有何关系?夫《约法》之效力而仅于数行墨点,其导人民以玩法之心理则既甚矣。试问易其名为宪法,而此态度遂能否一变?苟率此态度以视将来之宪法,则与其汲汲制定,毋宁其已也"①。

民初宪法文本成为粉饰政权的工具,作为宪政最主要标志的国会,梁启超一度曾寄予极大希望。不料国会几经摧残,议员们多不安于位。护国战争胜利后,国会得以恢复,有些议员跳槽到行政界以为高就。他非常痛心,指出:"盖此种现象,无异议员自表示一种轻视国会之心理:以为国会不足以行吾志而尽吾才,乃亟亟顾而之他,不知此实最大谬见。虽在平时国会与政府之职务,犹不能有所轩轾,况此次国会其主要之任务,乃在行使国民会议之职权,以制定国命所托之宪法,较之在政府或在各省执行一局部、一时之事务,其轻重岂可以道里计?"②议员之所以不信任国会,原因在于国会力量弱小,经不起外力的摧残。国会缺乏人民信仰的支撑,是导致国会力量弱小的根本因素。"我国会非能如欧洲中世之教会,如东西各专制国之君主,有历史上遗传之信仰,可以定民志勿使贰也。非如英

---

① 《宪法起草问题答客问》,载梁启超:《饮冰室合集》(第四册)(文集之三十三),中华书局 1989 年版,第 10—11 页。
② 《与报馆记者谈话二》,1916 年 8 月 16 日,载梁启超:《饮冰室合集》(第八册)(专集之三十三),中华书局 1989 年版,第 135—136 页。

国之国会,经数百年之蜕化,积小成大,而有以孚其民也。以数千年未或闻睹之事,而仓卒急就于期月之间,与斯选者,十九皆新进之士,微论才气若何宏远,要之未尝有成绩往烈予国人以共见,国人视之泊如也。"①

要将近代中国建设为一个真正的宪政国家,除了完善的立法外,更需要公正且高效的司法。1907年,他即指出国家设立司法机关是为了真正保障人民的公权和私权,鉴于传统中国行政兼理司法的弊端,应建立独立司法官厅。"今中国法律,大率沿千年之旧,与现在社会情态,强半不相应,又规定简略,惟恃判例以为补助,多如牛毛,棼如乱丝,吏民莫知所适从。重以行政、司法两权,以一机关行之,从事折狱者,往往为他力所左右,为安固其地位起见,而执法力乃不克强。坐是之故,人民生命财产,常厝于不安之地,举国俨然若不可终日,社会上种种现象,缘此而沮其发荣滋长之机。"不仅如此,司法体系的落后和审理案件的不公,更给外人以领事裁判权的口实,造成国家司法主权的沦丧。因此,厘定法律以巩固司法权独立,内"得守法而无所瞻徇",外可有望收回已失之司法主权,是他领导的政闻社主要纲领之一。

1913年,他出任熊希龄内阁司法总长。到1914年去职前夕,梁启超根据自己在任上对民初司法的观察和思考,出于改良民初司法的目的,采择同僚董康、林蔚章等人的意见,向大总统袁世凯呈文,提出《司法计划书》。在该文中,他提出十条改革司法建议,民初司法之所以出现如此众多且巨大的问题,原因在于改革步伐太快,超出了社会的承受限度。"今司法制度所以蒙诟独甚,皆缘前此改革太骤,扩张太过,锐进之余,乃生反动。今当矫枉,宜勿过正,苟其过焉,弊日滋甚。凡天下事原动力太过,必生反动,反动力太过,又生第三次反动。如果四次五次相引可以至于无穷,凡百政象皆然,不独司法也。"其改良建议,即针对这个原因而发。由于他的改良主张于中国实际情形较为接近,加之个人巨大影响力,他的方案绝大部分得到政府的认可。民初政局混乱,社会黑暗,惟司法尚有可称道者,与像梁启超这样的热心司法人士所做努力分不开。

五、地方自治

梁启超在《政闻社宣言书》中即认为地方自治是欧美各立宪国之基础。其实,早在戊戌变法前后,他在湖南宣传变法之时,其演说或举措即包含西方地方自治之精神。他在《论湖南应办之事》一文中指出救中国必兴民权:"然民权非可以旦夕而成也。权者生于智者也,有一分之智,即有一分之权;有六七分之智,即有六七分之权;有十分之智,即有十分之权。"民智如何能够提高,他的回答是先"兴绅权"。具体做法是让当地乡绅议出该乡、该县、该府、该省的兴革事宜,然后交有司执行。中国和西方的做法不同之处就在于西人以该法治一国,而中国"非不知此法,但仅以之治一乡、治一街,未能推广耳"。

梁启超在《政闻社宣言书》中指出了实行地方自治的几大好处。首先,推行地方自治,可以在很大程度上免除中央过于干涉地方之危险,由作为国家机关的地方自治团体来议

---

① 《国会之自杀》,载梁启超:《饮冰室合集》(第四册)(文集之三十),中华书局1989年版,第13页。

决地方兴革之事,较中央之干涉更能维护地方利益,也更符合地方之实际情形,可望考虑得更周到。其次,推行地方自治,可以使人民在小团体中练习其政治能力,唤起他们对政治的兴趣,达到逐渐培养人民良好政治习惯之目的,这对于整个国家的政治改良多有裨益。具体到中国,幅员辽阔,且非联邦,虽然小的自治团体与西方无甚差异,但到省级的自治团体,与西方诸立宪国整个国家不相上下,这增加了在中国推行地方自治的难度。所以在当时的中国,推行完备的地方自治制度,是最切要但也是最难的问题。鉴于此,他所领导的政闻社就将"确立地方自治,正中央地方之权限"作为政纲之一。在他晚年的《欧游心影录》中,尚有"自治"专节。可见,他终身都很重视地方自治。但遗憾的是,近代中国自晚清以来即开始搞地方自治,但成效不尽如人意,最后完全消失无踪,个中原因,值得深思。

综上所述,梁启超作为近代中国思想界的重要人物,在法律领域有较为系统的见解,对中国法律近代化产生了重要影响。

第四节　严复的法律思想

中国近代著名的启蒙思想家、翻译家严复(1853—1921),字又陵,又字几道,福建侯官(今闽侯)人。1865年从同邑黄宗彝治经史,1867年入福建马尾船政局附属海军学堂学习,开始接触西方自然科学,5年后以最优等卒业。1877年留学英国,在攻读海军专业同时,特别留意西方启蒙思想家的政治法律学说,尤其赞赏英国的君主立宪政体和法律制度。1879年回国,意气风发,颇欲行其所学,以济时艰。时李鸿章方经营北洋海军,重用他为北洋水师学堂总教习。不久李鸿章即厌恶严复议论激烈,没加以积极援引。甲午战争后,严复更力主维新。戊戌变法失败后,言论趋于稳健。1900年任复旦公学校长。1911年清政府设立海军部,严复被任命为协都统,并受赐文科进士,充学部文词馆总纂,又兼任资政院议员。民国建立,受袁世凯聘,先后担任顾问、参政及约法议员等职,列名拥护袁世凯称帝的"筹安会",声誉因此受损,回到福州老家,不久即去世。

1895年,他在天津《直报》上相继发表了《论世变之亟》《原强》《救亡决论》和《辟韩》等一系列政论文章,着手翻译英国赫胥黎的《天演论》,该书于1898年正式出版,影响极大。后他又陆续翻译出版了亚当·斯密的《原富》、斯宾塞的《群学肄言》、约翰·穆勒的《群己权界论》、孟德斯鸠的《法意》和《穆勒名学》等多种西方哲学、政治学、法学著作,把进化论、古典经济学、政治学、法学等一整套理论,比较系统地介绍到中国来,为国人提供了新的世界观和方法论,对中国知识分子起了重要的启蒙作用,从而成为近代中国最主要的启蒙思想家。蔡元培先生认为,"五十年来,介绍西洋哲学的,要推侯官严复为第一"[①]。胡适先生也曾讲"严复是介绍西洋近世思想的第一人"[②]。

严复的政治法律思想,主要反映在一系列政论文章和他在翻译西方名著时所撰写的

[①] 蔡元培:《中国五十年来之哲学》,载高平叔编:《蔡元培全集》(第四卷),中华书局1984年版,第351页。
[②] 胡适:《中国五十年来之文学》,载欧阳哲生编:《胡适文集》(第三册),北京大学出版社1998年版,第211页。

按语中。① 严复精通英文,有对西方政治法律制度实地考察之经历,对达尔文、孟德斯鸠、卢梭、穆勒、亚当·斯密等思想家的经典学术著作有长时间的钻研和翻译,较之戊戌变法前后思想同侪主要是靠传译来了解西学,他的思想显然更为深刻。

一、严复的变法思想

严复的变法思想在维新思想家中颇具特色。不同于康、梁在这一时期主要是将传统公羊学说作为变法理论依据,他深受19世纪英国达尔文、斯宾塞及赫胥黎等人思想的影响,立足于受近代自然科学直接影响的社会科学基础之上,其维新变法思想多以天演论为根据。

他在其所译的《天演论》中集中阐述了"物竞天择"原理。"物竞者,物争自存也,以一物以与物争,或存或亡,必有其所以存,必其所得于天之分,自致一己之能,与其所遭值之时与地,及凡周身以外之物力,官其相谋相济者焉,夫而后独免于亡,而足以自立也。而自其效而观之,若是物特为天之所厚而择焉以存也者,夫是之谓天择。天择者,择于自然,虽择而莫之择、犹物竞之无所争,而实天下之至争也。"② 由这种天之道推到人之道,严复进而引出人类的行为准则,即人应该适应于这种物竞天择的天演公例。因此他强调"变",要求变法。法只有变才符合天演公例。"法犹器也,犹道涂也,经时久而无修治精进之功,则扞格芜梗者势也。以扞格芜梗者而与修治精进者并行,则民固将弃此而取彼者亦势也。此天演家所谓物竞天择之道,固如是也。"③ 近代中国很多知识分子读了严复翻译的《天演论》后,即接受了此种进化学说。在《天演论》的影响下,中西文化关系,由分立并行之态变为优劣先后之别,以先进的西洋文化取代落后的中国文化是"进化"大势所趋,法律制度和文化自不能例外。

既然法律要符合"物竞天择"之原理,应随时而变,以免"扞格芜梗",那当时中国法律是否符合这个要求呢?在严复看来,我国四千年之久的文明到现在有衰亡之危险,正是因为包括法制在内的文明违反了物竞天择之道。自秦以后历朝,"为治虽有宽严之异,而大抵皆以奴虏待吾民"④。秦以来的历代帝王都是"窃之于民"的窃国大盗,因其为"窃",故害怕原有的主人"民"觉醒过来而发现其"窃",遂制定了多如牛毛的法律。这些法律的性质和功用,"其什八九皆所以坏民之才,散民之力,漓民之德者也。斯民也,固斯天下之真主也,必弱而愚之,使其常不觉,常不足以有为,而后吾可以长保所窃而永世"⑤。从这个角度来看,几千年来的法律根本上没什么变化。这种没有什么变化的法律在交通未开之世尚足以自保,到此海禁大开之今日,非变法不足以图存。

为了论证今日变法之必要,严复批驳了当时比较流行的一种观点:中国之所以积弱不

---

① 关于严复的主要著作可参见王栻主编的《严复集》(全五册,中华书局1986年版),其中第一册、第二册是"诗文",第三册是"书信",第四册是"按语",第五册是"著译、日记和附录"。
② 王栻主编:《严复集》(第五册),中华书局1986年版,第1324页。
③ 《〈原强〉修订稿》,载王栻主编:《严复集》(第一册),中华书局1986年版,第23页。
④ 同上书,第31页。
⑤ 《辟韩》,载王栻主编:《严复集》(第一册),中华书局1986年版,第36—37页。

振,不是祖宗法制的问题,而是奉行法制不力、有法不依,改进之道就在于想办法让有法必依。在严复看来,这是不明进化大势的一厢情愿,"如是而为之十年,吾决知中国之贫与弱犹自若也。何则?天下大势,犹水之东流,夫已浩浩成江河矣,乃障而反之,使之在山,此人力所必不胜也"①。

那究竟应如何变法?要回答这个问题,就先要弄明白什么才是变法。因为在之前,即有洋务派的变法。严复认为,洋务派之变法,不是真变法,而是"盗西法之虚声,而沿中土之实弊"。为什么呢?以北洋为例,"自海上军兴以来,二十余年,师法西人,不遗余力者,号以北洋为最",但"自明眼人观之,则北洋实无一事焉师行西法"。比如在中法战争期间,北洋延揽招募了几十名德国人,以辅助战争。到两国缔约之后,这几十名德国人没有了用场,被分发到各营担任教习。这些洋教习们看到了军队中很多缺点,经常建议要求改正。各营的统兵官非常讨厌这些洋教习,集体上书高层要求免去他们。高层应其所请,专门设了北洋武备学堂,集中洋教习来教书育人。结果洋教习从各营撤出,人才也没培养出来。严复认为,这就是北洋练兵练将,不用西法的明证。② 不仅洋务派的变法不足以称为真变法,就是晚清预备立宪,如果抓不住分权之大趋势、大关节,也是无效之举,"立宪之柄利于分,专制之柄利于合,此诚破的之论。今者,吾国议立宪矣,又云预备立宪矣,假其诚然,则所谓预备者,将正在此分合之间"③。

严复虽力主当时必须变法,但认为变法不易,绝非一转移间所能奏功。为什么难?一是法律本身之复杂,"法律之施行,稍或不审,则渊鱼丛雀之驱见焉,此古今法学至信之例也"④。二是当时中国人特有之历史观、价值观。在严复看来,判定是非的标准应是理之所在,是"即其理而推其究竟",但中国人长期以来养成人尊古、尊圣人之习俗,"但云某圣人云然,某经曰尔,以较其离合耳",放弃了独立思考和实践,危害甚大,"不自用其思想,而徒则古称先,而以同于古人者为是非,抑异于古人者为是非,则不幸往往而妄。即有时偶合而不妄,亦不足贵也"⑤。

尽管变法非易,但仍然要变,重要的是抓住本原来变。在严复看来,变法抓不住本原,变来变去都没有效果,我国之前的变法就是犯了这个毛病。他说:"吾国挽近言政法者,往往见外国一二政利,遂嚣然欲仿而行之,而不知其立法本原之大异。自庚辛以还,国之所议行者亦众矣,然决知其于国终无补者,职此故耳!"⑥不但如此,如变法抓不住本原,乱变一气,危害甚且过于不变之先,"不佞非曰吾法不当变,特变之而无其学识,姑耳食而盲随焉,其后害且烈于不变。沮吾国之进步者,必此耳食而盲随者矣"⑦。

但如何才能抓住变法之本原,在戊戌变法前后,严复主要是凭借其对中西双方文化的

---

① 《〈原强〉修订稿》,载王栻主编:《严复集》(第一册),中华书局1986年版,第25—26页。
② 《救亡决论》,载王栻主编:《严复集》(第一册),中华书局1986年版,第48页。
③ 王栻主编:《严复集》(第四册),中华书局1986年版,第1020页。
④ 同上书,第1007页。
⑤ 同上书,第980页。
⑥ 同上书,第1006—1007页。
⑦ 同上书,第1026页。

深入领悟,在此基础上展开比较,认为当时中国变法之本原有三:鼓民力、开民智、新民德。"盖生民之大要三,而强弱存亡莫不视此:一曰血气体力之强,二曰聪明智虑之强,三曰德行仁义之强。是以西洋观化言治之家,莫不以民力、民智、民德三者断民种之高下,未有三者备而民生不优,亦未有三者备而国威不奋者也……至于发政施令之间,要其所归,皆以其民之力、智、德三者为准的。凡可以进是三者,皆所力行;凡可以退是三者,皆所宜废;而又盈虚酌剂,使三者毋或致偏焉。"①

应该如何鼓民力、开民智、新民德?严复的意见是通过严厉革除如吸食鸦片、缠足等陋习,以鼓民力;通过废八股等制科以改革人才选拔制度,引导民众讲求实学、讲求西学,最终培养其独立思考和创造的能力,以开民智;最难的是新民德,需要移风易俗,"使无变今之俗,虽日取国人而教训之,犹无益也。观于今日出洋学生,人人所自占,多法律、政治、理财诸科,而医业、制造、动植诸学,终寥寥焉!而国家所以广厉学官,动曰培才为朝廷所任使,是上下交相失也"②。但也不是没有办法,主要的就是改革政治法律制度,改变固有的奴隶道德,在民族危机深重之时,为了让民众有爱国之心,需要从地方自治做起,因为地方自治是基础、是前提,"欲民之忠爱必由此,欲教化之兴必由此,欲地利之尽必由此,欲道路之辟、商务之兴必由此,欲民各束身自好而争濯磨于善必由此"③。

从地方自治入手以新民德,从改革人才选拔制度入手开民智,从废除陋习入手以鼓民力,是严复在戊戌前后变法思想的核心内容所在。较之此一时期康、梁侧重改革上层政治制度的变法方案,严复提供了另外一条变法思路。

二、严复的自由与民权观

严复之所以选择从地方自治入手,着重于移风易俗的变法之路,是因为他深刻认识到自由在西方文化中的重要地位。他于1895年在《论事变之亟》中即通过中西文化之比较明确指出自由之观念为两种文化的深层差异所在。"夫自由一言,真中国历古圣贤之所深畏,而从未尝立以为教者也。彼西人之言曰:唯天生民,各具赋畀,得自由者乃为全受。故人人各得自由,国国各得自由,第务令毋相侵损而已。侵人自由者,斯为逆天理,贼人道。其杀人、伤人及盗蚀人财物,皆侵人自由之极致也。故侵人自由,虽国君不能,而其刑禁章条,要皆为此设耳。"在严复看来,中国之所以今日坐困,其根本原因就在这自由上面。"苟扼要而谈,不外于学术则黜伪而崇真,于刑政则屈私以为公而已。斯二者,于中国理道初无异也。顾彼行之而常通,吾行之而常病者,则自由不自由异耳。"针对当时较为流行的"西学中源"说,严复明确指出,在中国固有文化中最多只有自由之萌芽,但绝无真正的自由精神,"中国理道与西法自由最相似者,曰恕,曰絜矩。然谓之相似则可,谓之真同则大不可也。何则?中国恕与絜矩,专以待人及物而言。而西人自由,则于及物之中,而实寓所以存我者也。自由既异,于是群异丛然以生"。

---

① 《〈原强〉修订稿》,载王栻主编:《严复集》(第一册),中华书局1986年版,第18—19页。
② 王栻主编:《严复集》(第四册),中华书局1986年版,第1001页。
③ 《〈原强〉修订稿》,载王栻主编:《严复集》(第一册),中华书局1986年版,第30—32页。

自由之中，尤其重要的是思想言论自由，恰好这一点为历来中国之所无，足证自由非中国所固有。"为思想，为言论，皆非刑章所当治之域。思想言论，修己者之所言也，而非治人者之所当问也。问则其治沦于专制，而国民之自由无所矣。尚忆戊戌之岁，清朝方锐意变法，而廷臣之向背不同。某侍御主于变法者也，疏论礼部尚书许应骙腹诽新政。上令自陈，以为无罪，而某侍御遂为舆论所不直。夫其人躬言变法，而不知其所谓变者，将由法度之君主，而为无法之专制乎？抑从君主之末流，而蕲得自由之幸福耶？呜呼！可谓愦矣。近世浮慕西法之徒，观其所持论用心，与其所实见诸施行者，常每况而愈下。特奔竞风气之中，以变乱旧章为乐，取异人而已。卤莽灭裂，岂独某侍御言失也哉！"①

既然自由为中国自古至今所无，且它又是如此之重要，那么就要了解西方自由之真谛，然后在此基础上引入中国。因此，严复多次通过文化间的比较来阐述自由之真谛，"夫泰西之俗，凡事之不逾于小己者，可以自由，非他人所可过问。而一涉社会，则人人皆得而问之。乃中国不然，社会之事，国家之事也。国家之事，惟君若吏得以问之，使民而图社会之事，斯为不安本分之小人，吏虽中之以危法可也"②。西方文化则正与此相反，"西土计其民幸福，莫不以自由为唯一无二之宗旨"。

可能因为他对自由的体悟较深，严复是中国人当中较早开始反思"自由"的人。因他认识到自由主义是西方近代思想的核心所在，为了充分阐扬自由的意义，才选择翻译了《群己权界论》(即穆勒之《论自由》)。但在此书翻译出来后，严复已转而开始怀疑自由对于中国的意义。他坚称："小己自由，尚非所急，而所以祛异族之侵横，求有立于天地之间，斯真刻不容缓之事。故所急者，乃国群自由，非小己自由也。"③这反映了严复对国族危亡之焦虑。他虽然承认"小己自由"，但认为这种自由还处于"非所急"的地步。同时，他又创立"国群自由"的概念，使"国群"与"小己"处于对立的地位。实际上，通过提出"国群自由"概念，严复认为国家利益和个人利益不具有可融通性，而是紧张冲突的两极，"外患深者，其内治密；其外患浅者，其内治疏。疏则其民自由，密者反是"。也就是说，在有外患的时候，个人自由应当让位于国家自由。个人自由的界限，与外患的深浅成反比。外患越深，个人自由越少。在没有外患时，则可放松对个人自由的限制，故"今之所急者，非自由也，而在人人减损自由，而以利国善群为职志"。随着国家民族危机的加深，个人自由的空间就会越来越小，那就否定了自由的根基——那些最基本的天赋权利，这与专制又有什么区别呢？作为对西方自由精髓把握在胸的严复来说，自然引起了他内心的不安。

所以，当他在翻译孟德斯鸠"法意"中的"故为政有大法：凡遇公益问题，必不宜毁小己个人之产业，以为一群之利益"这段话后，严复写下了这样的按语以提醒读者："卢梭之为民约也，其主张公益，可谓至矣。顾其言有曰，国家之完全非他，积众庶小己之安全以为之耳。独奈何有重视国家之安全，而轻小己之安全者乎？夫谓爱国之民，宁毁家以纾难，不惜身膏草野，以求其国之安全。然是说也，出于爱国者之发心，以之自任，则为许国之忠，

---

① 王栻主编：《严复集》(第四册)，中华书局1986年版，第973页。
② 同上书，第994页。
③ 同上书，第981页。

而为吾后人所敬爱顶礼,至于无穷。独至主治当国之人,谓以谋一国之安全,乃可以牺牲一无罪之个人之身家性命以求之,则为违天蔑理之言。此言一兴,将假民贼以利资,而元元无所措其手足。是真千里毫厘,不可不辨者耳。"①据此,严复关于自由的真实想法大致可归纳为:自由乃西方文化之精髓,中国需要引入自由,但中国国族危机之深重,需要在一定程度上减损个人自由以维护国族自由,但这是通过新民德之后国民之自由选择,绝不能让当权者主动以国族自由为名以取消个人自由。

自由的根本在于权利,尤其是民权。在严复看来,民权跟国家、民族的富强直接相关。在晚清这个君主社会,有民权必有君权。二者是不是如通常所说的是一种对立关系呢?严复以为不然。他说:"天下未有民权不重,而国君能常存者也。""民权"不是"君权"的对立面,而是能强化"君权"的权力。其原因在于:"民权"不重,不单单造成人民无权,还会直接导致"污吏暴君"之"不可制","上下之智力"由此"而日窳",财力"由此而日微",兵威"徒形具而已"等严重的后果。所以,是否重"民权"在国家能否富强这点上和君权统一起来了。

若无"强敌环伺","民权"之义或可稍缓,而"乃今之世既大通矣,处大通并立之世,吾未见其民之不自由者,其国可以自由也;其民之无权者,其国之可以有权也"。他的结论是:"故民权者,不可毁也。必欲毁之,其权将横用,而为祸愈烈者也。毁民权者,天下之至愚也,不知量而最足闵(悯)叹者也。"

严复所指的民权实际上要通过制度保障来实现,是一种客观化的权利,其外在表现是制衡君主或当国者的强大力量,"国之所以常处于安,民之所以常免于暴者,亦恃制而已,非恃其人之仁也。恃其欲未仁而不可得也,权在我者也。使彼而能吾仁,即亦可以吾不仁,权在彼者也。在我者,自由之民也;在彼者,所胜之民也。必在我,无在彼,此之谓民权"②。正是民权所表现出来的力量,使得人民能"制"君主之专横,从而保有以自由为内涵的民权。

以自由为核心内容的民权所需制度保障是什么呢?当然是立宪。"盖立宪之国,虽有朝进夕退之官吏,而亦有国存与存之主人,主人非他,民权是已。民权非他,即以为此全局之画长久之计者耳。"只有立宪之后,有切实的制度保障,才有以自由为核心的民权之可言。这种制度保障之内涵,就是励行法治。下面简要分析一下严复的法治观。

三、严复的法治观

与他对中国变法的认识紧密相关,严复认为法治不单纯是简单地以分权制衡为基础展开的立法、司法和行政等的依法行事,而更关键的还在于通过推行地方自治以新民德,由此,赋予地方自治在法治中以基础地位。这是严复法治观最主要的特色。

严复通过对国外和租界的实地观察,认为从表面观察,是"制度厘然,自议制、行政、司法,至于巡警之备,教育之资,纲举目张,靡所不备",其深层原因在于它们"常有地方自治之规,故虽商贩小民,皆知所以合群而立治"③。中国改革的出路就是切实推行地方自治,

---

① 王栻主编:《严复集》(第四册),中华书局1986年版,第1022—1023页。
② 同上书,第972页。
③ 同上书,第997页。

"居今而为中国谋自强,议院代表之制,虽不即行,而设地方自治之规,使与中央政府所命之官,和同为治,于以合亿兆之私以为公,安朝廷而奠磐石,则故不容一日缓者也"①。既然推行地方自治万不可缓,那应该怎么做呢?严复有自己的设想,"一乡一邑之间,设为乡局,使及格之民,推举代表,以与国之守宰,相助为理,则地方自治之基础矣"②。

严复将推行地方自治视为中国当务之急,故他并不特别热心即开国会,有时甚且反对国会即开。他认为,没有地方自治作为基础,以开发民智、培养民德,国会不一定靠得住。1910 年他本人被选为资政院硕学通儒议员,对出席常年会以及讨论议案就不是特别热心,在整个为期 100 天的资政院第一次常年会中仅发议 3 次,甚至因为开会迟到早退还受到了一些年轻议员的批评。③

严复虽然对地方自治特别重视,认为它才能奠定国家万年之基,但他也并不因此而轻视立法和司法。这不仅是因为立法和司法本身有助于建设真正的地方自治,而且因为它们实乃保障以自由为核心的民权之所必需。

严复在一次演说中,直将立宪说成是立法,认为它并非高远难行之事,"笃而论之,其制无论大小社会,随地可行"。如立宪"行之而善,皆可以收群立群策之效,且有以泯民心之不平"④。要说立法即为立宪,那中国几千年来皆有立法,那是不是就已立宪了呢?在严复看来:"立宪之国,最重造律之权,有所变更创垂,必经数十百人之详议。议定而后呈之国主,而准驳之。此其法所以无苟且,而下令常如流水之原也。"⑤以此为标准,中国传统立法之性质可见,"自三古以来,所用者为有法之专制,县官以一体而兼三权,故法制有分部、分官而无分柄。设庶职以资选举,以招天下之人才,即以此为与民公治之具,其法制本为至密。言其所短,则其有待于君者过重,其有待于民者过轻……立宪之国,必先有立宪之君,又必有立宪之民而后可"⑥。传统中国虽有立法,但不是立宪意义上的立法。因此,需要在当时中国进行立宪意义上的立法。既然立法,则必须要意识到立法之难而慎重为之。严复举了一例:平等固然是立法所追求的价值,但不能简单立法,强使不平等的平等之。因为人本有贤愚不肖、勤劳懒惰之别,自然会有不平等的结果。如果立法不慎,追求结果之平等,"夫如是,则无富贵矣,而并亡其所以为富贵者矣。夫国无富贵可也,无所以为富贵者不可也"⑦。

和立法相比较,严复更重视司法权。他充分见识了传统司法的黑暗,留下了深刻印象,言之痛心疾首。"向使游于吾都,亲见刑部之所以虐其囚者,与夫州县法官之刑讯,一

---

① 王栻主编:《严复集》(第四册),中华书局 1986 年版,第 985 页。
② 同上书,第 982 页。
③ 《资政院议场会议速记录》第 17 号。旁观记者甚至注意到:"当休息后,严复到院,以白布手巾围颈,倚几欲卧,旋即出院。"(杨天石等编:《宁调元集》,湖南人民出版社 2008 年版,第 476 页。)
④ "按宪法二字连用,古无所有。以吾国训诂言仲尼宪章文武,注家云宪者近守具法。可知宪即是法,二字连用,于辞为赘。今日新名词,由日本稗贩而来,每多此病。如立宪,其立名较为无疵,质而解之,即同立法。"(《宪法大义》,载王栻主编:《严复集》(第二册),中华书局 1986 年版,第 238—239 页。)
⑤ 王栻主编:《严复集》(第四册),中华书局 1986 年版,第 995 页。
⑥ 《宪法大义》,载王栻主编:《严复集》(第二册),中华书局 1986 年版,第 245 页。
⑦ 王栻主编:《严复集》(第四册),中华书局 1986 年版,第 957 页。

切牢狱之黑暗无人理,将其说何如! 更使孟氏来游,及于明代,睹当时之廷杖,与家属发配象奴诸无道,将其说更何如? 呜呼! 中国黄人,其亭法用刑之无理,而得罪于天久矣! 虽从此而蒙甚酷之名,亦其所也。且夫犹沿用之,而未革耶? 噫! 使天道而犹有可信者存,此种固不宜兴,吾请为同胞垂涕泣而道之。"① 为什么中国刑狱黑暗一至于斯,严复通过中西比较,给出了答案。他说在留学欧洲的时候,曾经跟郭嵩焘聊过,英国和欧洲各国之所以强盛,就在于狱讼一事上面。中国刑狱,是"以贵治贱"。这种"以贵治贱"的司法,司法者如果仁慈,可以为民父母;如果暴虐,可为民之豺狼。没有好的制度,不改变这种"以贵治贱"的局面,即使有某次司法的公正,那也只是一时之侥幸,而非事理之必然。②

司法应怎么改呢? 像1905年前后,清朝廷接受沈家本等的建议,废除凌迟、枭示等酷刑,并要求司法官废除刑讯。这对建议者和朝廷来说,本是仁心之所发,固然有足多者,但严复经过中西法律之系统比较,认定这是"取其一而遗其余",无法实行。③ 严复认为真正的改革就是要学习西方的司法独立。他于1906年在安徽高等学堂演讲中的一段话说得最为清楚明白:

> 至于司法之权,立宪所与旧制异者,立宪之法司,谓之无上法廷。裁断曲直,从不受行法权之牵掣,一也。罪有公私之分,公罪如扰害治安,杀人放火,此归孤理密律(criminal law),国家不待人告发,可以径问;私罪如负债、占产、财利交涉,此归司域尔律(civil law),原告兴讼,理官为之持平裁判,二也。讼者两曹可以各雇知律者为之辩护,而断狱之廷又有助理陪审之人,以可否法官之所裁判者,而后定谳。故西国之狱,绝少冤滥,而法官无得贿鬻狱枉法之事。讯鞠之时,又无用于刑讯。此立宪司法之制,所以为不可及,而吾国所不可不学者,此其最矣。④

严复认为,中国的出路是要建设制度,实行法治。要实行法治,就需要在立法和司法上下工夫,真改革,尤其是真正推行司法独立。但光是注重立法和司法还是不够的,更要切实推行地方自治,以新民德,为立法和司法改革打下坚实的基础,以树建设立宪国家和民族富强之基础。

严复和其同时代的思想家比较起来,其法律思想的独特性或者说深刻之处在于他认为变法并非是能立马见效的"起死回生"特效药,而是充分意识到了变革之艰难,告诫我们不要鲁莽灭裂,注意到"百年树人"的重要性,他说:"仆闻之,改革之顷,破坏非难也,号召新力亦非难也,难在乎平亭古法旧俗,知何者之当革,不革则进步难图;又知何者之当因,不因则由变得乱。一善制之立,一美俗之成,动千百年而后有,奈之何弃其所故有,而昧昧于来者之不可知耶! 是故陶铸国民,使之利行新制者,教育之大责,此则仆与同学诸子所宜共勉者矣。"⑤

---

① 王栻主编:《严复集》(第四册),中华书局1986年版,第982—983页。
② 同上书,第969页。
③ 同上书,第994—995页。
④ 王栻主编:《严复集》(第二册),中华书局1986年版,第243—244页。
⑤ 同上书,第246页。

作为近代中国最重要的启蒙思想家,严复通过实地接触和认真翻译西方政治法学著作,形成了一套以"变法"和"法治"为中心的法律思想;在他的"法治"主张中,严复强调了自由和民权对当时中国的重要意义,为西方政治法律观念的传播起了重要作用。他的诸多认识、论证,今天仍然值得深思。

 阅读材料

康有为《请定立宪开国会折》

奏为请定立宪,开国会,以安中国,恭折仰祈圣鉴事。

窃顷者东败于日,辽台既割,胶旅继踵,臣每忧国危,未尝不仰天而叹也。及闻皇上圣武发奋,变法维新,臣不禁轩鼓鼗舞,欢欣忭蹈,以为尧舜复出也。方今变法,可陈之事万千,臣生逢尧舜之世,安敢以枝节琐末之言,上渎尧舜之君哉?

臣窃闻东西各国之强,皆以立宪法开国会之故,国会者,君与国民共议一国之政法也。盖自三权鼎立之说出,以国会立法,以法官司法,以政府行政,而人主总之,立定宪法,同受治焉。人主尊为神圣,不受责任,而政府代之,东西各国,皆行此政体,故人君与千百万之国民,合为一体,国安得不强?吾国行专制政体,一君与大臣数人共治其国,国安得不弱?盖千百万之人,胜于数人者,自然之数矣。其在吾国之义,则曰天视自我民视,天听自我民听,故民之所好好之,民之所恶恶之,是故黄帝清问下民,则有合宫;尧舜询刍荛,则有总章;盘庚命众至庭,《周礼》询国危疑,《洪范》称谋及卿士,谋及庶人;孟子称大夫皆曰,国人皆曰,盖皆为国会之前型,而分上下议院之意焉。

春秋改制,即立宪法,后王奉之,以至于今。盖吾国君民,久皆在法治之中,惜无国会以维持之耳。今各国所行,实得吾先圣之经义,故以致强;吾有经义,存空文而不行,故以致弱。然此实治国之大经,为政之公理,不可易矣。今变行新法,固为治强之计,然臣窃谓政有本末,不先定其本,而徒从事于其末,无当也。

《春秋》之义,据乱之后,进行升平。上有尧舜之君,下乃有尧舜之民,伏惟皇上圣明神武,拨乱反正,真尧舜之君也。伏乞上师尧舜三代,外采东西强国,立行宪法,大开国会,以庶政与国民共之,行三权鼎立之制,则中国之治强,可计日待也。若臣言可采,乞下廷议施行,若其宪法纲目,议院条例,选举章程,东西各国,成规具存,在一采酌行之耳,则皇上之圣治,驾汉轶唐超宋迈明而上之,岂止治强中国而已哉?孟子曰:"非尧舜之道,不敢以陈。"臣愚冒昧上闻,不胜恐惧屏营之至,伏乞皇上圣鉴。谨奏。①

---

① 该奏折是康有为代替内阁学士阔普通武作,时间为1898年8月。原文载汤志钧编:《康有为政论集》(上册),中华书局1981年版,第338—339页。

思考题：

1. 改良主义法律思想与洋务派法律思想的区别主要在什么地方？
2. 康有为为什么喜欢用托古改制的方式来宣扬变法主张？
3. 康有为的"虚君共和"与通常所说的共和宪政有什么区别？
4. 梁启超在立法领域有些什么样的创见？
5. 严复为什么特别推崇地方自治？
6. 严复法治观的主要内容是什么？

第十二章　礼法之争和沈家本的法律思想

八国联军之役,事关清廷生死存亡。掌握朝廷统治实权的慈禧太后集团,为度过权力危机,挽救王朝命运,重拾变法旗号,从而开始了晚清十年之久的变法修律。这次变法修律,是中国法律由古代向近代演进的改革,在中国法律史上占据着十分重要的地位。由改革而引发的新与旧、中与西两种法文化的矛盾交织进行。这种矛盾和冲突,直到清亡,亦未消除。

第一节　晚清法律改革

1900年庚子国变,慈禧太后与光绪离京逃亡,在途中即下令变法,规定除三纲五常之外,"令甲令乙,不妨如琴瑟更张"①,取外国之长,补中国之短。根据这一指令,两江总督刘坤一、湖广总督张之洞联衔上《江楚会奏变法三折》,提出整顿中法11条、采用西法12条,大部分得到朝廷认可。在此期间,张之洞参与了清廷与英国的商约谈判,提出中国改革法律、英国放弃在华领事裁判权的要求。在取得英国代表马凯的首肯并列入条约以后,1902年清廷正式下达法律改革之诏,责成袁世凯、刘坤一、张之洞,"慎选熟悉中西律例者,保送数员来京,听候简派,开馆纂修,请旨审定颁行"②,拉开了法律改革的序幕。

根据谕旨,袁世凯等很快保举沈家本、伍廷芳主持法律改革工作。同年4月6日,以"务期中外通行,有裨治理"、收回"国家利权"为目的,清廷正式任命沈家本、伍廷芳为修律大臣,"将一切现行律例,按照交涉情形,参酌各国法律"③予以全面修订,晚清法律改革正式开始。

从1902年清廷任命沈家本、伍廷芳担任修订法律大臣起,至1911年清王朝被推翻,晚清法律改革历时10年。它大致可分为两个阶段:1902—1906年为第一阶段,主要是改良固有法律;1907—1911年为第二阶段,是为预备立宪制定新法。由于晚清法律改革是清廷为摆脱统治危机的自救行为,且以收回列强在华领事裁判权为契机,故清廷之改革宗旨,初期强调"参酌各国法律""务期中外通行",重在取西法之长补中法之短,偏于西法之采用,颇有开明之面。等到统治危机稍微缓解,则强调法律"本乎礼教",三纲五常"为数千年相传之国粹,立国之大本""旧律义关伦常诸条,不可率行变革,庶以维天理民彝之不敝"④,并以此作为改革之"至要"宗旨。

---

① 《清实录》(第58册),中华书局1987年版,第272页。
② 同上书,第577页。
③ 同上。
④ 故宫博物院明清档案部编:《清末筹备立宪档案史料》(下册),中华书局1979年版,第858页。

清廷在改革中后期的这一"至要"宗旨,与精通中外法学、以学术为本而又身膺立法重任的沈家本的思想不无冲突。沈氏从其学术思想出发,其改革之指导思想乃是"折衷各国大同之良规,兼采近世最新之学说,而仍不戾乎我国历世相沿之礼教民情"①。其思想乃在冶西方各国之法、世界最新之法律学说和中国国情为一炉。融合中西法理,贯通古今学说,制定最新最善之法,在中国实行西方式的法治。以这种思想为指导而制定的新律草案,不可能不超越清廷所划定的改革范围。因此,在晚清法律改革过程中,终于爆发了中国近代立法史上的最大论争——礼法之争。

晚清法律改革,大体按如下顺序进行:

一、对《大清律例》的改造

中国传统法律,自先秦李悝《法经》起,经商鞅相秦改法为律而为秦律。之后,汉承秦制,演变而为汉律,历三国两晋南北朝,到唐律集其大成。至此,以唐律为代表之中华法系赫然成为世界独特之法系而影响东亚诸国。此后,历宋元明,虽代有增改,要皆不出其藩篱。清承明制,《大清律例》不越明律之范围。但在中国步入近代社会后,法律未与社会发展同步演进为近代法律。因之,20世纪初年,《大清律例》已与社会严重脱节:不但落后于世界法律,且无以规范近代中国社会。因此,改革工作之第一步,即为改造《大清律例》。为使改革有条不紊,"定例系一时权宜,今昔情形不同",不适应当时社会的死文、赘文,成为首批改革对象。第一批删除例文343条。循此而进,依据传统儒家的仁政思想和西方人道主义精神,废除凌迟、枭首、戮尸、缘坐、刺字等最野蛮、落后的内容;有条件地废止刑讯制度;笞杖罪名,仿外国之法,改为罚金;停止妇女犯罪收赎之法;削减死罪条目,改革传统的死刑公开执行方法;废除奴婢律例,取消旗人之特殊法律地位;统一满汉法律;变革秋审条款,改革秋审制度。

通过上述一系列的局部改造以后,在西法翻译研究方面已有一定成效的基础上,1908年,清政府转入对旧律进行大刀阔斧的改造。以删除总目、厘正刑名、节取新章、简易例文为纲,削除吏、户、礼、兵、刑、工六曹分目之旧,将整部《大清律例》分为三十个门类。废除笞、杖、徒、流、死五刑之名,改为死刑、安置、工作、罚金。统一律例外之通行章程,分别去留,纂为定例。将近两千条之繁碎例文加以删并,以归简易。1910年改造工程告竣。经过反复修改,共编定律文389条,例文1327条,附《禁烟条例》12条,《秋审条例》165条,定名《大清现行刑律》颁行。② 经过全面改造的这部《大清现行刑律》,虽然仍未完全脱离传统法律的窠臼,但它集晚清旧律改革之大成,已掺进了部分西法内容,作为清王朝正式立宪前的现行法,是传统法典中最后也是最进步的一部法典。

---

① 沈家本:《进呈刑律分则草案折》,载怀效锋主编:《清末法制变革史料》(下册),中国政法大学出版社2010年版,第100页。
② 《大清现行刑律》卷首除奏疏外,附律目、服制图、服制。主文三十门,次第为:名例、职制、公式、户役、田宅、婚姻、仓库、课程、钱债、市廛、祭祀、礼制、宫卫、军政、关津、厩牧、邮驿、盗贼、人命、斗殴、骂詈、诉讼、受赃、诈伪、犯奸、杂犯、捕亡、断狱、营造、河防。其中,户役内之承继、分产,以及婚姻、田宅、钱债等条中纯属民事者,不再科刑。

二、外国法典和法学著作之翻译

参酌外国法律以制定新律,其前提条件是必须有可供专业人员参考阅读的外国法律法学译作。"将欲明西法之宗旨,必研究西人之学,尤必编译西人之书。"①无书则无从研究,没有研究则无法明了西法之宗旨,不明宗旨则"参酌"徒为虚言。20世纪之前,洋务派曾主持翻译过一批外国法典和法学著作。但是,由于洋务派翻译之目的在办理外交事务,故所译以国际公法为主,公法之外的少数译作,如《法国民法典》等,又因当时没有相应的近代法言法语,且出自非专业人员之手,而使专业人员无法阅读。因此,准确、系统地翻译外国法典和法学著作,成了法律改革的当务之急,是改造旧律和编纂新律草案的一项重要内容。

"参酌各国法律,着重翻译。"②由于法律改革者十分清楚并重视翻译工作的重要性,故在 10 年之内,大体上把当时主要西方国家的主要法典,均翻译成中文。据不完全统计,当时翻译成中文的外国法典和法学著作,共有 103 部,涉及的国家近 20 个,涵盖大部分部门法。而且由于翻译出自专业人员之手,所据版本均由清朝驻外使节通过官方途径而罗致,故当时之译作,在国内具有无可置疑的准确性和权威性。它为新法律的起草铺平了道路,也为西方法律在中国的传播创造了条件。

三、制定新法律

晚清所立新法,最初是为了规范因时代变化而出现的新社会问题。1906 年清廷宣布仿行立宪后,修律者则致力于制定将来君主立宪所应施行的新律草案。这些新法律,一些在当时已实施,大部分则为草案。分述如下:

(1) 商法。传统中国重农抑商或重本抑末,故无专门的商法。重农抑商政策与固有农业社会相适应,行之两千余年。海禁大开后,西方列强的商品输出,强烈刺激了中国的民族工商业。早期改良主义者曾四处奔走呼喊,制定相应的商法,与西方列强展开"商战"。清朝廷直至庚子以后才对社会的这种需求作出回应,在中央设置商部,管理全国之工商业,并于 1903 年下令制定商律。是年 10 月,《商人通例》(9 条)、《公司例》(又称《公司律》,131 条)由载振、伍廷芳编定,上报清廷批准后,定名《钦定大清商律》颁行。此后,又陆续制定颁布《公司注册试办章程》(18 条)、《破产律》(69 条)、《银行注册章程》(8 条)、《大小轮船公司注册给照暂行章程》(20 条)、《运送章程》(56 条)以及《铁路简明章程》《奏定矿务章程》《商标注册试办章程》等。1906 年,预备立宪之诏颁布后,又有系统的商法编纂,计有:《大清商律草案》,由日本人志田钾太郎起草,宣统元年(1909)陆续脱稿,分总则、商行为、公司律、票据法、海船律五编,1008 条;《破产律草案》,宣统元年脱稿,由日本人松冈义正起草,237 条;《保险规则草案》,由商部起草,124 条;《改订大清商律草案》,由商部据前《钦定大清商律》,参考各地商会特别是上海总商会呈报之《商会调查案》,于宣统二年

---

① 《新译法规大全序》,载沈家本:《寄簃文存》,商务印书馆 2015 年版,第 212 页。
② 沈家本:《修订法律大臣沈家本奏修订法律情形并请归并法部大理院会同办理折》,载故宫博物院明清档案部编:《筹备立宪档案史料》(下册),中华书局 1979 年版,第 838 页。

完成,分总则、公司两编,367条。

(2) 诉讼法。《大清刑事民事诉讼法草案》,是第一部打破传统诸法合体立法例而单独成篇的诉讼法典草案。该草案由伍廷芳等执笔,合刑民诉讼为一编,计5章260条,附颁行例3条,于1906年完稿。伍廷芳是英国法学者,且曾为香港法官,故该法采英美法系传统,特别强调律师制、陪审制、公开审判制等英美审判制度,被部院督抚大臣指为违背中国法律本旨,没能通过。预备立宪宣布后,诉讼法仿大陆法系体例,分刑事诉讼和民事诉讼重新单独制定。宣统二年分别完成草案。《大清刑事诉讼律草案》凡6编14章516条,《大清民事诉讼律草案》凡4编21章800条。1906年因官制改革,实行审判独立,由大理院与各级审判厅专掌审判,因而有《大理院审判编制法》《各级审判厅试办章程》的颁布施行。1910年,颁布施行第一部法院组织法——《法院编制法》,计16章163条。

(3) 刑法。1907年,清廷聘日本人冈田朝太郎起草的《违警律》和《大清新刑律》完稿。《违警律》10章45条,于翌年颁布施行。《大清新刑律》则引起长达六七年之久的激烈争论。该法体例上摒弃诸法合体传统,是中国历史上第一部单行刑法典。该草案综合中西之异同、考较新旧之短长,与传统法典相比,有五个方面的重大改革:更定刑名,改笞、杖、徒、流、死为罚金、拘留、徒刑(有期、无期)、死刑;酌减死罪条目;死刑执行用绞,于特定场所密行;删除比附,引进罪刑法定制度;对少年犯进行感化。该法典分2编53章411条,附《暂行章程》5条。1910年公布,准备立宪后实施。因清朝廷未及结束预备立宪即灭亡,故在清朝它未能正式实施。与刑事法相关,1908年聘日本人小河滋次郎起草监狱法,1910年《大清监狱律草案》脱稿。该草案分总则、分则两部分,计14章241条。

(4) 民法。在清末所拟定的各种法案中,《大清民律草案》特别重要,因为它是我国历史上第一部民法草案。1907年修订法律馆招聘欧美、日本留学生入馆参与法律修订工作。随后聘请日本大审院判事松冈义正预备起草民律草案,并选派馆员分赴各省调查民俗习惯。在依据调查资料和各省送上来的相关报告基础上,参照德国、瑞士和日本等国的立法条文和判决成例,于1910年冬,撰写出草案。1911年10月由修律大臣俞廉三将前三编奏呈清廷。亲属和继承后两编,因其内容与礼教关系更密切,因礼法之争的压力,朝廷多次谕令修订法律馆会同礼学馆订立。但因内阁改制,礼学馆不久即不复存在,故后两编大致还是修订法律馆原案。《大清民律草案》遵循了四个原则:注重世界最普通之法则;原本后出最精之法理;求最适于中国民情之法则;期于改进上最有利益之法则。该草案借鉴了《日本明治民法典》,分总则、债权、物权、亲属和继承五编,共1569条。它在清末没能经资政院议决,更没有颁布实施。

(5) 宪法。晚清法律改革,没有制定正式宪法。因迫于国内宪政运动的压力以及预备立宪之需要,清廷于1908年制定颁布了《钦定宪法大纲》。该大纲由正文"君上大权"14条和附录"臣民权利义务"9条两部分组成。"君上大权"部分首先规定:"皇帝统治大清帝国,万世一系,永永尊戴。君上神圣尊严,不可侵犯。"本着这一精神,赋予了皇帝颁布法律、发交议案、召集或解散议院、设官制禄、黜陟百司、统率军队、宣战议和、订立条约、派遣使臣、宣布紧急戒严、爵赏恩赦以及司法审判等大权。"臣民权利义务"部分规定臣民得为文武官吏及议员；于法律范围内有言论、著作、出版、集会与结社等自由；非照法律所定，不加以逮捕、监禁、处罚；可请法官审判其呈诉之案件；应专受审判衙门之审判；财产及居住受保护；按法律所定，有纳税、当兵和遵守国家法律的义务。《钦定宪法大纲》基本上以1889年《大日本帝国宪法》第一章"天皇"和第二章"臣民权利义务"为蓝本。但后者是正式宪法，还有国会、内阁、司法和会计等章节，对天皇权力有所约束。尽管条文看似差不多，前者因为是大纲，没能规定其他方面，故大清皇帝的权力比日本天皇还要大。该大纲一公布，即在朝野引发不满，打击了立宪派的积极性。如把它置于从君主专制向君主立宪转型之中来观察，会发现它确认臣民有其权利，皇权不再无限，这在中国历史上是破天荒的；它肯定君主也要遵守宪法，标志着宪法至上地位的确立，一反以前王在法上的君主专制理论。从这个意义上来说，《钦定宪法大纲》的颁布，是中国法制史上一个具有划时代意义的大事件。辛亥革命爆发后，为安抚人心，清廷又快速颁布另一个宪法性文件——《重大信条》19条（通称《十九信条》）。《十九信条》不再是宪法大纲，而是临时宪法。它采行虚君共和的君主立宪体制，规定皇帝权力限于宪法所规定；宪法由资政院起草议决，皇帝颁布；宪法改正提案权属于国会；总理大臣由国会公举、皇帝任命，其他国务大臣由总理大臣推荐、皇帝任命，皇族不得为总理大臣及其他国务大臣并各省行政长官；内阁对国会负责；军队对内使用时应依国会议决之特别条件；不得以命令代法律；预决算由国会审核批准等。根据《十九信条》，资政院代行国会权力，于11月8日选举袁世凯为内阁总理大臣。尽管从内容上看，《十九信条》已完全达到君主立宪的要求，但它是清廷兵临城下、摇摇欲坠之际被迫承认以收揽民心的，因此不可能单凭这一纸文书而挽救其命运。随着南北议和顺利进行，1912年2月12日，隆裕太后被迫发布逊位诏书，宣布清帝退位，近代中国的君主预备立宪也就此告终，从而步入共和宪政阶段。

晚清法律改革，是因国家社会激烈变动所带来的巨大法律变革；在国家社会向近代转型过程中，法律也不得不发生近代转型。因此，除上述主要法典的改革之外，尚有很多行政法规的制定，以及伴随法律改革而来的法律教育、法学研究等等的繁盛。这次改革，发生在世纪之交，处在历史的临界点上。它的成功经验和失败教训，都对后来的中国法律产生了重大影响。

第二节 法律改革中的礼法之争

晚清法律改革过程中，发生过许多争论。在这些争论中，以礼法之争历时最长，影响最大。由于晚清法律改革是在西方法文化的巨大冲击之下中国传统法律近代转型的开端，中西两种异质法文化冲突异常激烈。礼法之争，基本上就是这种冲突的外在表现。

一、礼法之争概述

礼法之争中的"礼"指礼教，"法"指法理。当时直接参加这场争论的陈宝琛说："《新刑律草案》于无夫奸罪之宜规定与否，或主礼教，或张法理，互相非难，未有定说。"[①]中国传

---

① 《陈阁学新刑律无夫奸罪说》，载劳乃宣：《桐乡劳先生遗稿·新刑律修正案汇录》，1927年刻本。

统法律中的礼教,是法典化了的纲常名教。法理,是西方法学的用语(中国古代法学中,有这个词,但基本与"法律"同义)。近代西学输入中国,这一用语便被中国法律学者所采用。按照沈家本的解释,法理就是"法律之原理"。① 礼教和法理代表两种不同的法律思想。前者是传统法律思想,以维护宗法家族制度,进而维护整个君主专制制度为目的。后者是近代法律思想,以维护人权为号召。当时也有人称礼教派或礼派为家族主义派、国情派,称法理派或法派为国家主义派、反国情派。又因法派首领为沈家本,故又有沈派和反沈派之说。

礼法之争,以时间及争论的内容、方式划分,可分如下几个阶段:

第一阶段。光绪三十二年(1906)修订法律大臣沈家本、伍廷芳"模范列强",学习西方,制定《刑事民事诉讼法》草案,因其中采用了西方的律师制度和陪审制度,故该草案遭到以湖广总督张之洞为首的礼教派的反对。清廷采纳张之洞等的意见,《刑事民事诉讼法》未予公布即作废。

第二阶段。光绪三十三年(1907)八月和十二月,沈家本等先后奏上《大清新刑律草案》和该草案的按语。草案采用西方刑法体例,分总则、分则,"总则为全编之纲领,分则为各项之事例"。沈家本等认为《大清新刑律草案》虽然"仍不戾乎我国历世相沿之礼教民情",但修订大旨是"折衷各国大同之良规,兼采近世最新之学说"②,就是说,是以西方法律的原理、原则制定新刑律。这种指导思想为礼教派所反对。清王朝根据学部及各大臣的意见,于宣统元年(1909)正月二十七日下谕:"惟是刑法之源,本乎礼教,中外各国礼教不同,故刑法亦因之而异。中国素重纲常,故于干名犯义之条,立法特为严重。良以三纲五常,阐自唐虞,圣帝明王,兢兢保守,实为数千年相传之国粹,立国之大本。今寰海大通,国际每多交涉,固不宜墨守故常,致失通变宜民之意,但只可采彼所长,益我所短。凡我旧律义关伦常诸条,不可率行变革,庶以维天理民彝于不敝。该大臣务本此意,以为修改宗旨,是为至要。"③将学部及部院督抚大臣的签驳,连同《大清新刑律草案》发回沈家本和法部修改。沈家本和修订法律馆在修改中,"对于有关伦纪各条,恪遵谕旨,加重一等"④,然后送交法部。法部尚书廷杰以为"中国名教必须永远奉行勿替者,不宜因此致令纲纪荡然"⑤,在正文后面又加上《附则》5条,明确规定:"大清律中,十恶、亲属容隐、干名犯义、存留养亲以及亲属相奸相盗相殴并发冢犯奸各条,均有关于伦纪礼教,未便蔑弃。"中国人犯以上各罪,仍照旧律办法惩处。"危害乘舆、内乱、外患及对于尊亲属有犯"应处死刑者,仍用斩刑;卑幼对尊亲属不能使用正当防卫之法。这实际上在很大程度上否定了正文的相

---

① 《论杀死奸夫》,载沈家本:《寄簃文存》,商务印书馆2015年版,第61页。
② 沈家本:《修订法律大臣沈家本等奏进呈刑律分则草案折》,载怀效锋主编:《清末法制变革史料》(下册),第100页。
③ 《修改新刑律不可变革义关伦常各条谕》,载故宫博物院明清档案部编:《清末筹备立宪档案史料》(下册),中华书局1979年版,第858页。
④ 奕劻:《奏为核订新刑律告竣敬谨分别缮写清单请旨交议折》,载李贵连编著:《沈家本年谱长编》,山东人民出版社2010年版,第257页。
⑤ 《沈家本、廷杰奏疏》,载沈家本等纂修:《钦定大清刑律》,1911年刻本。

关规范。这次修改案,定名为《修正刑律草案》,宣统元年(1909)由廷杰、沈家本联名上奏,结束了这个阶段的争论。

第三阶段。宣统二年(1910),《修正刑律草案》交宪政编查馆核定。候补四品京堂、宪政编查馆参议、考核专科总办劳乃宣以草案正文"于父子之伦、长幼之序、男女之别有所妨",背弃礼教;《附则》规定旧律礼教条文另辑单行法适用于中国人是本末倒置等多项理由,向宪政编查馆上《修正刑律草案说贴》,并遍示京外,要求把旧律有关伦纪礼教各条,直接修入新刑律正文。礼教派因此群起攻击,"新律几有根本推翻之势"。沈家本著论反驳,协助修律的日本学者冈田朝太郎、松冈义正及宪政馆、法律馆诸人"亦助沈氏辞而辟之"。[①] 礼法双方就刑律的具体条文,以文字互相辩难。最后,宪政编查馆基本未采纳以劳乃宣为首的礼派意见,但也作了一些调和。《修正刑律草案》经核定,成为《大清新刑律》,《附则》改为《暂行章程》。上奏后,于十月初三日交资政院议场议决。

第四阶段。资政院是清末筹备立宪时期的预备国会,它有权力议决法律。宪政编查馆特派员杨度到议场说明新刑律的国家主义立法宗旨,批评传统旧律的家族主义原则。这个讲话,遭到以劳乃宣为首的礼教派的激烈反对。议场内外,就中国立法以国家主义还是家族主义为指导思想,展开辩论。劳乃宣不仅亲自撰文批驳国家主义,而且邀集亲贵议员105人,向资政院提交《新刑律修正案》,对宪政编查馆核定之《大清新刑律》修改、移改、复修、增纂有关礼教条款13条又2项,在新刑律已有的礼教条款上,增加和加重卑幼对尊长、妻对夫杀害、伤害等罪的刑罚,减轻尊长对卑幼、夫对妻杀害、伤害等罪的刑罚,更全面地维护亲亲、尊尊的传统纲常名教。这个修正案在资政院法典股审查时,全被否定。因此,议场议决新刑律,针对子孙对尊长的侵害是否适用正当防卫以及无夫奸是否定罪,爆发大争论。议场的辩论,因新旧冲突,秩序大乱。最后,因观点无法调和,只好用投票法表决。由于资政院会期时间已过,新刑律全文在议场没有全部议完。礼法双方的辩论亦随之告终。新刑律由军机大臣会同资政院上奏,清王朝上谕裁可颁布,礼教派在议场的胜利成果化为乌有。但是,礼法之争仍然继续进行。礼教派对法派提出弹劾,沈家本被迫于宣统三年(1911)二月辞去修订法律大臣和资政院副总裁之职。

从以上礼法之争大体经过可见,它表面上是清王朝内部对《刑事民事诉讼法》,特别是《大清新刑律》的立法指导思想的争论,实质上是清末整个修律的指导思想的一次大争论,也是中西法律文化的一次大冲突。

在整个争论中,礼法双方并不绝对地主张礼教或法理。尤其是法理派,虽然要求用西方法律的原理和原则制定新律,但实际上他们的思想却未完全脱离礼教,在他们主持修订的新律中保留了大量的礼教条文。亲自参加起草《大清新刑律》的日本法学博士冈田朝太郎还在《法学会杂志》发表了《论大清新刑律重视礼教》一文以为辩护。双方争论的核心是:鉴于当时中国的国情,应以西方法律的原理原则为主要指导思想,还是应以传统礼教为主要指导思想制定新法;新法的精神应该是国家主义还是家族主义;《大清律例》中的

---

① 江庸:《五十年来中国之法制》,载许章润主编:《清华法学》(第八辑),清华大学出版社2006年版,第260页。

"干名犯义""犯罪存留养亲""亲属相奸""故杀子孙""杀有服卑幼""妻殴夫夫殴妻""犯奸""子孙违犯教令"等维护传统礼教的法律条文,要不要全部列入新律?要列入的又如何列入?是入法典正文还是附在《暂行章程》?这场争论成了中国近代法律史册上耐人寻味的一页。

20世纪初期的中国民生艰难,民族危机重重。为了挽救民族危亡,国内各种政治派别都在寻找救国的方法。法理派就是希望在法律上学习西方、日本,与西方国家"齐一法制,取彼之长,补我之短"①,通过改革中国旧法,挽回主权。他们认为,无论是国内还是国际形势,法律的发展变化,要图强,都必须学习西方,制定出新法律。他们向往西方的各种法律制度,认为西法不过是中国的古法而已。西法并未违背圣人之教,完全应该并可以采用。

礼教派也承认修律要参考、借鉴西方诸国的法律,但"立法固贵因时,而经国必先正本",用西方法律的原理原则来替代中国传统的礼教原则万万不行。因"法律之设,所以纳民于轨物之中,而法律本原实与经术相表里"。"经术"是法律的本质、内容,法律是"经术"的现象和形式,"经术"中的"亲亲之义、男女之别"是法律中的天经地义、万古不变之"本"。中国修律,只能按照"明于五刑以弼五教"和"凡听五刑之讼必原父子之亲,立君臣之义以权之"的原则,"因伦制礼,准礼制刑"。他们认为《新刑律草案》与君臣之伦、父子之伦、夫妇之伦、男女之别、尊卑长幼之序相背。一句话,与传统礼教的核心"三纲五常"相背,这样的法律施行的话,中国就不成其为中国,故绝对不允许这样的法律在当时的中国施行。

在礼教派看来,《刑事民事诉讼法》采用西法,使父子异财,兄弟析产,夫妇分资,"袭西俗财产之制,坏中国名教之防,启男女平等之风,悖圣贤修齐之教"。针对法理派收回领事裁判权的论点,他们反驳说:收回治外法权虽为"今日急务",但不能把"中国旧律精义弃置不顾,全袭外国格式文法"。各国法律互不相同,均"无碍于完全之法权",中国新律关系纲常伦纪之处,"其罪名轻重即使与各国有所异同",也不妨碍收回治外法权。英美等国条约中所说:"一切相关事宜皆臻妥善,即弃其治外法权"的保证靠不住。治外法权完全"视国家兵力之强弱,战争之成效以为从违",决不单纯以法律之完善与否为转移。总之,中国修律,"必须将中国民情风俗、法令源流通筹熟计",按照中国的政教大纲酌量变通。

二、礼法之争核心内容举例

宣统二年(1910),围绕《修正刑律草案》,劳乃宣撰写《修正刑律草案说帖》,要求直接把旧律义关伦常诸条,逐一修入新刑律正文。沈家本著《书劳提学新刑律草案说帖后》,予以驳斥。劳乃宣再书《管见声明说帖》回驳。宪政编查馆、修订法律馆人员几乎都加入了这场争论。社会上报纸杂志亦为此进行笔战。最后,导致资政院议场大辩论。

在争论的11个问题中,关于干名犯义、犯罪存留养亲、亲属相奸、亲属相盗、亲属相

---

① 沈家本:《核议御史刘彭年恢复刑讯折》,载李贵连编著:《沈家本年谱长编》,山东人民出版社2010年版,第127页。

殴、故杀子孙、杀有服卑幼、妻殴夫夫殴妻、发塚等九个问题，劳乃宣认为，应在新刑律正文中，予以特别规定。沈家本则指出，这些问题，有的在新刑律正文中已有将它包括进去的相应规定，而按照法理，有的不能列入正文，只能附于判决录中。

如犯罪存留养亲。劳乃宣认为，旧律所以定这一条，目的在于"教孝"。因此，新律不列入，"实属漏义"。沈家本则反驳说：中国古代并无"罪人留养之法"，北魏出现这种法条，但后来多遭非议。他特别搬出嘉庆谕旨："凶恶之徒，稔知律有明条，自恃身系单丁，有犯不死，竟至逞凶肆恶，是承祀留养非以施仁，实以长奸，转似诱人犯法。"以"祖训"论证这一条不进正文，完全"无悖于礼教"。这一来，劳乃宣只好同意可以"不必专列"。其他八个问题的辩驳与此相似。

双方都各持己见，未取得一致意见的是"犯奸"和"子孙违犯教令"这两个问题。

关于"犯奸"。劳乃宣认为，中国旧律和奸无夫妇女杖八十，和奸有夫妇女杖九十，分别治罪，前轻后重。现在的刑律草案，只列有夫和奸罪，无夫和奸不为罪，失之太过。中国风俗，特别重视处女和寡妇的和奸罪，如完全不以为罪，不符合中国人心。沈家本反驳说：无夫妇女与人和奸，西方国家没有治罪明文，此最为外人着眼之处；如一定要把这一条加入新刑律，恐怕此律必定遭到外国人多方指摘，会妨碍领事裁判权的收回。此外，无夫妇女与人和奸，主要是道德风化问题，应从教育方面想办法，不必编入刑律之中。和奸无夫妇女应否治罪，在资政院议场议决时，引来一场面对面的斗争。礼教派认为：无夫奸，中国社会普通的心理，都认为应当有罪，因此国家不能听任无夫妇女与人和奸，而要有刑律做保证。法派则指出：这一条万不能加入正文。理由主要是：首先，现在民法未定，家庭中的关系还没有确定。例如妾的问题。按立宪原则，不允许纳妾。但我国事实上很多人有妾。如果以后民法按照立宪原则修订，不承认纳妾，这样妾便等于无夫妇女。而非正式婚姻，即等于和奸。若刑律定入无夫奸有罪一条，那么有妾也就有罪了。其次，礼派怕无夫奸不定罪造成社会风气败坏，事实上这是不可能的。地方上放荡不羁想奸人妇女的人必须偷偷摸摸，原因不是怕旧律中杖八十的刑罚，而是怕自己的名誉受损，怕妇女家中的男人杀伤。因此，法律纵然不写这一条，也不至于风俗一败不可收拾。就是法律定了这条，奸无夫妇女之事也是仍然有的。旧律规定无夫奸有罪，但各地很少发案，正说明法律有这一条也是具文。无夫奸在道德上是天然的罪名。可是，事情暧昧，很难提起公诉，所以法律上不问。若是定了有罪，国家立法上就不得其平。再从司法看，这种罪既然是和奸，男女双方就一定同意。在审判时，双方口供相同，纵然口供不同，也找不到证人。而且和奸要加罪，审清楚后，加谁的罪呢？不管加男方还是加女方，都未免不均不平。因此，规定了这条，审判上反生出种种扰乱。于无夫奸是除罪还是入罪？如果入罪，是入刑律正文还是《暂行章程》？礼、法双方在议场辩论无果，只好付诸表决。表决结果，颇出法派意外，赞成与反对无夫奸入罪者分别为77票和42票，赞成将之保留在刑律正文的议员占多数(61位赞成，49位反对)。① 由于整个新刑律在资政院因为时间的关系没能全部完成三读立法

---

① 《资政院议场会议速记录》，李启成点校，生活·读书·新知三联书店2011年版，第669页。

程序,资政院会同军机大臣共同议决将刑律总则上奏,故议员们处于分则中的无夫奸条文的表决自然归于无效。故直到清廷灭亡,关于无夫奸问题之争议都还在继续进行着,足见其激烈程度。

关于"子孙违犯教令"。劳乃宣认为:旧律规定子孙违犯教令处以杖刑;屡次触犯,尊长呈请发遣者,将其发遣。发遣后,祖父母、父母呈请将他释放回来,也有放回的成案。这样,子孙治罪之权,全在祖父母、父母,实为朝廷教孝之盛轨。刑律草案不列这一条,违反了朝廷以孝治天下的大道。沈家本反驳说:子孙违犯尊亲教令完全是家庭教育问题,无关于刑事,不必规定于刑律之中,应设立感化院之类的机构来解决该问题。劳乃宣以为:沈家本主张子孙违犯尊亲教令全都是教育问题,不关刑民事件之说,并非确论。《周官》八刑中就有不孝之刑,俄国《刑法》也有呈送忤逆之条。如果子孙触忤祖父母和父母,官府没有惩治他们的法律,祖父母和父母对忤逆子孙没有呈送惩治的地方,实在是大拂民情之事。至于感化院一类地方,中国有一千多州县,不能同时设立。因此,在现在情况下必须规定于刑律中,由官府代为惩治。这一条与礼教关系很大,万不可删。① 由于资政院闭会,这个问题在议场未及辩论。但关于卑幼对尊长有无正当防卫权却掀起不小的波澜。

新刑律草案的正当防卫条款,遭到部院督抚大臣的反对。他们认为,按照礼教规范,一般人可以有正当防卫,但子女对父母尊长不能有正当防卫。法部尚书廷杰在《修正刑律草案附则》中加入"凡对尊亲属有犯,不得适用正当防卫之例",以此限制正当防卫的适用范围。宪政编查馆核定,将它列入《暂行章程》第5条,原文未动。杨度在资政院会场解释宪政编查馆的态度时说:"刑律本有正当防卫之例,今既对尊亲属不得适用,是谓防卫为不正当,而尊亲属无论何种行为皆为正当。究竟天下事不能一概而论,编制《新刑律》的人,对于社会上人类种种的情形,不能不面面想到。父子之间虽以父慈子孝为常,然天下非无不慈之父、不孝之子,断不能说,父可不必正当,子不能不正当。"天下情形复杂,既有为父而不慈者,也有为子而不孝者。父子之间的行为"坐定父之一面为正当,子之一面必不正当",就是宋儒"天下无不是的父母"的说教。然而从国家的观点看,宋儒的学说不完全。"父杀其子,君主治以不慈之罪;子杀其父,君主治以不孝之罪。既此不偏为为人子者,立法亦不偏为为人之父者,立法必要面面俱到,始为公平",所以不应列入刑律正文。但为照顾中国的风俗习惯,故写进《暂行章程》。议场议决这条时,劳乃宣首先提出要按他们的修正案,将这条加入刑律正文。他们认为:一般人可以使用正当防卫。可是,"对于尊亲属,小杖则受,大杖则走,子孙不可有正当之防卫"。法派则反驳道:"子弟在幼稚时代,尊长得干涉其行为。"这是尊长对卑幼的管束,而不是侵害。针对礼派小受大走,尊长可以随意殴打甚至杀死卑幼,他们指出:"法律订定之后,子弟有不法行为,国家有法律代为管束,用不着尊亲属杀之。"反对私刑,要求将家庭父子之间的行为,纳入国家法律的范围,而不容许超越国家的范围另行立法。因此,子孙不得使用正当防卫不应另立专条,写入刑律。②

---

① 参见劳乃宣:《修正刑律草案说帖》《管见声明说帖》;沈家本:《书劳提学新刑律案说帖后》;陈宝琛:《读劳提学及沈大臣论刑律草案平议》;均载劳乃宣:《桐乡劳先生遗稿·新刑律修正案汇录》,1927年刻本。
② 《资政院议场会议速记录》,李启成点校,生活·读书·新知三联书店2011年版,第307—313页。

三、国家主义与家族主义之争

国家主义是与家族主义相对立的法理派法律思想,在资政院议场议决新刑律时,由杨度提出。杨度(1875—1932),湖南湘潭人,原名承瓒,字皙子,后自取名度。师从王闿运,1893年中举后两次会试落第,1902年留日入东京弘文学院,与黄兴等创办《游学译编》,1905年当选为留日学生总会干事长。1908年杨度因袁世凯和张之洞的保荐,被清廷授予四品京堂的官衔,在宪政编查馆担任提调,同年以讲师身份在颐和园向皇亲国戚讲立宪精义,成为朝野知名的立宪专家。1910年杨度就是以宪政编查馆特派员身份到资政院发表关于新刑律主旨为国家主义这一演说的。武昌起义后,出任袁世凯内阁学部副大臣。后当帝师心热,在袁氏出任大总统后组织筹安会。复辟失败后,以帝制祸首被通缉,声名一落千丈。晚年曾加入国共两党的革命,后病逝于上海。

杨度认为,旧律与新刑律在"精神上、主义上"有着根本性的区别,前者依据家族主义,后者依据国家主义,立法要以维护国家利益而不是维护家族利益为出发点。因为他所指的"国家"是君主立宪的国家,所以,换句话说就是:要以西方法制的原理原则而不是以传统礼教原则立法。

所谓家族主义,就是以家族为本位的国家制度。国家"以家族为本位,对于家族的犯罪,就是对于国家的犯罪。国家须维持家族的制度,才能有所凭借,以维持社会"。家族制度的特点是严定家族内部的尊卑等级,"一人犯罪,诛及父母,连坐族长"。由此而产生家族责任,"国家为维持家族制度,即不能不使家长对于朝廷负责任,其诛九族夷三族就是使他对于朝廷负责任的意思"。家长既然要对朝廷负责任,"在法律上就不能不与之特别之权。并将立法权司法权均付其家族,以使其责任益为完全,所以有家法之说。所谓家法者,即家长所立之法,此即国家与家长以立法之权"。形成这种制度的原因是什么呢?因为国家"要持家族制度以保护国家与治安,故并立(法)司法之权以付与家长。故家长对于一家之中,可以行其专制之手段,有无上之权柄"。这种制度实行的结果,造成家庭成员没有独立的人格,"无论四五十岁之儿子,对于七八十岁之父母,丝毫不敢违犯"。所谓国家主义,则正好与家族主义相反,是以个人为本位的国家制度,"国家对于人民有教之法,有养之法,即人民对于国家亦不能不负责任。其对于外,则当举国皆兵以御外侮,对于内则保全安宁之秩序。必使人人生计发达,能力发达,然后国家日臻发达,而社会也相安于无事"。人民对国家负担义务,国家保证人民有法律内的自由权利。"法律对于人民有成年不成年之别",在没有成年以前,他对国家的一切权利义务,全部交给家长代替行使;但到成年后,家长就要把这些权利义务还给他本人,由他本人行使,不能代替。

杨度认为,根据进化论,一切国家都有家族制度的阶段。历史上所有国家的政治法律都经历过家族主义支配的时代。区别仅在于,有的国家制度发展较早,很快由家族主义进至国家主义;有的则发展很慢,到现在还是家族主义。中国就是国家主义发展很慢的国家。中国之所以国家主义发展很慢,是因中国古代无所谓"国际"概念,国家就是天下,天下就是国家,国家与国际概念混而为一。各代帝王"只要维持社会,即足以保国家之治安,并无世界竞争之必要"。所以家族制度在这个时代,是适于统治的制度。正因为这样,所以"两千多年之法律,均本于秦"。这种家族制度法律,完全能够达到维护社会治安的目的,所以国家主义迟迟不能发达。历史发展到现在,国家与国际的概念大明,列强的弱肉强食,严重威胁中国的存亡。家族主义造成了中国的贫穷落后,变家族主义而为国家主义,是中国由弱转强的迫切需要:号称四亿人口的中国,为什么不能和外国相抗? 原因就在于这四亿人口"只能称四万万人,不能称四万万国民"。他们"都是对于家族负责任,并非对于国家负责任"。四亿人分两种:家长和家人。家长对家人负有特别的权利义务。家人不仅对于国家不负责任,对于家庭亦不负责任。家庭义务全由家长一人负担,所以,人口虽有四亿,但是"自国家观之,所与国家直接者亦不过是少数之家长而已。其余家人概与国家无关系也"。这少数家长,不管是做工还是经商,都有家庭负累。他们更多的是尽家庭的义务,负养活妻和子的责任,而不是尽国家的义务,负国家兴亡的责任。他特别指出既是家长又是官吏的那些人。按道理说,他们对国家负有义不容辞的责任。但是,其实不然,他们与其说对国家负责任,毋宁说对家族负责任。人们所痛恨责备的贪官污吏,为什么会贪污呢? 无非是有妻子之累,内顾之忧。他们做官完全是为了取得养活妻子的资财。因此"只要得几文钱以之养家足矣,与国家本无关系也"。但是,如从家族主义的观点看,对这种贪官还不能十分责备,"因为他对于国家虽是贪官污吏,而对于家族却是慈父孝子,贤兄悌弟"。

总之,由于中国大多数人对于国家没有直接的权利义务关系,对国家兴亡不负责任;少数家长虽有责任,但又力所不及,为官作吏的家长,虽为贪官污吏,但又是慈父孝子贤兄悌弟,所以中国虽号称四亿人口,也不能与外国相抗而屡败。"中国之坏,就由于慈父孝子贤兄悌弟之太多,而忠臣之太少。"世界的发展,都由家族主义进至国家主义。中国只有行国家主义保护人权,才能使人民"群策群力",使国家"渐图恢复,不致受灭亡之灾祸"。否则,就会"民气消阻,振起无由"。《大清新刑律草案》删去旧律中的故杀子孙、干名犯义、违犯教令及亲属相殴等诸条,"其隐寓保护人权之意,维持家族主义,而使渐进于国家主义者,用心良苦"。所以从国家的前途出发,必须将国家主义作为改定法制的宗旨,以便使家长由慈父孝子贤兄悌弟变为国之忠臣,使家人有独立生计,独立能力。国家给他们"营业居处言论等等自由,使其对国家负责任"。这样,他们就由"人"进到了"国民"。新刑律正是按照这个宗旨,减少了家族制度的条文,使之向国家主义转变。①

杨度在资政院议场所宣讲的国家主义法律理论,引发了劳乃宣的反驳,提出了基于类型说的中国家族主义法律理论。

劳乃宣(1843—1921),字季瑄,号玉初,又号韧叟,浙江桐乡人,1865年中举人,1871年中进士,后历任临榆、南皮、完县、蠡县、吴桥、清苑等县知县二十余年。1901年开始担任南洋公学总理、杭州求是书院监院、浙江大学堂总理及监督等职,创办简字学堂,力主普及教育。1908年开始在宪政编查馆和政务处任职,1910年成为资政院硕学通儒议员,后

---

① 参见《资政院议场会议速记录》,李启成点校,生活·读书·新知三联书店2011年版,第301—308页。

授江宁提学使；1911年获授京师大学堂总监督兼署学部副大臣等；进入民国后，他主张复辟清室，以遗老自居。他还是近代音韵学家、汉语拼音倡导者。他绝大部分关于法律思想方面的著述收入《桐乡劳先生遗稿》一书中。

为了论证家族主义适合于中国，劳乃宣首先提出法律的起源问题。"法律何自生乎？生于政体。政体何自生乎？生于礼教。礼教何自生乎？生于风俗。风俗何自生乎？生于生计。"农桑、猎牧、工商三种经济类型，产生三种类型的风俗礼教政体，从而产生出家法、军法、商法三种类型的法律。中国法律属于家法类型，西方法律属于商法类型，无所谓高下之别。

农桑之国的人民，有固定的土地，固定的住所，全家人都听命于父兄的安排，"父兄为家督而家法以立。是家法者，农桑之国风俗之大本也"。礼教政体都从家法中产生出来，君臣关系等于父子关系，"其分严而其情亲，一切法律皆以维持家法为重，家家之家治而一国之国治矣"。在这种法律下，"人人亲其亲，长其长"，天下由此而太平。猎牧之国的人民，没有固定的住所，"结队野处，逐水草而徙居"，必须有兵法约束才能谋生存。"人人服从于兵法之下，是兵法者猎牧之国风俗之大本也。"他们的礼教政体从这种兵法中产生出来，君臣关系等于军队中将帅与士兵的关系，"分严而情不甚亲"。这种国家的"一切法律皆与兵法相表里"，约束很严而简单易行，合于用兵之道。"工商之国，人不家食，群居于市。非有市政不能相安，故人人服从于商法之下。是商法者工商之国风俗之大本也。"他们的礼教政体都由商法而产生，君臣关系是一种雇佣关系，"情亲而分不甚严"。君主形式的国家就像独家商业公司，民主形式的国家就像合资商业公司。"一切法律皆与商法相览表。凡所为尚平等重契约，权利义务相报酬，皆商家之性质也。"所以"风俗者法律之母也，立法而不因其俗，其凿枘也必矣"。中国是农桑之国，风俗礼教政体都从家法中产生出来，所以政治必须"从家法"，而不能用朔方的军法和欧美的商法；刑律必须维护家法，而不能维护军法和商法。"今欲以欧美的商法政治治中国，抑独可行之无弊乎？"

针对杨度使民爱国必须破坏家法之说，劳乃宣认为，中国人但知爱家不知爱国，根源不在家族主义而在秦以后的专制政体。秦以前的"春秋之世，正家法政治极盛之时也，而列国之民无不知爱其国者"。如《左传》记载的郑国弦高送牛犒秦师；越国亡于吴国后，越人举国一致复兴越国等，"国人莫不毁家以卫其国，家法政治之下，民何尝不爱其国哉"！只是到了秦代，行专制政体，"一国政权悉操诸官吏之手，而人民不得预闻"。久而久之，才使今日之民不知爱国。因此，"以欧美尚平等、重权利之道"取代家法政治，是大误特误。再以西方而论，"欧美之民何尝不爱其家哉"！所不同者在于西方家庭和中国家庭的范围不同而已，"中国之家以父子为范围，西国之家以夫妇为范围，西国之所谓一家，犹中国之所谓一房，而其为有家则一也"。认为西方人爱国是由于没有家庭观念，此论不能成立。西方人爱国，在于人人"深明家国一体之理，知非保国无以保家"。为什么他们能明白这一道理呢？在于他们"行立宪政体，人人得预闻国事，是以人人与国家休戚相关"。中国现在已行预备立宪，只要"假以岁月，加以提撕，家国一体之理渐明于天下，天下之人皆知保国正所以保家，则推知其爱家之心，而爱国之心将油然而生，不欺(期)然而然者"。法理派所说必先破坏家族主义乃能成就国民主义,明显不成立。合乎逻辑的结论自然为:"至今日而谈变法将何适之从哉?曰:本乎我国固有之家族主义,修而明之,扩而充之,以期渐进于国民主义,事平(半)功倍,莫逾乎是。"①

辛亥革命的枪声,打断了礼法双方的互相辩难。民国以后,这种规模的正面冲突虽没发生过,但小规模的争论可以说从未间断,礼法之争可说贯穿整个中国法律近代转型之始终,特别值得后人深思。

第三节 沈家本的法律思想

在近代中国,在法律上承前启后,媒介中西法律,从而为中国的法律近代化奠定基础者,当首推沈家本。1913年7月,由北京法学会主持的沈家本追悼会在北京湖广会馆举行。在社会各界送来的诸多挽联中,有一条是这样写的:

法治导先河,钜典修成,笔挟风霜难易字
作人开广厦,宗工遽杳,手栽桃李未成荫

这副挽联概括了沈家本晚清十年的修律实践。法治,更确切地说,宪政法治,是当年沈家本主持改革的理想。在西方法的影响和冲击下,清政府为了挽救危局,终于走上法律改革之路。而在这场影响深远的中国法律近代化运动中,沈家本作为清末法律改革的主持者,他对改革的态度,他对西方法的理解,他的思想和行动,都对这场改革产生无可置疑的重要作用。

沈家本(1840—1913),清代著名法学家和立法专家,字子惇,又作子敦,号寄簃,浙江归安(今浙江省湖州市)人。同治三年(1864)进入清朝刑部做官,光绪九年(1883)考中进士,仍然留在刑部做官,是地道的传统中国士大夫。历任刑部直隶、陕西、奉天各司主稿,兼秋审处坐办,律例馆提调。以对传统法学(律学)的精熟,为官场和士大夫所推许,"以律鸣于时",是当时刑部最出色的司员之一。光绪十九年(1893)沈家本出任天津知府,因"以宽大为治""用律能与时变通",而受到时人称誉。后来调任直隶首府保定府知府。在此期间,因董福祥甘军过境,捣毁保定北关外法国教堂,引起中外交涉。他据理与法国传教士力争。为此,在八国联军占领保定期间,被侵略军拘留近四个月,一度被押上刑场陪斩,深受刺激,也强化了其固有的以治国强国为主要内容的"法律救国"思想。从光绪二十七年(1901)起到宣统三年(1911)止,历任清朝刑部侍郎、修订法律大臣、大理院正卿、法部侍郎、管理京师法律学堂事务大臣、资政院副总裁、袁世凯内阁司法大臣等职。1910年,中国第一个全国性的法学学术团体北京法学会成立,他被推为首任会长。

在法律思想上,沈家本主要受先秦儒家、法家和西方法学三个方面的影响,希望能将三者融会贯通,构建起能与当时中国社会相适应的新"法治"。由于受儒家仁政思想的影

---

① 《桐乡劳先生(乃宣)遗稿》,台湾文海出版有限公司1969年影印本,第236—239页。

响,因而他痛恨各种残酷刑法,认为"先王之道在德教而不在刑政""刑非威民之具,而以辅教之不足",主张德刑并用,先德后刑,宽平治国,宽平治民。立法不能完全背弃本国固有之礼教民情。但是,他不排斥法家思想,而且特别推崇法家《管子》,用《管子》的"不法法则事毋常,法不法则令不行",来论证"国不可无法,有法而不善与无法等"。他认为,法是"天下之程式,万事之仪表",治国不但必须有法,而且要有善法、好法,并由熟悉法律的"仁人"执法。否则,就会使老百姓无所措其手足,导致民心离散、国家危亡。从这种思想出发,沈家本在主持修改制定法律时,不但吸收中国古代法律特别是《唐律疏议》中他认为适合今用的东西,同时热心研究西方法律和法学。参考古今,博辑中外;旧不俱废,新亦当参;取人之长,补己之短。把他认为适用于当时中国的西方法律和法理引进中国,从而在一定程度上突破了正统法律思想的范畴,把中国法律推向近代。

一、治国强国的法律救国论

沈家本在主持晚清的法律改革中,对旧律进行了大刀阔斧的改造,同时又引进大量的西方法律,是融会中西法学的冰人、中国法制现代化的先行者。那么,支配他行动的思想基础是什么呢？换句话说,其思想出发点是什么？他的出发点就是以爱国、治国为目标的"法律救国"论。

抵御、反抗外来侵略,保国保种,救亡图存,是近代中国社会悲壮激越的主旋律。在这曲爱国救国的大合唱中,社会历史以及自身条件所赋予沈家本的是通过对旧法制的改造,使之适应变化了的新世局,能治理未来的新世局、新社会,国家由此从弱变强,消除国耻,与世界先进国家齐头并进。换句话说,他走的是法律救国或法律治国的道路。

沈家本是一个忧国忧民,具有民族自尊心和爱国心的传统开明官僚。神州陆沉的民族灾难,使他经常寝食不安。1860 年,他刚 20 岁,就在北京目睹英法联军火烧圆明园的暴行。他亲笔记录了侵略者的罪恶,并起了投笔从戎、请缨杀敌之念。40 年后,北京再次遭受侵略军的洗劫。其时他任咫尺之近的保定知府,对北京的陷落痛彻心骨。在侵略军占领保定以后,不但府署被抄,府库被劫,最后自身也未能幸免,被侵略者拘押,身陷囹圄数月并险遭不测。国破家亡的惨景、囚徒的耻辱,使他悲愤欲绝。这种刺激,对他爱国思想的形成有着重大影响。

沈家本从青年时期即入刑部学律治律并以律鸣于时,早在任职刑部司员期间即注意、留心对外交涉。现存沈家本编辑的《刑案汇览三编》,最后部分为《中外交涉刑案》,是迄今所见 19 世纪少见的中外交涉案件汇编。这说明,沈家本比同时期的法学家更重视对中外交涉案件进行总结。这样做的目的很明显,就是为以后的司法、立法积累资料,提供经验。总之,沈家本在治律中,比同时代法学家的视野要宽,考虑的问题要深。在研读旧律的同时,早就究心对外法律问题。他的"法律救国"思想即种根于此。

奉命修律以后,这种思想就更明显了。沈家本非常称誉春秋时期郑国子产铸刑书"救世"之苦心,"国小邻强交有道,此人端为救时来"。[①] 他效法子产,在"国弱邻强"的时代,

---

① 沈家本:《枕碧楼偶存稿》(卷十一),民国时期刻本。

负起修律救时之重任。由于沈家本的"法律救国",以采用西法改造旧法为归依,故这时大量奏疏、论说、序跋等,处处强调取人之长,补己之短,采西法之善,去中法之弊,不厌其烦地反复阐述治理国家,必须使法律随乎世运递迁而损益变化的道理。西方通过革新法典,得以改革其政治,保安其人民而日益强盛;中国介于列强之间,迫于交通之势,更是万难守旧,不能不改。直至老病侵夺、卧床不起的弥留之际,仍念念不忘毕生之志,撰文祝愿"中国法学昌明,政治之改革,人民之治安,胥赖于是,必不让东西各国竞诩文明"。① 字字句句,都渗透了这位法学先驱的报国之情和以法治国、以法强国的理想。

在近代中国,"科学救国""教育救国""实业救国"等力图超越现实政治斗争的救国论,在各个不同历史时期,都曾喧腾过一时。沈家本一生不以利禄为念,为了中国的兴盛而致力于法律之学,其"法律救国"即属于这个范畴。尽管这未能挽救中国的危亡,但它促进了中国社会的进步。为了救国治国,沈家本把一生精力和全部才智都倾注在融合中西法律之中。

二、儒家仁政与人道主义思想

沈家本一生治律,兼治经史,融经史于律。法律学识之渊博,中国法律史上鲜有能与匹敌者。通观他的全部理论和实践,他的思想核心就是儒家仁政和西方的人道主义。

"仁政""仁学"是儒家所代表的中国传统文化的重要组成部分。由于孔子纳"仁"入"礼",秦汉以后,历代统治者又一步步"纳礼入律"。因此,中国传统法律包容了孔子以来的儒家"仁政"学说。传统法中的一系列宽刑、轻刑、省刑措施和思想家中的"德化""教化"等,就是这种"仁政"学说的具体表现。沈家本幼读经史,受儒家思想熏陶,身上打下极深的儒家"仁政"烙印。《历代刑法考·刑制总考》,是他对上自唐虞,下至明代法制的总考论。他对历代法制和皇权统治的评定,莫不从"仁"字着墨,以"仁"为衡。法之善恶,人之仁暴,皆以"仁"为准。符合"仁"者,法为善法、良法,人为贤君;违背"仁"者,法为恶法、坏法,人为暴主。沈家本认为,中国法律,自唐虞时代起,便"以钦恤为风,以明允为用",形成德化的传统。这一传统至商鞅变法修刑而绝。因此,他特别推誉汉初:"汉文除肉刑,千古之仁政也。"②

对法制和君主的评定如此,对执法官的评定也是如此。在他的著述中,对"仁人"执法的赞美,几乎到了不厌其烦的地步。他强调:"法之善者,仍在有用法之人,苟非其人,徒法而已……可知有其法者尤贵有其人矣。大抵用法者得其人,法即严厉亦能施其仁于法之中;用法失其人,法即宽平亦能逞其暴于法之外。此其得失之故,实筦乎宰治者之一心,为仁为暴,朕兆甚微,若空言立法,则方策具在,徒虚器耳。"③ 这种见解,既是他阅读经史的心得,也是他生平治狱的经验总结。

---

① 《法学会杂志序》,载沈家本:《寄簃文存》,商务印书馆2015年版,第214页。
② 沈家本:《历代刑法考》(第一册),邓经元等点校,中华书局1985年版,第179页。
③ 《历代刑法考·刑制总考四》,载沈家本:《历代刑法考》(第一册),邓经元等点校,中华书局1985年版,第51页。

用儒家"仁政"评判历代法制、君主和执法者,并不是沈家本的目的,而是一种手段。他是要通过这种评判,论证必须以"仁"为标准,对旧律进行全面的审查,把"仁"作为改造旧律、制定新律的标准。在脍炙人口的《删除律例内重法折》中,他淋漓尽致地揭示这些不仁之法给社会造成的恶劣后果,并坚决主张予以废除。

值得注意的是,沈家本在继承儒家"仁政"思想以评判历代法制和指导修律的同时,已在一定程度上接受西方的"人道主义"思想,并同样以之评判历代法制和指导修律。在表达这种思想时,他没有直接运用"人道主义"一词,而是用西人批评中法之"不仁"这种曲折的方法,间接表达他的这种思想。如《删除律例内重法折》说:"以中国法律与各国参互考证,各国法律之精义,固不能出中律之范围……综而论之,中重而西轻者为多。盖西国从前刑法,较中国尤为惨酷,近百数十年来,经律学家几经讨论,逐渐改而从轻,政治日臻美善。故中国之重法,西人每訾为不仁。"又如《刑制总考四》论死刑唯一:"以斩与绞相较,则斩殊身首又不如绞之身首尚全,故近来东西各国有单用绞刑者,亦仁术之一端也。"这种出自外人之口的"仁""不仁""仁政""仁术",显然已非纯粹的儒家之"仁",其实质乃是西方近代的"人道主义"。使用的是儒家之词,阐述的却是西方近代之道,穿的是古装,演的是新戏。

如果说上面所列尚存以儒家之"仁"偷贩西方人道主义之嫌,那么在废除奴婢制度问题上,沈家本已公开打出了人道主义的旗号:"本大臣奉命纂修新律,参酌中外,择善而从。现在欧美各国,均无买卖人口之事,系用尊重人格之主义,其法实可采取。"短短几句话,极为鲜明地表述了他的立场。从这种立场出发,他痛恨把人当非人看待,反对把人比作畜产或禽兽。"官员打死奴婢,仅予罚俸,旗人故杀奴婢,仅予枷号。较之宰杀牛马,拟罪反轻,亦殊非重视人命之义。"①沈家本指出:"奴亦人也,岂容任意残害?生命固应重,人格尤宜尊。正未可因仍故习,等人类于畜产也。"②东汉时,曾有三男共娶一妇之案,当时的司法官以禽兽喻三男,而将三人同戮于市。沈家本考论此案,愤怒斥责:"三男并无死法,乃遽骈首就戮,且曰以禽兽处之,何其轻视人格哉?"③人就是人,把人当作禽兽,正是西方人道主义所极力反对的兽道主义。沈家本通过正反对比,反对把人当作禽兽,极为鲜明地表达了他的近代西方人道主义立场。

"民本"思想是儒家"仁政"的滥觞。沈家本作为修律大臣,从儒家"民本"思想出发,他希望作为治国之具的法律能考虑普通民众的利益,对他们的利益给予适当保护。故在他的著述中反复出现"为政之道,自在立法以典民"④;"立法以典民,必视乎民以为法而后可以保民""因民以为治,无古今中外,一也"⑤等词句。他十分强调法律与人民生命财产的关系:"律者,民命之所系也,其用甚重而其义至精也。根极于天理民彝,称量于人情事故,非穷理无以察情伪之端,非潜心无以祛意见之妄。设使手操三尺,不知深切究明,而但取

---

① 《禁革买卖人口变通旧例议》,载沈家本:《寄簃文存》,商务印书馆2015年版,第17页。
② 《删除奴婢律例议》,载沈家本:《寄簃文存》,商务印书馆2015年版,第23—24页。
③ 《汉律摭遗》(卷八),载沈家本:《历代刑法考》(第三册),邓经元等点校,中华书局1985年版,第1523页。
④ 《旗人遣军流徒各罪照民人实行发配折》,载沈家本:《寄簃文存》,商务印书馆2015年版,第10页。
⑤ 《裁判访问录序》,载沈家本:《寄簃文存》,商务印书馆2015年版,第206页。

办于临时之检按,一案之误,动累数人,一例之差,贻害数世,岂不大可惧哉。"①对残民以逞,贻害民生之法大张挞伐,痛予抨击。如对盗贼的治理,他首先肯定的是"盗贼之多,由于政令之烦苛而民生贫困"②;反对置民生不问而用重法治盗,滥杀无辜。他主张立法应便利民生,凡有碍民生的条款都必须废除。适用法律上,反对因身份之异而"急黎庶而缓权贵"。③ 从"民本"出发,终于走到近代西方的人权上来了。

在沈家本的著述中,阐述西法权利观念的文字并不多,而且还没有专门的文章。但是,只要对他主持制定的新律稍做分析,即可发现里面到处体现着这种观念。在他看来,新律,特别是民商各律,其意即在"区别凡人之权利义务而尽纳于轨物之中"。因此,从制定《刑事民事诉讼律》采用"律师制""陪审制""公开审判制",到制定《大清民事诉讼律草案》以"保护私权"作为司法要义,举凡西方法中有关保护个人权利的内容,大都被他所引进。权利观念,是近代西方人道主义的法律用语。儒家"仁政"与"人道主义",虽然有着某些内在联系,但是存在质的区别。特别在个人权利方面,儒家"仁政",是自上而下的一种恩赐、恩惠。传统法律只要求民众尽义务,权利则只能等待当政者的赐予,不存在运用法律维护自己权利的问题。近代西方法律依据人道主义原则,社会所有成员的权利义务均由法律规定,依据法律尽义务,依据法律享受权利,维护自己的权利。因此,由儒家"仁政"过渡到近代西方人道主义有一个质的飞跃。沈家本在新律制定的过程中,如此大量的吸收权利观念说明他的思想已完成了这个飞跃过程。在表现形式上,尽管他经常穿着古式的服装,说着古代的语言,把新酒装在旧瓶中,但掩盖不了他的这种思想实质。

三、酌古准今,融会中西

向西方国家寻求真理,这是自1840年鸦片战争以后一切先进中国人所走过的共同道路。沈家本虽辗转清朝官场近半个世纪,但是他一生最大的业绩、最为世人所称道者,实为晚年担任清王朝的修订法律大臣,主持法律改革的最后10年。而这个时期,正是中国学习西方制度的极盛时期。"百熙管学务,家本修法律,并邀时誉"④,在中西学说互为水火的20世纪初年,法律能与学务并列而独邀时誉,显然与主持修律者个人的识见,能较好地处理中西制度的矛盾和冲突,使新旧双方都能大体上接受新制度有着密切的关系。

对新学、旧学,沈家本有一个总体认识,即新旧各有其是,学者不应用新旧之名而立门户。他反对新旧互相倾轧,并认定在挽救国家危亡的总目标下,新旧界线必将自行融化。"旧有旧之是,新有新之是,究其真是,何旧何新?守旧者思以学济天下之变,非得真是,变安能济也?图新者思以学定天下之局,非得真是,局莫可定也。世运推演,真是必出。"⑤在法学领域里,他赞誉西方法律法治,但是反对无视中华法系全部抛弃传统的主张。"今

---

① 《重刻唐律疏议序》,载沈家本:《寄簃文存》,商务印书馆2015年版,第177页。
② 《汉律摭遗》(卷七),载沈家本:《历代刑法考》(第三册),邓经元等点校,中华书局1985年版,第1504页。
③ 《历代刑法考·刑制总考三》,载沈家本:《历代刑法考》(第一册),邓经元等点校,中华书局1985年版,第34页。
④ 《清史稿》(卷443)。百熙指张百熙,时为学务大臣。
⑤ 《浙江留京同学录序》,载《枕碧楼偶存稿》(卷五)。

者法治之说,洋溢乎四表,方兴未艾。朝廷设馆,编纂法学诸书,将改弦而更张之矣。乃世之学者,新旧纷拏,各分门户,何哉?夫吾国旧学,自成法系,精微之处,仁至义尽,新学要旨,已在包含之内,乌可弁髦等视,不复研求。新学往往从旧学推演而出,事变愈多,法理愈密,然大要总不外情理二字。无论旧学新学,不能舍情理而别为法也。所贵融会而贯通之,保守经常,革除弊俗,旧不俱废,新亦当参,但期推行尽利,正未可持门户之见也。"①

沈家本一生治律,其对旧律之精深,自薛允升逝后,可以说无有能过之者。正是由于有极其精深的旧律基底,才使他能得心应手、大刀阔斧地革除旧律中的落后部分。他强调立法要研究旧律,要求学者探求古今异同之原,讲明世轻世重之故。为探讨中律本源,他对中国法律旧籍的搜求几乎到了如醉如狂的地步。早在任职刑部司员期间,他即与友人一起重刻《唐律疏议》。主持修律以后,更以搜求考订刊刻旧籍为职志。官府之藏,民间之秘,国内外之本,乃至手抄所传,苟闻其下落之所,必千方百计到手一睹为快,并克服经费困难将其刊印。《沈寄簃先生遗书》中的不少"序"和"跋",即为搜求考订刊刻的古籍而作。与此同时,他自己长年累月,爬罗剔抉,伏案挥毫,写出《历代刑法考》《汉律摭遗》等鸿篇巨制。沈家本对我国古代法律所做的这些工作,在中国法律史上称得上前无古人。他的工作既为以后中国法律史的研究开拓了道路,也为后人留下宝贵的精神财富。

通过考订研求,比较对照中西法律,沈家本得出结论说:中西法律,"同异相半"②,西方法律的大要大旨,中律尽已包含。但旧律毕竟适应不了新的时局,为了挽救民族的危亡,使国家强盛,沈家本在强调继承传统的同时,把目光转向西方,"方今中国,屡经变故,百事艰难,有志之士,当讨究治道之原,旁考各国制度,观其会通,庶几采撷精华,稍有补于当世"。他在清朝决定变革法律之前,便认识到旧律之不适于新时局。主持修订法律后,他研读西方法律和法学著作,深明西法优于中法之处,更力主博采西法以补中法,使新法适应时局发展之需要。他向国人陈述道:"泰西各国当中土周秦之世,学术称盛。而希腊罗马亦师儒相望,已为后世诸家专门之祖。19世纪以来,科学大明,而研精政法者复朋兴辈作,乃能有今日之强盛,岂偶然哉。"③中西有同样的过去。西方国家后来能以法学昌明、法律进步而致国家强盛,中国难道不应以之为师,迎头赶上,使自己的法学走出国界,与世界同步发展吗?

为使国人相信中国采用西法能导致国强民富,沈家本并举日本之例为证:"日本旧时制度,唐法为多。明治以后,采用欧法,不数十年,遂为强国。是岂徒慕欧法之形式而能若是哉?其君臣上下同心同德,发愤为雄,不惜财力以编译西人之书,以研究西人之学,弃去糟粕而撷其英华,举全国之精神,胥贯注于法律之内,故国势日张,非偶然也。"④日本采用西法能富强,中国采用西法难道就不能富强吗?他就是抱着这样一个良好的愿望,开始清朝廷交给他的立法工作的。

---

① 《法学名著序》,载沈家本:《寄簃文存》,商务印书馆2015年版,第210页。
② 《大清律例讲义序》,载沈家本:《寄簃文存》,商务印书馆2015年版,第203页。
③ 《政法类典序》,载沈家本:《寄簃文存》,商务印书馆2015年版,第211页。
④ 《新译法规大全序》,载沈家本:《寄簃文存》,商务印书馆2015年版,第212页。

沈家本称誉西法西学,经常溢于言表:"近今泰西政事,纯以法治,三权分立,互相维持。其学说之嬗衍,推明法理,专而能精。流风所被,东渐三岛,何其盛也。"①论西法刑民诉讼之优则曰:"泰西各国诉讼之法,均系另辑专书,复析为民事、刑事二项。凡关于钱债、房屋、地亩、契约及索取赔偿者,隶诸民事审判。关于叛逆、伪造货币官印、谋杀、故杀、强劫、窃盗、诈欺、恐吓取财及他项应遵刑律拟定者,隶诸刑事审判。以故断弊之制秩序井然,平理之功如执符契。"②总之,西方国家强盛,与其法制先进息息相关。由于对西法西学如此推誉,所以他十分热心向国人推荐西方译作,并为不少译作撰写序言,冀期广为流传。为使新修法律能真正采用西方的良规新说,他对西法西学的翻译极为重视。

作为传统官僚士大夫、清王朝的修订法律大臣,沈家本采取西法的目的是为了寻求新的"治道",以救国、富国、强国。他精博的中西法律知识,以及守旧官僚的阻挠、朝廷的压力,种种内外因素,决定他在修律中要经常采用近代思想家曾经使用过的"托古改制"的方法。而在实践中,则只能采撷西法,以彼之长补我之短,而不能用西法取代中法。简言之,他不会也不可能使中国法律全部西化,只能是新旧兼收,中西并蓄,为我所用。用他的话说,就是会而通之。会通中西,是旧法不适用,西法又不能全部取代旧法的必然结果。通过会通中西,使中国法律走出传统窠臼,这是沈家本主持修律的理想,也是他主持修律的功绩。

四、中西法律的融会点——法理

熔铸东西,或称融会中西、贯穿中西,是沈家本生前的职志,也是他死后的盖棺定论。中西文化是两种异质文化,法律同样如此。通过对两者的研究,他把中西两种异质法律的融会点选在"法理"上。

"法理"一词,大约在我国古代东汉即已出现,基本上与"法律"同义。近代意义上的"法理"随西学东渐进入中国。"近世纪欧洲学者孟德斯鸠之伦,发明法理,立说著书,风行于世……流风所被,渐及东海。"③这种由西方孟德斯鸠所发明而传入东方的"法理",其义显然不同于我国古代的"法理"。

早在刑部司员任内,沈家本即提出适用法律必须精思其"理"的论断。光绪十六年(1890),沈家本在为重刻《唐律疏议》而作的序中即提出,"是今之君子,所当深求其源,而精思其理矣"。这里所说的"理",虽然还不是近代西方法学意义上的"法理",但显然也不是与法律同义的古代"法理"。这个"理"当指中国古代法律所含的原理,包括天理民彝,也包括人情世故。可见,沈家本早在出任修订法律大臣,主持法律改革之前,就留意对法律中"理"的研究和探讨。

"法理"一词,第一次见诸沈家本的著述,是他在保定知府任内为《刑案汇览三编》所作

---

① 《法学名著序》,载沈家本:《寄簃文存》,商务印书馆2015年版,第209页。
② 沈家本:《修订法律大臣沈家本等奏进呈诉讼法拟请先行试办折》,载怀效锋主编:《清末法制变革史料》(上册),中国政法大学出版社2010年版,第385—386页。
③ 《法学会杂志序》,载沈家本:《寄簃文存》,商务印书馆2015年版,第214页。

的序中。当时，他针对戊戌变法前后出现的新旧学说之争，发出如下议论：

> 顾或者曰：今日法理之学，日有新发明，穷变通久，气运将至，此编虽详备，陈迹耳，故纸耳。余谓：理固有日新之机，然新理者，学士之论说也。若人之情伪，五洲攸殊，有非学士之所能尽发其覆者。故就前人之成说而推阐之，就旧日之案情而比附之，大可与新学说互相发明。

在这里，他不但使用了"法理"概念，而且还对新旧学说的相互关系、各自的长短做了初步论说。沈家本认为，中西法律法学都有各自的法理。双方法理尽管不完全相同，但总逃不出"情理"二字。在《法学名著序》中，他详细阐述了这种观点："夫吾国旧学，自成法系，精微之处，仁至义尽，新学要旨，已在包含之内，乌可弁髦等视，不复研求。新学往往从旧学推演而出，事变愈多，法理愈密，然大要不外情理二字。无论旧学新学，不能舍情理而别为法也，所贵融会而贯通之。"旧学已将新学要旨包含在内的论断，显然是作为士大夫固有的对旧学的眷恋溢美之词，不足为训，但他用"情理"概括法理大要，并由此入手，贯通中西法学，则是他的独到之处。

《论杀死奸夫》是沈家本在修律过程中与礼教派相互辩难之作，也是清末礼法之争中，整个法理派反击礼教派的代表作。在这篇文章中，他运用"法理"，就本夫有无权利在奸所杀死奸夫奸妇的问题，进行了系统的论证。西方法律，禁止本夫擅自杀死与人通奸的妻子和奸夫。比照西法，中国法律允许本夫在奸所杀死与人通奸的妻子和奸夫的规定应不应该删除呢？换句话说，应不应该用西律取代中律呢？他作了肯定的回答。因这一规定不仅存在中西法律相异的问题，最根本的是这一规定本身不合"法理"：(1) 凡人和奸，从《唐律疏义》起，其罪名即仅为徒、杖，并不当杀。律不当杀而本夫擅杀之，实为法之所不许。"法既不许，乌得无罪。有罪而予之以罪，义也。明明有罪而许为无罪，则悖乎义矣。悖乎义者，不合法理。"(2) 律载，死罪犯人拒捕而捕人擅杀者杖一百。可见，"罪犯应死之人，常人亦不得任意杀人，而况非罪犯应死之人乎？和奸，律止拟杖，与罪犯应死者大相悬殊。在官司差人擅杀应死罪犯，尚应拟杖，而谓常人可以任意杀人，所杀者又罪止拟杖之人，轻重相衡，失其序矣。失其序者，不合法理"。(3) 妇人淫佚，于礼当出，并无死法。其犯七出有三不去而出之者，杖六十。是有三不出者，出亦不许矣。"出且不许，况于杀乎？不许其出而许其杀，两律显相矛盾。夫君子绝交尚不出恶声，况于妻乎？当出者礼也，其不可杀者亦礼也。不可杀而杀，违乎礼矣。违乎礼者，不合乎法理。"(4) 好生恶杀，人之常情，"乃以骨肉之亲，床笫之爱，惨相屠戮，其忍而为此，于情岂终能安乎？情不能安，即乖乎情矣。乖乎情者，不合乎法理"。总之，从义、序、礼、情四个角度来观察，"皆与法律之原理有未能尽合者"。① 不合乎法理之法，即不能为法。因此，法律不能赋予本夫擅杀与人通奸的妻子和奸夫的权利，旧律此条必废。

从以上可以看出，沈家本的"法理"或"法律之原理"，主要指贯透于法律中的"义、序、

---

① 《论杀死奸夫》，载沈家本：《寄簃文存》，商务印书馆2015年版，第60—61页。

礼、情"。"义"者"宜"意,"有罪而予之以罪"正是"宜",体现法律的公平性,这是法律的本义。有罪变为无罪,有罪不罚,则显失公平,与法律本义相悖,当然也就不合法理。"序"指罪行的大小与刑罚的轻重相宜,也就是现代的罪刑相当。重罪轻罚,或轻罪重罚,均失其"序",因之不合法理。"礼"指人伦之理,"君子绝交尚不出恶者,况于妻乎"。人与人之间应遵循这种人伦之理。法律有违这种人伦之理,即为违礼,也就不合法理。"情"在这里主指"人性","惨相屠戮",即非人性之所应有,故亦不合法理。在沈家本的著述中,"情理"二字连篇累牍,其大要皆不能越此四端。

在沈家本的思想中,中外法律虽然各有自己的法理,但是,法理之大要"情理"则是相通的。融会贯通中外法学,就是要取中外法律中合于"情理"者,而舍其悖于"情理"者。合于"情理"者为善法、良法,悖于"情理"者为恶法、非法之法。修律实践中,沈家本可说尽力贯彻了这种取舍原则。改重为轻、化死为生是他在修律活动中最为世人所称誉的功绩。然而,在改重为轻的同时,他还有为人所忽略的改轻为重之举。盗窃罪和妇女犯罪,就由他亲自将原来较轻的刑罚改为较重的刑罚。改重为轻与改轻为重,是两种决然相反的做法。沈家本既主改重为轻,同时又主改轻为重。从表面看,是十分矛盾的。其实,他的思想和行动完全不矛盾。在他看来,旧律中的各种野蛮刑罚,完全不合人性,不合情理。因此,重法必须删除,才合乎法理。而妇女犯罪和盗窃罪,旧律规定的刑罚太轻,以致轻重失序,也不合法理。总之,在对旧律的改造中,他并不绝对执着于改重为轻,而是严格从实际出发,依照法理,权衡斟酌,以定取舍。

不但改造旧律是这样,制定新律也是如此。对西方法律中有违法理的制度,沈家本是不予采用的。如制定《大清刑事诉讼律草案》,在确定预审制度时,他就指出,外国的预审制度,"论其性质,本与侦查处分无异。而法国治罪强分为二,以侦查处分属检察,以预审处分属审判……以一侦查处分而强分为二,法理既不可通,事实亦多不便"。因此,舍外国成法,合二为一,将预审处分属检察厅。又如制定《大清民事诉讼律草案》,在诉讼关系和执行关系上,"各国民事诉讼律,有于规定诉讼关系外,兼规定执行关系者。日本、德国即用斯例"。而他却认为,"诉讼关系其主旨在确定私权,执行关系其主旨在实行私权。二者之旨趣程序均各不同,如强合为一,揆诸法理,实所未安"。因此,尽管日本、德国有此制,他却不予采用。

在沈家本看来,世界各国,人情尽管有异,但由于都是人,因此异中仍然有相通之处。法理因于人情,同样异中有同。他比较对照中西法律,经常说某某制度中西"暗合",某某规定中西"相合",即根因于此。这种西方制度和思想,中国古已有之的托古改制论证方法,是戊戌维新以来,新学家们的惯用方法。这种方法,在学术上难免有牵强附会之嫌,但是,在反驳守旧、开启人们的思想方面,它曾起过重要的作用,立下过汗马功劳。可见,在理论思维方法上,沈家本与维新思想家们走的是同一条路。

托古改制,托古不过是手段,改制才是目的。托古既然是手段,那么,不管沈家本如何反复证明中西法律"暗合""相合",旧学法系如何包含新学要旨,中西法律的"情理"如何相似,都不过是手段而已。其相合、相似,只能是形式上的相合相似。事实上,他所模范的大同良规、最新学说,本质上与旧律原理很难有共同之处。例如,他与守旧派做了激烈争论后所采用的罪刑法定制度就是如此。在反驳守旧派时,他引录西晋刘颂之论,"律法断罪,皆当以法律令正文,若无正文,依附名例断之,其正文名例所不及,皆勿论"。然后指出:"今东西国之学说正与之同。"①而在事实上,新律的罪行法定,与古代的罪行法定存在质的区别。这一点,蔡枢衡先生说得很透彻:"这个罪刑法定原则实是近代民主和法治思想在刑法上的表现。过去的罪刑法定主义,都是对官吏强调君权;这次的罪刑法定主义,却是破天荒第一次对君和官强调民权。"②沈家本知道中外法律的这种不同的内涵吗?以他的学识而论,肯定是知道的。为什么明知如此还说其相同呢?说到底,他是要用中外法律都规定审判官必须严格按照法律给罪犯处刑这一罪刑法定的外在之"理",去反驳守旧派。以此为手段,最后达到采用内涵不同的西方近代刑法罪刑法定制度之目的。由此可见,沈家本虽然选定"法理"为中西法律的融会点,并大讲中西法理大要不外"情理"二字、中西法律"情理"相似相通。实质上,他所论证的只是外在的相似相同,而非内涵的一致。

五、沈家本的法治(Rule of Law)理想

发生在19、20世纪之交的法律改革,在中国近代史上非常重要。经沈家本等法律修订者的共同努力,这次改革开启了中国法律近代化之门。中国法律向近代演进,中国水土第一次继受西方法治。沈家本是法治特别是法治中审判独立的追求者和实践者。

作为晚清法律改革的主持者,沈家本熟悉我国的古代法治,对西方法治也有深入洞见。但是,从现有材料看,在主持法律改革之前,没有发现他对西方法治有什么了解。1900年八国联军占领保定城,侵略者加给他的切肤之痛,导致他的思想急剧转变。1899年秋天撰写,1907年面世的《刑案汇览三编序》,记述了他的这一转变。

《刑案汇览三编》是沈家本保定知府任内,在保定府署编定的起自道光十八年的刑案。编完这本巨著后,他把自己一生对清朝刑案,同时也是对中国传统法律的认知,写进杀青后的书序。书序中的这段话,真实地记录了他的心路转变历程:

> 《汇览》一书,固所以寻绎前人之成说以为要归,参考旧日之案情以为依据者也。晰疑辨似,回惑袪而游移定,故法家多取决焉……此编虽详备,陈迹耳,故纸耳……就前人之成说而推阐之,就旧日之案情而比附之,大可与新学说互相发明,正不必为新学说家左袒也。③

这段话直接说出了他花那么多时间编辑《刑案汇览三编》之目的,即为他的付出做价值论证,他知道新"法理",也不排斥这种外来的新"法理",但他看重的仍然是传统司法经验的价值。但是没过多久,沈家本就把他的这种价值判断推翻了。1907年《寄簃文存》八卷刊行,收入1899年所写的这篇序。在这篇序文的末尾,他加上了另一段话:

---

① 《断罪无正条》,载沈家本:《历代刑法考》(第三册),邓经元等点校,中华书局1985年版,第1813页。
② 蔡枢衡:《中国刑法史》,广西人民出版社1983年版,第131—132页。
③ 《刑案汇览三编序》,载沈家本:《寄簃文存》,商务印书馆2015年版,第194—195页。

今日修订法律之命，屡奉明诏，律例之删除变通者，已陆续施行。新定刑法草案，虽尚待考核，而事机相迫，施行恐亦不远。此编半属旧事，真所谓陈迹故纸也。①

从之前坚信前人"成说"、旧日"案情"有其价值，"大可与新学说互相发明"；到 8 年后认定这些"成说""案情"为"陈迹故纸"。前后变化如此之大，为什么呢？这就是沈家本在庚子年因保定北关教案而经历的牢狱之灾坚定了其法律救国理念所致。及至因缘际会，他担任清廷修律大臣，为他所依托的王朝命运，为他所挚爱的国家，为他所亲见的同僚鲜血，为他个人所蒙受的屈辱，愤而激变。庚子年的切肤之痛，使他主持法律改革以后，很快就接受了从海外传来的西方法。又由于他对中国传统法造诣的精深博大，他很快就究明西方法与我国固有法之间的差异。对这种差异，他没有长篇大论的理论论证，但有明确的表述，而且往往一语中的。例如，关于中西审判制度，他说：

西国司法独立，无论何人皆不能干涉裁判之事。虽以君主之命，总统之权，但有赦免，而无改正。中国则由州县、而道府、而司、而督抚、而部，层层辖制，不能自由……西法无刑讯，而中法以考问为常。西法虽重犯亦立而讯之，中法虽宗室亦一体长跪。此中与西之不能同也……更有相同而仍不同者。古今无论矣，但即中、西言之，裁判所凭者，曰供，曰证。中法供证兼重，有证无供，即难论决……西法重证不重供，有证无供，虽死罪亦可论决。此又中西之同而不同者也。②

中西司法审判的差异如此，法治也是这样。在《新译法规大全序》中，他开篇就指出：

《管子》曰："立法以典民则祥，离法而治则不祥。"又曰："以法治国则举错而已。"又曰："先王之治国也，使法择人，不自举也，使法量功，不自度也。"其言与西人今日之学说，流派颇相近，是法治主义，古人早有持此说者，特宗旨不同耳。③

西方有法治，中国也有自己的法治。但是，中国自古就有的法治，与西方法治并不完全相同，只是"颇相似"。它们相似在什么地方呢？相似在"以法治国""使法择人""使法量功"等表面形式上。这种形式上的"相似"，无法掩盖二者的"宗旨"，亦即精神内核的天渊之别。"以刻核为宗旨，恃威相劫，实专制之尤"，这是中国的传统法治。"以保护治安为宗旨，人人有自由之便利，仍人人不得稍越法律之范围"，这是西方法治。"二者相衡，判然各别。"④这位花甲之年才开始通过翻译而接触西方法律的老翁，短短几句话，非常深刻，足见其建立在深厚学识上的洞察力。正是有这种认识，所以他反对当时国内的古今中西门户之见，力主博采古今中西的善法，改弦更张，制定适合中国国情的近代法，实行近代法治，来挽救国家民族的危亡。在沈家本看来，立法者必须关注百姓、注重社会政教习俗，有开阔的心胸，高超的识断，择善固执，尤不能预存古今中西牢不可破的成见。"我法之不善

---

① 《刑案汇览三编序》，载沈家本：《寄簃文存》，商务印书馆 2015 年版，第 195—196 页。
② 《裁判访问录序》，载沈家本：《寄簃文存》，商务印书馆 2015 年版，第 205 页。
③ 《新译法规大全序》，载沈家本：《寄簃文存》，商务印书馆 2015 年版，第 212 页。
④ 《法学名著序》，载沈家本：《寄簃文存》，商务印书馆 2015 年版，第 210 页。

者当去之,当去而不去,是之为悖。彼法之善者当取之,当取而不取,是之为愚。夫必熟审乎政教风俗之故,而又能通乎法理之原。虚其心,达其聪,损益而会通焉,庶不为悖且愚乎……是在讲究斯法者,勿求之于形式,而求之于精神,勿淆群言,勿胶一是,化而裁之,推而行之,斯变通尽利,平争讼,保治安,阻力罔勿消,而势亦无所阂矣。古今中外之见,又何必存哉。"①具备这样的洞察力,能对中西法治做如此精辟的分析,他的价值取向不言自明,奉行"法治"(Rule of Law)主义之意,跃然纸上。

理性认识,不等于理论体系的建立,已届垂暮之年的老翁,虽然希望通过"法治"使中国和西方、日本一样强盛起来,然而他已没有精力为这个法治建构理论体系。他只能在职分范围内,通过"斗法"②,把自己的"法治"理想灌注到制度的建构中。这种建构是多方位的,第一步则是法律制度的变革。

晚清法律改革,虽然只有短短的10年,但是可以划分为两个阶段:1902—1906年的"新政"阶段,重点在于对旧律的改造。就沈家本的思想而言,改造旧律的目的,落脚点主要是收回领事裁判权。1906—1911年,由于宣布预备立宪,法律改革重点在围绕"立宪",制定适于宪政时代的新律。由于新律要到"宪政"施行后才能实施,因此,这个阶段还必须继续改造旧律,使之成为"宪政"前的适用法律,因之有《大清现行刑律》的颁布施行。

在第一阶段,沈家本在"折衷各国大同之良规,兼采近世最新之学说,而仍不戾乎我国历世相沿之礼教民情"思想的指导下,对传统法律进行大刀阔斧的改造。首先删除《大清律例》内"一时权宜""无关引用"或"久经停止",以及重复出现的例文344条。接着,本于治国之道"以仁政为先",削除凌迟、枭首、戮尸、缘坐、刺字等传统法律中最残酷最野蛮的部分,又以"中外法律最不相同者,莫如刑讯一端",废除传统的刑讯制度,尽管长时间积重难返,有不彻底之处;削减死罪条目,以死罪条目既"繁且重",将有死罪之名,无死罪之实的戏杀、误杀、擅杀三项罪名,由死罪改为流徒;修改《秋审条款》,删除旧文,纂集新事,将原有185条减为165条;以推行宪政,权力分立,行政不应干涉司法,奏请停止中央的九卿会审制和地方的督抚布政使会审制;依据西方"尊重人格"的思想,删除奴婢律例,奏请严格禁止买卖人口;以死刑在闹市当众执行有违"明刑弼教"之义,将死刑执行由公开改为秘密,由明刑转为隐刑;以"立法必先统于一,法一则民志自靖",奏请在法律上化除满汉畛域,删除《大清律例》内"满汉罪名畸轻畸重及办法殊异之处",使国内各民族适用同一法律;并以"万物之生机,必周流而始能便利",变通旗民不准与民人交换买卖土地的禁令,等等。到宣统元年(1909),他吸收上述改革成果,通过删除、修改、修并、移改、续纂等方法,将《大清律例》改造而为《大清现行刑律》。

由于宪政需要法治,第二阶段的法律改革,是为宪政编制推行法治的法律文本,即制定各种近代法典。这一阶段,他的理想是为中国建造一个法治制度框架,希望中国能因

---

① 《裁判访问录序》,载沈家本:《寄簃文存》,商务印书馆2015年版,第205—207页。
② 沈氏女婿汪大燮有"改官制事,非变政,实斗法"之论,十分精当。晚清变法,实在是官僚争权"斗法"的大战场。沈家本如果没有"对中国官场逻辑的谙熟",不会"斗法",在当时的官场,恐怕寸步难行。

"法治"而强盛。这正是这个时段他的著述频频出现"法治",并对中西"法治"进行区分的原因。1907年他被重新任命为修订法律大臣后所上的奏疏,说得十分清楚。开篇就说"法治主义为立宪各国之所同,编纂法典实预备立宪之要著"。[①] 这种为各国立宪所同的"法治",当然是从外面拿来的西方近代法治。编纂实行这种法治的法典,既然是"预备立宪之要著",那么,编纂者就必须明白知道"西法之宗旨",也就是西方法律的精神实质。而要知道明白西方法律的精神,就要研究西方的法律法学。而要研究西方的法律法学,当时最重要的工作就是翻译外国的法律法学著作。在他的主持下,修订法律馆在不到10年的时间里,终于把日、德、法、英、美、俄等世界主要国家的100多部法律、法典和法学著作,比较准确地翻译成中文,从而使法律改革获得了必要的参照系,为中国法律走向世界奠定了文本基础。

仿照西方法律来制定新律,是晚清法律改革的重要任务,也是中国实行西方式法治的前提。在翻译研究外国法律已经取得一定成效的基础上,沈家本选定日本法律,把日本明治维新后仿照欧法而制定的新法作为楷模,聘请日本法律专家为顾问,排除守旧派的各种干扰,完成了多部法律和法典的起草。这些草案,有的经过反复修改后由清廷颁布,作为正式立宪后的法律实施;有的则因清朝被推翻而仍为草案;颁布的法典,在民国成立之后大多被修改而施行,草案则被继续反复修改,成为后来立法的蓝本。"法治国"首先要有近代法治之法律文本。以上新法,不管是已经颁布实施的法律、法典,还是草案稿本;也不管清帝国的当政者们搞的是真立宪还是假立宪,这些白纸黑字写着的法律文本,都是为宪政法治制定的法案。经过激烈的争论,宪政法治必备的人权保障、罪刑法定、司法独立等基本价值,一一写入文本,并成为这些文本的精髓。

清廷宣布预备"立宪"后,作为坚定的司法独立主义者,沈家本既是当时的理论阐述者,同时又是实践者。他所做的工作,大致体现在下述几个方面:第一,著《历代刑官考》。为论证中国古代也有近代法治国家所要求的审判独立的传统,沈家本特著《历代刑官考》。该书成于1909年,正是清廷筹建各级审判厅,将审判权从各级行政官手中剥离之际。因此,人们尽可批评他以古代"刑官"比"欧洲制度"的幼稚浅薄,批评他"司法独立非惟欧西通行之实力,亦我中国固有良规"论之妄谬,但无法否认他在社会转型时期为当时各级审判厅奠基的理论意义;而就论证方法而言,也无法断言他的方法就一定比其他论证方法的效果逊色。实际上,就当时的环境而言,如不用这种"托古改制"或"复古改制"的手法,而直接用西方理论去阐述司法独立在中国的必要性,它的效果究竟有多大,实在令人怀疑。第二,派员考察日本裁判制度,确认"司法独立与立宪关系至为密切"。如果说《历代刑官考》是从中国传统说明司法独立在中国的可行性,那么,调查日本裁判制度,则是实地考察司法独立在东方国家的实效,近距离地观察和探讨西方司法独立之本原。光绪三十一年(1905)9月,他和伍廷芳专折奏请派员考察日本的裁判制度。1906年,董康、麦秩严等接受委派,在日本司法省特简参事官斋藤十一郎、监狱局事务官小河滋次郎的协助下,分别

[①] 朱寿朋编:《光绪朝东华录》(第五册),张静庐等点校,中华书局1958年版,第5765页。

参观了日本各处裁判所及监狱。通过半年多的调查访问,将见闻所及,撰写裁判四章、监狱二十二章,缮具清单进呈上奏。通过考察,沈家本确信日本"国力之骤张基于立宪,其实司法独立隐收其效"。在列举行政官兼任司法的四大害处之后,他斩钉截铁地指出:"司法独立为今刻不容缓之要图。"第三,引入律师制、陪审制。律师是职业法律人群体的重要组成部分。律师制和陪审制是西方司法审判独立的重要制度。特别是英美法系国家,案件的审判,陪审团、律师制约法官,依法审判案件,使法官不能肆意妄为,避免司法专横。清末最早提请采用律师制和陪审制的法案,是1906年的《刑事民事诉讼法草案》。虽然这些条款遭到张之洞等人逐条逐句的批驳,但这种反对声音最终未能阻止中国引进律师制度的步伐,与法院法官一样,在历史潮流下,律师终于在中国登堂入室。

培育合格的法律人是推行法治不可缺少的重要方面。职是之故,在改革旧法、翻译外法、制定新法的过程中,沈家本极为重视中国近代法教育和法学研究。在他的多方奔走和主持下,中国近代第一所全国性的专门法学教育机构——京师法律学堂,于1906年在北京开办。他以修订法律大臣身份兼任该学堂的管理大臣,几年之内,"毕业者近千人,一时称盛"。现代法学教育,其始应为1895年的北洋大学堂。如果再早一点,可以上推到1869年同文馆"国际公法"课程的开设,但是,正规而有系统的法学教育,应该是1906年由他主持开办的这所京师法律学堂。这是一所为新设各级审判厅培养法官的学校。在京师法律学堂的示范作用下,各类法学教育机构在全国各地迅速成立,从而掀起了清末民初中国近代第一次法学教育高潮。为促进法学研究的深入,在他的推动下,全国性的法学学术团体——北京法学会,于1910年在北京成立,并由他出任第一任会长。在此基础上,他还推动创建法学研究所,创刊《法学会杂志》。围绕北京法学会,中外学者云集,同人相聚,讲说新理,推演旧义,盛极一时,奠定了中国近代以法为研究对象的法学学术地位。可以说,他是中国近代法学当之无愧的开路人。

回顾沈家本的法治理论与实践,可以看出:模范列强,制定"宪政"之法;在"宪政"之法的规范下,实行司法独立;开展现代法学教育,养成现代法律人。这就是沈家本晚年致力法律改革的理想。这种理想,就是法治的理想。对于他的这种理想和付出,得到时人的认同和肯定。但是,沈家本的这种法治追求的理论支撑贫乏。晚清立法修律是专制帝王政治权力危机的产物,而不是理论成熟的民众政治行动。沈家本接受的是帝国皇帝的修律任命诏书,他是清帝国的修律大臣,而不是君主立宪国或共和国议会推举的法律起草委员会主任。他主要从救国救亡角度接受西方法治,认为实行西式的法治就能强国救国。由于主客观上的这些原因,理论缺失便在所难免。

近代法治的原则是人权保障和分权。沈家本说过,申韩法治是专制之尤,也就是集权。西方法治是三权分立,互相维持,使人人都有自由的便利,又不超越法律的范围。但这仅仅是几句话,是纲,没有展开,没有理论体系。在人权保障上,"礼法之争"可以说是围绕人权的法律论战,法派当时就提出,制定新法的一个重要目的就是保护人权。还有禁革买卖人口、废除奴婢律例,都可以说是人权的保障,但同样缺少理论体系的支持。司法独立是沈家本法治追求的重要部分,在理论上他做过一些论证。他的论证分为两层:一是通过分析传统中国行政兼理司法的四大弊害,来间接说明司法独立在近代中国的必要性;二是司法独立已成各国的潮流,而且是中国古已有之的良规。沈家本归纳的行政官兼理司法存在四大弊害,简言之是:行政官员没有专门的法学知识;胥吏容易营私舞弊;上诉制度流于虚设,相关法规几乎形同具文以及它的存在有碍于收回领事裁判权。① 这种论证,没有触及行政官兼理司法这个制度本身与传统君主专制之间的必然关系。司法独立制度本身的独立价值——作为贯彻西方权力分立的重要制度设计以保障公民的自由和权力——实际上被有意无意地抽掉了。在西方,不论是在英美等普通法国家还是在法德等大陆法系国家,司法独立制度的建立,是保证有超然于诉讼双方之上的公正裁判者,防止各式各样的专断权力对公民权利和自由的侵犯。尤其是抵御国家本身和作为国家代表的当政者(也就是通常所说的公权力)对公民的威胁,使司法成为人民权利的最后庇护所。这方面的论证,沈家本着墨不多,他只简略地说"司法独立,与立宪国关系至为密切"。② 但是,两者"密切"在何处? 立宪国优于专制国的地方何在? 这些问题都没有论及。为什么? 是不敢论、不想论还是无法论? 现在找不到答案。司法独立停留在操作层面上,这种功利性的司法独立观只会产生更功利的"法治"理论。这种工具主义层面上的司法独立和"法治",在相当大的程度上揭示了它在近代中国的命运。

为什么会这样? 原因在时代。近代法治,不论是君主立宪下的君宪法治国还是民主立宪下的"共和法治国",都是西方近代国家模式。这种模式,以"宪政"为前提。不管这种"宪政"是民主的还是君主的,抑或是君民共主的,搞宪政就要分权。但是,清帝国的"立宪",是在内外交困的局面下,为稳定自身统治权力而被迫宣布的"立宪"。清帝国要的是集权,而不是分权,是借立宪集权于皇帝,集权于满清贵族。这种"立宪",不但不同于西方的民主立宪,与日本的"君主立宪"也相距甚远,甚至还是导致清帝国被迅速推翻的重要原因。

在这样的环境中,沈家本按照自己的理想而构建的制度,其实际状况会怎样呢? 民国成立,汪庚年在他的《上大总统及司法总长条陈司法独立书》说:"前清时代,无论普通行政、司法行政,莫不以侵犯司法为常例。"行政官"强揽司法权,以售其舞文弄法之伎俩而遂其私",而"审判官之判决案件,其拟律之判决文必先受本厅长官之删改,再受法部之核稿,往返驳诘,不得其许可,其谳即不能定"。在法官的任用上,"司法大臣之任用司法官也,一差一缺,纯以金钱献媚的多寡为标准。巧立章程,以便其迁就;破坏法律,以逞其私心"。其结果,"一般毫无法律知识者,皆以金钱或声气之能力,蟠踞于其中"。而就沈家本极为关注的京师监狱而言,"北京之模范监狱,其建筑之目的不在改良监狱以改良罪质,乃有调剂私人,多派监工委员,假土木以多分国库之支出而已"。③

总之,清帝国被迫的"立宪",是沈家本通过司法独立来推行近代中国"法治"的理想受挫的关键原因。可以肯定的是,通过改革者的努力,大理院终于从刑部剥离出来,一部分

---

① 沈家本:《寄簃文存》,商务印书馆2015年版,第198—199页。
② 《调查日本裁判监狱报告书》"卷前奏疏",北京农工商部印刷科1907年铅印本。
③ 参见《盛京时报》1912年4月21、24—25日。

地方审判厅也从知县知府衙门剥离出来,中国破天荒有了大理院和各级审判厅这样的专门审判机构。但沈家本的法治实践并没有解决行政干涉司法问题。更为糟糕的是,民国以后枪杆子干涉司法,比行政干涉司法更可怕。这就不仅仅是沈家本一个人的遗憾,而是整个国家民族的不幸了。

 阅读材料

沈家本《法学名著序》

《管子》曰:"不法法则事无常,法不法则令不行。"此言国不可无法,有法而不善,与无法等。然则议法者必明乎事理之当然,而究其精义之所在,法学之讲求,乌可缓乎?南齐孔稚珪《请置律学助教表》云:"寻古之名流,多有法学。故释之、定国,声光汉台。元常、文惠,续映魏阁。"尔时稚珪提倡宗风,始标法学之名,以树之的,复特引名流以为重,其惓惓于法学之讲求,意何殷也。

夫自李悝著经,萧何造律,下及叔孙通、张汤、赵禹之俦,咸明于法,其法即其学也。迨后叔孙宣、郭令卿、马融、郑玄诸儒,各为章句,凡十有余家,家数十万言。凡断罪所当由用者,合二万六千二百七十二条,七百七十三万二千二百余言。法学之兴,于斯为盛。郑氏为一代儒宗,犹用此学,可以见此学为当时所重,其传授亦甚广。魏卫觊请置律博士,转相教授。自是之后,下迄唐宋,代有此官,故通法学者不绝于世。洎乎元主中原,此官遂废,臣工修律之书,屡上于朝,迄未施行。明承元制,亦不复设此官。国无专科,人多蔑视,而法学衰矣。卫觊云:"刑法者,国家之所贵重,而私议之所轻贱。"斯言若伤于过激。然纪文达编纂《四库全书》,法令之书,多遭摈弃,并以刑为盛世所不尚,所录略存梗概而已。夫以名公巨卿,创此议于上,天下之士,又孰肯用心于法学?其衰也宜也。

近今泰西政事,纯以法治,三权分立,互相维持。其学说之嬗衍,推明法理,专而能精,流风余韵,东渐三岛,何其盛也。各国法学,各自为书,浩若烟海,译才难得,吾国中不能多见。日本之游学欧洲者,大多学成始往,又先已通其文字,故能诵其书册,穷其学说,辨其流派,会其渊源。迨至归国以后,出其所得者,转相教授,研究之力,不少懈怠。是以名流辈出,著述日富。大抵专门之学,非博观约取,其论说必不能详,非极深研几,其精蕴必不能罄。此固非积数十寒暑之功候不能有所成就。若第浅尝而猎取之,遂欲折衷群言,推行一世,难矣。

今者法治之说,洋溢乎四表,方兴未艾,朝廷设馆,编纂法学诸书,将改弦而更张之矣。乃世之学者,新旧纷拏,各分门户,何哉?夫吾国旧学,自成法系,精微之处,仁至义尽,新学要旨,已在包含之内,乌可弁髦等视,不复研求。新学往往从旧学推演而出,事变愈多,法理愈密,然大要总不外"情理"二字。无论旧学、新学,不能舍情理而别为法也,所贵融会而贯通之。保守经常,革除弊俗,旧不俱废,新亦当参,但期推行尽利,正未可持门户之见也。或者议曰,以法治者,其流弊必入于申、韩,学者不可不慎。抑知申、韩之学,以刻核为宗旨,恃威相劫,实专制之尤。泰西之学,以保护治安为宗旨,人人有自由之便利,仍人人不得稍越法律之范围。二者相衡,判然各别。则以申、韩议泰西,亦未究厥宗旨耳。

　　此编网罗法学之书,精译印行,其中作者并日本近世知名之士,经数十载之研稽,著为论说,卓然成家,洵足饷遗当世。彼都人士,交相推重,非虚语也。方今宪政推行,新法令将次第颁布,得是书而讲求之,法学之起衰,庶于是乎!在窃愿拭目竢之。宣统三年夏五月。

思考题:
　　1. 为什么会在晚清爆发礼法之争?
　　2. 简要叙述礼法之争的主要经过。
　　3. 礼法之争的主要争论点是什么?
　　4. 为什么礼派强烈要求和奸无夫妇女入罪?
　　5. 杨度的国家主义立法观的主要内容是什么?
　　6. 劳乃宣为什么主张家族主义立法?
　　7. 沈家本的法律救国论的主要内涵是什么,对近代中国的法律变革产生了什么影响?
　　8. 沈家本为什么要用仁政作为标准来评判历代法制?
　　9. 沈家本所强调的"法理"的核心内容是什么?
　　10. 沈家本法治观的优长和缺失分别是什么?

第十三章 革命派的法律思想

第一节 革命派的法律思想综述

1898年戊戌变法失败后,以孙中山为首的革命派逐渐登上历史舞台。革命派的活动早在"戊戌变法"前就开始了。1894年和1895年,孙中山先后在檀香山和香港成立了革命团体"兴中会"。但在1900年以前,革命派人数甚少,影响不大。在思想领域中占主流的是改良派的变法维新思潮。庚子国变之后,民族危机加深,更多人走上了革命之路。

革命派为了推翻帝制,唤醒国人,对君主专制制度及其背后的思想和意识形态进行了批判,并与改良派展开了大论战。在法律和法律思想领域里,他们以西方"天赋人权""自由、平等、博爱""法律面前人人平等"为尺度,来评判传统的法律和司法,激励人们起来推翻君主专制,废除维护专制的传统法制,主张建立与共和国相匹配的新法律制度。其法律思想,大致包含以下几个方面的内容:

一、民权至上

皇权至上,法自君出,是正统法律思想最重要的特征。革命派依据西方近代国家学说,将"君"和"国"严格加以区分,把批判的矛头直接指向了所谓"受命于天"的专制君主,指出那种"举土地为一己之私产,举人民为一己之私奴,而悍然自称曰'国'的国"①,是违反公理的非法之国、一人之国、一姓之国;其法,则是一人之法、一家之法。真正的国家应当为人民所"公有",其法律应代表"公意"。国家对外必须有独立的主权,"土地虽割而国不亡,惟失其主权者则国亡";对内必须有人人都得遵守的"国法","故一国之中有国法,为民者守之,为君、为臣者守之。民犯国法谓之乱民;君犯国法,谓之暴君;臣犯国法,谓之贼臣。其名不同,其罪同也"。革命派认为,清朝对外无主权,对内无国法,不能称其为国家。

那么,主权应该属于谁呢?革命派以民主主义为武器,明确提出主权在民的观点:"天下至尊至贵不可侵犯者,固未有如民者也。"一国可以无君,天下可以无君,但是,一国不可无民,天下不可无民;"一国无民则一国为丘墟,天下无民则天下为丘墟""以一国之民而治一国之事,则事无不可治;以一国之民享一国之权,则权无越限"。② 只有人民才是国家的主人,帝王、君主只不过是盗窃人民权利的大盗而已。

由此出发,他们坚决反对传统的忠君思想,认为"君臣之名义"是专制社会"最为毒害

---

① 《原国》,载张枬、王忍之编:《辛亥革命前十年间时论选集》(以下简称《时论选集》)(第一卷)(上册),生活·读书·新知三联书店1960年版,第63页。
② 《说国民》,载张枬、王忍之编:《时论选集》(第一卷)(上册),生活·读书·新知三联书店1960年版,第72页。

于人心者"。① 在忠君之说的影响下,君挟权势,辄以小恩小惠买人心。而为臣者,迷于利禄,溺于名教,得君之一颦一笑,常沾沾自喜,虽肝脑涂地而无悔。对此,革命派尖锐地指出,忠于君主一人而不忠于国家,不能称之为忠。

为了改变这种状况,革命派要求人身自由,反对人身专制。他们指出,人的权利为天所赋予:"天之生人也,既与以身体自由之权利,亦与以参与国政之权利。"因此,作为"国民"之人民必须有过问行政之权,干涉立法之权,管理司法之权,共同求一国之利,除一国之害。这是神圣不可侵犯的"国民之真权利","暴君不能压,酷吏不能侵,父母不能夺,朋友不能僭"。这种权利既不能让君主一人占有,也不能让贵族数人私有,更不能让外人"盗我权利,诈我权利"。全体国民应以法国大革命为榜样,把自身从君权压制中解放出来。"天之生人也,原非有尊卑上下之分。自强凌弱、众暴寡,而贵族形焉,主奴形焉。故治人者为主则被治者为奴,贵族为主则平民为奴,自由民为主则不自由民为奴,男子为主则女子为奴。"这是最不平等、最不合理的"奴隶之国"。他们号召人民,"冲决治人者与被治者之网罗""冲决男子与女子之网罗"。主张人与人之间在法律上一律平等,人人都是治人者,也是被治者;都是王侯,又都是皂隶。法律无奴仆之文字,男女都有参政权。人人得其平,人人得其所。他们大声疾呼,要求人民以威武不能屈、贫贱不能移的精神,反抗专制主义和帝国主义的压迫,争做独立的国民,大倡权利、责任、自由、平等之说,大争权利、责任、自由、平等之实,建立自由平等的共和国,使中华民族"气凌欧美,雄长地球",自立于世界民族之林。②

二、宪法为国民之公意,主张共和宪政

宪法,是近代西方的产物,为建设宪政和法治国家所必需。改良派曾经把开国会、制宪法作为自己的重要目标,并为之奋斗。革命派也重视宪法,但是,其宪法观与改良派有很大差别。

革命派所要的宪法是民主宪法,所谓宪法者,国民之公意也,决非政府所能代定。盖宪法之本质,在伸张国民之权利,以监督政府之行为,彼政府乌有立法以自缚者?③ 因此,他们反对改良派所坚持的君主立宪,认为完全之宪法应是民权宪法,其目的在于"保护人民之权利"。宪法的制定,完全取决于国民的意志,"而与君主官吏漠无相涉"④。他们指出:改良派所鼓吹的宪法,是由清政府自己制定的。而清政府中,从君主到臣下,都是至卑至劣之人,没有任何人能代表国民,因此,由他们制定的宪法,只能是"贵族宪法"⑤。在君

---

① 胡汉民:《述侯官严氏最近政见》,载张枬、王忍之编:《时论选集》(第二卷)(上册),生活·读书·新知三联书店1963年版,第151页。
② 《说国民》,载张枬、王忍之编:《时论选集》(第一卷)(上册),生活·读书·新知三联书店1960年版,第72—77页。
③ 精卫:《民族的国民》,载张枬、王忍之编:《时论选集》(第二卷)(上册),生活·读书·新知三联书店1963年版,第97页。
④ 张钟瑞:《土耳其立宪说》,载张枬、王忍之编:《时论选集》(第三卷),生活·读书·新知三联书店1977年版,第366页。
⑤ 娲石女氏:《吊国民庆祝满政府之立宪》,载张枬、王忍之编:《时论选集》(第二卷)(下册),生活·读书·新知三联书店1963年版,第862页。

主立宪之下,"其治人者与治于人者,等差厘然各殊"①。所以这种宪法,纵然"袭用欧美之宪章成法",政治之"恶劣亦仍然如故","不过于寻常腐败法律之外,多增一钦定宪法,以掩饰大地万国之瞻听"②而已,不可能有什么新的变化。

在革命派看来,"宪法者,一国之根本法,又人民权利之保障也"③,自由、平等、博爱乃其内在之精神。在这种宪法之下,君民上下是平等的,"均处一律之地位,无稍差异";人民不但有言论、出版、迁徙、集会之自由,财产人身之不受侵犯,而且有"诉求请愿,秘密书函,干涉行政之得失,选举议员之资格"④等广泛的权利。

在革命派看来,清政府所谓的立宪却恰恰相反,其目的只不过是"实行排汉主义,谋中央集权,拿宪法做愚民的器具"⑤。为维护皇权,他们在宪法中首明"君主神圣不可侵犯"。其实世界上根本不存在什么"神圣"的东西,"神圣之前提既不正确,不可侵犯之断定自属谬误,则君主神圣不可侵犯的断定,尤为谬误之谬误"。如果君主不尽"公仆"之责徒借宪法妄为神圣,妄求不可侵犯,以欺压国民,则商汤放桀,周武伐纣,法国路易十四上断头台,古今中外,概莫能外。⑥要想获得中国人民所需的宪法,只有像世界各国一样,通过流血斗争才能换取,绝不可以拥戴清政府而为君主立宪。

革命派不但认为宪法应当出自国民之"公意",而且认为其他所有法律也应当出自"公意"。他们认为法律是"国民之公器,称之曰国法,非一家之法"⑦,"所以保护国中之安宁、秩序、生命、财产者也,凡其封域之中,人无论贵贱,种无论黄白,法律所立皆有守之之责"⑧。但在君主专制制度之下,人民"除服从私意,遵从王法外,更无可以发表意思之余地","数千年蜷伏于专制政权之下,复罔论宪法!全社会束缚于名分大防之内,复罔论法律!"在这种法律制度下,人民无权无势,虽然财产、生命、人格被任意吞蚀、剥夺、污辱,但由于"畏惧王法之森严,又怵惕强权之暴厉,于是乎不得不蠕然驯伏,禁舌无声"⑨,敢怒而不敢言。清末,虽然在伪立宪的招牌下进行了修律活动,但是也根本不能消除传统法律的

---

① 胡汉民:《民报之六大主义》,载张枬、王忍之编:《时论选集》(第二卷)(上册),生活·读书·新知三联书店1963年版,第377页。
② 怀姜:《立宪驳议》,载张枬、王忍之编:《时论选集》(第二卷)(上册),生活·读书·新知三联书店1963年版,第556页。
③ 莹:《论宪法上之君主神圣不可侵犯之谬说》,载张枬、王忍之编:《时论选集》(第三卷),生活·读书·新知三联书店1977年版,第831页。
④ 《为外人之奴隶与为满洲之奴隶无别》,载张枬、王忍之编:《时论选集》(第一卷)(下册),生活·读书·新知三联书店1960年版,第526页。
⑤ 孙文:《〈民报〉周年纪念大会上的演说》,载张枬、王忍之编:《时论选集》(第二卷)(上册),生活·读书·新知三联书店1963年版,第536页。
⑥ 莹:《论宪法上之君主神圣不可侵犯之谬说》,载张枬、王忍之编:《时论选集》(第三卷),生活·读书·新知三联书店1977年版,第831—832页。
⑦ 《二十世纪之中国》,载张枬、王忍之编:《时论选集》(第一卷)(上册),生活·读书·新知三联书店1960年版,第68页。
⑧ 《中国灭亡论》,载张枬、王忍之编:《时论选集》(第一卷)(上册),生活·读书·新知三联书店1960年版,第79页。
⑨ 汉驹:《新政府之建设》,载张枬、王忍之编:《时论选集》(第一卷)(下册),生活·读书·新知三联书店1960年版,第586页。

弊端,相反,"法律愈多,杀人愈多"。例如,以前没有诉讼法,现在有了,按其规定,"审讯凭证据不问口供,此岂非文明之法律!然地方官吏,不从事于检证,惟幸于不取口供可以定罪,杀人之益见其易"。又如,"枭首凌迟之淫刑,岂非明示废止者耶?而徐烈士之狱,剖其心、磔其肢体,犹以为不足,暴尸兼旬,人莫敢殓,虽至野蛮之国,有淫刑以逞至于此极者耶?"①总之,不推翻专制政体,即使改革法律,也改变不了传统法律和法制的专制本质。

三、对传统纲常伦理的批判

革命派对君主专制、君主立宪和整个传统法制的批判,并不限于法律本身,而且追根溯源,深入到传统法制的根本——礼教上面。

他们首先指出,传统社会的"礼""非人固有之物,此野蛮时代圣人作之以权一时"。所谓"礼仪三百,威仪三千",只不过是"大奸巨恶,欲夺天下之公权而私为己有,而又恐人之不我从也,于是借圣人制礼之名而推波助澜,妄立种种网罗,以范天下之人"②。这种旧礼教旧道德,其实并非真道德而系伪道德。他们认为,道德有天然道德和人为道德之分:"天然之道德,根于心理,自由、平等、博爱是也;人为之道德,原于习惯,纲常名教是也。"天然之道德是真道德,人为之道德是伪道德。中国数千年相传之道德,皆是伪道德,而非真道德。

革命派痛恨旧礼教、旧道德,指出礼教使人丧失最高尚的自由平等资格,"耗人血、消人气,不至于死亡而不止"。它是比"猛兽盗贼"更为凶残、更为野蛮的吃人之道。专制者在伪道德的假面具下,"等道德于刍狗,借权术为护符,将恻隐廉耻之心荡然俱尽,人类之祸日益酷烈"。不仅如此,为了维护旧礼教、伪道德之尊严,统治者还将"道德与法律混而一之",强迫人民接受。"出于礼则入于刑""礼教与刑法相为表里""其事苟为伪道德所非,即有峻法严刑以待其后"。因此,其惑民诬民,实在是甚于洪水猛兽。旧律"拘守不通之礼教",乃其"最乖谬之处""最足为民害"之处。

针对旧礼教所鼓吹的"君为臣纲",革命派指出,这是专制君主压制人民的工具。由于君主"自念威服权力,皆由强取豪夺而来",为了巩固自己的统治,才"不得不创尊君亲上之谬说"。至于官尊民卑,则因官吏"为君主所信任,奉君主之命令以治人民",抵抗官吏,便被视为抵抗君主。官吏受君主之命治民,故人民之生死予夺,悉握于官吏掌握之中。"残民以逞,莫敢谁何""罗织无辜,流血成川"。因此,老百姓称他们为"破家县令,灭门知府"③。

针对旧礼教的"父为子纲",革命派认为父母有养育子女之恩,子女尽孝父母,乃理之当然。但是,法律根据礼教,规定尊长有命,卑幼不能违;甚至尊长杀卑幼,尊长亦不为罪,任凭父母凌虐子女,这就有悖公理。他们坚决反对父母对子女专横:"当其幼时,不知导之以理,而动用权威,或詈或殴",致使长大以后"卑鄙相习,残暴成性";教以"崇拜祖先,信奉

---

① 阙名:《预备立宪之满洲》,载张枬、王忍之编:《时论选集》(第三卷),生活·读书·新知三联书店1977年版,第41页。
② 《权利篇》,载张枬、王忍之编:《时论选集》(第一卷)(上册),生活·读书·新知三联书店1960年版,第479页。
③ 愤民:《论道德》,载张枬、王忍之编:《时论选集》(第三卷),生活·读书·新知三联书店1977年版,第847—853页。

鬼神",而使之丧失判别是非之能力;教以"敬长尊亲,习请安跪拜",而成奴性;婚姻惟听父母之所择,不能自由,因而造成人世间无数惨剧。①

对于所谓"夫为妻纲",革命派批之尤烈。他们指出:"居地球之上,其不幸莫如我中国人,而中国女界,又不幸中之最不幸者。"妇女"奴隶于礼法,奴隶于学说,奴隶于风俗,奴隶于社会,奴隶于宗教,奴隶于家庭,如饮狂泉,如入黑狱"②。妇女"襁褓未离,而'三从''四德'之谬训,无才是德之謷言,即聒于耳而浸淫于脑海,禁识字以绝学业,强婚姻以误终身,施缠足之天刑而戕贼其体干焉,限闺门之跬步而颓丧其精神焉,种种家庭之教育,非贼形骸即锢知识",与其如此而生,还不如早夭为幸。出嫁后,强悍翁姑"禁遏自由之权力,且不逊于父母兄弟而尤过之";"闺房之内,丈夫俨然具有第二君王之威权",因此,妇女出嫁等于进了第二重地狱。③ 总之,在"三纲五常"的家族主义下,"妇女出入无自由,交友无自由,婚姻无自由,非顺从家主,不得其所欲"④,男子是入了文明新世界,二万万女同胞,"还依然黑暗沉沦在十八层地狱"⑤。

总之,革命派不但对君主专制、君主立宪进行了抨击,而且批判了整个传统法制及其背后的礼教,为推翻清王朝的统治,大造了舆论。并且在南京临时政府成立后,积极进行法制建设,实践其理论主张。但亦需指出的是,他们中的某些人对传统法制及其背后礼教的批判有时不免存在矫枉过正的偏激之处。殊不知,破坏固然不易,建设尤其困难,建设又跟此前的破坏紧密相关,非凭空而能奏效。破坏过甚过激,建设亦就无从取资,从而增加了其难度。近代中国法制转型之艰难,当与此不无关系。

在长期的奋斗过程中,革命理论日渐丰富和成熟,与此相应,革命派的法律思想也逐渐成系统。在革命派法律思想的产生和发展过程中,孙中山起到了最重要的作用,是革命派法律思想的主流;章太炎的法律思想非常深刻,亦是革命派法律思想画卷中的一道亮丽的风景。他们两人的法律思想最有原创性,且影响亦大,下面分别予以介绍。

第二节 从法治到党治:孙中山的法律思想

孙中山(1866—1925),名文,字载之,号日新,又号逸仙,化名中山樵,广东香山县(今中山市)人。青少年时期曾在檀香山、广州、香港等地读书,立志改造中国。他对清朝君主专制极为不满,决心实行武装起义,建立民主共和国。1894 年,孙中山在檀香山的华侨中

---

① 真:《三纲革命》,载张枬、王忍之编:《时论选集》(第二卷)(下册),生活·读书·新知三联书店 1963 年版,第 1016—1019 页。
② 亚卢(柳亚子):《哀女界》,载张枬、王忍之编:《时论选集》(第一卷)(下册),生活·读书·新知三联书店 1960 年版,第 936—937 页。
③ 丁初我:《女子家庭革命说》,载张枬、王忍之编:《时论选集》(第一卷)(下册),生活·读书·新知三联书店 1960 年版,第 927—928 页。
④ 亚特:《论铸造国民母》,载张枬、王忍之编:《时论选集》(第一卷)(下册),生活·读书·新知三联书店 1960 年版,第 932 页。
⑤ 秋瑾:《敬告姊妹们》,载张枬、王忍之编:《时论选集》(第二卷)(下册),生活·读书·新知三联书店 1963 年版,第 845 页。

建立了兴中会,提出"驱除鞑虏,恢复中华,创立合众政府"的口号。1905年,他出任中国同盟会总理,提出以民族主义、民权主义、民生主义为基本内容的三民主义。1912年当选为中华民国首任临时大总统。在整个北洋军阀主政时期,他为保护民国和约法奋斗不已。最后在"革命尚未成功"的1925年病逝于北京。其主要著作有《三民主义》《建国方略》《建国大纲》等,现在完整的《孙中山全集》也已出版发行。

清末民初,先进知识精英们的理想,是建设一个现代法治即民主法治的中国。孙中山是当时最具现代意识的领袖和思想家,是这种民主法治的最早追求者。但是,在民国初年的特定环境中,他由这种法治的追求者变为党治的倡导者。他倡导的这种"党治",不是西方多党政治下的"党治",而是苏俄式的党治。国民党掌控中央政权后,他的后继者将这种党治,诠释成"一切权力,皆由党集中,由党发施""党外无党,党内无派"的"一党专政"的集权党治。国民政府时期的中国就是这样的党治国家。

一、民主法治的追求者

孙中山对民主法治的追求,是从批判清王朝的专制法律和司法开始的。1895年10月,他领导的广州起义被清政府镇压。受清政府的通缉,他东渡日本,经檀香山赴美、欧游历。1896年9月30日抵达英国伦敦;10月11日,他在外出途中被清政府驻英国公使馆诱捕监禁,后经其英国老师的救助获释。获释后与英国记者埃德温·柯林斯撰写了一篇题为《中国的司法改革》的论文。在这篇文章中,他开门见山指出:在今日中国的社会生活部门中,也许没有什么部门比司法制度——如果能称之为制度的话——更迫切需要彻底革命。他列举了自己在广州行医过程中所见的案例,以及被囚禁于清政府驻伦敦公使馆的亲身经历,来论证清朝司法制度的黑暗和腐败,揭露了清政府司法机关执法手段与行刑方法的残酷,并以"生不进衙门,死不进地狱"的中国谚语来形容中国人对传统司法制度的看法。他揭露说,在清朝皇帝的专制统治下,各级官府对任何社会阶层都无司法可言。私刑、贿赂、相对体面的强盗头目们大规模、例行的敲诈勒索,以及村社间几乎达到内战程度的械斗,是居民们赖以保护私有或社团生命财产的唯一方法;而地方行政官和法官的存在,只是为了自己发财致富和养肥他们的顶头上司、直至皇室自身。在专制政府的统治下,民事诉讼是公开的受贿竞赛;刑事诉讼只不过是受刑的代名词。一个无钱无势的人被控违法,不管这种指控如何毫无根据,他的命运也比臭名昭著的罪犯可怕得多。只要有钱,或者亲属显赫得势,罪犯就可以逍遥法外,无罪而被控有罪者却难逃法网。这是中国人人皆知的现实。有句谚语云:"犯人想保头,就得把脚丢。"

在孙中山看来,清政府各级官吏徇私枉法,贪污腐败,任意编织罪名,随意出入人罪,滥施酷刑的根子,是专制司法制度,"其身为民牧者,操有审判之全权,人民身受冤抑,无所吁诉。且官场一语等于法律,上下相蒙相结,有利则各饱其私囊,有害则各委其责任"。因此,希望社会、商务、政治、内政及其他任何方面取得进步,就必须实现旨在公正、纯洁、为人民的生命财产安全提供公开保障的司法制度的改革。而要进行这种改革,就必须推翻清政府的专制统治、建立民主共和国,"尽可能把欧化的司法制度引进我国",即实行司法独立。①

孙中山的《中国之司法改革》一文,不仅是中国近代最早的法律论著之一,而且也是近代中国用西方法学理论剖析、批判以清朝为代表的传统法制和法治,进而明确提出改革传统司法制度、发出"司法独立"呐喊的一篇法学论文,是戊戌变法以前中国的思想家对中国法律近代化所发出的时代强音。

孙中山先生是传统专制法治的敌人,"以法治国,则国必亡。征之往古,卫鞅治秦,张汤治汉,莫不以尚法而致弱国败身"②。他颠倒"法者治之具也"的传统观念,第一次明确指出:"夫法律者,治之体也。权势者,治之用也。体用相因,不相判也。"权势,即国家权力。在国家权力和法律的关系中,如此明确地把法律作为治国之"体",把权力作为治国之"用"者,古往今来,他是中国的先行者。因此,他的这个命题,可以看作是破天荒之举。

在这个命题中,孙中山明确指出法律和权力的不可分离性。法治,就是法律与权势的统一。因法律而生权力,权力必须依法行使。权力脱离法律,结果必然是权力支配法律,法不为法,国无以存:"国家之治安,惟系于法律。法律一失其效力,则所尚专在势力;势力大者,虽横行一世而无碍;势力少者,则惟有终日匍匐于强者脚下,而不得全其生。则强暴专国,公理灭绝,其国内少数人,日在恐慌中,不独不足以对外,且必革命迭起,杀戮日猛,平时不能治安,外力乘之,必至灭国。"③

《中华民国临时约法》是民国的根本法。袁世凯撕毁约法后,孙中山在护法战争中,曾多次发挥他的这种体用论,并把他作为发动护法战争的理论根据。他指出:"共和之根本在法律,而法律之命脉在国会。"④反复强调:"国于天地,必有与立。民主政治赖以维系不弊者,其根本在于法律,而机枢在于国会。必举国有共同遵守之大法,斯政治之举措有常轨;必国会能自由行使其职权,斯法律之效力能永固。所谓民治,所谓法治,其大本要旨在此。"⑤《中华民国临时约法》具有宪法性质,因此,破坏约法,解散国会,为国人所不容,这就是他发动护法战争的原因。

孙中山先生是一位受过西方现代科学训练的民主革命家,他深知法律对一个国家生存、发展的重要作用,并对西方法治表现了极其浓厚的兴趣。他认为:"立国于大地,不可无法也。立国于20世纪文明竞进之秋,尤不可无法,所以障人权,亦所以遏邪辟。法治国之善者,可以绝寇贼、息讼争。西洋史载,斑斑可考。无他,人民知法之尊严庄重,而能终身以之耳。"⑥他对西方法治的溢美之词,虽然带有很强的理想主义色彩,但他指出了传统

---

① 孙中山:《中国之司法改革》,余霞译,载《近代史研究》1984年第2期。
② 《周东白辑"全国律师民刑新诉状汇览"序言》,载中国社科院近代史所编:《孙中山全集》(第八卷),中华书局1981年版,第355页。
③ 《与戊午通讯社记者的谈话》(1918年10月27日),载陈旭麓、郝盛潮主编:《孙中山集外集》,上海人民出版社1990年版,第234页。
④ 《军政府对内宣言书》,载中国社科院近代史所编:《孙中山全集》(第四卷),中华书局1981年版,第488页。
⑤ 《辞大元帅职临行通电》,载中国社科院近代史所编:《孙中山全集》(第四卷),中华书局1981年版,第480页。
⑥ 《周东白辑"全国律师民刑新诉状汇览"序言》,载中国社科院近代史所编:《孙中山全集》(第八卷),中华书局1981年版,第355页。

法治与西方现代法治的区别,指出现代法治保障人权之功用,即能保障人民"不可让与的生存权、自由权和财产权"①。因而把现代法律作为治理现代国家之"体",这正是孙中山法思想的独到之处。

孙中山重视法律,认为法律是人事里头的一种机器。在诸种法律中,他又尤其重视宪法,认为"政治上的宪法就是支配人事的大机器,也是调和自由和专制的大机器"②。宪法是"人民公意之表示",是"国家之构成法,亦即人民权利之保障书"③。宪法在法律中的这种地位,决定了宪法在孙中山"法治"思想体系中的地位。

近代西方成功地建成了以宪法为核心的现代法治国家,西方国家的法治模式,受到孙中山先生的相当重视。他主张采用西法,"大小讼务,仿欧美之法,立陪审人员,许律师代理,务为平允,不以残刑致死,不以拷打取供"。辛亥革命后,他更加明确指出:"中国革命之目的,系欲建立共和政府,效法美国,除此以外,无论何项政体,皆不宜于中国。"④

为把中国建设成现代法治国家,他很早就留意探讨世界各国的法治经验,以资借鉴。他的总体目标是:"取欧美之民主以为模范,同时仍数千年旧有文化而贯通之"⑤,也就是中西结合,将中国建设成为超越东西方的现代法治国家。具体而言,就是人所熟知的,除行政、立法、司法三权之外,再加考试、监察二权,五权独立,同时又有四权制约的五权宪法。

二、三民主义理论和五权宪法构想

"三民主义"是民族主义、民权主义和民生主义的总称,经历了由旧三民主义到新三民主义的巨大变化,是孙中山法律主张的理论基础和指导思想。

先来看民族主义。在旧三民主义中,民族主义的基本内容是"驱除鞑虏,恢复中华"。"驱除鞑虏"指推翻满族统治的清朝廷,"恢复中华"指光复民族国家。孙中山不同于某些一味讲"夷夏之辩"、讲"仇满",把民族主义看作种族复仇的革命家,而是为了救国才决心用暴力推翻清政府。他一再强调,民族主义"并非是遇着不同种族的人,便要排斥他""民族革命是要尽灭满洲民族,这话大错""我们并不是恨满洲人,是恨害汉人的满洲人,假如我们实行革命的时候,那满洲人不来阻害我们,绝无寻仇之理"。⑥ 也就是说,民族革命的对象,是残酷统治中国的清皇帝和贵族,孙中山既反对民族压迫,也反对民族复仇。孙中山的旧民族主义没有明确提出反对帝国主义,没有充分回应救亡这个时代要求。后来他重新解释三民主义时说:"国民党之民族主义,有两方面的意义:一则中国民族自求解放;二则中国境内各民族一律平等。"对外的"中国民族自求解放",其目的在使中国民族得自

---

① 《中国问题的真解决》,载中国社科院近代史所编:《孙中山全集》(第一卷),中华书局1981年版,第252页。
② 《孙中山选集》,人民出版社1981年版,第582页。
③ 胡汉民编:《总理全集》(第一集),上海民智书局1930年版,第1053页。
④ 《在巴黎的谈话》,载中国社科院近代史所编:《孙中山全集》(第一卷),中华书局1981年版,第563页。
⑤ 《在欧洲的演说》,载中国社科院近代史所编:《孙中山全集》(第一卷),中华书局1981年版,第560页。
⑥ 《三民主义与中国前途》,载《孙中山选集》(上卷),人民出版社1956年版,第73—74页。

由独立于世界;对内的"各民族一律平等",即把我们中国的所有民族融成一个中华民族。① 经过这种解释,弥补了没有明确提出反对帝国主义的重大缺陷,并把反帝当作了首要任务。正如孙中山自己所说:"我们要先决定一种政策,要济弱扶倾,才是尽我们民族的天职。我们对于弱小民族要扶持他,对于世界列强要抵抗他,如果全国人民都立定……济弱扶倾的志愿,将来到了强盛的时候,想到今日受过列强政治经济压迫的痛苦,我们便要把那些帝国主义来消灭,那才算是治国平天下。我们要将来能够治国平天下,便先要恢复民族主义和民族地位,用我们固有的道德和平做基础,去统一世界,成一个大同之治,这便是我们四万万人的大责任……便是我们民族主义的真精神。"② 经过重新解释的民族主义,体现了孙中山在对待帝国主义问题上认识的飞跃。如能付诸实现,则为近代中国制定政策和法律提供了良好环境。

接着看民权主义。民权主义是三民主义的核心,其基本内容就是推翻君主专制制度,建立民国。孙中山一开始便把实行民权主义作为革命的主要内容和重要目标。在《同盟会宣言》中,它是"建立民国"的四大纲领之一,"今者由平民革命,建立民国政府,凡我国民皆平等,皆有参政权,大总统由国民共举,议会由国民共举之议员构成之,制定中华民国宪法,人人共守,敢有帝制自为者,天下共击之"。孙中山反对帝制非常坚决,一贯主张政治革命或国民革命的结果,应当使"一国之人皆有自由、平等、博爱之精神"③;应当"建立民主立宪政体"④。

孙中山早年民权主义受西方"天赋人权"理论的影响很深。到新三民主义阶段,则已由重视人权发展到更多地重视民权。在《中国国民党第一次全国代表大会宣言》中,孙中山指出:"国民党的民权主义,于间接民权之外,复行直接民权,即为国民者不但有选举权,且兼有创制、复决、罢官诸权也……近世各国所谓民权制度,往往为资产阶级所专有,适成为压迫平民之工具。若国民党之民权主义,则为一般平民所共有,非少数人所得而私也。于此有当知者:国民党之民权主义,与所谓'天赋人权'者殊科,而唯求所以适合于现在中国革命之需要。盖民国之民权,唯民国之国民乃能享之,必不轻授此权于反对民国之人,使得借以破坏民国。详言之,则凡真正反对帝国主义之个人及团体,均得享有一切自由及权利;而凡卖国罔民以效忠于帝国主义及军阀者,无论其为团体或个人,皆不得享有此等自由及权利。"⑤

最后是民生主义。它是孙中山三民主义中最有特色的部分,是他自认为真正超越西方理论的地方。为了解决欧美列强贫富悬殊的弊端和预防社会革命,孙中山提出民生主

---

① 《中国国民党第一次全国代表大会宣言》,载中国社科院近代史所编:《孙中山全集》(第九卷),中华书局1981年版,第118—119页。
② 《民族主义第六讲》,载中国社科院近代史所编:《孙中山全集》(第九卷),中华书局1981年版,第253—254页。
③ 《同盟会宣言》,载《孙中山选集》(上卷),人民出版社1956年版,第69页。
④ 《三民主义与中国前途》,载《孙中山选集》(上卷),人民出版社1956年版,第75页。
⑤ 《中国国民党第一次全国代表大会宣言》,载中国社科院近代史所编:《孙中山全集》(第九卷),中华书局1981年版,第120页。

义,以"举政治革命、社会革命毕其功于一役"①。从民生主义出发,他把着眼点放在解决占中国人口绝大多数的农民生活问题上。民生主义不仅要解决农民的生活问题,而且要解决广大工人的生活问题和使国家富足的问题。为此既要发展大工业,又要预防因资本家的剥削所带来的矛盾,因而必须解决资本问题。所以民生主义主要是解决"土地"和"资本"两大问题。中国没有大资本家和显著的资本主义生产关系,所以只要通过土地问题的解决就可以直接实行"社会主义","预防"资本主义的祸害。"平均地权"则是解决土地问题的主要方法。即先由地主自报地价,国家征以重税,同时国家又握有土地所有权,可以随时按地价收买地主土地。他认为这样一来,由于税重则地主不敢"以少报多";由于国家可以收买,则地主也不敢"以多报少"。在"资本"问题上,孙中山既要发展大工业,又要避免资本主义。他尖锐地揭露了西方资本主义经济制度无法克服的矛盾,斥责资本家的残酷剥削,并且指出资本家用金钱的势力,操纵全国的政权,总是居于优胜地位,国家的法律政治及一切制度都是为资本家而设。孙中山用来解决"资本"问题的具体办法,是实行一种"集产社会主义"。集产社会主义是社会主义两大派别之一:"所谓集产云者,凡生利各事业,若土地、铁路、邮政、电气、矿产、森林皆为国有。""故我人处今日之社会,即应改良今日社会之组织,以尽我人之本分。故主张集产社会主义,实为今日唯一之要图。凡属于生利之土地、铁路收归国有,不为一、二资本家所垄断渔利,而失业小民,务使各得其所,自食其力,既可补救天演之缺陷,又深合于公理之平允。斯则社会主义之精神,而和平解决贫富之激战矣。"②到晚年,他突出了"耕者有其田"的思想。在资本问题上,提出了"节制资本"的主张。要实现"耕者有其田",重在国家对私人土地的征收,然后由国家将土地分给无地的佃农,因此国家需要制定土地法、土地使用法、土地征收法和地价税法等;节制资本的要点在于"凡本国及外国人之企业,或有独占之性质,或规模过大为私人之力所不能办者,如银行、铁道、航路之属,由国家经营管理之,使私有资本制度不能操纵国民之生计"。与此相应,国家还要有一套保护劳工的法律,如"工人之失业者,国家当为之谋救济之道,尤当为之制定劳工法,以改良工人之生活"。此外还有相辅而行的一系列制度要实行,如养老之制、育儿之制、周恤废疾之制、普及教育之制等。③

如何才能实现三民主义,孙中山规划了革命三阶段论。在孙中山看来,中国四万万人口中"大多数都是不知不觉的人"。而国家的治理却是要靠那些"先知先觉"们"预先来替人民打算,把全国的政权交到人民",故他将整个国民革命阶段分为"军政""训政""宪政"三个时期,分别实行"军法之治""约法之治"和"宪法之治",其中"训政"时期是由"军政"进入"宪政"的不可逾越的阶段。在论及"训政"问题时,孙中山认为,中国人民"久处于专制之下,奴性已深,牢不可破",加之"人民之知识、政治之能力,更远不如法国"。因此,必须

---

① 《〈民报〉发刊词》,载中国社科院近代史所编:《孙中山全集》(第一卷),中华书局1981年版,第289页。
② 《在上海中国社会党的演说》,载中国社科院近代史所编:《孙中山全集》(第二卷),中华书局1981年版,第508—509页。
③ 《中国国民党第一次全国代表大会宣言》,载中国社科院近代史所编:《孙中山全集》(第九卷),中华书局1981年版,第120—121页。

经过一段"训政"时期。必须注意的是,孙中山看到了"训政"可能被当政者滥用成为其拒绝"还政于民"实施宪政的借口,明确规定了"训政"的期限,即"军政"成功后,全国平定之后的第6年,即应组织国民大会,制定宪法,施行宪政。①

三民主义是孙中山改造中国社会的方案,是"立国之本原"②,以三民主义思想为指导,孙中山发展出了五权宪法制度设计方案。孙中山的"五权宪法"是以人民掌握政权、政府实施治权的权能分治学说为直接依据,故先须介绍一下他的"权能分治"理论。

孙中山把政治权利分为政权和治权两种:"政是众人之事,集合众人之事的大力量,便叫做政权,政权就可以说是民权。治是管理众人之事,集合管理众人之事的大力量,便叫做治权,治权就可以说是政府权。所以政治之中,包含有两个力量:一个是政权,一个是治权。这两个力量,一个是管理政府的力量,一个是政府自身的力量。"他认为要把中国改造为新国家,必须把权和能(治权)分开。政权"完全交到人民手内,要人民有充分的政权可以直接去管理国事";治权则"完全交到政府的机关之内,要政府有很大的力量治理全国事务"。只要"人民有了很充分的政权,管理政府的方法很完全,便不怕政府的力量太大,不能够管理"③。由此,他批评欧美"三权分立"的代议制政体:人民只有选举权,选出来的议员,不对人民负责,人民不能直接过问国事,结果人民所持的态度,总是反抗政府。中国不应蹈欧美"议会政治"的覆辙,应该建设"全民政治"国家。为了使人民真正握有政权,享受应得的权利,他从对各国宪法的考察中发现瑞士的宪法除规定人民有选举权外,还有创制权和复决权;美国西北地区的宪法中,则有罢免权。他认为人民有了这四个权,才算是"充分的民权""彻底的直接民权"。只有选举权是间接民权,"间接民权就是代议政体,用代议士去管理政府,人民不能直接去管理政府。要人民能够直接管理政府,便要人民能够实行这四个民权,才叫做全民政治"④。

孙中山的四权可分两类:一类是人民管理政府的官吏,即选举权与罢免权。他主张"人民要有直接民权的选举权",全国实行分县自治,人民直接选举官吏,直接选举代表参加国民大会,组成最高权力机关。但人民只有直接选举权还不能管理官吏,还必须有罢免权。"人民有了这个权,便有拉回来的力。这两个权是管理官吏的,人民有了这两个权,对于政府之中的一切官吏,一面可以放出去,又一面可以调回来,来去都可以从人民之自由"。另一类是管理法律的权力,即创制权与复决权。他指出:"如果大家看到了一种法律,以为是很有利于人民的,便要有一种权,自己决定出来,交到政府去执行。关于这种权,叫做创制权。"复决权比较复杂,其一是修改法律权。"若是大家看到了从前的旧法律,以为是很不利于人民的,便要有一种权,自己去修改,修改好了之后,便要政府执行修改的新法律,废止从前的旧法律。关于这种权,叫做复决权。"⑤其二是通过法律权,"立法院若

---

① 《建国方略》,载中国社科院近代史所编:《孙中山全集》(第六卷),中华书局1981年版,第204—205页。
② 《中国国民党宣言》,载中国社科院近代史所编:《孙中山全集》(第七卷),中华书局1981年版,第1页。
③ 《民权主义第六讲》,载中国社科院近代史所编:《孙中山全集》(第九卷),中华书局1981年版,第345—347页。
④ 同上书,第350页。
⑤ 同上书,第349—350页。

是立了好法律,在立法院中的大多数议员通不过,人民可以用公意赞成来通过"①。这两种权结合在一起就是复决权。

孙中山强调,真正的中华民国,必须保证人民有这四个权。人民有了这四权,才算是充分的民权,才能掌握政权,真正做到直接管理政府。在制定《中华民国临时约法》时,孙中山坚决要求必须将"中华民国主权属于国民全体"写入条文。

孙中山重视法律,在各部门法中,又尤其重视宪法。他认为,宪法的好坏,对于治理国家至为重要:"我们要有良好的宪法,才能建立一个真正的共和国。"②同时,宪法又是人民公意之表示,是国家之构成法,亦即人民权利保障书。宪法在法律中的这种地位,决定了宪法在孙中山法律思想体系中的重要地位。护法战争,护的就是具有宪法性质的《临时约法》。宪法是西方的产物,孙中山十分注意借鉴西方经验,但同时又不囿于西方经验:"余之谋中国革命,其所持主义,有因袭吾国固有之思想者,有规抚欧洲之学说事迹者,有吾所独见而创获者。"③中西结合,将中国建设成为超越西方的现代国家。这种思想,集中地反映在五权宪法思想中。

"五权宪法"是孙中山在研究各国宪法的基础上,结合中国的历史与国情加以集中的产物。他认为,英美宪法都很好,其三权分立学说在西方过去起过很大作用,但现在随着世界文明的日进,已经不适用了。为了适合中国国情,中华民国的宪法是要创造一种新主义,叫做"五权分立",是一种可以补三权分立之不足的新创造。"不但是各国制度上所未有,便是学说上也不多见,可谓破天荒的政体。""要想把中国弄成一个富强的国家",只能实行他独创的五权宪法。五权宪法是消除专制余毒,建设国家的基础,是"实行民治的根本办法"。④

孙中山的所谓"五权",就是在行政权、立法权、司法权之外,再加上考试权和监察权。以"五权分立"为基本内容的宪法,叫"五权宪法"。根据"五权宪法"设立行政、立法、司法、考试、监察五院,称为五院制。他不满西方宪法之三权,以美国为例:国会既是立法机关,又是监察机关,往往擅用此权挟制行政机关,成为议院专制,这是监察权没有独立的恶果。另一方面,政府官员由总统委任,随总统的进退而进退。无才无德之人可以随总统之进而为官吏,有才有德之人也要随总统之退而罢官,这是考试权没有独立的恶果。为了避免欧美"三权分立"的弊病,孙中山认为,中国的宪法应该把立法权中的监察权和行政权中的考试权独立出来,只有用五权宪法所组织的政府,才是完全政府,才是完全的政府机关。这种"五权独立"的"完全的政府机关"⑤,按孙中山的设想,结构如下:

> 以五院为中央政府:一曰行政院,二曰立法院,三曰司法院,四曰考试院,五曰监察院。宪法制定之后,由各县人民投票选举总统以组织行政院。选举代议士以组织

---

① 《孙中山选集》(下卷),人民出版社1956年版,第587页。
② 同上书,第575页。
③ 《中国革命史》,载中国社科院近代史所编:《孙中山全集》(第七卷),中华书局1981年版,第60页。
④ 《孙中山选集》(下卷),人民出版社1956年版,第579页。
⑤ 同上书,第760页。

立法院。其余三院之院长，由总统得立法院之同意而委任之，但不对总统、立法院负责。而五院皆对于国民大会负责。各院人员失职，由监察院向国民大会弹劾之；而监察院人员失职，则国民大会自行弹劾、罢黜之。国民大会之职权，专司宪法之修改，及裁判公仆之失职。国民大会及五院职员，与夫全国大小官吏，其资格皆由考试院定之。此五权宪法也。①

孙中山认为，监察权与考试权"是中国固有的东西"。中国历朝都有御史、谏议大夫等官独掌监察权，他们"官品虽小而权重内外，上至君相，下及微职，儆惕惶恐，不敢犯法"；即使身受廷杖也在所不计。② 甚至外国学者也著书"说明中国之弹劾权，是自由与政府中间的一种最良善的调和方法"③，中国应发扬自己的传统，将监察独立。另一方面，中国的考试制度合乎平民政治，通过考试，"朝为民，一试得第，暮登台省；世家贵族所不能得，平民一举而得之"，而且考试严格，"科场条例，任何权力不能干涉。一经派出主考学政，为君主所钦命，独立之权高于一切。官吏非由此出身，不能称正途"。考试结果"人才辈出"④。欧美以前没有考试制度，"近来……也仿效中国的考试制度去拔取真才"⑤。所以，"将来中华民国宪法，必要设立机关，专掌考选权。大小官吏必须考试，定了他们的资格，无论那官吏是由选举的，抑或由委任的，必须合格之人，方得有效"⑥。这样就可防止滥选和徇私。在孙中山看来，增加监察、考试两权，可以补充"三权分立"之不足，克服代议制的缺点，矫正选举制度的弊病。可集合中外之精华，防止一切流弊，连成一个很好的完璧，造成一个五权分立的政府。这样的政府，才是世界上最完全最良善的政府，中国才是"民有、民治、民享"的"三民主义"国家。

以五权宪法为核心，建立现代中国的法律体系；以这种法律体系为体，建设现代中国，这就是孙中山的理想。尽管有学者批评其五权宪法是政府的职能分工而背离了分权原则，"三权已足，五权不够"⑦，但是，他不拾西方之牙慧，不步西方之后尘，立足本国，探究国情，吸收西方经验，甄采传统，以建设超越西方国家的现代国家的求索精神，值得称道。

三、"党治"理论的倡导者

孙中山的民主主义法治理想，从中华民国建立之日起，便陷入困境，逼迫他重新寻找出路。在早年的革命当中，他受西方议会政党政治的影响，认为一党独尊与专制相连，民国建立后应该有多个政党存在，互相竞争。即便在将政权让渡给袁世凯之后，他仍坚持这

---

① 《孙中山选集》(上卷)，人民出版社1956年版，第151页。
② 《与刘成禺的谈话》，载中国社科院近代史所编：《孙中山全集》(第一卷)，中华书局1981年版，第445页。
③ 《孙中山选集》(下卷)，人民出版社1956年版，第581页。
④ 《与刘成禺的谈话》，载中国社科院近代史所编：《孙中山全集》(第一卷)，中华书局1981年版，第445页。
⑤ 《孙中山选集》(下卷)，人民出版社1956年版，第762页。
⑥ 《孙中山选集》(上卷)，人民出版社1956年版，第80页。
⑦ 《袁世凯、孙文与辛亥革命》，载唐德刚：《晚清七十年》(第五册)，台湾远流出版事业有限公司1998年版，第224页。

一观点,指出"文明各国不能仅有一政党。若仅有一政党,仍是专制政体,政治不能进步"①。国民党既不能一党独尊,相应地其党义也不应定于一尊,所以他又讲,"既有党不能无争,但党争须在政见上争"②。

"列宁创建了俄国共产党(后改称'联共[布]'),开展暴力革命,推翻了沙俄帝制,创立了党政军高度统一、党权高于一切的'党化国家'体制。孙中山在领导中国革命屡受挫折后,改奉'以俄为师',将苏俄'党化国家'的体制引入中国,提出和推行了'以党治国'论,这便是'以党治国'的发端。"③孙中山"以俄为师",党治思想确立。但孙中山党治思想的"发端",应在宋教仁遇刺后。当时,面对议会政治无望,国民党一盘散沙,"二次革命"惨败,他渐渐意识到一个组织严密的革命党对于建立和保障民国的重要意义,思想开始由西方议会政党政治向一党制转变。《中华革命党总章》说,在革命时期,"一切军国庶政,悉归中华革命党党员负完全责任"④,就是这种转变的表现。1918—1919年间,他因军政府改组受西南军阀的排挤而困居上海,著《建国方略》,认定在军政、训政时期应由国民党完全负责。中华革命党成立前后所形成的"一党制"思想,在当时世界各国尚无成功范例,无法付诸施行。1923年1月1日《中国国民党宣言》中提出革命"所谓成功者,亦一人一党之谓,乃中华民国由阽危而巩固,而发扬光大之谓也"⑤。到1924年的国民党一大,孙中山正式确立了联俄的方针,在宣言中集中阐述了他心目中的党治理论:

> 本党改组后,以严格之规律的精神,树立本党组织之基础,对于本党党员,用各种适当方法,施以教育与训练,俾成为能宣传主义、运动群众、组织政治之革命的人才;同时以本党全力,对于全国国民为普遍的宣传,使加入革命运动。取得政权,克服民敌,至于既取得政权树立政府之时,为制止国内反革命运动及各国帝国主义压制吾国民众胜利的阴谋,芟除实行国民党主义之一切障碍,更应以党为掌握政权之中枢。盖惟有组织有权威之党,乃为革命的民众之本据,能为全国国民尽此忠实之义务故耳。⑥

这是孙中山"以俄为师"的政治产物,国民党"党治"理论至此成型。党治取代专制法治,民主法治就将淹没在党治的汪洋大海之中。孙中山先生的这种"党治"理论,其要点大体包括下述几个方面:

第一,担负中华民国治理责任的政党必须是革命党,中国国民党则是中国唯一的能够

---

① 《在国民党成立大会上的演说》(1912年8月25日),载中国社科院近代史所编:《孙中山全集》(第二卷),中华书局1981年版,第408页。
② 《在东京留日三团体欢迎会的演说》(1913年3月1日),载中国社科院近代史所编:《孙中山全集》(第三卷),中华书局1981年版,第37页。
③ 于一夫:"'以党治国'面面观",载《炎黄春秋》2010年第7期。
④ 《中华革命党总章》,载萧继宗主编:《革命文献》(第70辑)(《中国国民党党章政纲集》),中国国民党中央委员会党史委员会编辑1976年版,第17页。
⑤ 《中国国民党宣言》,载中国社科院近代史所编:《孙中山全集》(第七卷),中华书局1981年版,第3页。
⑥ 《中国国民党第一次全国代表大会宣言》,载中国社科院近代史所编:《孙中山全集》(第九卷),中华书局1981年版,第122页。

担负这种责任的革命党。"中华民国……要以革命党为根本""革命未成功时,要以党为生命;成功后,仍绝对用党来维持"。革命者在取得政权建立政府以后,"为制止国内反革命运动及各国帝国主义压制吾国民众胜利的阴谋,芟除实行国民党主义之一切障碍,更应以党为掌握政权之中枢"。也就是说,不仅夺取政权,推翻清王朝统治,离不开革命党的领导,国家治理更需依靠革命党的力量。西方国家的两党制或多党制有很大弊端,中国应像十月革命后的苏俄一样,实行一党制。这个党,就是他领导的国民党。因此,他所倡导的一党制,就是由国民党单独承担领导和治理中华民国的一党制。

第二,孙中山强调,"以党治国"的基本要求是用三民主义统一国人的思想,是"党义治国",而不是"党员治国"。1923年10月,他曾在国民党恳亲大会上,针对当时国民党内不少人把"以党治国"理解为国民党员都应做官的错误认识,谈到了"以党治国",重在以三民主义"统一全国人民的心理"。他指出:"本总理向来主张以党治国",但这并不意味所有国民党人都得做官,"所谓以党治国……是要本党的主义实行,全国人都遵守本党的主义,中国然后才可以治""以党治国,并不是用本党的党员治国,是用本党的主义治国,诸君要辨别得很清楚!"

第三,孙中山提出"训政"时期应由国民党担负起"训导"国民行使"政权"的责任,同时强调"训政"的最终目的是还政于民。

在这种思想指导下,广州国民政府时期,"党国""党军""党治""党化"等新名词就反复出现于各种党报党刊及党人之口。党要治军、治政,当然党也要治司法。赵士北反对司法党化,革命政府就免去他的职务。对这样的党治,李剑农先生当时就精辟地指出:"此后政治中所争的将由'法'的问题变为'党'的问题了;从前是约法无上,此后将是党权无上;从前谈法理,此后将谈党纪;从前谈'护法',此后将谈'护党';从前争'法统',此后将争'党统'了。"① 党权成为革命进程的关键,在党、政、军的权力关系上,以党治军,以党治政,党权高于一切。

四、南京国民政府的"党治"

孙中山生前,国民党尚未掌控全国政权。从国民党改组到北伐攻占武昌、南京这段时间里,国共两党还在合作。因此,他的"党治"还是理想,没有具体的制度设计,更谈不上实际的制度操作。这个任务,由在南京建立掌控国民党中央权力的蒋介石、胡汉民完成。

早在1926年8月14日,北伐尚在进行之时,蒋介石在长沙作《党员的责任和地位与组织纪律之重要》讲演,就开始解说孙中山所倡导的"党治":

> 我们的政府是由党产生出来的,党是政府的一个灵魂,政府完全要党来指导,要党员来拥护、辅助,才能施行我们党的政纲,发挥我们党的效力,所以我们的党与政府,是相连的,不能分开的……现在的政府,是我们党的政府,也就是我们自己的政府,我们的党命令政府、指挥政府,政府才能发生效力,照党的主义政策去实行。如果

---

① 李剑农:《最近三十年中国政治史》,上海太平洋书店1932年版,第531页。

党员不明白这个政府是党的政府,与政府始终立在反对地位,政府一举一动,我们都要反对。我们党的效力就完全失掉了!我们党的力量怎样才能强固敏捷?必须政府完全听党的命令,照党的政纲做去,党员却也不可掣政府的肘,这一点,每一个党员都要留心记着的,从前有许多党员不明白,他以为党既立在监督政府的地位,党员对于政府就可以反对,却不知"以党治国"这句话,不是说我们党员统统做官,统统到政府里面去治国,而是要拿党来做中心,根据党的主义、政纲、政策,决定了政治方案,交给政府去实行,党不是直接施政的,是透过政府做发号施令的机关,所以党对于政府有辅导扶助之必要,我们能够辅助政府,党才发生效力!党与政府要很密切地配合团结起来分工合作,党才可以达到治国的目的,所以请各位不要误解"政府同党的地位"。须知凡事于政府有利,于党也有利,于政府有害,于党也有害,政府失败,党也失败。政府同党是革命政权的表里两面,是密切联系而不可分开的!

"政府由党产生""政府是党的政府""政府必须完全听党的命令",党"透过政府做发号施令的机关",这就是南京国民政府成立前蒋介石"以党治国"的党治。国共合作破裂,国民党"清党"反共,一党独大。1927年4月18日,蒋介石、胡汉民两派联合,在南京成立国民政府。"党治"通过国民党元老胡汉民的阐释,进入中国的实际政治生活。

胡汉民长期追随孙中山,是孙中山三民主义、五权宪法的解说人。1927年5月,他在双五节纪念会的讲演,用"以党救国、以党建国、以党治国"来概括孙中山所倡导的党治。他认为,只有国民党才能挑起救国建国治国的重担。"救国建国治国的大业简直是舍国民党其谁。"因此,"在军政训政两个期间,本来人民应操的权柄,须由国民党暂时代操,并须祇让国民党一党来代操,一切思想、行为、组织,都是要统一的。这两个时期,不能容许多党来合治,是要唯一的自己担任的"①。

南京国民政府成立后,胡汉民、孙科向国民党中央提出训政大纲提案。在提出提案的同时,胡汉民还发表《训政大纲提案说明书》,系统阐述"党治"方案。《说明书》分两部分:一为《原则上之说明》,有四点:(1)军政结束转入训政,国民党必须挑起训政重任。(2)训政要旨八个字:"以党建国,以党治国。"于建国治国之过程中,本党始终以政权之保姆自任。以党的力量,扫除革命之障碍,造成真实之统一,负起训政之全责。(3)训政党治,"就党与政府之关系言,党必求有其完固之重心,政府必求其有适宜之组织,就权与能之关系言,党为训政之发动者,须有发动训政之全权,政府为训政之执行者,须有执行训政之全责,就党与政府二者在训政时期中与人民之关系言,则党之目的在以政权逐步授诸全国之民众,政府之目的在于逐步受国民全体直接之指挥与监督,此三者为训政时期建国制度上必须周顾之根本原则,缺一不可"。(4)训政之目的,在于宪政之完成,而宪政必恃训政为阶梯。五权宪法是建国的制度,国民党的责任在于培植五权之基础而期其最后之完成。二为《制度上之说明》,要点有五:(1)政治会议,为全国训政发动机关。"政治会议,对于党为隶属机关,但非处理党务机关,对于政府为其根本大计与政策所发源之机关,但非政

---

① 《胡汉民先生讲演集》(第一集),上海民智书局1927年版,第44页。

府本身之机关,换言之,政治会议,实际上总握训政时期一切根本方针之抉择权,为党与政府间唯一连锁。""政治会议,在发动政治根本方案上,对党负责,而非在党外也,国民政府,在执行政治方案上,对政治会议负责,但法理上仍为国家最高机关。"一句话,党在国上,国在党下。这就是"党国"的内涵。(2) 国民政府组织按五权制度建构。政治会议与国民政府五院连锁相通,国民政府常务委员为政治会议之当然委员。五院分立,以五院委员为政府委员,以政府常务委员五人分任五院之主席,合五院之组织而总称为国民政府,政府常务委员五人中,指定一人为政府主席,政府主席除对外为国家代表外,其权力地位莫不与其他常务委员同。(3) 因国家行政计划与政策必须立法行政两院交互决议与执行,故于立法院设置分组委员会,予行政各部出席立法院及分组委员会之权。(4) 司法行政与司法审判宜分不宜合,为使司法审判独立,以司法部掌司法行政事务,以司法院掌理独立审判之全责。(5) 考试院、监察院职在铨考、监察政府人员。司法独立是民主法治的重要内容。作为日本法政大学法政速成科毕业生,胡汉民应该知道、也当然知道司法独立在民主国家的作用和重要性。但是,在他的党治方案中,已经看不到这种作用和重要性了。

司法院院长居正也是日本法政大学法政速成科毕业生,他撰写发表《司法党化问题》,直接把广州政府时代的司法党化推向全国。他说:"'司法党化'这个新名词出世以后,有人高兴有人忧虑。高兴得像是得到奇货,忧虑的好像世界末日将要到来,露出惶惶不可终日的样子。其实都是大惊小怪。在'以党治国'的国家,'司法党化'应该是'家常便饭'。""在那里,一切政治制度都应该党化,特别是在训政时期,新社会思想尚待扶植,而旧思想却反动勘虞。如果不把一切政治制度都党化了,便无异自己解除武装,任敌人袭击。何况司法是国家生存之保障,社会秩序之前卫。如果不把它党化了,换言之,如果尚容许旧社会意识偷藏潜伏于自己司法系统当中,那就无异容许敌方遣派的奸细加入自己卫队的营幕里,这是何等一个自杀政策。"他认为,"司法党化"是不成问题的,成问题的是:怎样才叫作"司法党化"。按他的见解,司法党化必须包含以下两方面意义:(1) 主观方面:司法干部人员一律党化。(2) 客观方面:适用法律之际必须注意于党义之运用。他解释说,司法干部人员专指各级法院的推检。所谓司法干部人员一律党化,是指推检不一定都由有国民党党证的人来担任,而是要从明了而且笃行党义的人民中去选任。要他们都有三民主义的社会意识。"质言之,司法党化并不是司法'党人化',乃是司法'党义化'。三民主义之国家,要求每一个法官对于三民主义法律哲学都有充分的认识,然后可以拿党义充分地运用到裁判上。"他们能够做到:(1) 法律没有规定的,能用党义来补充他;(2) 法律规定太抽象空洞而不能解决实际具体问题的,能拿党义去充实他们的内容,在党义所明定的界限上,装置法律之具体形态;(3) 法律已经僵化之处,拿党义把他活用起来;(4) 法律与社会实际生活明显地表现矛盾而又没有别的法律可据用时,可以根据一定之党义宣布该法律无效。这就是居正所要的司法党化。它是党国一体、以党治国理论的逻辑结果。

《训政大纲》是一个全面实施孙中山党治理念的纲领。1928 年 10 月 3 日,国民党中央常务会议通过《训政纲领》。《训政纲领》的主要内容包括:(1) 训政时期由国民党的党代会代表国民大会领导国民行使政权,党代会闭会期间,政权托付国民党中执委执行;

(2)国民党"训练"国民学会行使选举、罢免、创制、复决四项政权,国民政府则总揽行政、立法、司法、监察、考试五种治权;(3)国民党中央政治会议指导监督国民政府重大国务的施行,修改解释国民政府组织法。国民党的"党治",通过《训政纲领》进入实际运作。

1927年6月6日,胡汉民在"清党"中提出"党外无党,党内无派"的口号,"以党治国,以党建国"①。既然"党外无党",那么国民党之外的其他政党都成了"异党""匪党"。国民党就要通过掌控的政权,动用行政、立法、司法,直至军事围剿、特务暗杀、金钱收买等手段,取缔、捣毁、屠杀、消灭"异党""匪党"。1929年,国民党第三次全国代表大会召开,上海特别市代表陈德征提出《严厉处置反革命分子案》,认定"共产党、国家主义者、第三党及一切违反三民主义之分子"都是危害党国的反革命分子。对这些反革命分子,只要国民党的省及特别市党部一纸书面证明,法院或其他法定受理机关,就应以反革命罪处分之。②这就是国民党的党治。

胡汉民从大清帝国走出来,头脑中留有传统帝王思想,采用帝王手段消灭异党,应该是他的"党外无党"的应有之义。但是,党内无派却让他自己尝尽苦头。他和蒋介石本是国民党内的两派,"党外无党",在"清共""反共"的共同目标下联合。但是,手握军权的蒋介石,无法接受胡汉民党权的指挥。1931年2月28日,仅因训政时期要不要制定约法的争论,蒋介石在国民党中央党部公开宴请胡汉民,对这位国民党元老、中执委、中常委、五院政府的立法院院长,党治理论的权威进行"党治"。枪口之下,胡汉民乖乖就缚,被送往汤山,亲尝了自己酿造的"党内无派"这杯苦酒。胡汉民获释后,宁汉分裂。这种状态,可以说是对国民党"党治"的最大讽刺。也许就是这个原因,1932年5月22日《独立评论》第1号刊出的胡适《宪政问题》一文,说:"住在香港的胡汉民先生近来也屡次发表谈话,表示他赞成宪政的实行。并且赞成党外可以有党了。"然而蒋介石操纵国民会议,通过《中华民国训政时期约法》,其中规定:"训政时期由中国国民党全国代表大会代表国民大会行使中央统治权;中国国民党全国代表大会闭会时,其职权由中国国民党中央执行委员会行使之。"用根本法的形式,将国民党一党专政的党治凝固化。《约法》扩大国民政府和国民政府主席的权力,规定"国民政府统率陆海空军",国民政府主席统辖五院,五院院长和各部部长人选由国民政府主席提请国民会议任免。这样一来,继续担任国民政府主席兼行政院长的蒋介石,终于通过法律,将党政军大权集于自身,使他的专制独裁合法化。"党治"的归宿是一党专制,一党专制的结果是领袖独裁。这就是民国历史。由"党治"而生的必然是专制之法、独裁之法。这种变专制时代"一人之治"为"一党之治"的"法治",司法党化下的"法治",是专制法治、独裁法治,帝制时代"治法"的变种,而不是现代的民主法治。

共和法治、民主法治,在摧毁大清帝国过程中,曾经激励过数不清的志士仁人,他们中的不少人,甚至为此而献出自己的生命。但是,20世纪取代大清帝国的中华民国从未出现什么共和法治、民主法治,而是实行了党治。于此可见孙中山法律思想尤其是"党治"思

---

① 胡汉民:《训政大纲提案说明书》,载陈红民等编:《中国近代思想家文库·胡汉民卷》,中国人民大学出版社2014年版,第206页。
② 参见杨天石:《寻求历史的谜底:近代中国的政治与人物》,中国人民大学出版社2010年版,第537页。

想的重大影响。

第三节　专以法律为治：章太炎的法律思想

章太炎(1869—1936)，原名学乘，后易名为炳麟，字枚叔，因慕明末清初顾炎武之为人，易名绛，别号太炎，浙江余杭人。少学于晚清大儒俞樾，治古文经。曾读蒋良骐所编《东华录》，知吕留良等事迹，遂痛恨于异族之残暴；继读王夫之、全祖望等人著述，乃生光复汉族之志。戊戌政变后，居上海，与蔡元培等设立爱国学社，宣传民族革命。1903年，在上海《苏报》发表《驳康有为论革命书》，斥光绪为"载湉小丑，不辨菽麦"，又为邹容的《革命军》作序，触怒清廷。上海公共租界工部局以"亵渎皇帝，倡言革命"将之逮捕入狱，此即轰动一时的"苏报案"。系狱3年后出狱，于1906年东渡日本，加入同盟会，主持《民报》，与康、梁保皇派论战。从戊戌变法到辛亥革命前夕，"七被追捕，三入牢狱，而革命之志，终不屈挠"。辛亥革命后归国，倡言"革命军兴，革命党消"，与黎元洪、宋教仁等组织统一党。宋教仁被刺杀后，章太炎谋划讨伐袁世凯，失败后只身北上，于大总统府诟詈袁世凯，旋被软禁，曾绝食14日而不死。1917年随同孙中山参加护法运动，任大元帅府秘书长。1920年前后，鉴于民国乱局，大力倡导联省自治。1924年国民党一大改组之后，宣布不再与闻国政，退居书斋，钻研学问。晚年在苏州设立国学会，专力著述讲学，粹然一代儒宗。章太炎曾有这样的自述，可见其生平旨趣所在："庄生之玄，荀卿之名，刘歆之史，仲长统之政，诸葛亮之治，陆逊之谏，管宁之节，张机、范、汪之医，终身以为师资。"①在学术上，他涉猎甚广，经学、哲学、文学、语言学、文字学、音韵学、逻辑学等方面都有所建树。一生著述颇丰，文字较古奥难懂。主要著作由后人编入《章氏丛书》《章氏丛书续编》和《章氏丛书三编》，后有《章太炎全集》的较系统整理出版。

章太炎以古文经学家的身份，投身推翻帝制的民主革命，其思想非常复杂深刻。在法治问题上，章太炎同样显示了他的这种深刻性和复杂性。他是专制帝国的反叛者、掘墓人，又是商、韩"法治"的公开辩护人。他是民国的设计者，早在1906年就高呼"中华民国万岁！"他又是西方代议政治的有力批判者。薛允升、沈家本认为唐律最好，他则认为"上至魏下讫梁"的五朝之法最宽平无害。他和孙中山认识交往很早，其法律思想，两人既有相通之处，也存在重大差别。

一、专以法律为治，反对人治和人法兼治

萧公权认为，章太炎的政治哲学以个人为中心点。他平生很难与人合作：他写作《谢本师》文，与老师俞樾绝交；与康、梁先合作后决裂；与孙中山也是这样，反复合作决裂；对袁世凯是先拥护后决裂，好像只有与黎元洪一直交好。他最推崇荀子，荀子是性恶论者，所以他不相信人。由此他既反对人治，也反对人、法兼治，主张"专以法律为治"的法治。

---

① 《菿汉微言》，载章太炎：《菿汉三言》，虞云国校点，上海书店出版社2011年版，第49页。

他总结中国历代治乱的经验说:"铺观载籍,以法律为《诗》《书》者,其治必盛;而反是者,其治必衰。"①《诗》《书》就是经典,他要求奉法律为经典,任何人都不得离开法律任意而行。为此,他是这样论证的:

第一,古官制发源于法吏,法治早于人治。章太炎以中国古代历史为据考证说:唐虞之世,天子和贵族世侯一起议决政事。由于贵族世侯的地位与天子相差无几,可以单独行使职权,所以天子不能专制。因为天子不能驾驭贵族世侯,于是就起用身边的"奴仆与近侍",把他们引为心腹,名之为"公辅"。他认为,商代的伊尹就是这种人。自商代以后,历朝的御史大夫、尚书令、司徒、司空、侍中、中书令及明清之内阁等,都是作为仆从小臣得到君主信任,从而进位为"公辅"的。这些人以帝王的喜怒和好恶来治理国家,"名为帝师,或曰王佐,其实乃佞幸之尤",根本不依法行事,其结果是祸国殃民。法吏则不同,它的起源远远早于"公辅",是远古战争的产物。战争需要军队,军队必须有申明纪律、审讯俘虏的"法吏";"及军事既解,将校各归其部,而法吏独不废,名曰士师"。② 所以,古代治理民众的官吏只有士师。后来,随着国家机构逐步完善,士师一人已无法治理,于是将士师的职权分开,凡长民者皆称为官吏,这才产生了所谓的官制,可见法治要远远先于人治。

第二,荀卿、韩非之说不可易。辛亥革命后,章太炎在追述自己寻求救国之路时说:"遭世衰微,不忘经国,寻求政术,历览前史,独于荀卿、韩非所说,谓不可易"③。他赞扬先秦法家以法治国,执法严明,信赏必罚。如说:"管子治齐,首主法律。以此创业垂统,则中主可持国矣"④;商鞅、韩非"不逾法以施罪,不剿民以任功"⑤,"政令出内,虽乘舆亦不得违法而任喜怒"⑥。在中国历史上,商鞅和秦始皇都以严刑峻法而为人唾骂。章太炎则为先秦法家的重刑思想辩护。他解释说:中国历史上的重刑有两类。一类是"以刑维其法",即用重刑维护法律之实施,代表人物就是商鞅和韩非。他们行重刑不是"以刑为法之本",而是把重刑作为行法的手段,通过重刑,使法律从上到下得到贯彻实施。因此,这种重刑虽然刑罚很重,商鞅曾"一日刑七百人以赤渭水",但却是合理的。因为"商鞅行法而秦日富",直至家给人足,道不拾遗,山无盗贼,所以刑虽重而无可非议。另一类是"以刑为鹄",重刑的目的不在保证法律的实施,而在讨好人主,最终满足自己的私欲。这类重刑以汉朝的公孙弘、张汤、赵禹为代表。他们"专以见知、腹诽之法震怖臣下,诛锄谏士,艾杀豪杰,以称天子专制之意"。⑦ 每审一案,"不千金不足以成狱",因而"张汤行法而汉日贫",以致"盗贼满山"。通过这种比较,他最后得出结论说,商鞅与张汤等人虽然都行重刑,但商鞅是"知有大法"的重刑;而张汤等则是徒知有"陛狱之制"的重刑。因此,商鞅是政治家行法治,张汤之流则不过是刀笔吏的卑鄙行为而已。

章太炎是一个坚定的法治主义者。他认为,要治理好国家,就必须像商鞅、韩非那样

---

① 《章太炎全集》(第四册),上海人民出版社1985年版,第96页。
② 《章太炎全集》(第四册),上海人民出版社1985年版,第95页。
③ 汤志钧编:《章太炎政论选集》(下册),中华书局1977年版,第734页。
④ 《菿汉微言》,载章太炎:《菿汉三言》,虞云国校点,上海书店出版社2011年版,第52页。
⑤ 《章太炎全集》(第四册),上海人民出版社1985年版,第123页。
⑥ 汤志钧编:《章太炎政论选集》(上册),中华书局1977年版,第70页。
⑦ 同上书,第69页。

"知大法",而不能学张汤行"陛狱之制"。他把商鞅的法治和西方资产阶级的法治进行比较,认为两者"整齐严肃则一也",区别仅在于"轻刑一事"①,即商鞅施重刑行法治,西方行轻刑求法治。这种比较显然混淆了两种不同质的法治。

在颂扬法治的同时,章太炎猛烈抨击人治。他指斥董仲舒作《春秋决狱》,"引经附法"为"佞之徒";汉代儒家"舍法律文明,而援经诛心以为断",无异于"为法之蠹"。② 他还把黄宗羲提出的"有治法而无治人"视为"欺世之谈"。其根据就是黄宗羲提出这一命题后,又主张学校议政,"使诸生得出位而干政治"③。他认为,诸生在校读书,既非官吏,所学亦全非"刑名";退一步说,即使学过"刑名",亦未从政,学业不修而去议政,造成"士侵官而吏失守"④,其结果只能是人治。这就是"过任治人,不任治法"⑤,从而否定了自己的"有治法而无治人"。

章太炎不仅反对人治,而且反对人、法兼治。他批评朱元璋"诵洛、闽儒言,又自谓法家",儒法相渐,人法并治,愈治愈乱。"任法律而参洛、闽,是使种马与良牛并驷,则败绩覆驾之术也。"⑥

在章太炎看来,中国历代法律,"宽平无害者"是五朝之法。民国要"专以法律为治",但是章太炎所要的"法律"并不是,或者说主要的并不是西方法律。他对西方法律有很强的排斥心理。早在辛亥革命前,他就说:"往时伍廷芳在律例馆,欲尽改清律如美律,日本法家被佣为顾问者笑之。"⑦他说日本专家笑之,实际他同样笑之。所以辛亥革命爆发,他才回国就发表宣言说:"诸安主新律者,皆削趾适屦之见,虎皮蒙马之形,未知法律本依习惯而生,非可比傅他方成典。故从前主张新律者,未有一人可用。"⑧章太炎是深受中国古代文化熏陶、熟悉中国历史的思想家。西方法律不能用,传统法律怎么样呢?他赞美商鞅、韩非,商、韩著作只有思想,还未形成完整制度。通过考察中国历代法律,他认为汉代法律,采取董仲舒"春秋诛心之法","不可依推";《唐律疏议》虽然"文帙完具",但是承用"十恶"之条,也不可用;"宽平无害者,上至魏,下讫梁、五朝(指魏、晋、宋、齐、梁)之法而已"⑨。为此,他专门撰写了一篇文章,名为《五朝法律索隐》,指出这五个朝代的法律虽然残缺不全,但"举其封略,则有损上益下之美;抽其条目,则有抑强辅微之心"⑩。主张以五朝之法为主干,再略采他方诸律,互相糅合,就可以制定出既能"庇民",又可"持国"的好法律。五朝法律好在哪里呢?

一是重生命。其法有二:(1)"父母杀子者,同凡论"。这一条源自晋律。他针对的是

---

① 汤志钧编:《章太炎政论选集》(上册),中华书局1977年版,第73页。
② 同上书,第43页。
③ 同上书,第427页。
④ 《章太炎全集》(第四册),上海人民出版社1985年版,第125页。
⑤ 汤志钧编:《章太炎政论选集》(上册),中华书局1977年版,第427页。
⑥ 《章太炎全集》(第四册),上海人民出版社1985年版,第122页。
⑦ 汤志钧编:《章太炎政论选集》(上册),中华书局1977年版,第474页。
⑧ 汤志钧编:《章太炎政论选集》(下册),中华书局1977年版,第529页。
⑨ 《章太炎全集》(第四册),上海人民出版社1985年版,第79页。
⑩ 同上书,第85页。

传统法律中尊长杀死卑幼能够减轻刑罚,甚至免除刑罚的相关规定。(2)"走马城市杀人者,不得以过失杀人论。"这一条也来自晋律。他认为,明知都市人多而跑马伤人,这是故意犯罪。"若无走马杀人之诛,则是以都市坑阱人也。"他由此推及当时的电车,"日本一岁死电车道上者,几二三千人",惨不忍睹。电车只利富人,无益人民,国家立法不能"惟欲交欢富人,诡称公益,弛其刑诛"。因此,立法应参照晋律,制造电车和使用电车者,处二岁刑。使用电车轧死人命,车主和车夫都处死刑。

二是恤无告。其法有一:"诸子姓复仇者,勿论。"这一条源自汉魏旧法,"谋杀、故杀、贼杀诸科,官未能理者,听其子姓复仇"。为什么要这样规定?因为"法吏断狱,必依左证报当,左证不具,虽众口所欲杀,不得施。如是,狡诈者愈以得志,而死者无有可申之地"。为使恶有所报,冤有所伸,这条法律应该保留。但复仇要有限制,只有被害者的"子姓"即直系卑亲属才能复仇,不是"子姓"以及斗殴相杀者,不许复仇。

三是平吏民。其法有二:(1)"部民杀长吏者,同凡论"。这一条是魏晋相承之律。立法理由是:"法律者,左以庇民,右以持国。国之所以立者,在其秩分,秩分在其官府,不在其任持官府者。故谋反与攻盗库兵,自昔皆深其罪。及夫私人相杀,虽部民、长吏何择焉?"魏晋以后,这条法律被修改,部民杀长吏不再同凡科断。现在是"此省此道之民,杀彼省彼道之吏,亦与部民杀长吏同科",完全违反法律"庇民"之意。他认为,推翻清朝以后,如实行民主制,官民之间已无等级之分,民杀官理应和一般人相杀一样论罪。如行君主立宪制,"部民杀长吏,亦当取魏、晋旧律,悉同凡论"。齐民杀官吏及君主的亲属,与此相同。(2)"官吏犯杖刑者,论如律"。这一条源自梁律。他主张将官员犯某罪杖多少笞多少,制成法律条文,官吏不准用罚俸、贬官代替笞杖,必须实杖实笞。他指出,自秦始皇统一中国后,"民无贵贱矣",礼可下庶人,刑也要上大夫。要废笞杖,则官民同废;如要保留,就不能"独用于民,不用于吏";官民都要同笞同杖。

四是抑富人。其法有二:(1)"商贾皆殊其服"。这一条来自晋令。商人"著巾",额上写明住所、姓名,一脚穿白鞋,一脚穿黑鞋,以便区别身份,使"兼并者,不得出位而与政治;在官者,亦羞与商人为伍"。他认为中国的国情是"贵平均、恶专利、重道艺、轻贪冒"。商人喜专利,爱贪冒,因此应该抑制。国家不能没有商人,但商是末,农、工才是本。所以立法时,晋令仍然可以效法。(2)"常人有罪不得赎"。

二、反对专制和代议制

早在革命时期,章太炎即为未来民国设计了法治方案。辛亥革命前,章太炎就著文解说"中华民国"一词。他主张民主共和,坚决反对君主专制制度。但他的"中华民国",不是西方的代议制民主共和国,而是一独具特色的民主共和国。

他反对君主专制,认为只有国民才是国家的主人,统治者应该尽公仆保护人民之责,按照人民的意志治理国家。但是,专制统治者不是这样,他们以摧残屠杀人民为快,是"群盗之尤无赖者"①。他号召大家奋力推翻清朝贵族统治,推翻专制制度,建立由人民当家做主的"中华民国"。他认为这是时势之必然:"在今之世,则合众共和为不可已""以合众共和结人心者,事成之后,必为民主"。②

他的反专制和反清朝紧密联系。他认为,清王朝"非我族类,不能变法当革,能变法亦当革;不能救民当革,能救民亦当革"③。甚至认为,革命就是"光复"。他和蔡元培、陶成章等组织的"光复会",宗旨就是"光复中国之种族""光复中国之州郡""光复中国之政权",以"革命"之名,行"光复"之实。④ 在《正仇满论》《定复仇之是非》等文章及演说中,为了激发汉族人民反对满族的情感,"扬州十日""嘉定三屠"之类的言论随处可见。但他同时又强调其反清排清,仅仅"排其皇室""排其官吏""排其士卒"⑤,并不"屠夷满族,使无孑遗"或"奴视满人不与齐民齿叙"。一旦倾覆清政府,满族人民和汉族人民一样,"农商之业,任所欲为;选举之权,一切平等"⑥。在他看来,排清就意味着反对君主专制。他说:"排满洲即排强种矣,排清主即排王权矣。"⑦他的"排清"思想中,更包含反帝内容。他认为"西人之祸吾族,其酷烈千万倍于满洲",强烈反对外国侵略者强迫中国签订的各种不平等条约以及强迫中国接受的领事裁判权,尤其痛恨清政府处理涉外案件的立场。他指出,清政府投降卖国,所以为了反帝以维护民族独立就必须反清。

章太炎反对专制,主张共和,认为共和政体是所有政体中祸害最轻的政体,但是他同时也反对西方的代议制,反对建立在代议制之上的君主立宪和民主立宪,并为此而专门撰写《代议然否论》长文。⑧ 民主立宪是西方现代国家的标志。行政、立法、司法三权分立,是民主宪政的基石。没有议会的宪政民主国是难于思议的民主国。但是,他却为这种民主国做了一个详细的论证。他反对代议制的理由主要有三点:

第一,代议乃封建遗制,不适合平等社会。他把能否"伸民权"作为评价政体好坏的标准。"代议政体非能伸民权,而适埋郁之。"不行代议,只有政府与公民两个等级;行代议则议院横于政府和公民之间,政府多了一个"牵掣者",公民多了一个"抑制者"。因此,他认为代议政体实际上是封建制的变相。君主国行代议,议院中"上必有贵族院,下必审谛户口、土田、钱币之数,至纤至悉,非承封建末流弗能"⑨。民主国行代议,"虽代以元老,蜕化而形犹在",仍然是封建之变种。所以不论君主、民主,代议制在中国都不能用。"君主之国有代议,则贵贱不相齿;民主之国行代议,则贫富不相齿。"就法律而言:"凡法自上定者,偏于拥护政府;凡法自下定者,偏于拥护富民。""议院尸其法律,求垄断者,惟恐不周,况肯

---

① 汤志钧编:《章太炎政论选集》(上册),中华书局1977年版,第229页。
② 《章太炎全集》(第四册),上海人民出版社1985年版,第180页。
③ 汤志钧编:《章太炎政论选集》(上册),中华书局1977年版,第233页。
④ 同上书,第309页。
⑤ 《章太炎全集》(第四册),上海人民出版社1985年版,第269页。
⑥ 汤志钧编:《章太炎政论选集》(上册),中华书局1977年版,第520页。
⑦ 《章太炎全集》(第四册),上海人民出版社1985年版,第274页。
⑧ 同上书,第300—311页。
⑨ 同上书,第185页。

以土田平均相配？"①也就是说，议会所立之法根本不会考虑平民利益。

第二，代议政体不适合中国国情。章氏认为，代议制西方可行，日本可行，中国则不可行，因其不合中国国情。其一是，欧美、特别是日本距封建近，中国距封建远。"去封建远者，民皆平等，去封建近者，民有贵族黎庶之分。"欧美和日本从封建下解脱出来，更立宪政，即使很不理想，也能接受。中国已经统一了数千年，"秩级已弛"，人民早已"平等"，"名曰专制，其实放任也"。西方有些学者就常说中国人是最自由之人。既有自由，现在却把一个议院横插进来，所选议士又多是"废官豪民"②，这是抑民权，而非伸民权。据此，他认为，与其效法西方立宪，"使民有贵族黎庶之分"，还不如"王者一人柄权于上"。其二是，中国地广人众，无法行代议。仅就选举而言，代议就不可行。若搞通选，中国地广，2400万平方里，州县1400，人口4.2亿有余。如仿日本13万人选一议员，则中国当选议员3200多人。这么多的议员，根本无法讨论政事。"列国议员无有过七百人者"，中国以此为限，则60万人才能选一人。"数愈阔疏，则众所周知者愈在土豪""是选举法行，则上品无寒门，而下品无膏梁，名曰国会，实为奸府，徒为有力者傅其羽翼"，老百姓却一无所得。限选也一样行不通，如果以识字为标准，那么中国十人中只有三人识字，便有七人无选举权。如以纳税为标准，由于贫富不均，选举权就会集中到富庶的东南江浙一带。而革命党人大多因"游异国，不治生产，虽素知法律，并略有政见，却反无尺寸选举之柄"，也将被排斥于选举之外。分析了各种选举办法之后，他得出结论说："是故通选亦失，限选亦失，单选亦失，复选亦失，进之则所选必在豪右，退之则选权堕于一偏。要之，代议政体必不如专制为善。满洲行之非，汉人行之亦非；君主行之非，民主行之亦非。上天下地，日月所临，遗此尘芥腐朽之政，以毒黎庶"③，中国决不能行代议。

第三，议员不能代表民意。章太炎反对君主专制，要求以民选大总统代替君主，但又不同意设代议士。在他看来，"置大总统则公，举代议士则戾"。议员不能代表民意。他解释说，选举之目的在"伸民权，宣民志"。"总统之选"，废官豪右无法把持，被选者往往有功有才有德。议员则不然，可以权势及其他种种手段获选。竞选时许诸选民，当选后置选民之意于不顾。"选人一朝登王路，坐而论道，惟以发抒党见为期，不以发抒民意为期，乃及工商诸政，则未有不徇私自环者。欧洲诸国中选者，亦有社会民主党矣。要之，豪右据其多数，众寡不当则不胜，故议院者，民之仇非民之友。"④更有甚者，成为议员后，"有私罪，不得举告，其尊与帝国之君相似"，俨然"议皇"。中国"不欲有一政皇，况欲有数十百议皇耶"？⑤

三、"分四权"与"置四法"

章太炎坚决反对代议制。但他反对代议制又不同于顽固派和洋务派。因为他并不因

---

① 《章太炎全集》（第四册），上海人民出版社1985年版，第305页。
② 同上书，第185页。
③ 同上书，第304页。
④ 同上书，第309—310页。
⑤ 同上书，第306页。

而否定民主共和,只是想在代议制之外,根据中国国情,改弦更张,另起炉灶,建立一个较少祸害的共和政制。他的具体办法,就是"分四权"与"置四法"。

在批判代议制度的同时,章太炎对民国的政制法律曾有一个设想。这个设想用他的话说,就是:

> 总统惟主行政国防,于外交则为代表,他无得与,所以明分局也。司法不为元首陪属,其长官与总统敌体,官府之处分、吏民之狱讼皆主之,虽总统有罪,得逮治罢黜,所以防比周也。学校者,使人知识精明、道行坚厉,不当隶政府,惟小学校与海陆军学校属之,其他学校皆独立,长官与总统敌体,所以使民智发越、毋枉执事也。凡制法律,不自政府定之,不自豪右定之,令明习法律者,与通达历史、周知民间利病之士,参伍定之,所以塞附上附下之渐也。法律既定,总统无得改,百官有司毋得违越。有不守者,人人得诉于法吏,法吏逮而治之,所以戒奸纪也。
>
> 总统任官,以停年格迁举之,有劳则准则例而超除之,他不得用;官有专门者,毋得更调,不使元首以所好用人也。在官者,非有过失,罪状为法吏所报当者,总统不得以意降调,不使元首以所恶黜人也。凡事有总统亲裁者,必与国务官共署而行之,有过则共任之,不使过归于下也。总统与百官行政有过,及溺职受赇诸罪,人人得诉于法吏,法吏征之逮之而治之,所以正过举、塞官邪也。
>
> 轻谋反之罪,使民不束缚于上也;重谋叛之罪,使民不携贰于国也。有割地卖国诸罪,无公布私行皆殊死,不与寻常过举官邪同也。司法枉桡,其长得治之;长不治,民得请于学官,集法学者共治之,所以牵独断也。
>
> 凡经费出入,政府岁下其数于民,所以止奸欺也。凡因事加税者,先令地方官各询其民,民可则行之,否则止之,不以少数制多数也。数处可否相错者,各视其处而行止之,不以多数制少数也。
>
> 民无罪者,无得逮捕,有则得诉于法吏而治之,所以遏暴滥也。民平时无得举代议士,有外交宣战诸急务,临时得遣人与政府抗议,率县一人,议既定,政府毋得自擅,所以急祸难也。民有集会、言论、出版诸事,除劝告外叛、宣说淫秽者,一切无得解散禁止,有则得诉于法吏而治之,所以宣民意也。这些举措都是要抑制官吏、伸张齐民权利。
>
> 政府造币,惟得用金、银、铜,不得用纸,所以绝虚伪也。轻盗贼之罪,治盗贼,不当刻定赃数以论罪之轻重,当计失主所有财产而为之率……限袭产之数,不使富者子孙蹑前功以坐大也。田不自耕植者不得有,牧不自驱策者不得有,山林场圃不自树艺者不得有,盐田池井不自煮暴者不得有,旷土不建筑穿治者不得有,不使枭雄拥地以自殖也。在官者身及父子皆不得兼营工商,托名于他人者,重其罪,藉其产;身及父子方营工商者,不得入官,不与其借政治以自利也。凡是皆所以抑富强、振贫弱也。夫如是则君权可制矣,民困可息矣,又奚数数然模效代议,惟恐或失?①

---

① 《章太炎全集》(第四册),上海人民出版社1985年版,第306—308页。

他的分四权、置四法,具体内容如下:

分四权,即行政、立法、司法三权,再加上教育权。辛亥革命后,他对四权又做了修正,并增加了纠察权。他在解释行政、教育、纠察三权时说:行政除大总统外,其他不由人民选举。大总统要限制其权,"以防民主专制之弊"①。甚至主张学法国,"使首辅秉权,而大总统处于空虚不用之地"。② 教育不应随内阁为进退,教育宗旨定后不宜常变,聘任教授必须看其是否具有专门学识,政府不得干涉而设。

建纠察院或督察院,由"骨鲠之人"③担任纠察,监督行政、立法两部。经过章太炎修正后的五权,基本与孙中山的五权相近。区别在于孙主考试独立,章主教育独立;孙的五权名为五权宪法,章则不冠"宪法"。此外,五权产生的方式方法也不尽相同,但两者都强调民权。

章太炎认为,为了弥补共和制的缺陷,除分四权外,还"当置四法以节制之"。四法是:"一曰均配土田,使耕者不为佃奴。"④这一主张含有土地国有之意。章太炎主张耕者有其田,并力图把这个原则推广到畜牧、山林、盐井等行业。但后来他考虑到,"至若土地国有,夺富者之田以与贫民,则大悖乎理;照田价悉由国家收买,则又无此款,故绝对难行",遂主张"限制田产"。⑤ "二曰官办工厂,使佣人得分赢利。""三曰限制相续(继承),使富者不传子孙"⑥。"四曰公散议员,使政党不敢纳贿"。章太炎对"公散议员"有一基本观点,即议员"大抵出于豪右,名为代表人民,其实依附政党,与官吏相朋比,挟持门户之见,则所计不在民生利病,惟便于私党所为"。所以他说:"议院者,受贿之奸府;富民者,盗国之渠魁"⑦,要求给人民以解散议院之权。

章太炎的分四权置四法,旨在"抑强辅微""抑官伸民""抑富振贫",防止贫富悬殊和防止官僚资本垄断国计民生,与孙中山的"平均地权""节制资本"基本相通。其中虽然有不少不合时代要求的成分,但其中的一些见解很独到也很深刻。例如,他的轻谋反罪的主张、限制官商勾结的主张等,直到今天仍有价值。他自己也很看重他的这些主张,用他的话说,叫做"君权可制矣,民困可息矣"。

四、中华民国成立后的法治方案

"革命军兴,革命党消"是武昌起义爆发后,章太炎提出的口号。不管是南京临时政府,还是袁世凯北京政府,他的上述方案根本就无法实际操作,不得不变。特别在代议制上,他不得不面对现实:"吾前在日本,逆知代议制度不适于中土;其后归国,竟噤口不言者,盖以众人所咻,契约已定,非一人所能改革。且国会再被解散,言之惧为北方官僚张

---

① 汤志钧编:《章太炎政论选集》,中华书局1977年版,第532页。
② 同上书,第540页。
③ 同上。
④ 《章太炎全集》(第四册),上海人民出版社1985年版,第430页。
⑤ 汤志钧编:《章太炎政论选集》,中华书局1977年版,第533页。
⑥ 《章太炎全集》(第四册),上海人民出版社1985年版,第430页。
⑦ 同上书,第431页。

目,故长此默尔而已。"①

1911年12月1日,他刚回国,就发表宣言:"逮北廷既覆以后,建设真正共和政府,然后与议员以大权,未晚也。"②这说明他已同意设议员。1912年1月3日,他的《中华民国联会第一次大会演说辞》,比较系统地阐述了他为新成立的中华民国设计的法治方案:

> 中国本因旧之国,非新辟之国,其良法美俗,应保存者,则存留之,不能事事更张也……惟置大总统,限制其权,以防民主专制之弊,宜与法之制度稍近。至行政官,除大总统外,不由人民选举。行政部应对议院负完全责任,不宜如美之极端分权。对于外藩,仍应行统属主义,俟言语生业同化后,得与本部政权平等。三权分立之说,现今颇成为各国定制,然吾国于三权而外,并应将教育、纠察二权独立。盖教育与他之行政,关系甚少,且教育宗旨定后,不宜常变,而任教授者,又须专门知识,故不应随内阁为进退。纠察院自大总统、议院以至齐民,皆能弹劾,故不宜任大总统随意更换。③

民生问题,基本仍是前述置四法:

> 惟国家社会主义,仍应仿行,其法如何?一、限制田产,然不能虚设定数,俟查明现有田产之最高额者,即举此为限。二、行累进税,对于农工商业皆然。三、限制财产相续,凡家主没后,所遗财产,以足资教养子女及其终身衣食为限,余则收归国家。至若土地国有,夺富者之田以与贫民,则大悖乎理;照田价而悉由国家买收,则又无此款,故绝对难行。④

此外,中国旧有之美俗良法宜斟酌保存者,比如婚姻制度宜仍旧,惟早婚则应禁。其纳妾一事,于国民经济、个人行为,诸多妨害,如家产之不发达,行为之多乖谬,由此事耗费之者,十居七八焉。昔日官吏犹然,故将来应悬为禁令。如官吏议员今已有妾者,即应免职撤销。家族制度宜仍旧。如均分支子、惩治恶逆、严科内乱,均不可改。惟死后继嗣,似宜禁断,生前养子者不禁。中国本无国教,不应认何教为国教,虽许信教自由,然如白莲、无为等教,应由学部检定教理,方予公行。政教分离,中国旧俗,其僧侣及宣教师,不许入官,不得有选举权等。⑤

1912年1月4日,他批评英、美、法宪政说:"民主立宪、君主立宪、君主专制,此为政体高下之分,而非政事美恶之别。专制非无良规,共和非无秕政。我中华民国所望于共和者,在元首不世及,人民无贵贱……非欲尽效法兰西、美利坚之治也。议院之权过高,则受贿鬻言,莫可禁制;联邦之形既建,故布政施法,多不整齐。臧吏遍于市朝,土豪恣其兼并,美之弊政,既如此矣;法人稍能统一,而根本过误,在一意主自由……其政虽齐,无救于亡

---

① 汤志钧编:《章太炎政论选集》,中华书局1977年版,第788页。
② 同上书,第527页。
③ 同上书,第532—533页。
④ 同上书,第533页。
⑤ 同上书,第534—535页。

国灭种之兆。"①他显然不理解西方国家的分权,更不理解西方国家的权力制衡。这种批评与孙中山对英美宪法的评价,可以说有异曲同工之妙。

他认为:"政治法律,皆依习惯而成,是以圣人辅万物之自然而不敢为,其要在去甚、去奢、去泰。若横取他国已行之法,强施此土,斯非大愚不灵者弗为。君主立宪,本起于英,其后他国效之,形式虽同,中坚自异;民主立宪,起于法,昌于美,中国当继起为第三种,宁能一意刻画,施不可行之术于域中耶?"②"君主世及之制既亡,大总统遂为相争之的,不速限制,又与专制不殊。惟有取则法人,使首辅秉权,而大总统处于空虚不用之地。然今日人情偏党,省界亦深,政党未成,一人秉钧,其乡人又连茹而至,草创之初,诚无善术矣。法美两制,皆不适于中区。鄙意都察院必当特建,以处骨鲠之人,而监督行政、立法两部。至于考选黜陟,仍于总理之下,设局为宜。惟学校必当独立,其旁设教育会,专议学务,非与财政相关者,并不令议员容喙,庶几政学分涂,不以横舍为献谀之地。"③他反复强调:"议员者,其实非民之代表也,不受饩费于民,而受月俸于政府,此特民选之议郎耳,犹官吏属也。"④

1912年9月,他在《新纪元星期报发刊辞》中再次阐述说:"夫制大法者,当察于历史,不在法理悬谈;求民情者,当顺于编氓,不在豪家荡子。余向者提倡革命,而不满于代议。以为代议之制,满人行之非,汉人行之亦非;君主行之非,民主行之亦非。是时所痛心疾首者,盖在君主立宪。至于今,幸而小成,君主世及之制已移,独立宪未能拨去。末流狂醉,崇贵虚华,不悟外人所讥专制者,皆有神权贵族把握其间,以为国蠹,而中国唐、宋、明盛时,其专制固绝异是,比例悬殊,不得引以拟议。清之失政,在乎官常废弛,方镇秉权,则适与专制相反⋯⋯矫清之弊,乃在综核名实,信赏必罚,虽负蚩尾之谤可也;若制宪法以为缘饰,选议员以为民仪,上者启拘文牵义之渐,下者开奔竞贿赂之门⋯⋯然则议员之为民贼,而宪政之当粪除,于今可验,吾言亦甚信矣。"元首由选举产生:"故余以为官制刑书,粲然布列,则宪法可以无作⋯⋯宪法者出于国会,国会者决于多数,彼其自谋权利至矣,胡肯降心以相从哉!"⑤继续反对议员宪法。

"中国之有政党,害有百端,利无毛末""夫政党本为议院预备,而议院即为众恶之原"。⑥ "光复以来,号称平等,而得志者,惟在巨豪、无赖。人民无告,转甚于前,菇苦含辛,若在囹圄。"⑦

以上即为章氏民国成立时的法治方案。这个时期,他拥袁反孙,把希望寄托在袁世凯身上。但是,他找错了对象。袁世凯是乱世枭雄,他要的是"和尚打伞,无法无天",最不喜欢的是法律的约束和限制。革命大文豪章太炎让他做有名无实的大总统,显然是痴人说

---

① 汤志钧编:《章太炎政论选集》,中华书局1977年版,第537页。
② 同上书,第537—538页。
③ 同上书,第540页。
④ 同上书,第572页。
⑤ 同上书,第624—625页。
⑥ 同上书,第648页。
⑦ 同上书,第595页。

梦。袁世凯不仅要做集权大总统,要做终身专制总统,最后还要做洪宪皇帝。现实残酷,理想破灭。

五、军阀割据下的联省自治

袁世凯死了,他的人身自由恢复了。但是,全国的政治重心也没有了。北方军阀天天打仗抢地盘,北京政府听由有势力的军阀摆布。南方广州护法,也是军阀角力。章氏南下,再度与孙中山合作。但是,他没有与孙中山合作建党,走党治之路,而是联省自治。他是当时联省自治的有力鼓吹者。

1920年11月9日,他发表《联省自治虚置政府议》,正式提出他的联省自治主张。他认为:"民国成立以来,九年三乱。"为什么会这样呢?原因就是中央权力太大、太集中:"然近世所以致乱者,皆由中央政府权藉过高,致总统、总理二职为夸者所必争,而得此者,又率归于军阀。攘夺一生,内变旋作,祸始京邑,鱼烂及于四方。非不预置国会,以相监察,以卵触石,徒自碎耳。"①军阀争夺中央权力,是内乱外患的根源。面对这种现状,他的药方是两味:各省自治和虚置中央。

在各省自治上,他说:"今所最痛心者,莫如中央集权,借款卖国,驻防贪横,浚民以生,自非各省自治,则必沦胥以尽。"②具体做法是:"自今以后,各省人民,宜自制省宪法,文武大吏,以及地方军队,并以本省人充之;自县知事以至省长,悉由人民直选;督军则由营长以上各级军官会推。令省长处省城,而督军居要塞,分地而处,则军民两政,自不相牵。其有跨越兼圻,称巡阅使,或联军总司令者,斯皆割据之端,亟宜划去。此各省自治之大略也。"③

然后是中央,"欲为中国弭乱,则必有大改革焉。所改革者云何?曰约法(天坛宪法亦同)、国会、总统是。约法偏于集权,国会倾于势力,总统等于帝王,引起战争,无如此三蠹者。三蠹不除,中国不可一日安也"④。具体做法是:"虚置中央政府,但令有颁给勋章、授予军官之权;其余一切,毋得自擅。军政则分于各省督军,中央不得有一兵一骑。外交条约则由各该省督军省长副署,然后有效。币制银行,则由各省委托中央,而监督造币,成色审核、银行发券之权,犹在各省。如是,政府虽存,等于虚牝,自无争位攘权之事。联省各派参事一人,足资监察,而国会亦可不设,则内乱庶其弭矣。"⑤

袁世凯称帝后,辛亥革命前就已与孙中山分裂的章太炎,终于与孙中山再次合作。袁死后他南下广州就职,就是这种合作的表现。但是,两人的理念始终不合。孙中山以俄为师,最终导致中国走上党治之路。章氏鼓吹各省自治、联省自治,真诚爱国,用意良苦。但是,极易为地方军阀割据所用。因此,几年时间,便烟消云散。

鲁迅是章太炎的学生,他对他这位老师的评价是"有学问的革命家"。这个评价很到

---

① 汤志钧编:《章太炎政论选集》,中华书局1977年版,第752页。
② 同上书,第755页。
③ 同上书,第752页。
④ 同上书,第756页。
⑤ 同上书,第752—753页。

位。他确实是一位深受中国传统文化的影响,从旧营垒中杀出来的思想家、革命家。在辛亥革命时期,政治上,康有为、梁启超主张改良,他主革命;学术上,康梁习今文经学,他则习古文经学。无论是政治还是学术,双方都形同水火。《驳康有为论革命书》如行云流水,震动人心。"拨乱反正,不在天命之有无,而在人力之难易。"①"公理之未明,即以革命明之;旧俗之俱在,即以革命去之。革命非天雄、大黄之猛剂,而实补泻兼备之良药矣!"②直到现在,读这些文字,还觉得虎虎生威,仿佛身处千军万马之间。所以鲁迅说读他这个时期的文章"令人神往"。看不到康有为的答复,可能也是无法回答。这就是有学问的革命家的章太炎。对章太炎的学问源流,李泽厚认为,他"最初持论不出《通典》《通考》《资治通鉴》诸书,归宿则在孙卿韩非。后来又以佛学唯识宗为主,企图将道、儒、法和西方哲学等等熔为一炉"③。并认为"在如此庞杂繁多的议论和思想变化的过程中,当然会有极多的先后出入和自相矛盾。一生针对那么多的问题,发了那么多的议论,又接受吸取那么多的学派思想的影响,如果其思想、主张、言论、行为以及政治态度等等没有矛盾变化,倒是非常奇怪的事了"④。

作为思想家革命家,章太炎的思想确实充满矛盾。他具备传统的"士可杀不可辱"的大无畏担当精神,认定方向便百折不回。谢本师、断发绝交、苏报案、日本官方封民报、拥孙反孙、拥袁反袁、到晚年反蒋抗日。虽然他参加了这么多的社会政治活动,但他是有学问的革命家。因为有学问,所以他比其他人看得多、看得深、看得远、看得更全面,因而对中国的未来满腹疑虑困惑。他的法律思想以及设计出来的法治方案就是这种疑虑困惑的产物,这是时代的疑虑困惑在他身上的反映。他处在国家民族危亡、社会前所未有的大转型时代。国家民族危亡,是因外国帝国主义的侵略:"至于帝国主义,则寝食不忘者,常在劫杀。虽磨牙吮血,赤地千里,而以为义所当然。"⑤之所以中国会遭受侵略,是因为专制帝制。专制帝制的顶端是满族皇帝。所以他反清、反专制帝制、反外国侵略,希望用民主共和取代专制帝制。民主共和的标志是代议政治。代议政治在当时的西方国家呈现腐朽没落之态。他看得很清楚,所以他力批代议。在当时的思想家、革命家中,孙中山和他一样看到代议政治的弊病,这是他创五权宪法的原因。孙中山对代议有批判,但是没有章太炎那样的深度。这正是他的分权模式与孙中山五权宪法相接近的原因,但同时可想见,时人对孙中山的五权因无法操作都不能接受,章太炎的方案因为更无法操作,也就更无人过问了。

萧公权把章太炎的政治思想总结为三大端:民族、民权和个人主义。⑥ 民权思想方面,章太炎认定凡政府皆罪恶,但人类又不能没有政府,因此只能选择祸害最小的没有代议的共和政体。从前面分析可以看出,他反代议,也反皇权专制,而不反民权共和。代议之外更好更完善的民权制度是分四权、宣民意、置四法实行法治。实行法治是他的民权思

---

① 《章太炎全集》(第四册),上海人民出版社1985年版,第179页。
② 同上书,第181页。
③ 李泽厚:《中国近代思想史论》,人民出版社1979年版,第388页。
④ 同上书,第389页。
⑤ 《章太炎全集》(第四册),上海人民出版社1985年版,第438页。
⑥ 参见萧公权:《中国政治思想史》,九州出版社2005年版,第559—571页。

想的最大特点。但是,他对西方法治有重大误解,实际上他不清楚中西法治的区别何在。他强烈主张"专以法律为治",认为专制共和,皆以任法而成,皆以不任法而败。共和而不守法,其弊不下于专制。这些见解都很深刻很独到。但是,他没有论证专制与共和在所任之法、所守之法方面的本质上的差别。专制所任所守之法是黄宗羲所说的"一家之法""非法之法"。沈家本也认识到商韩法治是"专制之尤"。同时他也更不明白,不守法不任法的民权共和,不是真民权共和,而是假民权共和。这是他的法治思想和制度设计的致命伤。

这不仅是他一个人的致命伤,从更大的视野看,也是近代中国施行法治的致命伤,是转型中国制度演变的必然。民主法治的建立需要长时间的打造,专制法治不可能因为武昌起义的一声枪响而变为民主法治。这是章太炎"专以法律为治"的法治赖以产生的真正原因,也是帝国倒塌民国建立而没有出现民主法治的根本原因。

 阅读材料

孙中山《中华民国国民政府建国大纲》

一、国民政府本革命之三民主义、五权宪法,以建设中华民国。

二、建设之首要在民生。故对于全国人民之食衣住行四大需要,政府当与人民协力:共谋农业之发展,以足民食;共谋织造之发展,以裕民衣;建筑大计划之各式屋舍,以乐民居;修治道路运河,以利民行。

三、其次为民权。故对于人民之政治知识能力,政府当训导之,以行使其选举权,行使其罢官权,行使其创制权,行使其复决权。

四、其三为民族。故对于国内之弱小民族,政府当扶植之,使之能自决自治。对于国外之侵略强权,政府当抵御之;并同时修改各国条约,以恢复我国际平等、国家独立。

五、建设之程序分为三期:一曰军政时期,二曰训政时期,三曰宪政时期。

六、在军政时期,一切制度悉隶于军政之下,政府一面用兵力以扫除国内之障碍,一面宣传主义以开化全国之人心,而促进国家之统一。

七、凡一省完全底定之日,则为训政开始之时,而军政停止之日。

八、在训政时期,政府当派曾经训练考试合格之员,到各县协助人民筹备自治。其程度以全县人口调查清楚,全县土地测量完竣,全县警卫办理妥善,四境纵横之道路修筑成功,而其人民曾受四权使用之训练,而完毕其国民之义务,誓行革命之主义者,得选举县官以执行一县之政事,得选举议员以议立一县之法律,始成为一完全自治之县。

九、一完全自治之县,其国民有直接选举官员之权,有直接罢免官员之权,有直接创制法律之权,有直接复决法律之权。

十、每县开创自治之时,必须先规定全县私有土地之价。其法由地主自报之,地方政府则照价征税,并可随时照价收买。自此次报价之后,若土地因政治之改良、社会之进步而增价者,则其利益当为全县人民所共享,而原主不得而私之。

十一、土地之岁收,地价之增益,公地之生产,山林川泽之息,矿产水力之利,皆为地方政府之所有,而用以经营地方人民之事业,及育幼、养老、济贫、救灾、医病与夫种种公共之需。

十二、各县之天然富源与及大规模之工商事业,本县之资力不能发展与兴办,而须外资乃能经营者,当由中央政府为之协助;而所获之纯利,中央与地方政府各占其半。

十三、各县对于中央政府之负担,当以每县之岁收百分之几为中央岁费,每年由国民代表定之;其限度不得少于百分之十,不得加于百分之五十。

十四、每县地方自治政府成立之后,得选国民代表一员,以组织代表会,参预中央政事。

十五、凡候选及任命官员,无论中央与地方,皆须经中央考试铨定资格者乃可。

十六、凡一省全数之县皆达完全自治者,则为宪政开始时期,国民代表会得选举省长为本省自治之监督;至于该省内之国家行政,则省长受中央之指挥。

十七、在此时期,中央与省之权限采均权制度。凡事务有全国一致之性质者,划归中央;有因地制宜之性质者,划归地方。不偏于中央集权或地方分权。

十八、县为自治之单位,省立于中央与县之间,以收联络之效。

十九、在宪政开始时期,中央政府当完成设立五院,以试行五权之治。其序列如下:曰行政院,曰立法院;曰司法院,曰考试院,曰监察院。

二十、行政院暂设如下各部:一、内政部;二、外交部;三、军政部;四、财政部;五、农矿部;六、工商部;七、教育部;八、交通部。

二十一、宪法未颁布以前,各院长皆归总统任免而督率之。

二十二、宪法草案当本于建国大纲及训政、宪政两时期之成绩,由立法院议定,随时宣传于民众,以备到时采择施行。

二十三、全国有过半数省分达至宪政开始时期,即全省①之地方自治完全成立时期,则开国民大会,决定宪法而颁布之。

---

① 案:"省"字应为"国"字之误。

二十四、宪法颁布之后,中央统治权则归于国民大会行使之,即国民大会对于中央政府官员有选举权、有罢免权,对于中央法律有创制权、有复决权。

二十五、宪法颁布之日,即为宪政告成之时,而全国国民则依宪法行全国大选举。国民政府则于选举完毕之后三个月解职,而授政于民选之政府,是为建国之大功告成。①

思考题:

1. 孙中山是如何批判中国传统法律和司法的?
2. 孙中山党治理论的核心内容是什么?它对近代中国产生了什么样的影响?
3. 章太炎反对代议制的主要根据是什么?
4. 章太炎为什么特别推崇五朝法律?
5. 章太炎的"专以法律为治"思想的主要内涵是什么?
6. 孙中山与章太炎,在分权理论方面有什么主要差别?

---

① 此乃孙中山1924年1月23日起草后提交国民党一大审议通过。载中国社科院近代史所编:《孙中山全集》(第九卷),中华书局1981年版,第126—129页。

参 考 文 献

1. 李贵连、李启成:《中华法史三千年:法律思想简史》,中国民主法制出版社2016年版;
2. 李贵连、李启成:《中国法律思想史》(第二版),北京大学出版社2010年版;
3. 黄源盛:《中国法史导论》,广西师范大学出版社2014年版;
4. 杨鹤皋主编:《中国法律思想史》(第三版),北京大学出版社2004年版;
5. 萧公权:《中国政治思想史》,新星出版社2005年版;
6. 李贵连:《法治是什么:从贵族法治到民主法治》,广西师范大学出版社2013年版。

后　　记

　　经全国高等教育自学考试指导委员会同意,由法学类专业委员会负责高等教育自学考试法律专业教材的审定工作。

　　《中国法律思想史》自学考试教材由北京大学法学院李启成教授编著。

　　参加本教材审稿讨论会并提出修改意见的有南京大学法学院张仁善教授、中央民族大学法学院宋玲教授和清华大学法学院聂鑫教授,全书由李启成教授修改定稿。

　　编审人员付出了大量努力,在此一并表示感谢。

全国高等教育自学考试指导委员会

法学类专业委员会

2018 年 9 月